**30일 완성,
3단계 학습 프로젝트**

중국어 한자
암기마스터

30일 완성,
3단계 학습 프로젝트

중국어 한자 암기 마스터

지은이 김안나
펴낸이 정규도
펴낸곳 (주)다락원

초판 1쇄 발행 2017년 4월 21일
6쇄 발행 2024년 1월 23일

편집총괄 최운선
책임편집 김유진
디자인 장미연, 임미영
일러스트 윤혜영

다락원 경기도 파주시 문발로 211
내용문의 (02) 736-2031 내선 275
구입문의 (02) 736-2031 내선 250~252 / Fax (02) 732-2037
출판등록 1977년 9월 16일 제406-2008-000007호

Copyright ⓒ 2017, 김안나

저자 및 출판사의 허락 없이 이 책의 일부 또는 전부를 무단 복제·전재·발췌할 수 없습니다. 구입 후 철회는 회사 내규에 부합하는 경우에 가능하므로 구입문의처에 문의하시기 바랍니다. 분실·파손 등에 따른 소비자 피해에 대해서는 공정거래위원회에서 고시한 소비자 분쟁 해결 기준에 따라 보상 가능합니다. 잘못된 책은 바꿔 드립니다.

ISBN 978-89-277-4647-8 13720

http://www.darakwon.co.kr

다락원 홈페이지를 통해 인터넷 주문을 하시면 자세한 정보와 함께 다양한 혜택을 받으실 수 있습니다.

**30일 완성,
3단계 학습 프로젝트**

중국어 한자
암기마스터

다락원

머리말

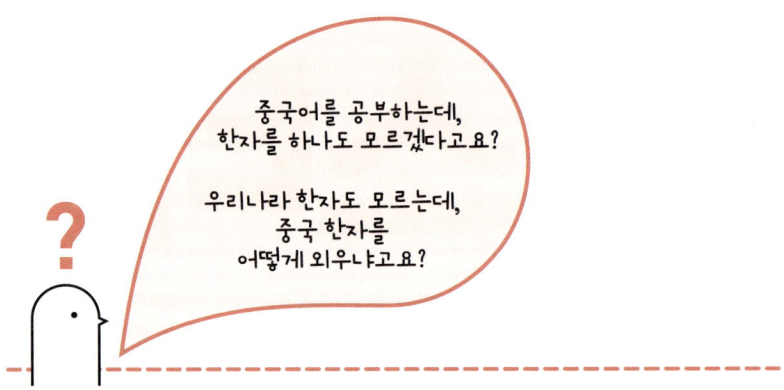

지금부터는 중국어 한자가 어렵다는 고정관념을 버리고, 이 책을 따라오세요!
『중국어 한자 암기 마스터』가 이끄는 대로 30일만 따라오면, 중국어 한자의 뜻은 물론 단어의 의미까지 한눈에 보입니다!

최근에 한자를 몰라도 중국어를 배울 수 있다는 다양한 중국어 학습법이 쏟아져 나오고 있습니다. 그러나 그 나라의 글자를 모르고서 언어를 배우면, 결국 기초 단계를 벗어나기 힘듭니다. 특히 중국어는 '뜻글자'이기 때문에 같은 발음이라도 그 발음에 해당하는 한자가 무엇인지에 따라 뜻이 천차만별입니다. 그러므로 중국어 공부에는 '한자 학습'이 필수적입니다.

이 책은 중국어 상용한자 중 사용 빈도가 높은 1,000字를 선정하여, 그 글자에 담긴 스토리를 쉽고 재미있게 풀어낸 책입니다. 모양이 비슷한 한자를 함께 제시하여, 한 번에 여러 개의 한자를 익힐 수 있도록 하였습니다. 또, 해당 한자가 들어간 新HSK 단어를 1급부터 6급까지 다양하게 수록하여, 시험을 준비하는 사람에게도 도움이 되도록 하였습니다.

30일 동안 주제별 한자의 스토리를 읽기만 해도 여러분은 곧 중국어 한자의 오묘한 매력에 빠져들 것입니다. 또한, 음이 같은 한자는 중국어 발음도 비슷하다는 점을 알아챈 후에는 처음 듣는 한자나 단어의 뜻도 유추할 수 있게 될 것입니다.

앞으로는 무작정 중국어 단어를 외우기보다 글자 하나하나에 담긴 스토리를 음미해 보십시오. 예를 들어 '휴대폰'이라는 뜻의 중국어 단어 '手机 shǒujī'는 '손 수, 기계 기'라는 한자가 쓰인 것으로, '손에 들고 다니는 기계'라고 이해할 수 있습니다. 이처럼 한자를 이해하면 어렵게 느껴졌던 중국어 단어의 뜻이 저절로 보일 것입니다.

1년여 시간 동안 이 책을 쓰면서 중국어와 한자에 대한 애정이 듬뿍 차올랐습니다. 여러분도 이 책을 통해서 중국어 한자에 좀 더 다가가 애정을 쏟아 보시길 바랍니다. 마지막으로 늘 독자의 입장에서 고민하고, 좋은 책을 만들기 위해 노력하시는 편집자 김유진 님께 진심으로 감사드립니다.

김안나

차례

머리말		4
이 책의 구성		8
중국어 기초 지식		10
중국어 발음 익히기		12

1부 인간

❶ 일째	사람1		16
❷ 일째	사람2		24
❸ 일째	가족		32
❹ 일째	몸·머리		40
❺ 일째	이목구비1		48
❻ 일째	이목구비2		56
❼ 일째	손1		64
❽ 일째	손2		72
❾ 일째	발		80
❿ 일째	기타 신체		88

2부 자연

⑪ 일째	해·달	98
⑫ 일째	물·불	106
⑬ 일째	산	114
⑭ 일째	나무1	122
⑮ 일째	나무2	130
⑯ 일째	기상·신	138
⑰ 일째	농경	146
⑱ 일째	동물1	154
⑲ 일째	동물2	162
⑳ 일째	상태	170

3부 생활

㉑ 일째	동작	180
㉒ 일째	의식주1	188
㉓ 일째	의식주2	196
㉔ 일째	의식주3	204
㉕ 일째	도구1	212
㉖ 일째	도구2	220
㉗ 일째	기호	228
㉘ 일째	사회	236
㉙ 일째	전쟁1	244
㉚ 일째	전쟁2	252

중국어 병음 색인	260
한자 독음 색인	278

이 책의 구성

본책 구성

❶ 〈인간〉, 〈자연〉, 〈생활〉이라는 세 가지 분류 아래 30가지 주제별 중국어 한자를 총 1,000字 제시하였다.

❷ 주제별로 기준이 되는 중국어 한자를 시작으로, 모양이나 뜻이 비슷한 한자를 이어서 익힐 수 있도록 하였다.

❸ 한자의 어원에 기반을 두어 그 모양을 암기하기 쉽게 풀이하였다. 어원이 명확하지 않거나 어려운 경우에는 이해하기 쉬운 풀이로 대체하였다.

❹ 중국어 한자의 우리말 뜻과 음, 번체자, 해당 한자가 들어간 新HSK 급수별 필수 단어 등을 추가로 담아 알차게 구성하였다.

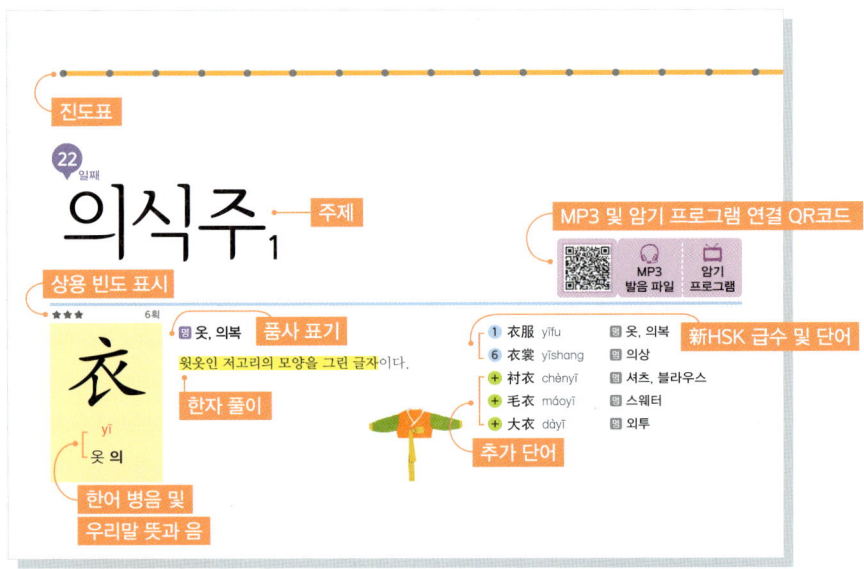

* 노란색 박스는 다음에 나열되는 한자들의 기준이 되는 한자를 표시한 것이다.
우리말 뜻과 음의 옆에 괄호로 들어간 한자는 해당 한자의 번체자이다.

품사표 명 명사 대 대명사 동 동사 형 형용사 부 부사
전 전치사 접 접속사 수 수사 양 양사 감 감탄사
조 조사 성 성어 조동 조동사 접두 접두사 접미 접미사

부록 이용 방법

❶ 암기용 책갈피
책날개에 제공된 책갈피를 잘라 본책의 오른쪽에 제시된 단어 또는 〈핵심 스토리북〉의 뜻 부분을 가릴 수 있다. 페이지 위쪽에 꽂아 암기에 활용하면 편리하다.

❷ 핵심 스토리북
본책에 정리된 중국어 한자의 스토리 중 암기에 필요한 핵심 내용만 한 줄로 정리한 별책이다. 가볍게 가지고 다니면서 암기 체크 및 복습을 할 수 있다.

❸ 중국어 한자 암기 프로그램
주제별 시작 페이지에 제공된 QR코드를 스캔하여 중국어 한자 암기 프로그램을 이용할 수 있다. 이 프로그램을 이용하면 중국어 한자의 발음과 대표 뜻을 암기하거나 확인할 수 있다.

중국어 기초 지식

한어(汉语)란?

중국인들이 자기 나라의 언어를 일컫는 말이에요. '한어'는 중국 인구의 대부분을 차지하는 '한족(汉族)'이 쓰는 말이기 때문에 중국의 대표 언어가 되었어요. 그런데 영토가 넓은 중국은 지역별로 발음이나 어휘에 차이가 있어요. 그래서 국가에서 베이징[北京] 지역의 언어를 기준으로 표준 중국어를 정해 놓았는데, 그것을 '부통화(普通话)'라고 해요.

• 중국의 글자, 간체자(简体字)

우리나라의 한자와 중국의 한자는 모양이 조금씩 달라요. 그 이유는 중국이 한자의 모양을 간략하게 만든 '간체자'를 쓰고 있기 때문이에요. '간체자'는 획도 적고 쓰기도 편하다는 특징을 가지고 있어요. 반면, 우리나라에서는 한자의 원래 모양을 그대로 쓰는 '번체자(繁体字)'를 사용해요.

번체자가 간체자로 변하는 기본 원리를 알아 두면 간체자를 이해하기가 훨씬 쉬워요.

- 言(말씀 언) → 讠
- 糸(실 사) → 纟
- 食(먹을 식) → 饣
- 馬(말 마) → 马
- 示(보일 시) → 礻
- 貝(조개 패) → 贝
- 金(쇠 금) → 钅
- 車(수레 차) → 车
- 頁(머리 혈) → 页
- 鳥(새 조) → 鸟

한어 병음(汉语拼音)이란?

중국어 한자(汉字)의 발음 표기 방식을 말해요. 중국어의 한자를 보면 모양과 뜻을 포함하고 있지만, 그것을 읽는 방법이 나타나 있지 않아요. 그래서 한자를 읽는 방법을 알파벳으로 표기해 놓았는데, 그것을 '한어 병음'이라고 해요.

중국어 한자는 주로 하나의 발음으로 읽히지만, 때에 따라 2~3가지로 발음되기도 해요.

• **한어 병음 = 성모(声母) + 운모(韵母) + 성조(声调)**

한어 병음은 '성모'와 '운모'와 '성조'로 이루어져 있어요. '성모'는 우리말의 첫소리 자음(子音)에 해당하고, '운모'는 성모를 제외한 나머지 음절에 해당하는 것으로, 우리말의 모음과 비슷하다고 생각하면 쉬워요. '성조'는 음의 높낮이를 나타내요.

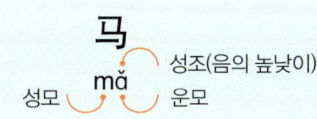

중국어 발음 익히기

'운모'의 발음

성모를 제외한 부분에 해당하는 중국어의 운모는 총 36개가 있어요. 그중에서 가장 기본이 되는 기본 운모 6개를 살펴볼까요? 운모는 알파벳으로 표기되지만, 영어의 발음과는 차이가 있으니 주의해서 발음해 보세요.

a [아]	o [오어]	e [으어]
i [이]	u [우]	ü [위]❶

❶ ü는 '위'로 발음하되, 마지막까지 입술을 둥글게 모으고 발음해요.

'성모'의 발음

우리말의 첫소리 자음에 해당하는 중국어의 성모는 총 21개가 있어요. 성모는 운모 없이는 단독으로 발음할 수 없으므로, 성모와 자주 결합하는 운모를 붙여 연습해 보세요.

bo [뽀어]	po [포어]	mo [모어]	fo [포어]❷
de [뜨어]	te [트어]	ne [느어]	le [르어]
ge [끄어]	ke [크어]	he [흐어]	
ji [지]	qi [치]	xi [시]	
zi [쯔]❸	ci [츠]❸	si [쓰]❸	
zhi [즈]❹	chi [츠]❹	shi [스]❹	ri [르]❹

❷ f는 영어의 'f'를 발음하듯이 윗니를 아랫입술에 살짝 댔다가 떼면서 발음해요.
❸ z, c, s는 혀끝을 윗니의 뒤에 붙여 가볍게 발음해요.
  z, c, s 뒤에 오는 'i'는 '으'로 발음해요.
❹ zh, ch, sh, r은 혀끝을 살짝 말아 입천장 쪽으로 들어 올리면서 발음해요.
  zh, ch, sh, r 뒤에 오는 'i'는 '으'로 발음해요.

'성조'의 구분

중국어는 한 음절마다 고유의 높낮이가 있어요. 이것을 '성조'라고 하는데, 성조에는 1성, 2성, 3성, 4성이 있어요. 성조는 주요 발음의 운모 위에 표시되고, 각 성조의 음은 아래와 같아요.

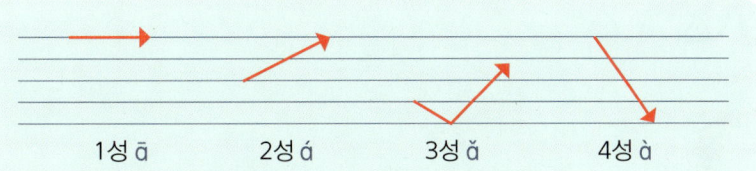

- **1성** 계이름의 '솔' 음에 해당하는 소리를 평평하고 길게 내요.
- **2성** 우리말의 '그래?'하고 되물을 때 내는 소리처럼 중음에서 고음으로 올려요.
- **3성** 무엇을 깨달았을 때 내는 소리인 '아'와 같이 목소리를 깊게 낮췄다가 위로 올려요.
- **4성** 누군가 내 발을 밟았을 때 내는 소리인 '아↘'처럼 높은음에서 낮은음으로 강하게 내리꽂아요.

* 경성

본래의 성조를 무시하고 짧고 가볍게 발음하는 것으로, 앞 음절의 성조에 따라 음의 높이가 달라져요. 경성은 따로 성조를 표시하지 않아요.

* 성조 표기 규칙
- 성조는 운모 위에 표기한다.
- 운모가 두 개 이상일 경우에는 주요 운모 순으로 표기한다.
  a 〉 o, e 〉 i, u, ü (i와 u가 함께 있을 때는 뒤에 오는 운모에 표기)
- 'i' 위에 성조를 표기할 때는 위의 점을 생략한다.

중국어는 같은 발음이라도 성조에 따라 다른 뜻이 되므로 주의해야 해요.

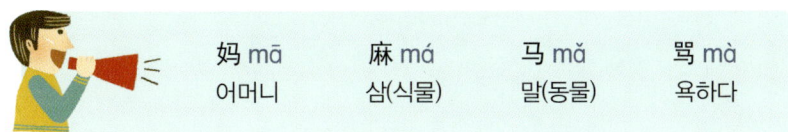

人 手 心 自 足 父

1부 인간

사람 가족 몸·머리 이목구비
손 발 기타 신체

01 일째

사람 1

★★★ 2획

人
rén
사람 인

명 사람, 다른 사람

허리를 굽히고 서 있는 사람의 옆모습을 그린 글자이다.

3	别人	biérén	대 남, 타인
3	客人	kèrén	명 손님
5	人口	rénkǒu	명 인구
5	成人	chéngrén	명 성인
5	人民币	rénmínbì	명 인민폐(중국 화폐)

★★★ 4획

从
cóng
따를 종 〔從〕

동 따르다, 좇다, 순종하다, 종사하다 개 ~로부터

사람[人]이 사람[人]을 좇아 따른다는 뜻이다. '~로부터'라는 뜻으로도 쓰인다.

4	从来	cónglái	부 지금까지, 여태껏
5	从事	cóngshì	동 종사하다
6	服从	fúcóng	동 복종하다
6	从容	cóngróng	형 침착하다

★★ 6획

众
zhòng
무리 중 〔衆〕

형 많다 명 많은 사람

여러 사람[人人人]이 모인 무리를 뜻한다. 모여 있는 세 사람은 군중(群众)을 의미한다.

| 4 | 观众 | guānzhòng | 명 관중, 시청자 |
| 6 | 群众 | qúnzhòng | 명 군중, 대중 |

★★ 4획

内
nèi
안 내 〔內〕

명 안, 안쪽

건물[冂]로 사람[人]이 들어가면 있는 안쪽을 뜻한다.

4	内容	nèiróng	명 내용
5	内科	nèikē	명 내과
5	内部	nèibù	명 내부

入 rù 들 입 (2획) ★★

- 동 들어가다, 들어오다, 가입하다 명 수입
- 사람이 몸을 구부리고 집으로 들어가는 모습을 그린 글자이다.

4	入口	rùkǒu	명 입구 동 수입하다
4	收入	shōurù	명 소득 동 받다
5	投入	tóurù	동 들어가다, 투입하다
5	输入	shūrù	동 입력하다

久 jiǔ 오랠 구 (3획) ★★★

- 형 오래다, (시간이) 길다 부 오랫동안
- 명 (지나간) 시간, 기간
- 등이 굽은 사람[久]이 발을 끌며 걸으니 시간이 오래 걸린다는 뜻이다.

3	好久	hǎojiǔ	형 (시간이) 오래되다
5	悠久	yōujiǔ	형 유구하다
6	持久	chíjiǔ	형 오래 유지되다

个 gè 낱 개 〔個〕 (3획) ★★★

- 양 명, 개(사람이나 사물을 세는 단위)
- 형 개별의 명 (사람의) 키, (물건의) 크기
- 사람[人] 한[ㅣ] 명, 또는 물건 하나하나를 세는 단위를 나타낸다. 사람이 곧게 서서 키를 재는 모습으로 보아 '키, 크기'를 의미하기도 한다.

3	个子	gèzi	명 키, 체격, 크기
5	个别	gèbié	형 개별적인, 특별한
5	个人	gèrén	명 개인 대 나(자신)
5	个性	gèxìng	명 개성

- 중국어에서 가장 일반적으로 쓰이는 양사이다.

会 huì 모일 회 〔會〕 (6획) ★★★

- 동 모이다, 만나다 명 회, 모임
- 조동 (배워서) ~할 수 있다, ~을 잘하다, ~할 것이다
- 사람들[人]이 만나자고 말하고[云] 나서 모인다는 뜻이다. 조동사로 많이 쓰인다.

3	会议	huìyì	명 회의
3	机会	jīhuì	명 기회
3	一会儿	yíhuìr	명 잠깐, 잠시
4	误会	wùhuì	동 오해하다 명 오해
4	约会	yuēhuì	동 약속하다
4	社会	shèhuì	명 사회

- 云(말할 운)은 뭉게구름을 그린 글자로, 구름처럼 떠오르는 생각을 말한다는 뜻이다.

介 jiè 낄 개 (4획) ★★★

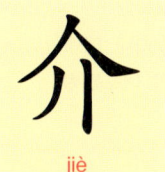

- 동 ~사이에 끼다, 소개하다, (마음에) 두다
- 사람[人]이 양쪽[儿]의 사이에 끼다라는 뜻이다. 중간에 끼어 '중개하다, 소개하다'라는 의미로 쓰인다.

2	介绍	jièshào	동 소개하다
5	中介	zhōngjiè	동 중개하다
6	媒介	méijiè	명 매개자, 매개체

价 jià
값 가 〔價〕 ★★ 6획

명 값, 가격, 가치

사람들[亻] 사이에 껴서[介] 물건을 팔기 위해 매긴 값을 뜻한다.

- 4 价格 jiàgé 명 가격, 값
- 5 价值 jiàzhí 명 가치
- 5 评价 píngjià 동 평가하다 명 평가
- 5 讨价还价 tǎojiàhuánjià 성 값을 흥정하다

阶 jiē
섬돌 계 〔階〕 ★ 6획

명 층계, 계단, 계급

언덕[阝]에 오르기 쉽도록 흙에 돌을 끼워서[介] 만든 돌층계(섬돌)를 뜻한다.

- 阝은 층진 언덕을 본뜬 阜(언덕 부)가 부수로 쓰인 모양이다.

- 5 阶段 jiēduàn 명 단계
- 5 台阶 táijiē 명 층계, 계단
- 6 阶层 jiēcéng 명 계층

界 jiè
경계 계 ★★★ 9획

명 경계, 범위, 분야

밭[田]과 밭 사이에 낀[介] 땅의 경계를 뜻한다. 경계를 구분하여 나눈 '범위' 또는 모든 경계를 통합한 '세계'를 의미한다.

- 田(밭 전)은 잘 정돈된 논과 밭의 모양을 그린 글자이다.

- 3 世界 shìjiè 명 세계, 세상
- 6 边界 biānjiè 명 경계선, 국경선
- 6 境界 jìngjiè 명 (토지의) 경계, 경지
- 6 外界 wàijiè 명 외부, 바깥 세계

今 jīn
이제 금 ★★★ 4획

명 현재, 지금, 현대

사람[人]의 인생에서 한 점[丶]으로 그어질[㇇] 지금의 순간을 뜻한다.

- 1 今天 jīntiān 명 오늘
- 5 至今 zhìjīn 부 지금까지, 여태껏

含 hán
머금을 함 ★ 7획

동 입에 머금다, 담다, 품다, 포함하다

지금[今] 입[口]안에 들어 있는 음식을 머금는다는 뜻이다.

- 5 包含 bāohán 동 포함하다
- 6 含糊 hánhu 형 모호하다, 애매하다
- 6 含义 hányì 명 함의, 내포된 뜻

niàn
생각할 념

8획

동 생각하다, 그리워하다, (소리 내어) 읽다 명 생각
지금[今] 마음[心]속에 떠오르는 것을 생각한다는 뜻이다. '(소리 내어) 읽다'라는 뜻도 있다.

5	纪念	jìniàn	동 기념하다
5	观念	guānniàn	명 관념, 생각
5	概念	gàiniàn	명 개념
5	怀念	huáiniàn	동 회상하다
5	想念	xiǎngniàn	동 그리워하다
+	念书	niànshū	동 책을 읽다

---

lìng
명령할 **령**〔令〕

5획

동 명령하다, 지시하다, ~하게 하다 명 명령
윗사람[亼]이 점찍어[丶] 둔 하인[㔾]에게 일을 시키며 명령한다는 뜻이다.

• 㔾은 무릎 꿇은 사람의 모습으로, 여기서는 '하인'을 나타낸다.

5	命令	mìnglìng	동 명령하다 명 명령
5	夏令营	xiàlìngyíng	명 여름 캠프
6	指令	zhǐlìng	동 지시하다
6	司令	sīlìng	명 사령, 사령관

lěng
추울 **랭**〔冷〕

7획

형 춥다, 차다, 냉담하다, 냉정하다, 쓸쓸하다
집 앞의 얼음[冫]을 깨라고 하인에게 명령할[令] 정도로 날씨가 춥다는 뜻이다.

• 冫(얼음 빙)은 점처럼 굳은 얼음을 나타낸다.

4	冷静	lěngjìng	형 냉정하다
5	冷淡	lěngdàn	형 냉담하다
6	冷落	lěngluò	형 쓸쓸하다 동 냉대하다

lǐng
거느릴 **령**〔領〕

11획

명 목, (옷의) 깃, 중요한 부분, 우두머리
동 통솔하다, 다스리다, 소유하다, 수령하다
명령[令]을 내리는 우두머리[頁]가 아랫사람을 거느린다는 뜻이다. 사람의 몸을 지탱하는 '목'을 의미하기도 한다.

• 页(머리 혈)은 사람의 머리와 목 부분을 그린 글자이다.

5	领导	lǐngdǎo	동 이끌다 명 지도자
5	领域	lǐngyù	명 영역, 분야
5	本领	běnlǐng	명 기량, 능력, 수완
5	系领带	jìlǐngdài	동 넥타이를 매다
6	占领	zhànlǐng	동 점령하다

rèn
알 **인**〔認〕

4획

동 알다, 식별하다, 승인하다, 인정하다
다른 사람[人]의 말[讠]을 잘 듣고 그 내용을 안다는 뜻이다.

• 讠은 言(말씀 언)이 간략해진 모양이다.

1	认识	rènshi	동 알다, 인식하다
3	认为	rènwéi	동 여기다, 생각하다
3	认真	rènzhēn	형 진지하다
5	承认	chéngrèn	동 승인하다
5	确认	quèrèn	동 확인하다

队 duì
대오 대 〔隊〕 — 4획 ★★

명 열, 대열, 팀, 단체 양 무리

언덕[阝]을 오르는 사람들[人]이 맞추어 가는 대오(행렬)를 뜻한다. 주로 '팀'이나 '무리'라는 뜻으로 쓰인다.

- 阝은 층진 언덕을 본뜬 阜(언덕 부)가 부수로 쓰인 모양이다.

급	단어	병음	품사	뜻
4	排队	páiduì	동	줄을 서다
6	队伍	duìwu	명	대오, 대열, 단체
6	军队	jūnduì	명	군대

你 nǐ
너 니 — 7획 ★★★

대 너, 당신

사람[亻]이 상대를 부를 때 하는 말인 '너[尔]'를 뜻한다. 您(nín)은 你의 높임말이다.

- 尔(너 이)는 나보다 어린[小] 사람[人→⺈]을 부르는 말로, 현대 중국어에서는 주로 접미사로 사용된다.

급	단어	병음	품사	뜻
+	你们	nǐmen	대	너희들, 당신들
+	你好	nǐhǎo		안녕하세요.

称 chēng / chèn
일컬을 칭 / 맞을 칭 〔稱〕 — 10획 ★

동 부르다, 말하다, 무게를 달다, (꼭) 맞다 명 명칭

벼[禾]는 소중한 식량이므로 사람처럼 너[尔]라고 높여 일컫는다는 뜻이다. 그 벼로 만든 밥이 입에 '(꼭) 맞다'라는 뜻도 있다.

- 禾(벼 화)는 고개 숙인 벼의 모양을 그린 글자이다.
- '(꼭) 맞다'라는 뜻일 때는 chèn으로 발음한다.

급	단어	병음	품사	뜻
5	称呼	chēnghu	동	~라고 부르다
5	称赞	chēngzàn	동	칭찬하다
6	对称	duìchèn	형	대칭이다
6	称心如意	chènxīnrúyì	성	마음에 꼭 들다

保 bǎo
지킬 보 — 9획 ★★

동 보호하다, 보증하다, 유지하다

사람[亻]이 아기[呆]를 안아서 지키고 보호한다는 뜻이다.

- 呆는 포대기에서 얼굴을 내민 아기의 모습을 나타낸다.

급	단어	병음	품사	뜻
4	保护	bǎohù	동	보호하다
4	保证	bǎozhèng	동	보증하다
5	保持	bǎochí	동	유지하다
5	保险	bǎoxiǎn	명	보험
6	保管	bǎoguǎn	동	보관하다
6	保密	bǎomì	동	비밀을 지키다

假 jiǎ / jià
거짓 가 / 휴가 가 — 11획 ★★★

형 거짓의, 가짜의 명 가짜 상품, 휴가 접 만약
동 가정하다, 거짓으로 꾸미다, 빌리다

사람[亻]이 남의 이야기를 빌려[叚] 말하니 거짓이라는 뜻이다.

- 叚(빌릴 가)는 돌의 힘을 빌려 부서진 틈을 메꾸는 모습이다.
- 대부분 jiǎ로 발음하나 '휴가'라는 뜻일 때는 jià로 발음한다.

급	단어	병음	품사	뜻
3	请假	qǐngjià	동	휴가를 신청하다
4	放假	fàngjià	동	방학하다
5	寒假	hánjià	명	겨울 방학
5	假如	jiǎrú	접	만약, 만일
5	假设	jiǎshè	동	가정하다
5	假装	jiǎzhuāng	동	~척하다, 가장하다

老
lǎo
늙을 로

★★★ 6획

형 늙다, 낡은, 오래된, 노련하다, 본래의
명 노인 부 오래, 늘, 항상, 매우

허리를 구부리고서[耂] 지팡이[匕]를 짚고 걸어 가는 노인은 늙었다는 뜻이다. 사람의 성씨 앞에 쓰여서 친근과 존중의 의미를 나타내기도 하고, 동물의 이름 앞에 쓰이기도 한다.

1	老师	lǎoshī	명 선생님
4	老虎	lǎohǔ	명 호랑이
5	老板	lǎobǎn	명 상점 주인, 사장
5	老实	lǎoshi	형 성실하다, 정직하다
5	老鼠	lǎoshǔ	명 쥐
5	老婆	lǎopo	명 아내, 집사람

考
kǎo
생각할 고

★★★ 6획

동 시험을 보다, 고려하다, 생각하다 명 시험

노인[耂]이 고개를 숙이고[丂] 골똘히 생각한다 는 뜻이다. 골똘히 생각하여 문제를 풀어야 하는 '시험'을 뜻하기도 한다.

• 丂는 여기서 고개를 떨군 모습을 나타낸다

2	考试	kǎoshì	명 시험 동 시험을 치다
4	考虑	kǎolǜ	동 고려하다, 생각하다
5	参考	cānkǎo	동 참고하다, 참조하다
5	思考	sīkǎo	동 사고하다, 사색하다
6	考察	kǎochá	동 고찰하다

者
zhě
사람 자〔者〕

★★★ 8획

대 ~한 사람, ~것 조 ~란 것은

경험이 풍부한 노인[耂]에게 삶의 지혜를 묻고자 날[日]마다 찾아오는 사람을 뜻한다. 어떤 일에 종사하거나 어떤 속성을 지니고 있는 사람·사물 을 나타낸다.

• 日(해 일)은 해를 그린 글자로, '날, 하루'라는 뜻도 있다.

3	或者	huòzhě	부 아마 접 혹은
4	记者	jìzhě	명 기자
4	作者	zuòzhě	명 지은이, 저자
5	志愿者	zhìyuànzhě	명 지원자
6	患者	huànzhě	명 환자

都

dōu / dū
모두 도
도읍 도〔都〕

★★★ 10획

부 모두, 다, 이미, 심지어 명 대도시, 수도

많은 사람[者]이 모두 모여 사는 고을[阝]은 그 나라의 도읍이라는 뜻이다.

• 阝은 邑(고을 읍)이 부수로 쓰인 모양이다.
• 부사로 쓰여 '모두'를 뜻할 때는 dōu, 명사로 쓰여 '도읍, 도시' 를 뜻할 때는 dū로 발음한다.

| 4 | 首都 | shǒudū | 명 수도 |

著
zhù
뚜렷할 저〔著〕

★★ 11획

형 뚜렷하다 명 작품, 저서 동 나타내다, 저작하다

풀[艹]이 많은 산속에 들어가 수양하는 사람[者] 은 의지가 뚜렷하다는 뜻이다. 뚜렷한 생각을 글 로 적어 '저작하다'라는 뜻도 있다.

• 艹는 艸(풀 초)가 간략해진 모양이다.

4	著名	zhùmíng	형 저명하다, 유명하다
6	著作	zhùzuò	동 저작하다 명 저서
6	显著	xiǎnzhù	형 뚜렷하다

员 yuán
인원 원 〔員〕 — 7획

명 어떤 직업에 종사하는 사람, 구성원

식구[口]를 위해 돈[贝]을 벌려고 사회에 모인 인원(사람)을 뜻한다.

- 贝는 조개껍데기를 그린 貝(조개 패)가 간략해진 모양이다. 화폐로 사용되던 조개의 특성에 따라 주로 돈과 관련된 글자에 쓰인다.

② 服务员 fúwùyuán	명 종업원
④ 演员 yǎnyuán	명 배우, 연기자
④ 售货员 shòuhuòyuán	명 판매원, 점원
⑤ 人员 rényuán	명 인원
⑥ 成员 chéngyuán	명 구성원

损 sǔn
덜 손 〔損〕 — 10획

동 훼손하다, 손상시키다, 손실을 입히다

여기저기서 손[扌]을 뻗은 인원들[员]이 일손을 던다는 뜻이다. 가진 것을 덜어내는 것이니 '훼손, 손상, 손실' 등의 의미도 있다.

- 扌은 手(손 수)가 부수로 쓰인 모양이다.

⑤ 损失 sǔnshī	명 손실
⑥ 亏损 kuīsǔn	동 적자나다
⑥ 损坏 sǔnhuài	동 손상시키다

圆 yuán
둥글 원 〔圓〕 — 10획

형 둥글다, 모두 갖추다 **동** 원만하게 하다 **명** 원

사람들[员]이 모여 빙 둘러[口] 앉아 있는 모양이 둥글다는 뜻이다.

⑥ 团圆 tuányuán	동 한자리에 모이다
⑥ 圆满 yuánmǎn	형 원만하다

01 발음 체크 박스
오른쪽의 발음을 가리고 읽어 보세요.
책 날개에 제공된 책갈피를 이용하면 편리합니다.

人	rén	价	jià	认	rèn	都	dōu / dū
从	cóng	阶	jiē	队	duì	著	zhù
众	zhòng	界	jiè	你	nǐ	员	yuán
内	nèi	今	jīn	称	chēng / chèn	损	sǔn
入	rù	含	hán	保	bǎo	圆	yuán
久	jiǔ	念	niàn	假	jiǎ / jià		
个	gè	令	lìng	老	lǎo		
会	huì	冷	lěng	考	kǎo		
介	jiè	领	lǐng	者	zhě		

02 일째
사람 2

★★★ 2획

ér
아이 아 〔兒〕

명 아이, 아들, 자녀 접미 작은 것을 나타냄

사방으로 뛰어다니는 어린아이의 다리를 그린 글자이다. 명사 뒤에 붙어 작은 것을 의미하거나, 동사나 형용사 뒤에 붙어 명사형을 만든다.

• 접미사로 쓰일 때, 한어 병음은 'r'만 붙여 준다.

1	儿子	érzi	명 아들
1	女儿	nǚ'ér	명 딸
1	哪儿	nǎr	대 어디, 어느 곳
1	一点儿	yìdiǎnr	양 조금
3	一会儿	yíhuìr	명 잠시
4	儿童	értóng	명 아동, 어린이

★★ 6획

光
guāng
빛 광

명 빛, 영예, 덕, 풍경 부 단지, 오로지
형 빛나다, 아무것도 없이 텅 비다

사람[儿]이 횃불[火→⺌]을 들어 사방을 밝게 비춘 빛을 뜻한다.

4	阳光	yángguāng	명 햇빛
5	光盘	guāngpán	명 CD, 콤팩트디스크
6	风光	fēngguāng	명 풍경
6	观光	guānguāng	동 관광하다
6	眼光	yǎnguāng	명 시선, 안목
6	沾光	zhānguāng	동 덕을 보다

★★★ 4획

元
yuán
으뜸 원

형 첫째의, 주요한, 으뜸의, 우두머리의
양 위안(중국 화폐 단위)

갓[二]을 쓴 사람[儿]의 머리를 그린 글자로, 무리의 으뜸을 의미한다. 중국의 화폐 단위인 '위안'을 뜻하기도 한다.

• 二는 여기서 갓의 모양을 나타낸다.

5	单元	dānyuán	명 단원, 현관
5	元旦	yuándàn	명 설날, 원단
6	元首	yuánshǒu	명 국가 원수
6	元宵节	yuánxiāojié	명 정월 대보름

★★★ 7획

yuǎn
멀 원 〔遠〕

형 (거리·시간·감정상) 멀다, (차이가) 크다

어떤 분야의 으뜸[元]이 되기 위해서는 걸어야[辶] 할 길이 멀다는 뜻이다.

• 辶은 천천히 걷는 모습인 辵(쉬엄쉬엄 갈 착)이 부수로 쓰인 모양이다.

4	永远	yǒngyuǎn	부 영원히
6	疏远	shūyuǎn	형 (감정상) 소원하다
6	遥远	yáoyuǎn	형 요원하다

wán
놀 완

8획

동 놀다, 장난하다, 농락하다, 즐기다

아이들이 구슬[王]치기로 으뜸[元]을 가리며 논다는 뜻이다.

• 王은 玉(구슬 옥)이 부수로 쓰인 모양으로, 王(임금 왕)과 모양이 같다.

④ 开玩笑 kāiwánxiào 동 농담하다, 웃기다
⑤ 玩具 wánjù 명 장난감

yuán
동산 원 〔園〕

7획

명 동산, 밭, 유람을 위한 공공장소

울타리[口] 안에 나무들이 으뜸[元]으로 잘 가꾸어진 동산을 뜻한다.

③ 公园 gōngyuán 명 공원
⑤ 幼儿园 yòu'éryuán 명 유치원
＋ 校园 xiàoyuán 명 교정, 캠퍼스

完
wán
완전할 완

7획

형 완전하다, 끝나다 동 완성하다, 마치다, 망하다

집[宀]을 으뜸[元]으로 지었으니 모든 것이 완전하다는 뜻이다. 완전히 '끝나다'라는 의미도 있다.

• 宀(집 면)은 지붕의 모양을 그린 글자로, 집을 뜻한다.

③ 完成 wánchéng 동 완성하다
④ 完全 wánquán 부 완전히
⑤ 完美 wánměi 형 매우 훌륭하다
⑤ 完整 wánzhěng 형 완전히 갖추다
⑥ 完备 wánbèi 동 모두 갖추다
⑥ 完毕 wánbì 동 끝내다, 마치다

yuàn
집 원

9획

명 기관, 공공장소, 뜰, 집

언덕[阝] 위에 높고 완전하게[完] 담을 둘러 지은 관청이나 사원 같은 집을 뜻한다.

• 阝은 층진 언덕을 본뜬 阜(언덕 부)가 부수로 쓰인 모양이다.

① 医院 yīyuàn 명 병원
⑤ 法院 fǎyuàn 명 법원
＋ 住院 zhùyuàn 동 입원하다
＋ 电影院 diànyǐngyuàn 명 영화관

xiān
먼저 선

6획

명 처음, 앞, 전, 조상 동 앞서가다 부 먼저, 우선

소[牛→𠂉]처럼 부지런히 일하는 사람[儿]은 남들보다 먼저 앞서간다는 뜻이다.

• 牛(소 우)는 뿔이 달린 소의 머리를 그린 글자이다.

① 先生 xiānsheng 명 선생님, ~씨
④ 首先 shǒuxiān 부 가장 먼저, 우선
⑤ 事先 shìxiān 명 사전, 미리
⑥ 先进 xiānjìn 형 선진의
⑥ 祖先 zǔxiān 명 선조, 조상
⑥ 先前 xiānqián 명 이전, 예전

洗 xǐ 씻을 세
★★★ 9획

동 씻다, 빨다, (사진을) 인화하다, (기록을) 지우다

외출하고 집에 돌아오면 가장 먼저[先] 물[氵]로 손을 씻는다는 뜻이다.

• 氵은 水(물 수)가 부수로 쓰인 모양이다.

3	洗澡	xǐzǎo	동 목욕하다, 몸을 씻다
3	洗手间	xǐshǒujiān	명 화장실
+	洗衣机	xǐyījī	명 세탁기
+	洗脸	xǐliǎn	동 세수하다
+	洗碗	xǐwǎn	동 설거지하다

选 xuǎn 고를 선〔選〕
★★★ 9획

동 고르다, 선거하다 명 뽑힌 사람 또는 물건

좋은 물건을 차지하기 위해 먼저[先] 가서[辶] 고른다는 뜻이다.

• 辶은 천천히 걷는 모습인 辵(쉬엄쉬엄 갈 착)이 부수로 쓰인 모양이다.

3	选择	xuǎnzé	동 선택하다 명 선택
6	候选	hòuxuǎn	동 임용을 기다리다
6	选手	xuǎnshǒu	명 선수
6	当选	dāngxuǎn	동 당선되다
6	选拔	xuǎnbá	동 (인재를) 선발하다

充 chōng 채울 충
★ 6획

형 가득하다, 충분하다 동 가득 채우다, 맡다

아기[ㄊ]가 두 다리로[儿] 설 수 있도록 몸에 영양을 채운다는 뜻이다.

• ㄊ은 갓 태어난 아기의 모습을 그린 글자이다.

5	补充	bǔchōng	동 보충하다
5	充分	chōngfèn	형 충분하다
5	充满	chōngmǎn	동 가득 차다
5	充电器	chōngdiànqì	명 충전기
6	充实	chōngshí	형 충실하다

统 tǒng 거느릴 통〔統〕
★ 9획

동 거느리다, 총괄하다 명 계통

나라 안에 실[糹]처럼 촘촘히 채워진[充] 백성을 모두 잘 거느린다는 뜻이다.

• 纟은 糸(실 사)가 간략해진 모양이다.

5	传统	chuántǒng	명 전통
5	统一	tǒngyī	동 통일하다
5	系统	xìtǒng	명 계통, 시스템
5	总统	zǒngtǒng	명 총통, 대통령
6	统计	tǒngjì	동 통계하다
6	统治	tǒngzhì	동 통치하다

免 miǎn 면할 면
★★ 7획

동 모면하다, 벗어나다, 피하다, 해임하다

사람[⺈]이 구멍[口]으로 발[儿] 빠르게 도망가서 위기를 면한다는 뜻이다.

• ⺈은 人(사람 인)의 변형이다.

4	免费	miǎnfèi	동 무료로 하다
5	避免	bìmiǎn	동 피하다, 모면하다
5	难免	nánmiǎn	동 면하기 어렵다
6	免疫	miǎnyì	동 면역이 되다
6	以免	yǐmiǎn	접 ~하지 않도록

晩
wǎn
늦을 만
★★★ 11획

명 저녁 형 늦다

해[日]가 질 때까지 위기를 모면하지[免] 못했으니 이미 늦었다는 뜻이다. '저녁'이라는 의미로도 쓰인다.

2	晚上	wǎnshang	명 저녁
5	傍晚	bàngwǎn	명 저녁 무렵
+	晚饭	wǎnfàn	명 저녁밥
+	晚会	wǎnhuì	명 이브닝 파티
+	夜晚	yèwǎn	명 밤, 야간
+	晚安	wǎn'ān	잘 자.

士
shì
선비 사
★★ 3획

명 선비, 지식인, 학위나 기술을 갖춘 사람

지식과 덕망이 뛰어나 하나[一]를 들으면 열[十]을 아는 선비를 뜻한다.

4	护士	hùshi	명 간호사
4	硕士	shuòshì	명 석사
4	博士	bóshì	명 박사
5	女士	nǚshì	명 여사, 숙녀
6	绅士	shēnshì	명 신사, 젠틀맨

志
zhì
뜻 지
★★ 7획

명 뜻, 의지, 기록 동 기억하다, 기록하다

선비[士]가 마음[心]속에 품은 뜻을 의미한다. 품은 뜻을 글로 적어 '기록하다'라는 뜻도 있다.

• 心(마음 심)은 사람의 심장을 그린 글자로, 마음을 의미한다.

4	杂志	zázhì	명 잡지
5	标志	biāozhì	명 표지 동 명시하다
5	志愿者	zhìyuànzhě	명 지원자
6	同志	tóngzhì	명 동지
6	意志	yìzhì	명 의지

声
shēng
소리 성 〔聲〕
★★★ 7획

명 소리, 목소리, 소식 동 소리를 내다 양 번, 마디

선비[士]가 목을 길게[尸] 빼고 책을 읽는 소리를 뜻한다.

• 尸은 여기서 목을 길게 뺀 사람의 모습을 나타낸다.

3	声音	shēngyīn	명 소리, 목소리
5	声调	shēngdiào	명 성조, 말투, 어조
6	声明	shēngmíng	동 성명하다
6	相声	xiàngsheng	명 만담, 재담

结
jié
맺을 결 〔結〕
★★★ 9획

동 매다, 묶다, 맺다, 끝맺다 명 매듭

남녀가 실[糸]처럼 엮이기 위하여 길한[吉] 날을 정해 혼인을 맺는다는 뜻이다.

• 吉(길할 길)은 선비[士]의 말[口]을 따르면 길하다는 뜻이다.
• '말을 더듬거리다'라는 뜻일 때와 '结实 jiēshi'에서는 jiē로 발음한다.

3	结束	jiéshù	동 끝나다, 마치다
3	结婚	jiéhūn	동 결혼하다
4	结果	jiéguǒ	명 결과
5	结实	jiēshi	형 단단하다
5	结合	jiéhé	동 결합하다
5	结账	jiézhàng	동 계산하다

喜 xǐ 기쁠 희 (12획) ★★★

- 형 기쁘다, 즐겁다 명 기쁨, 기쁜 일 동 좋아하다

몸에 좋은[吉] 풀[屮]이 입[口]에 들어가니 기쁘다는 뜻이다.

- 屮는 艸(풀 초)가 간략해진 모양이다.
- '喜(기쁠 희)'에서 한 획이 빠진 글자가 두 개 붙은 '囍(쌍희희)'는 경사스러운 날에 자주 쓰인다.

1	喜欢	xǐhuan	동 좋아하다
5	恭喜	gōngxǐ	동 축하하다
6	喜悦	xǐyuè	형 기쁘다, 즐겁다

王 wáng 임금 왕 (4획) ★

- 명 왕, 우두머리 형 큰, 최강의

하늘, 땅, 사람, 세[三] 가지를 하나로 꿰뚫어[丨] 다스리는 임금을 뜻한다.

- 王을 wàng으로 읽을 때는 '왕 노릇 하다'라는 뜻이다.

| 5 | 国王 | guówáng | 명 국왕 |
| 5 | 王子 | wángzǐ | 명 왕자 |

皇 huáng 임금 황 (9획) ★

- 명 임금, 황제

커다란 왕관[白]을 쓴 임금[王]을 그린 글자이다.

- 白(흰 백)은 여기서 커다란 왕관의 모양을 나타낸다.

| 6 | 皇帝 | huángdì | 명 황제 |
| 6 | 皇后 | huánghòu | 명 황후 |

全 quán 온전 전 〔全〕 (6획) ★★

- 형 전부의, 완전하다 부 모두, 완전히

많은 사람[人] 중에 왕[王]이 될 사람은 모든 것이 온전하다는 뜻이다.

4	全部	quánbù	명 전부 형 전부의
4	安全	ānquán	형 안전하다
4	完全	wánquán	부 완전히

望 wàng 바랄 망 (11획) ★★★

- 동 바라다, 희망하다, (멀리) 바라보다, 방문하다

나라가 망하지[亡] 않기를 달[月]에 빌며, 멀리 계신 왕[王]께도 그것을 바란다는 뜻이다.

- 亡(망할 망)은 사람[亠]이 도망쳐서 벽[乚] 안쪽으로 몸을 숨기니 모두 망했다는 뜻이다.

2	希望	xīwàng	명 희망 동 희망하다
4	失望	shīwàng	동 실망하다
5	看望	kànwàng	동 방문하다, 문안하다
6	愿望	yuànwàng	명 희망, 소망
6	期望	qīwàng	동 기대하다 명 기대

主 zhǔ 주인 주
★★★ 5획

명 주인 **형** 가장 중요한 **동** 주관하다, 주장하다

한[丶] 집안에서 왕[王] 노릇 하는 사람이 주인이라는 뜻이다.

- 3 主要 zhǔyào — **형** 주요한 **부** 주로
- 4 主意 zhǔyi — **명** 방법, 생각, 의견
- 5 主人 zhǔrén — **명** 주인
- 5 主动 zhǔdòng — **형** 주동적인
- 5 主张 zhǔzhāng — **동** 주장하다 **명** 주장

住 zhù 살 주
★★★ 7획

동 살다, 숙박하다, 멎다, 그치다

사람[亻]이 집의 주인[主]이 되어 산다는 뜻이다. 동사 뒤에 붙어서 견고함이나 안정됨을 나타내는 결과 보어로 쓰이기도 한다. 예를 들어 '记住 jizhu'는 '확실히 기억하다'라는 뜻이다.

- 5 忍不住 rěnbúzhù — **동** 견딜 수 없다
- 6 居住 jūzhù — **동** 거주하다
- 6 住宅 zhùzhái — **명** 주택

注 zhù 부을 주
★★★ 8획

동 쏟다, 붓다, 집중하다, 주석하다, 등록하다
명 주석, (도박에) 거는 돈

밭 주인[主]이 물[氵]을 끌어와 밭에 붓는다는 뜻이다. 정신을 쏟아부어 '집중하다', 글에 '주석을 달다'라는 뜻으로도 쓰인다.

- 3 注意 zhùyì — **동** 주의하다
- 5 注册 zhùcè — **동** 등록하다
- 6 注射 zhùshè — **동** 주사하다
- 6 注释 zhùshì — **동** 주석하다

• 氵은 水(물 수)가 부수로 쓰인 모양이다.

往 wǎng 갈 왕
★★★ 8획

동 가다, ~로 향하다 **형** 이전의, 옛날의
개 ~쪽으로, ~을 향해

삶의 주인[主]이 되어 앞으로 걸어간다[彳]는 뜻이다. '~쪽으로'라는 뜻으로 많이 쓰인다.

- 4 往往 wǎngwǎng — **부** 왕왕, 자주
- 5 交往 jiāowǎng — **동** 왕래하다 **명** 왕래
- 5 往返 wǎngfǎn — **동** 왕복하다
- 6 以往 yǐwǎng — **명** 이전, 과거

• 彳(조금 걸을 척)은 사람의 다리 모양을 본뜬 것이다.

玉 yù 구슬 옥
★ 5획

명 옥 **형** 깨끗하다, 아름답다

나란히 꿰어져[王] 반짝이는[丶] 구슬의 모습을 나타낸다.

- 6 玉米 yùmǐ — **명** 옥수수, 강냉이

国
guó
나라 국 〔國〕
8획

명 국가, 나라

영토[囗] 안에 옥[玉]처럼 귀한 백성이 사는 나라를 뜻한다.

① 中国 Zhōngguó 명 중국
③ 国家 guójiā 명 국가, 나라
④ 国籍 guójí 명 국적
④ 国际 guójì 명 국제
＋ 韩国 Hánguó 명 한국
＋ 法国 Fǎguó 명 프랑스

环
huán
고리 환 〔環〕
8획

명 고리, 순환 도로, 사방 동 둘러싸다

구슬[玨]처럼 둥글고 모나지 않은[不] 고리를 뜻한다.

• 玨은 玉(구슬 옥)이 부수로 쓰인 모양으로, 王(임금 왕)과 모양이 같다. 不(아닐 부/불)은 부정의 의미이다.

③ 环境 huánjìng 명 환경
⑤ 耳环 ěrhuán 명 귀고리
⑥ 循环 xúnhuán 동 순환하다
⑥ 环节 huánjié 명 일환, 부분

班
bān
나눌 반
10획

명 반, 조, 단체, 근무, 근무 시간

옥들[玉玉→珏]의 가운데를 칼[刂]로 잘라 나눈다는 뜻이다. 학생들을 일정하게 나눈 '반'을 뜻하기도 한다.

• 刂은 刀(칼 도)가 부수로 쓰인 모양이다.

② 上班 shàngbān 동 출근하다
④ 航班 hángbān 명 운항편
④ 加班 jiābān 동 초과 근무를 하다
⑥ 值班 zhíbān 동 당직을 하다
＋ 下班 xiàbān 동 퇴근하다

발음 체크 박스

오른쪽의 발음을 가리고 읽어 보세요.
책 날개에 제공된 책갈피를 이용하면 편리합니다.

儿	ér	洗	xǐ	结	jié	往	wǎng
光	guāng	选	xuǎn	喜	xǐ	玉	yù
元	yuán	充	chōng	王	wáng	国	guó
远	yuǎn	统	tǒng	皇	huáng	环	huán
玩	wán	免	miǎn	全	quán	班	bān
园	yuán	晚	wǎn	望	wàng		
完	wán	士	shì	主	zhǔ		
院	yuàn	志	zhì	住	zhù		
先	xiān	声	shēng	注	zhù		

03 일째 가족

 MP3 발음 파일 | 암기 프로그램

★★ 4획

父
fù
아버지 부

명 아버지, 부친, 웃어른에 대한 통칭

도끼[ㄏ]를 손[又→乂]에 들고 사냥과 농사일을 하는 아버지를 뜻한다.

• 又(또 우)는 오른손을 그린 글자로, 주로 '손'을 의미한다.

4	父亲	fùqīn	명 부친, 아버지
6	祖父	zǔfù	명 조부, 할아버지
+	伯父	bófù	명 큰아버지, 백부

★★★ 8획

爸
bà
아비 파

명 아빠, 아버지

도끼[ㄏ]를 손[又→乂]에 들고 뱀[巴]으로부터 자식을 지키는 아버지를 뜻한다.

• 巴(뱀 파)는 똬리를 튼 큰 뱀의 모습을 그린 글자이다.

| 1 | 爸爸 | bàba | 명 아빠, 아버지 |

★★★ 6획

爷
yé
할아버지 야〔爺〕

명 할아버지, 조부, 어르신

아버지[父]를 키우느라 허리가 구부러진[阝→卩] 할아버지를 뜻한다.

• 卩(병부 절)은 몸을 구부린 사람의 모습이다.

| 3 | 爷爷 | yéye | 명 할아버지 |

★★ 5획

母
mǔ
어머니 모

명 어머니, 모친 형 암컷의

자식을 품에 안고 젖[母]을 물리는 어머니를 뜻한다.

4	母亲	mǔqīn	명 모친, 어머니
5	字母	zìmǔ	명 자모, 알파벳
+	母亲节	mǔqīnjié	명 어머니날
+	父母	fùmǔ	명 부모

每 měi
매양 매
7획
★★★

[대] 매, 각, ~마다 [부] 늘, 항상, 자주
매일 아침 비녀[𠂉]를 꽂는 어머니[母]처럼 늘 한결같이 매번(매양)이라는 뜻이다.
- 𠂉은 여기서 비녀의 모양이다.

⊕ 每天 měitiān	[부] 매일, 날마다
⊕ 每周 měizhōu	[명] 매주
⊕ 每月 měiyuè	[명] 매월
⊕ 每年 měinián	[명] 매년

海 hǎi
바다 해
10획
★★

[명] 바다
물[氵]이 항상[每] 가득 차 있는 바다를 뜻한다.

4 海洋 hǎiyáng	[명] 해양, 바다
5 海鲜 hǎixiān	[명] 해산물
5 海关 hǎiguān	[명] 세관
⊕ 海边 hǎibian	[명] 해변, 바닷가

子 zǐ / zi
아들 자
접미사 자
3획
★★★

[명] 자녀, 아들, 사람 [접미] 단어를 명사화함
갓난아기가 포대기에 싸여 양팔을 벌린 모습이다. 현대 중국어에서는 주로 단어 뒤에 붙어서 명사화하는 역할을 한다.
- '아들, 자녀'를 뜻할 때는 zǐ, 접미사일 때는 zi로 발음한다.

1 儿子 érzi	[명] 아들
2 孩子 háizi	[명] 아이, 자녀
2 妻子 qīzi	[명] 아내
3 帽子 màozi	[명] 모자
3 裙子 qúnzi	[명] 치마, 스커트
3 裤子 kùzi	[명] 바지
3 筷子 kuàizi	[명] 젓가락

了 le / liǎo
어기사 료
마칠 료
2획
★★★

[조] (동사나 형용사 뒤에서) 동작의 완료를 나타냄
[동] (得나 不와 함께) 가능성을 나타냄, 완결되다
일하던 양팔을 내려놓고 일을 마친다는 뜻이다.
- 동작의 변화나 완료를 나타내는 조사일 때는 le, 가능성이나 완결을 나타내는 동사일 때는 liǎo로 읽는다.

3 除了 chúle	[개] ~을 제외하고
3 了解 liǎojiě	[동] 이해하다
3 为了 wèile	[개] ~을 위하여
4 受不了 shòubuliǎo	[동] 견딜 수 없다
5 了不起 liǎobuqǐ	[형] 굉장하다

字 zì
글자 자
6획
★★★

[명] 글자, 문자
집[宀] 안에서 자식들[子]이 공부하는 글자를 뜻한다.

1 名字 míngzi	[명] 이름
4 数字 shùzì	[명] 숫자
5 文字 wénzì	[명] 문자, 글자
5 字幕 zìmù	[명] 자막
6 简体字 jiǎntǐzì	[명] 간체자

★ 8획 承 chéng 받들 승	동 받다, 받들다, 맡다, 담당하다 조상의 유산을 자식[子]이 대대로[二] 이어 두 손 [♡→升]으로 받든다는 뜻이다. • 二는 여기서 1대에서 2대로 이어진다는 의미이다.	5 承担 chéngdān 동 맡다, 담당하다
		5 承认 chéngrèn 동 승인하다, 인정하다
		6 继承 jìchéng 동 상속하다
		6 承诺 chéngnuò 동 승낙하다

★★ 6획 孙 sūn 손자 손 〔孫〕	명 손자, 손녀 내 자식[子]이 낳은 어린[小] 손자를 뜻한다. • 小(작을 소)는 작은 점 세 개[丶丶丶]를 그려서 작다는 뜻을 표현한 글자이다.	4 孙子 sūnzi 명 손자
		+ 孙女 sūnnǚ 명 손녀

★★★ 9획 孩 hái 어린아이 해	명 어린이, 아이 자식[子]이 돼지[亥]처럼 포동포동한 때인 어린 아이 시절을 뜻한다. • 亥(돼지 해)는 돼지의 모양을 그린 글자이다.	2 孩子 háizi 명 아이, 자녀

★★★ 3획 女 nǚ 여자 녀	명 여자, 딸 다리와 손을 모으고 다소곳이 앉아 있는 여자의 모습이다.	1 女儿 nǚ'ér 명 딸
		5 妇女 fùnǚ 명 부녀자, 성인 여성

★★★ 6획 好 hǎo / hào 좋을 호	형 좋다, 안녕하다 동 좋아하다 부 ~하기 쉽다 여자[女]가 자식[子]을 안고 좋아한다는 뜻이다. • 대부분 hǎo로 발음하며, 동사로 '좋아하다', 부사로 '~하기 쉽다'라는 뜻일 때는 hào로 발음한다.	2 好吃 hǎochī 형 맛있다 동 먹기 좋다
		3 爱好 àihào 동 ~을 즐기다 명 취미
		4 正好 zhènghǎo 형 딱 맞다 부 마침
		4 好处 hǎochu 명 장점
		5 好奇 hàoqí 형 호기심을 갖다

★★★ 6획

如 rú 같을 여

동 ~와 같다, 더 낫다, 예를 들다 접 만일, 만약

여자[女]가 입[口]에 붉은색을 칠하면 입술 색이 늘 같다는 뜻이다.

• 口(입 구)는 사람의 입을 그린 글자이다.

3	如果	rúguǒ	접 만일, 만약
4	比如	bǐrú	접 예를 들면
4	例如	lìrú	동 예를 들다
5	不如	bùrú	동 ~만 못하다
			접 ~하는 편이 낫다

★★★ 11획

婚 hūn 혼인할 혼

동 결혼하다, 혼인하다 명 혼인

옛날, 저녁에 혼인하던 풍습에서 여인[女]을 날이 어두울[昏] 때 맞이하여 혼인한다는 뜻이다.

• 昏(어두울 혼)은 나무뿌리[氏] 밑으로 해[日]가 지니 날이 어둡다는 뜻이다.

3	结婚	jiéhūn	동 결혼하다
5	婚礼	hūnlǐ	명 결혼식
5	婚姻	hūnyīn	명 혼인, 결혼
5	离婚	líhūn	동 이혼하다

★★★ 6획

安 ān 편안 안

형 안정되다, 편안하다 동 안정시키다

집[宀]에 여자[女]가 있어야 집안이 편안하다는 뜻이다.

3	安静	ānjìng	형 조용하다, 안정되다
4	安排	ānpái	동 안배하다
4	安全	ānquán	형 안전하다
5	不安	bù'ān	형 불안하다
5	平安	píng'ān	형 평안하다

★★ 9획

按 àn 누를 안

동 누르다, 제쳐 놓다, 억누르다, 의거하다
개 ~에 따라서, ~에 의해서

손[扌]을 써서 상대가 편안함[安]을 느끼도록 눌러 준다는 뜻이다. 안마할 때는 정해진 법칙에 따라야 하므로 '~에 따라서'라는 뜻도 있다.

• 扌은 手(손 수)가 부수로 쓰인 모양이다.

4	按照	ànzhào	동 ~에 따르다
4	按时	ànshí	부 제때에
6	按摩	ànmó	동 안마하다

★★ 10획

案 àn 책상 안

명 (법률상의) 사건, 문서, 탁자

편안하게[安] 앉아 책을 볼 수 있도록 나무[木]로 만든 책상을 뜻한다. 책상에서 일할 때 보는 '문서, 서류, (법률상의) 사건' 등을 의미한다.

• 木(나무 목)은 나무의 기둥과 가지, 뿌리를 그린 글자이다.

4	答案	dá'àn	명 답안
5	方案	fāng'àn	명 방안, 표준 양식
6	案件	ànjiàn	명 (법률상의) 사건
6	案例	ànlì	명 사례
6	草案	cǎo'àn	명 초안

妈 mā
어머니 마 〔媽〕 ★★★ 6획

[명] 엄마, 어머니, 나이 많은 기혼 여성을 부르는 말

여자[女]로서 자식을 말[马]처럼 이끌어 주는 어머니라는 뜻이다.

• 马는 馬(말 마)가 간략해진 모양이다.

① 妈妈 māma	[명] 엄마, 어머니
+ 舅妈 jiùmā	[명] 외숙모
+ 大妈 dàmā	[명] 큰어머니, 아주머님

妹 mèi
손아래 누이 매 ★★★ 8획

[명] 여동생

여자[女] 중에 아직[未] 덜 자라서 어린 여동생(손아래 누이)을 뜻한다.

• 未(아닐 미)는 나무[木]의 끝에 덜 자란 싹을 선[─]으로 그어 '아직 아니다'라는 의미를 나타낸 글자이다.

| ② 妹妹 mèimei | [명] 여동생 |
| + 姐妹 jiěmèi | [명] 자매 |

姐 jiě
누이 저 ★★★ 8획

[명] 언니, 누나, 아가씨

여자[女] 중에 집안에서 또[且] 하나의 엄마 역할을 하는 언니(누이)를 뜻한다.

• 且(또 차)는 그릇에 음식이 겹겹이 쌓여 있는 모양을 그린 것으로, '또'라는 뜻이다.

① 小姐 xiǎojiě	[명] 아가씨, 젊은 여자
② 姐姐 jiějie	[명] 언니, 누나
+ 空姐 kōngjiě	[명] 스튜어디스

祖 zǔ
할아버지 조 〔祖〕 ★ 9획

[명] 할아버지, 조상, 선조

제단[礻]에 음식이 쌓인 그릇[且]을 올리고 모시는 할아버지(조상)를 뜻한다.

• 礻은 제사 지내는 단을 그린 示(보일 시)가 간략해진 모양이다.

⑥ 祖先 zǔxiān	[명] 선조, 조상
⑥ 祖父 zǔfù	[명] 조부, 할아버지
⑥ 祖国 zǔguó	[명] 조국

奶 nǎi
젖 내 ★★★ 5획

[명] 젖, 유방, 할머니 [동] 젖을 먹이다

아이가 울면 여인[女]이 곧[乃] 먹이는 젖을 뜻한다. 주로 우유의 종류를 나타낼 때 쓰이고, '할머니'라는 뜻도 있다.

• 乃(이에 내)는 뱃속에서 몸을 구부린 태아의 모습으로, 곧 밖으로 나오므로 '곧(이에)'이라는 뜻이다.

② 牛奶 niúnǎi	[명] 우유
③ 奶奶 nǎinai	[명] 할머니
+ 奶茶 nǎichá	[명] 밀크티
+ 奶酪 nǎilào	[명] 치즈
+ 酸奶 suānnǎi	[명] 요구르트

仍
réng
그대로 잉

- 4획
- 부 여전히, 아직도 동 따르다, 답습하다
- 사람[亻]이 태아[乃]처럼 몸을 구부리고 그대로 있는 것을 뜻한다.
- 4 仍然 réngrán 부 변함없이, 여전히

妻
qī
아내 처

- 8획
- 명 아내, 처
- 많은[十] 집안일을 하느라 손[ヨ]을 쓰는 여자[女]인 아내를 뜻한다. 옛날에는 집안일을 주로 여자가 담당했다.
- 2 妻子 qīzi 명 아내
- + 夫妻 fūqī 명 부부, 남편과 아내

要
yāo / yào
구할 요
중요할 요

- 9획
- 동 요구하다, 바라다 형 중요하다
- 조동 ~하려 하다, ~해야 한다 명 요점
- 양손을 허리에 올린[覀] 여자[女]를 그려, 몸의 중심인 허리는 중요하다는 뜻을 표현한 글자이다.
- • '요구하다'라는 뜻일 때는 yāo로 발음하고, 그 외에는 대부분 yào로 발음한다.
- 3 要求 yāoqiú 동 요구하다 명 요구
- 3 需要 xūyào 동 필요하다 명 필요
- 3 主要 zhǔyào 형 주요한 부 주로
- 3 重要 zhòngyào 형 중요하다
- 4 要是 yàoshi 접 만약

委
wěi
맡길 위

- 8획
- 동 위임하다, 맡기다, 포기하다 명 위원
- 벼[禾]로 밥 짓는 일을 여자[女]에게 맡긴다는 뜻이다. 맡긴 일을 '포기하다, 책임을 미루다'라는 뜻도 있다.
- • 禾(벼 화)는 고개 숙인 벼의 모양을 그린 글자이다.
- 5 委屈 wěiqu 형 억울하다
- 6 委员 wěiyuán 명 위원
- 6 委托 wěituō 동 위탁하다

矮
ǎi
키 작을 왜

- 13획
- 형 (키가) 작다, (높이·등급·지위가) 낮다
- 화살[矢]을 피해 적에 침투하는 일을 맡은[委] 사람은 주로 키가 작다는 뜻이다.
- • 矢(화살 시)는 화살의 모양을 그린 글자이다.
- + 矮小 ǎixiǎo 형 왜소하다

哥 gē 형 가 (10획) ★★★

명 형, 오빠

옳은[可] 말과 옳은[可] 행동으로 나에게 본을 보이는 형, 오빠라는 뜻이다.

- 可(옳을 가)는 상대의 의견에 동의하여 입[口]을 크게[丁] 벌리며 '옳다'라고 말한다는 뜻이다.

| 2 | 哥哥 gēge | 명 형, 오빠 |

克 kè 이길 극 (7획) ★★

동 이기다, 극복하다, 억제하다
양 그램(무게를 재는 단위)

동생과 싸우면 열[十] 번 모두 형[兄]이 이긴다는 뜻이다. 이기려면 어려움을 극복해야 한다.

- 兄(형 형)은 제단 앞에 무릎을 꿇고[儿] 입[口]으로 축문을 읽는 형을 뜻한다.

4	巧克力 qiǎokèlì	명 초콜릿
5	克服 kèfú	동 극복하다, 이기다
5	麦克风 màikèfēng	명 마이크
6	克制 kèzhì	동 억제하다, 자제하다

况 kuàng 상황 황 (7획) ★★

명 상황, 사정 **접** 하물며, 게다가

겨울에 바닥이 얼면[冫] 형[兄]이 먼저 가서 보고 알려 주는 상황을 뜻한다. '하물며, 게다가'라는 뜻으로도 쓰인다.

- 冫(얼음 빙)은 점처럼 굳은 얼음을 나타낸다.

4	情况 qíngkuàng	명 상황, 정황
5	何况 hékuàng	접 더군다나, 하물며
5	状况 zhuàngkuàng	명 상황, 형편
6	况且 kuàngqiě	접 게다가, 더구나

祝 zhù 빌 축 [祝] (9획) ★★

동 기원하다, 축복하다, 축하하다

제단[礻] 앞에 맏형[兄]이 나아가 집안의 평안을 빈다는 뜻이다. 주로 축하하는 말 앞에 붙인다.

- 礻은 제사 지내는 단을 그린 示(보일 시)가 간략해진 모양이다.
- '생일 축하합니다!'는 '祝你生日快乐! Zhù nǐ shēngrì kuàilè!'라고 한다.

4	祝贺 zhùhè	동 축하하다
5	祝福 zhùfú	동 축복하다 명 축복
+	庆祝 qìngzhù	동 경축하다

弟 dì 아우 제 (7획) ★★★

명 남동생, 아우

형 다음[二→丶丶]에 태어나 활[弓]과 화살[丿]을 가지고 노는 어린 아우를 뜻한다.

- 弓(활 궁)은 가운데가 볼록한 활을 그린 글자이다.

2	弟弟 dìdi	명 남동생
5	兄弟 xiōngdì	명 형제
6	徒弟 túdì	명 도제, 제자

第 dì

11획

차례 제

- 명 순서, 차례
- 2 第一 dìyī 수 제1, 첫 번째

책이 귀하던 시절, 대나무[⺮]로 만든 형의 책을 얻기 위해 아우[弟→弟]가 기다려야 하는 차례를 뜻한다.

- ⺮는 竹(대나무 죽)이 부수로 쓰인 모양이다.

03 단어 확인 문제

제시된 뜻을 보고 빈칸에 알맞은 글자를 a, b 중에 골라 보세요.

01 아버지 □亲 fùqīn
  a. 父   b. 爸

02 매일 □天 měitiān
  a. 母   b. 每

03 바다 □洋 hǎiyáng
  a. 海   b. 每

04 이름 名□ míngzi
  a. 子   b. 字

05 아이 □子 háizi
  a. 孙   b. 孩

06 맛있다 □吃 hǎochī
  a. 好   b. 如

07 결혼하다 结□ jiéhūn
  a. 妈   b. 婚

08 조용하다 □静 ānjìng
  a. 安   b. 按

09 답안 答□ dá'àn
  a. 安   b. 案

10 아가씨 小□ xiǎojiě
  a. 姐   b. 妹

11 우유 牛□ niúnǎi
  a. 仍   b. 奶

12 아내 □子 qīzi
  a. 女   b. 妻

13 중요하다 重□ zhòngyào
  a. 要   b. 委

14 축하하다 □贺 zhùhè
  a. 祝   b. 祖

15 첫 번째 □一 dìyī
  a. 弟   b. 第

16 상황 情□ qíngkuàng
  a. 克   b. 况

정답 01 a 02 b 03 a 04 b 05 b 06 a 07 b 08 a 09 b 10 a 11 b 12 b 13 a 14 a 15 b 16 b

04 몸·머리

 MP3 발음 파일 암기 프로그램

己 jǐ — 몸 기 (3획) ★★★

대 자기, 자신

웅크리고 있는 사람의 몸을 그린 글자이다. '자기, 자신'이라는 뜻으로도 쓰인다.

급	단어	병음	품사	뜻
3	自己	zìjǐ	대	자기, 자신, 스스로

记 jì — 기록할 기 〔記〕 (5획) ★★★

동 기억하다, 기록하다 명 부호, 표지

자기[己]의 말[讠]과 생각을 글로 기록한다는 뜻이다.

• 讠은 言(말씀 언)이 간략해진 모양이다.

3	忘记	wàngjì	동	잊어버리다
3	记得	jìde	동	기억하고 있다
3	笔记本	bǐjìběn	명	노트북
4	记者	jìzhě	명	기자
4	日记	rìjì	명	일기
5	记录	jìlù	동	기록하다 명 기록

纪 jì — 규율 기 〔紀〕 (6획) ★★

명 규율, 법도, 연대 동 기록하다

실[糹]을 짜서 몸[己]에 맞는 옷을 만들 때 따라야 하는 일정한 규율(법도)을 뜻한다.

• 糹은 糸(실 사)가 간략해진 모양이다.

4	世纪	shìjì	명	세기
5	纪录	jìlù	명	기록, 다큐멘터리
5	纪律	jìlǜ	명	기율, 기강, 법도
5	纪念	jìniàn	동	기념하다
5	年纪	niánjì	명	나이, 연령

异 yì — 다를 이 〔異〕 (6획) ★

형 다르다, 이상하다, 특별하다 동 이상히 여기다

자기 몸[己→巳]을 남의 손[廾]에 맡기는 사람은 몸의 상태가 일반인과 다르다는 뜻이다. '이상하다'라는 의미도 있다.

• 廾(받들 공)은 양손으로 물건을 받드는 모양이다.

6	异常	yìcháng	형	심상치 않다
6	诧异	chàyì	동	의아해하다
6	日新月异	rìxīnyuèyì	성	나날이 새로워지다

身 shēn 몸 신
★★★ 7획

명 몸, 신체, 몸체, 자기, 자신

임신한 여인의 몸을 그린 글자이다.

2	身体	shēntǐ	명 몸, 신체
5	身份	shēnfen	명 신분, 지위
5	健身	jiànshēn	동 튼튼하게 하다
5	身材	shēncái	명 몸매, 체격
6	出身	chūshēn	명 신분, 출신

射 shè 쏠 사
★ 10획

동 쏘다, 발사하다, 내뿜다, 발산하다

몸[身]에 지닌 활을 꺼내 손[寸]으로 화살을 당겨 쏜다는 뜻이다.

• 寸(마디 촌)은 손목에서 맥박이 뛰는 곳까지의 한 마디를 나타내며, 주로 '손'을 의미한다.

5	射击	shèjī	동 사격하다, 쏘다
6	注射	zhùshè	동 주사하다
6	反射	fǎnshè	동 반사하다
6	发射	fāshè	동 쏘다, 발사하다

谢 xiè 사례할 사 〔謝〕
★★★ 12획

동 감사하다, 거절하다, 떠나다, 시들다

활쏘기[射] 경연의 우승자에게 인사의 말[讠]을 하며 사례한다는 뜻이다.

• 讠은 言(말씀 언)이 간략해진 모양이다.

1	谢谢	xièxie	동 감사합니다
4	感谢	gǎnxiè	동 감사하다
6	谢绝	xièjué	동 정중히 거절하다
+	不谢	búxiè	동 천만에요

包 bāo 쌀 포
★★★ 5획

동 싸다, 포함하다 명 꾸러미 양 갑, 봉지

태아[巳]가 엄마의 배에 싸여[勹] 있는 모습이다.

• 勹(쌀 포)는 사람이 몸을 굽혀서 무엇을 감싸는 모습이다. 巳(뱀 사)는 여기서 태아의 모습을 나타낸다.

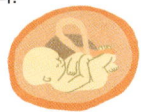

3	面包	miànbāo	명 빵
4	包子	bāozi	명 (소가 든) 찐빵
5	包裹	bāoguǒ	명 소포 동 싸다
5	包含	bāohán	동 포함하다
5	包括	bāokuò	동 포괄하다
6	打包	dǎbāo	동 포장하다, 싸가다

抱 bào 안을 포
★★ 8획

동 안다, 포옹하다, 둘러싸다, 품다 양 아름

손[扌]으로 상대방을 감싸[包] 안는다는 뜻이다.

• 扌은 手(손 수)가 부수로 쓰인 모양이다.

4	抱歉	bàoqiàn	동 미안해하다
5	拥抱	yōngbào	동 포옹하다
5	抱怨	bàoyuàn	동 원망을 품다
6	抱负	bàofù	명 포부, 큰 뜻

胞 bāo 세포 포
★ 9획

명 친형제, 동포, 세포

우리 몸[月]을 감싸고[包] 있는 물질인 세포를 뜻한다.

- 月은 肉(고기 육)이 부수로 쓰인 모양으로, 신체와 관련된 한자에 많이 쓰인다.

6 同胞 tóngbāo 명 동포, 겨레
6 细胞 xìbāo 명 세포
6 双胞胎 shuāngbāotāi 명 쌍둥이

跑 pǎo 달릴 포
★★★ 12획

동 달리다, 뛰다, 뛰어다니다, 도망가다

발[⻊]에 신발 끈을 싸매고[包] 달린다는 뜻이다.

- ⻊은 足(발 족)이 부수로 쓰인 모양이다.

2 跑步 pǎobù 동 달리다

句 jù 글귀 구
★★★ 5획

명 문장 양 마디

입[口]으로 한 말을 잘 다듬고 포장해서[勹] 글로 적은 글귀를 뜻한다.

3 句子 jùzi 명 문장

死 sǐ 죽을 사
★★ 6획

동 죽다, 버리다 형 ~해 죽겠다 부 필사적으로

죽은[歹] 사람 옆에서 몸을 구부리고[匕] 통곡하는 모습으로, '죽음'을 의미한다.

- 歹은 죽은 사람의 앙상한 뼈를 그린 글자이다. 匕는 여기서 사람이 몸을 구부린 모습이다.

6 死亡 sǐwáng 명 사망 동 죽다

列 liè 벌일 렬
★★ 6획

동 배열하다, 끼워 넣다 명 행렬 양 열, 줄

죽은[歹] 동물의 살을 칼[刂]로 발라 부위별로 벌려 놓는다는 뜻이다.

- 刂은 刀(칼 도)가 부수로 쓰인 모양이다.

4 排列 páiliè 동 배열하다
5 列车 lièchē 명 열차
6 行列 hángliè 명 행렬
6 陈列 chénliè 동 진열하다
6 并列 bìngliè 동 병렬하다

例 lì
법식 례
8획 ★★

[명] 예, 사례, 관례, 규칙

사람[亻]이 줄[列]을 설 때 지켜야 하는 차례와 법식(규칙)을 뜻한다. 주로 '예, 관례, 규칙'이라는 뜻으로 쓰인다.

4	例如	lìrú	[동] 예를 들다
5	比例	bǐlì	[명] 비, 비례
6	惯例	guànlì	[명] 관례, 관행
6	例外	lìwài	[동] 예외로 하다 [명] 예외
6	案例	ànlì	[명] 사례
6	破例	pòlì	[동] 사례(관례)를 깨다

烈 liè
세찰 렬
10획 ★

[형] 세차다, 심하다, 강직하다
[명] 정의로운 일을 위해 희생된 사람

불[灬] 위에 벌려[列] 놓은 고기에서 기름이 떨어져 불길이 세차다는 뜻이다.

• 灬는 火(불 화)가 부수로 쓰인 모양이다.

5	强烈	qiángliè	[형] 강렬하다
5	激烈	jīliè	[형] 격렬하다
5	热烈	rèliè	[형] 열렬하다
6	猛烈	měngliè	[형] 맹렬하다

裂 liè
찢을 렬
12획 ★

[동] 찢어지다, 갈라지다, 금이 가다

옷[衣]의 한쪽이 점점 벌어지며[列] 찢어진다는 뜻이다.

• 衣(옷 의)는 윗옷인 저고리의 모양을 그린 글자이다.

| 6 | 分裂 | fēnliè | [동] 분열하다 |
| + | 破裂 | pòliè | [동] 갈라지다, 파열되다 |

头 tóu
머리 두 〔頭〕
5획 ★★★

[명] 머리, 머리카락, 앞·끝부분 [형] 처음, 첫
[접미] 명사·동사·형용사·방위사 뒤에 쓰임

태어난 후로 점점 머리털[丶]이 나고 크게[大] 자라나는 머리를 뜻한다. 머리는 몸의 맨 위에 있으므로 '처음, 첫째, 우두머리'를 뜻하기도 한다.

3	头发	tóufa	[명] 머리카락
5	馒头	mántou	[명] 만터우, 찐빵
5	骨头	gǔtou	[명] 뼈
5	石头	shítou	[명] 돌
5	木头	mùtou	[명] 나무, 목재
6	舌头	shétou	[명] 혀

实 shí
열매 실 〔實〕
8획 ★★★

[형] 진실하다, 가득 차다 [명] 실제, 사실 [부] 확실히

집[宀]에서 잘 교육 받은 머리[头]로 이루어 낸 실한 열매(결과)를 뜻한다. 알이 꽉 찬 열매처럼 '진실하다, 가득 차다'라는 의미로 많이 쓰인다.

3	其实	qíshí	[부] 사실
4	实际	shíjì	[명] 실제 [형] 실제적이다
4	确实	quèshí	[형] 확실하다 [부] 확실히
5	实话	shíhuà	[명] 참말, 솔직한 말
5	现实	xiànshí	[명] 현실 [형] 현실적이다
5	实现	shíxiàn	[동] 실현하다

容 róng
얼굴 용

★★★ 10획

동 받아들이다, 관용하다 명 용모, 표정

갓[宀]을 쓴 머리 아래 눈썹[八]과 콧수염[八]과 입[口]이 있는 얼굴을 뜻한다. '받아들이다'라는 뜻으로도 쓰인다.

- 宀(집 면)은 지붕의 모양을 그린 글자로, 여기서는 '갓'의 모양을 나타낸다.

3	容易 róngyì	형 쉽다, 용이하다
4	内容 nèiróng	명 내용
5	形容 xíngróng	동 묘사하다
6	从容 cóngróng	형 침착하다
+	整容 zhěngróng	동 성형하다

买 mǎi
살 매〔買〕

★★★ 6획

동 사다, 구매하다

갖고 싶어서 머리[头] 위[一]에 둥둥 떠다니는 물건을 산다는 뜻이다.

+	买卖 mǎimai	명 장사, 사업
+	购买 gòumǎi	동 사다, 구매하다
+	买单 mǎidān	동 계산하다, 지불하다

读 dú
읽을 독〔讀〕

★★★ 10획

명 소리 내어 읽다, 읽다, 공부하다

작가의 말[讠]을 적어서 파는[卖] 책을 사서 읽는다는 뜻이다.

- 卖(팔 매)는 물건을 사서[买] 이윤을 더해[十] 판다는 뜻이다. mài라고 발음한다.

4	阅读 yuèdú	동 (책·신문을) 보다
5	朗读 lǎngdú	동 낭독하다
+	读书 dúshū	동 책을 읽다
+	读者 dúzhě	명 독자

续 xù
이을 속〔續〕

★★ 11획

동 이어지다, 계속하다, 지속하다

실[纟]을 내다 팔기[卖] 위해 길게 잇는다는 뜻이다. '계속하다, 지속하다'라는 뜻으로도 쓰인다.

- 纟은 糸(실 사)가 간략해진 모양이다.

4	继续 jìxù	동 계속하다
5	持续 chíxù	동 지속하다
5	连续 liánxù	동 연속하다
5	陆续 lùxù	부 끊임없이, 연이어
5	手续 shǒuxù	명 수속, 절차
6	延续 yánxù	동 계속하다

顶 dǐng
정수리 정〔頂〕

★ 8획

명 꼭대기, 정수리 동 받치다, 무릅쓰다, 맞서다

못[丁]의 대가리처럼 머리[页]의 맨 꼭대기 부분인 정수리를 뜻한다.

- 丁(고무래 정)은 고무래를 그린 글자로, '못'을 뜻하기도 한다.
  页(머리 혈)은 사람의 머리와 목 부분을 그린 글자이다.

| + | 顶点 dǐngdiǎn | 명 꼭짓점 |
| + | 顶棚 dǐngpéng | 명 천장 |

项
xiàng
목 항 〔項〕
9획 ★

[명] 항목, 목, 비용, 경비

'공[工]' 자처럼 곧은 모양으로 머리[页]를 받치고 있는 목을 뜻한다. 나중에 '항목, 비용' 등의 뜻이 파생되었다.

• 工(장인 공)은 장인이 사용하는 도구[工]를 그린 글자이다.

5	项目	xiàngmù	[명] 항목, 종목
5	项链	xiàngliàn	[명] 목걸이
6	事项	shìxiàng	[명] 사항

顺
shùn
순할 순 〔順〕
9획 ★★

[형] 순조롭다, 알맞다 [부] ~하는 김에, ~을 따라서
[동] 같은 방향으로 향하다, 순종하다, 가지런히 하다

냇물[川]처럼 순탄하게 윗사람의 말에 머리[页] 숙여 따르니 순하다는 뜻이다.

• 川(내 천)은 위에서 아래로 흐르는 냇물의 모습이다.

4	顺序	shùnxù	[명] 순서, 차례
4	顺便	shùnbiàn	[부] ~하는 김에
4	顺利	shùnlì	[형] 순조롭다
5	孝顺	xiàoshùn	[동] 효도하다
6	一帆风顺	yìfānfēngshùn	[성] 일이 순조롭다

须
xū
반드시 수
수염 수 〔須〕
9획 ★★★

[동] 반드시(마땅히) ~해야 한다 [명] 수염

선비가 반드시 가지런히[彡] 다듬어야 하는 머리[页] 아래쪽의 수염을 뜻한다.

3	必须	bìxū	[부] 반드시 ~해야 한다
6	须知	xūzhī	[명] 주의 사항
6	胡须	húxū	[명] 수염

预
yù
미리 예 〔預〕
10획 ★★

[부] 미리, 사전에 [동] 참여하다, 관여하다

어떤 일을 하기에 앞서 나[予]의 머릿속[页]에 미리 떠올린다는 뜻이다.

• 予(나 여)는 베틀에 북을 넣는 모습으로, 나의 손길에 따라 옷이 짜인다는 의미에서 '나'라는 뜻이다.

4	预习	yùxí	[동] 예습하다
5	预报	yùbào	[동] 예보하다 [명] 예보
5	预订	yùdìng	[동] 예약하다
5	预防	yùfáng	[동] 예방하다
6	干预	gānyù	[동] 관여하다, 간섭하다
6	预言	yùyán	[동] 예언하다 [명] 예언

顾
gù
돌아볼 고 〔顧〕
10획 ★★★

[동] 뒤돌아보다, 돌보다, 방문하다 [명] 고객

재앙[厄] 입은 사람을 도와주려고 머리[页]를 돌려 돌아본다는 뜻이다.

• 厄(재앙 액)은 산기슭[厂]에 몸을 웅크리고[卩→㔾] 피신해야 하는 재앙을 뜻한다.

3	照顾	zhàogù	[동] 보살피다, 돌보다
4	顾客	gùkè	[명] 손님, 고객
6	顾虑	gùlǜ	[동] 고려하다
6	回顾	huígù	[동] 회고하다, 회상하다
6	不顾	búgù	[동] 고려하지 않다

而 ér — 말 이을 이 (6획) ★★★

접 그리고, ~지만, 그러나, 그래서

수염[而]을 그린 글자로, 수염처럼 길게 말을 잇는다는 뜻이다. 문장에서 '그리고, 그러나'와 같이 말을 이어 주는 접속사 역할을 한다.

- 3 而且 érqiě — 접 게다가, 또한
- 4 然而 rán'ér — 접 그러나, 하지만
- 5 反而 fǎn'ér — 접 반대로, 도리어
- 5 从而 cóng'ér — 접 따라서
- 5 因而 yīn'ér — 접 그러므로

耐 nài — 견딜 내 (9획) ★★

동 참다, 견디다, 버티다

수염[而]처럼 길게 이어지는 괴로움에도 손[寸]을 불끈 쥐고 견딘다는 뜻이다.

- 寸(마디 촌)은 손목에서 맥박이 뛰는 곳까지의 한 마디를 나타내며, 주로 '손'을 의미한다.

- 4 耐心 nàixīn — 형 잘 참다 명 인내심
- 5 不耐烦 búnàifán — 형 귀찮다, 성가시다
- 6 忍耐 rěnnài — 동 인내하다, 참다

需 xū — 필요할 수 (14획) ★★★

동 필요하다, 요구되다 명 필수품, 수요

비[雨]가 오면 수염[而]이 젖지 않게 할 우산이 필요하다는 뜻이다.

- 雨(비 우)는 구름에서 빗방울이 떨어지는 모습이다.

- 3 需要 xūyào — 동 필요하다 명 요구
- 6 需求 xūqiú — 명 수요, 필요
- + 必需 bìxū — 동 꼭 필요로 하다

那 nà — 어찌 나, 그 나 (6획) ★★★

대 그, 저, 그곳, 그때 접 그러면, 그렇다면

수염[冄→邦] 난 노인에게 마을[阝]을 어찌 찾아가는지 알려 줄 때 하는 말인 그(것), 저(것)를 의미한다.

- 邦는 수염이 늘어진 모습을 그린 冄(늘어질 염)의 변형이다. 阝은 邑(고을 읍)이 부수로 쓰인 모양이다.

- + 那个 nàge — 대 그, 저, 그것, 저것
- + 那么 nàme — 접 그러면 대 그렇게
- + 那样 nàyàng — 대 그렇게, 저렇게
- + 那里 nàli — 대 거기, 저기
- + 那边 nàbiān — 대 그쪽, 저쪽

哪 nǎ — 어느 나 (9획) ★★★

대 어느, 어떤, 어디, 어느 것 부 어찌

입[口]으로 어찌어찌[那] 물어서 찾아간 어느 곳(어디)을 뜻한다.

- 1 哪儿 nǎr — 대 어디, 어느 곳
- 5 哪怕 nǎpà — 접 설령 ~라 해도
- + 哪里 nǎli — 대 어디, 어느 곳
- + 哪个 nǎge — 대 어느, 어떤

04 발음 체크 박스

오른쪽의 발음을 가리고 읽어 보세요.
책 날개에 제공된 책갈피를 이용하면 편리합니다.

己	jǐ	胞	bāo	实	shí	预	yù
记	jì	跑	pǎo	容	róng	顾	gù
纪	jì	句	jù	买	mǎi	而	ér
异	yì	死	sǐ	读	dú	耐	nài
身	shēn	列	liè	续	xù	需	xū
射	shè	例	lì	顶	dǐng	那	nà
谢	xiè	烈	liè	项	xiàng	哪	nǎ
包	bāo	裂	liè	顺	shùn		
抱	bào	头	tóu	须	xū		

05일째 이목구비₁

 MP3 발음 파일   암기 프로그램

★★★ 6획

耳
ěr
귀 이

명 귀

사람의 귀 모양을 그린 글자이다.

3	耳朵 ěrduo	명 귀
5	耳环 ěrhuán	명 귀고리
+	耳机 ěrjī	명 이어폰, 헤드폰

★★★ 11획

聊
liáo
한담할 료

동 한담하다, 잡담하다 부 잠시

귀[耳]를 토끼[卯]처럼 쫑긋 세우고 서로의 말을 들으며 한담한다는 뜻이다. '잡담하다, 이야기하다'라는 의미이다.

• 卯(토끼 묘)는 토끼의 귀 모양을 그린 글자이다.

| 3 | 聊天 liáotiān | 명 잡담, 채팅 |
| 4 | 无聊 wúliáo | 형 심심하다 |

★★★ 5획

目
mù
눈 목

명 눈, 목록, 항목, 명칭 동 보다

사람 눈의 흰자위와 눈동자를 표현한 글자이다. 현대 중국어에서는 주로 다른 한자와 결합하여 '목적, 목록, 항목' 등의 의미로 쓰인다.

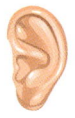

3	节目 jiémù	명 프로그램
4	目的 mùdì	명 목적
5	目标 mùbiāo	명 목표
5	题目 tímù	명 제목, 표제
5	项目 xiàngmù	명 항목
5	目前 mùqián	명 지금, 현재

★★★ 9획

冒
mào
무릅쓸 모

동 무릅쓰다, 내뿜다, 속이다 형 무모하다

머리에 띠[冃]를 두르고서 눈[目]을 질끈 감고 어려움을 무릅쓴다는 뜻이다.

• 冃(쓰개 모)는 머리에 쓰는 수건을 그린 글자이다.
• 帽(모자 모)는 천[巾]으로 만든 두건[冃]을 눈[目] 위로 덮어 쓴 모자를 뜻하는 글자로, 모자를 '帽子 màozi'라고 한다.

3	感冒 gǎnmào	명 감기 동 감기 들다
5	冒险 màoxiǎn	동 모험하다
6	冒充 màochōng	동 사칭하다

shuì
잘 수

13획

동 (잠을) 자다

눈[目]에 어둠이 드리우면[垂] 자는 잠을 뜻한다.

- 垂(드리울 수)는 꽃이나 잎이 아래로 늘어진 모양을 나타낸 글자이다.

① 睡觉 shuìjiào　동 잠을 자다

shǒu
머리 수

9획

명 머리, 시작, 우두머리　형 최고의, 최초의
부 제일 먼저

삐죽 나온 머리카락[⺷]과 눈[目]이 있는 머리를 나타낸다. 머리는 몸의 맨 위에 있는 것이므로 '우두머리, 최고'를 뜻하기도 한다.

④ 首先 shǒuxiān　부 가장 먼저, 우선
④ 首都 shǒudū　명 수도
⑥ 首饰 shǒushi　명 머리 장식품

道
dào
길 도

12획

명 길, 도로, 도리　동 말하다　양 줄기, 가닥, 문제

머리[首]를 든 사람들이 걸어 다니는[辶] 길을 뜻한다. 사람이 걸어야 할 바른길인 '도리, 도덕'을 뜻하기도 하며, 동사로 '말하다'라는 뜻도 있다.

- 辶은 천천히 걷는 모습인 辵(쉬엄쉬엄 갈 착)이 부수로 쓰인 모양이다.

② 知道 zhīdào　동 알다, 이해하다
③ 街道 jiēdào　명 거리, 길거리
④ 味道 wèidao　명 맛
④ 道歉 dàoqiàn　동 사과하다
⑤ 道理 dàolǐ　명 도리, 이치
⑤ 地道 dìdao　형 진짜의, 정통의
⑤ 报道 bàodào　명 보도　동 보도하다

眼
yǎn
눈 안

11획

명 눈, 안목, 식견, 요점, 구멍

눈길[目]이 한곳에 머물러[艮] 멈춰 있을 때의 눈을 뜻한다.

- 艮(머무를 간)은 멈춰 서서 한곳을 바라보는 눈을 강조한 모양이다.

② 眼睛 yǎnjing　명 눈
④ 眼镜 yǎnjìng　명 안경
⑥ 眼光 yǎnguāng　명 시선, 눈길
⑥ 眼神 yǎnshén　명 눈매, 눈빛
⑥ 心眼儿 xīnyǎnr　명 내심, 마음속

hěn
매우 흔

9획

부 매우, 아주, 대단히

걷다가[彳] 멈춰서[艮] 볼 정도로 매우 대단한 것을 뜻한다. 형용사 앞에 쓰여서 대단한 정도를 나타낸다.

- 彳(조금 걸을 척)은 사람의 다리 모양을 본뜬 것이다.

gēn
뿌리 근 (10획) ★★★

명 뿌리, 근본, 근거 부 근본적으로, 철저하게
양 가늘고 긴 것을 세는 단위

나무[木]가 한곳에 머물기[艮] 위해 땅에 내린 뿌리를 뜻한다.

- ③ 根据 gēnjù — 개 ~에 근거하여
- ⑤ 根本 gēnběn — 명 근본 부 여태껏

gēn
발꿈치 근 (13획) ★★★

개 ~와(과), ~에게 동 따라가다 명 발뒤꿈치

걷다가 발[⻊]을 멈추었을[艮] 때 몸의 균형을 잡아 주는 발뒤꿈치를 뜻한다. 현대 중국어에서는 '~와, ~에게'라는 의미의 개사로 많이 쓰인다.

• ⻊은 足(발 족)이 부수로 쓰인 모양이다.

- ⑥ 跟随 gēnsuí — 동 뒤따르다, 동행하다
- ⑥ 跟踪 gēnzōng — 동 미행하다, 추적하다

---

liáng
좋을 량 (7획) ★

형 좋다, 훌륭하다 명 선량한 사람

끌리는 점[丶]이 있어 시선이 머무를[艮] 정도로 좋다는 뜻이다.

- ⑤ 良好 liánghǎo — 형 좋다, 양호하다
- ⑤ 善良 shànliáng — 형 선량하다, 착하다
- ⑥ 改良 gǎiliáng — 동 개량하다
- ⑥ 良心 liángxīn — 명 선량한 마음, 양심

niáng
아가씨 낭 (10획) ★

명 처녀, 아가씨, 어머니, 나이 많은 부인

여자[女] 중에 결혼하기 적당한(좋은)[良] 나이의 아가씨를 뜻한다. '어머니, 나이 많은 부인' 등을 뜻하기도 한다.

- ⑤ 姑娘 gūniang — 명 처녀, 아가씨
- ⑥ 新娘 xīnniáng — 명 신부
- ＋ 大娘 dàniáng — 명 큰어머니, 아주머니

zhí
곧을 직 〔直〕 (8획) ★★★

형 곧다, 수직의, 솔직하다 동 똑바로 펴다
부 곧바로, 직접, 줄곧, 완전히

많은[十] 사람 앞에 당당한 눈[目]으로 곧게[一] 선 모습을 나타낸다.

• 十(열 십)은 여기서 많은 수를 의미한다.

- ③ 一直 yìzhí — 부 계속, 줄곧
- ④ 直接 zhíjiē — 형 직접적인
- ⑤ 简直 jiǎnzhí — 부 참으로
- ⑥ 直播 zhíbō — 동 생중계하다

zhí

값 치 〔值〕 10획 ★★

명 가치, 가격 동 ~할 가치가 있다, 당직을 맡다

물건을 파는 사람[亻]이 곧은[直] 기준으로 매긴 값을 뜻한다.

4	值得 zhídé	동 ~할 가치가 있다
5	价值 jiàzhí	명 가치
6	值班 zhíbān	동 당직을 맡다

zhí

심을 식 〔植〕 12획 ★★

동 심다, 재배하다, 양성하다 명 식물

나무[木]를 곧게[直] 세워 심는다는 뜻이다.

| 4 | 植物 zhíwù | 명 식물 |
| 6 | 种植 zhòngzhí | 동 재배하다 |

zhì

놓을 치 〔置〕 13획 ★

동 놓다, 두다, 배치하다, 설치하다

그물[罒]이 엉키지 않도록 곧게[直] 펴 놓는다는 뜻이다.

• 罒은 网(그물 망)이 부수로 쓰인 모양이다.

5	位置 wèizhi	명 위치
6	布置 bùzhì	동 안배하다, 배치하다
6	设置 shèzhì	동 설치하다

kàn

볼 간 9획 ★★★

동 보다, ~라고 보다, 방문하다, 대하다, 진료하다

손[手→龵]을 눈[目] 위에 올려서 햇빛을 가리고 멀리 본다는 뜻이다. 일반적인 '보다'라는 뜻이다.

• 手(손 수)는 다섯 손가락을 그린 글자로, '손'을 의미한다.

1	看见 kànjiàn	동 보다, 보이다
4	看法 kànfǎ	명 견해
5	看望 kànwàng	동 방문하다, 문안하다
5	看不起 kànbuqǐ	동 경시하다, 얕보다
6	看待 kàndài	동 대우하다, 다루다
+	看病 kànbìng	동 진찰하다, 진료하다

zhe / zháo / zhuó

어조사 착
붙을 착 11획 ★★★

조 ~하고 있다, ~하면서, ~한 채로
동 닿다, 받다, 입다, 접촉하다

양[羊]의 털이 길게 자라서 눈[目]에 붙는다는 뜻이다. 동사 뒤에 붙어서 지속을 나타내기도 한다.

• 조사일 때는 zhe, 동사로 '닿다, 받다'라는 뜻일 때는 zháo, '입다, 접촉하다'라는 뜻일 때는 zhuó로 발음한다.

3	着急 zháojí	동 조급해하다
4	接着 jiēzhe	부 이어서, 연이어
4	随着 suízhe	동 (~에) 따르다, 따라서
5	着火 zháohuǒ	동 불붙다
5	着凉 zháoliáng	동 감기 들다
6	着手 zhuóshǒu	동 착수하다

见 jiàn — 볼 견〔見〕 (4획) ★★★

- 동 보다, 만나다, 동사 뒤에서 감각을 나타냄
- 명 의견

사람[儿]이 눈[目→冂]을 크게 뜨고 본다는 뜻이다.

- 儿(어진 사람 인)은 사람의 다리를 그린 글자이다.

급	단어	병음	뜻
1	再见	zàijiàn	동 또 뵙겠습니다
1	看见	kànjiàn	동 보다, 보이다
3	见面	jiànmiàn	동 만나다
4	意见	yìjiàn	명 견해, 의견
6	偏见	piānjiàn	명 편견

观 guān — 볼 관〔觀〕 (6획) ★★

- 동 보다, 구경하다 명 경치, 풍경, 견해

아름다운 풍경을 보고[见] 또[又] 본다는 뜻이다.

- 又(또 우)는 오른손을 그린 글자로, 자주 쓰는 손이므로 '또'라는 뜻이다.

급	단어	병음	뜻
4	参观	cānguān	동 참관하다, 견학하다
4	观众	guānzhòng	명 관중, 구경꾼
5	客观	kèguān	명 객관적이다
5	观点	guāndiǎn	명 관점
5	观察	guānchá	동 관찰하다, 살피다
5	乐观	lèguān	형 낙관적이다

视 shì — 볼 시〔視〕 (8획) ★★★

- 동 보다, 살피다

자세히 보기[礻] 위해 가까이 가서 살펴본다[见]는 뜻이다.

- 礻은 제사 지내는 단을 그린 示(보일 시)가 간략해진 모양이다.

급	단어	병음	뜻
1	电视	diànshì	명 텔레비전
4	重视	zhòngshì	동 중시하다
5	忽视	hūshì	동 소홀히 하다
5	轻视	qīngshì	동 경시하다, 무시하다
6	注视	zhùshì	동 주시하다

现 xiàn — 나타날 현〔現〕 (8획) ★★★

- 동 나타나다 명 현재, 지금

옥[玉→𤣩]처럼 반짝이는 것이 눈에 보이며[见] 나타난다는 뜻이다.

- 𤣩은 玉(구슬 옥)이 부수로 쓰인 모양으로, 王(임금 왕)과 모양이 같다.

급	단어	병음	뜻
1	现在	xiànzài	명 지금, 현재
3	发现	fāxiàn	동 발견하다
4	现金	xiànjīn	명 현금
4	出现	chūxiàn	동 출현하다, 나타나다
5	表现	biǎoxiàn	명 표현 동 나타내다
5	现代	xiàndài	명 현대

口 kǒu — 입 구 (3획) ★★★

- 명 입, 말, 말씨, 맛, 출입구 양 식구

사람의 입을 그린 글자이다. 한 집에서 함께 밥을 먹는 식구를 세는 단위로도 쓰인다.

급	단어	병음	뜻
5	出口	chūkǒu	동 말을 꺼내다 명 출구
5	进口	jìnkǒu	동 수입하다 명 입구
5	口味	kǒuwèi	명 맛, 입맛
5	胃口	wèikǒu	명 식욕
6	口气	kǒuqì	명 어조, 말투

嘴
zuǐ
부리 **취**
16획

명 입처럼 생긴 것, 말

새의 입[口] 쪽에 이것[此]저것 먹을 수 있도록 뿔[角]처럼 나온 부리를 뜻한다. 주로 동물이나 사람의 '입'을 가리키는 말로 쓰인다.

- 此(이 차)는 가다가 멈춰서[止] 몸을 구부린[匕] 채 가까이 있는 것을 가리킬 때 하는 말인 '이, 이것'을 뜻한다. 角(뿔 각)은 동물의 뿔을 그린 글자이다.

+ 嘴唇 zuǐchún 　명 입술
+ 嘴巴 zuǐba 　명 입, 주둥이

只
zhī / zhǐ
하나 **척** 〔隻〕
다만 **지** 〔祇〕
5획

형 단일의 　양 마리, 쪽, 짝 　부 다만, 단지

얼굴에서 입[口]과 목[八]은 오직 하나만 있으니, '다만(단지), 하나'를 의미한다.

- 형용사로 '단일의'라는 뜻일 때와 양사로 쓰일 때는 zhī, 부사로 '다만, 오직'이라는 뜻일 때는 zhǐ로 발음한다.

3 只有 zhǐyǒu 　동 ~뿐이다
4 只好 zhǐhǎo 　부 할 수 없이
4 只要 zhǐyào 　접 ~하기만 하면
+ 只是 zhǐshì 　부 단지, 다만

识
shí
알 **식** 〔識〕
7획

동 알다, 이해하다, 식별하다 　명 지식, 식견

상대의 말[讠]을 단지[只] 잘 듣기만 해도 그의 생각을 이해하고 안다는 뜻이다.

- 讠은 言(말씀 언)이 간략해진 모양이다.

1 认识 rènshi 　동 알다, 인식하다
4 知识 zhīshi 　명 지식
5 常识 chángshí 　명 상식

积
jī
쌓을 **적** 〔積〕
10획

동 쌓다, 쌓이다 　형 오랜 기간 누적된

벼[禾]를 수확해서 바로 먹지 않고 다만[只] 쌓아 놓는다는 뜻이다.

- 禾(벼 화)는 고개 숙인 벼의 모양을 그린 글자이다.

4 积累 jīlěi 　동 쌓이다, 누적되다
4 积极 jījí 　형 적극적이다
5 面积 miànjī 　명 면적
6 堆积 duījī 　동 퇴적되다

职
zhí
직업 **직** 〔職〕
11획

명 직업, 직무, 직위

자신의 일에 귀[耳] 기울이고 다만[只] 최선을 다해야 하는 직업을 뜻한다.

- 耳(귀 이)는 사람의 귀를 그린 글자이다.

4 职业 zhíyè 　명 직업
5 兼职 jiānzhí 　동 겸직하다
5 辞职 cízhí 　동 사직하다
6 职位 zhíwèi 　명 직위

叫
★★★ 5획
jiào
부르짖을 규

동 외치다, ~라고 부르다, ~하게 하다, 짖다

입[口]으로 마음속에 얽혀[丩] 있는 응어리를 부르짖는다는 뜻이다. 큰 소리로 부른다는 의미이며, '(이름을) ~라고 부르다'라는 뜻도 있다.

• 丩(얽힐 구)는 실이 엉켜 있는 모습이다.

+ 叫喊 jiàohǎn　동 외치다, 소리치다

唱
★★★ 11획
chàng
부를 창

동 노래하다

입[口]으로 아름다운[昌] 소리를 내며 노래 부른다는 뜻이다.

• 昌(창성할 창)은 아름답고 창성한 빛을 내며 해가 떠오르는 모습이다.

2 唱歌 chànggē　동 노래 부르다

喂
★★★ 12획
wéi / wèi
부르는 소리 외

감 여보세요, 어이, 이봐요　동 먹이를 주다

사람이 두려움[畏]에 처했을 때 입[口]으로 누군가를 부르는 소리를 뜻한다.

• 畏(두려워할 외)는 귀신 가면을 쓰고 지팡이를 든 사람의 모습으로, 사람들이 그 모습을 두려워한다는 뜻이다.
• 전화에서 '여보세요'라고 할 때는 wéi, 상대방을 부르거나 '먹이를 주다'라는 뜻일 때는 wèi로 발음한다.

吃
★★★ 6획
chī
먹을 흘

동 먹다, 식사하다, 먹고 살다

입[口]에 구한[乞] 음식을 넣고 먹는다는 뜻이다.

• 乞(빌 걸)은 사람[ᄼ]이 몸을 구부려[乙] '빌다, 구하다'라는 뜻이다.

2 好吃 hǎochī　형 맛있다
4 小吃 xiǎochī　명 간단한 음식, 간식
4 吃惊 chījīng　동 놀라다
5 吃亏 chīkuī　동 손해를 보다
6 吃苦 chīkǔ　동 고생하다

喝
★★★ 12획
hē
마실 갈

동 마시다

입[口]이 말하느라[曰] 바싹 마르니 물을 구하여[匃] 마신다는 뜻이다.

• 曰(말할 왈)은 입[口]에서 소리[一]를 내어 말한다는 뜻이다. 匃(빌 갈)은 몸을 구부리고[勹] 들어온 사람[人]이 숨겨[匸] 주기를 빈다(구한다)는 뜻이다.
• '크게 외치다'라는 뜻일 때는 hè로 발음한다.

+ 喝酒 hējiǔ　술을 마시다
+ 喝茶 hēchá　차를 마시다
+ 喝咖啡 hēkāfēi　커피를 마시다

★★★ 12획

渴
kě

목마를 갈

형 목이 타다, 목마르다, 절실하다, 절박하다

침[氵]을 튀기며 오래 말하면[曰] 입에서 물을 구하니[匃] 목이 마른다는 뜻이다.

⑥ 渴望 kěwàng 통 갈망하다

05 단어 확인 문제

제시된 뜻을 보고 빈칸에 알맞은 글자를 a, b 중에 골라 보세요.

01 잡담	□天 liáotiān	09 보이다	□见 kànjiàn
a. 耳	b. 聊	a. 看	b. 着
02 감기	感□ gǎnmào	10 텔레비전	电□ diànshì
a. 目	b. 冒	a. 视	b. 观
03 수도	□都 shǒudū	11 현재	□在 xiànzài
a. 首	b. 道	a. 见	b. 现
04 눈	□睛 yǎnjing	12 알다	认□ rènshi
a. 很	b. 眼	a. 只	b. 识
05 ~에 근거하여	□据 gēnjù	13 직업	□业 zhíyè
a. 根	b. 跟	a. 积	b. 职
06 착하다	善□ shànliáng	14 노래 부르다	□歌 chànggē
a. 良	b. 娘	a. 唱	b. 喂
07 계속	一□ yìzhí	15 간식	小□ xiǎochī
a. 直	b. 置	a. 叫	b. 吃
08 식물	□物 zhíwù	16 차를 마시다	□茶 hēchá
a. 值	b. 植	a. 喝	b. 渴

정답 01 b 02 b 03 a 04 b 05 a 06 a 07 a 08 b 09 a 10 a 11 b 12 b 13 b 14 a 15 b 16 a

06일째 이목구비₂

5획 ★

古 gǔ 옛 고

명 옛날, 고대 형 오래되다

여러[十] 세대의 입[口]을 거쳐 이야기가 전해지는 옛날을 뜻한다.

• 十(열 십)은 숫자 10을 나타내는 한자로, 여기서는 많은 수를 의미한다.

- 5 古典 gǔdiǎn — 형 고전적
- 5 古代 gǔdài — 명 고대
- 5 名胜古迹 míngshènggǔjì — 명 명승고적
- 6 古董 gǔdǒng — 명 골동품

8획 ★★

苦 kǔ 쓸 고

형 쓰다, 힘들다, 고생스럽다, 고통스럽다

풀[艹]을 캔 지 오래되면[古] 그 맛이 쓰다는 뜻이다. '힘들다, 고생스럽다'라는 의미도 있다.

• 艹는 艸(풀 초)가 간략해진 모양이다.

- 4 辛苦 xīnkǔ — 형 고생스럽다
- 5 痛苦 tòngkǔ — 명 고통
- 5 艰苦 jiānkǔ — 형 어렵고 고달프다
- 6 吃苦 chīkǔ — 동 고생하다

8획 ★

固 gù 단단할 고

형 튼튼하다, 견고하다 동 견고하게 하다

집의 울타리[口]를 오랫동안[古] 쌓았더니 단단하다는 뜻이다.

- 5 固定 gùdìng — 형 고정되다
- 6 顽固 wángù — 형 완고하다
- 6 固执 gùzhí — 형 고집스럽다
- 6 坚固 jiāngù — 형 견고하다
- 6 固有 gùyǒu — 형 고유의

9획 ★★

活 huó 살 활

동 살다 형 활기차다, 생기 있다 부 산 채로

혀[舌]에 수분[氵]이 마르지 않아야 산다는 뜻이다.

• 舌(혀 설)은 입에서 혀가 나와 있는 모습을 그린 글자이다.

- 4 活动 huódòng — 동 움직이다, 운동하다
- 4 生活 shēnghuó — 명 생활 동 살다
- 4 活泼 huópo — 형 활발하다, 활달하다
- 5 活跃 huóyuè — 형 활동적이다

huà
말할 화〔話〕 8획

명 말, 언어, 이야기　동 말하다

말[讠]을 내뱉기 위해 혀[舌]를 움직여서 말한다는 뜻이다.

• 讠은 言(말씀 언)이 간략해진 모양이다.

1 打电话　dǎdiànhuà　　전화를 걸다
2 说话　shuōhuà　　동 말하다
4 对话　duìhuà　　동 대화하다
5 废话　fèihuà　　명 쓸데없는 말
5 话题　huàtí　　명 화제

luàn
어지러울 란〔亂〕 7획

형 어지럽다　동 어지럽히다　명 재난　부 함부로

혀[舌]가 꼬이고 몸이 구부러질[乚] 정도로 어지럽다는 뜻이다.

• 乚(숨을 은)은 사람이 몸을 구부려 숨은 모습이다.

6 捣乱　dǎoluàn　　동 소란을 피우다
6 胡乱　húluàn　　부 대충, 멋대로
6 混乱　hùnluàn　　형 혼란하다　명 혼란
6 扰乱　rǎoluàn　　동 어지럽히다

guā
바람 불 괄
깎을 괄 8획

동 바람이 불다, 칼로 깎다, (풀 등을) 바르다

혀[舌]를 내두를 정도로 칼[刂]처럼 날카로운 바람이 분다는 뜻이다. 칼날로 '깎다'라는 의미도 있다.

• 刂은 刀(칼 도)가 부수로 쓰인 모양이다.

3 刮风　guāfēng　　동 바람이 불다

tián
달 첨 11획

형 달다, 달콤하다, 즐겁다, 행복하다

혀[舌]끝에 단맛[甘]이 느껴지니 달다는 뜻이다.

• 甘(달 감)은 혀[廿]에 올려진 음식[一]이 달다는 뜻이다.

+ 甜瓜　tiánguā　　명 참외
+ 甜点　tiándiǎn　　명 디저트
+ 酸甜　suāntián　　형 새콤달콤하다
+ 甜蜜　tiánmì　　형 달콤하다

yán
말씀 언 7획

명 말, 언어　동 말하다

입[口]에서 말소리가 나와서 퍼지는 모양을 나타낸 글자이다.

4 语言　yǔyán　　명 언어
5 发言　fāyán　　동 발언하다
6 方言　fāngyán　　명 방언, 사투리
6 总而言之　zǒng'éryánzhī　　성 결론적으로
+ 留言　liúyán　　동 말을 남기다

信
xìn
믿을 신
9획
★★★

동 믿다 명 신용, 편지 형 확실하다

사람들[亻] 사이에서 말[言]을 주고받을 때 가장 중요한 것은 믿음이라는 뜻이다. '편지'를 뜻하기도 한다.

3	相信	xiāngxìn	동 믿다
3	信用卡	xìnyòngkǎ	명 신용 카드
4	自信	zìxìn	동 자신하다 명 자신
4	信封	xìnfēng	명 편지 봉투
4	短信	duǎnxìn	명 문자 메시지
4	信息	xìnxī	명 정보

警
jǐng
경계할 경
19획
★★

동 경계하다 형 예민하다 명 위급한 상황

공경하는[敬] 사람에게 말[言]을 건넬 때는 실수를 경계한다는 뜻이다.

• 敬(공경 경)은 지팡이로 땅을 치며[攵] 다니는 어르신들을 진실로[苟] 공경한다는 뜻이다.

4	警察	jǐngchá	명 경찰
6	报警	bàojǐng	동 경찰에 신고하다
6	警告	jǐnggào	동 경고하다

语
yǔ
말씀 어 [語]
9획
★★★

명 말, 언어

나[吾]의 생각을 상대방에게 전하는 말[讠]을 뜻한다.

• 讠은 言(말씀 언)이 간략해진 모양이다. 吾(나 오)는 다섯[五] 손가락으로 자신을 가리키며 입[口]으로 하는 말인 '나'를 뜻한다.

1	汉语	Hànyǔ	명 중국어
4	语法	yǔfǎ	명 어법
4	语言	yǔyán	명 언어
5	成语	chéngyǔ	명 성어
5	语气	yǔqì	명 어투, 말투
+	韩语	Hányǔ	명 한국어

说
shuō
말씀 설 [說]
9획
★★★

동 말하다, 설명하다, 나무라다 명 주장, 이론

사람들이 모여 기쁘게[兑] 나누는 말[讠]을 뜻한다. '말하다'라는 뜻의 동사로 많이 쓰인다.

• 兑(기쁠/바꿀 태)는 사람[儿]이 입[口]을 벌리고 표정을 바꾸어 기쁘게 웃는[丷] 모습이다.

2	说话	shuōhuà	동 말하다, 이야기하다
4	说明	shuōmíng	동 설명하다
4	小说	xiǎoshuō	명 소설
5	胡说	húshuō	동 헛소리하다
5	说不定	shuōbúdìng	부 아마, 짐작하건대

脱
tuō
벗을 탈 [脫]
11획
★★

동 벗다, 빠지다, 벗어나다

몸[月]에 입고 있던 옷을 바꾸기[兑] 위해 벗는다는 뜻이다.

• 月은 肉(고기 육)이 부수로 쓰인 모양으로, 신체와 관련된 한자에 많이 쓰인다.

| 6 | 脱离 | tuōlí | 동 벗어나다, 떠나다 |
| + | 脱鞋 | tuōxié | 동 신발을 벗다 |

论 lùn
논할 론 〔論〕 6획 ★★

동 논하다, 의논하다, ~에 의하다 명 의견, 주장

둥글게[仑] 돌아가면서 하고 싶은 말[讠]을 논한다는 뜻이다.

- 仑(둥글 륜)은 사람들[人]이 모여 앉은[匕] 모습이 둥글다는 뜻이다.

4	讨论 tǎolùn	동 토론하다
4	无论 wúlùn	접 ~을 막론하고
5	理论 lǐlùn	명 이론
5	结论 jiélùn	명 결론
5	论文 lùnwén	명 논문
6	论坛 lùntán	명 논단, 칼럼

诉 sù
호소할 소 〔訴〕 7획 ★★★

동 알리다, 말해 주다, 하소연하다, 고소하다

간곡한 말[讠]로써 오해를 물리쳐[斥] 달라고 호소한다는 뜻이다.

- 斥(물리칠 척)은 도끼[斤]로 찍어서[ˋ] 적군을 물리친다는 뜻이다.

| 2 | 告诉 gàosu | 동 말하다, 알리다 |
| 6 | 诉讼 sùsòng | 동 소송하다 |

误 wù
그릇될 오 〔誤〕 9획 ★★

동 틀리다, 잘못되다, 늦다, 해를 끼치다 명 잘못

말[讠]로만 큰소리치는[吴] 사람은 오히려 일을 그르친다는 뜻이다.

- 吴(큰소리칠 화)는 입[口]에서 나온 소리가 하늘[天]에 닿을 정도로 큰소리친다는 뜻이다.

4	误会 wùhuì	동 오해하다 명 오해
4	错误 cuòwù	명 착오, 잘못
5	耽误 dānwu	동 시기를 놓치다
6	失误 shīwù	동 실수하다
6	误解 wùjiě	동 오해하다 명 오해

可 kě
옳을 가 5획 ★★★

동 ~할 수 있다, ~할 만하다, 동의하다, 알맞다
부 강조·반문의 의미 접 그러나

상대의 의견에 동의하여 입[口]을 크게[丁] 벌리며 '옳다'라고 말한다는 뜻이다.

2	可以 kěyǐ	동 할 수 있다, 해도 좋다
2	可能 kěnéng	형 가능하다 부 아마도
3	可爱 kě'ài	형 사랑스럽다, 귀엽다
4	可是 kěshì	접 그러나, 하지만
4	可惜 kěxī	형 섭섭하다, 아쉽다
4	可怜 kělián	형 불쌍하다

何 hé
어찌 하 7획 ★★

대 의문(무슨, 어떠한가)을 나타냄 부 얼마나

사람[亻]이 옳은[可] 일을 한다는데, 누가 어찌할 것이냐는 뜻이다. '무슨, 어떠한가' 등의 의문을 나타낸다.

4	任何 rènhé	대 어떠한, 무슨
5	如何 rúhé	대 어떠한가
5	何况 hékuàng	접 더군다나, 하물며
5	何必 hébì	부 하필, 구태여

河
hé
물 이름 하

★★★ 8획

명 강, 하천, 황하

물줄기[氵]가 서로 옳은[可] 방향으로 흘러서 이룬 강(물)을 뜻한다. 황하(黃河)는 중국에서 두 번째 큰 강으로, 중국 고대 문명의 발상지이다.

• 氵은 水(물 수)가 부수로 쓰인 모양이다.

3 黃河 Huánghé 명 황하

阿
ā
호칭 아

★★★ 7획

접두 성씨나 호칭의 앞에 붙어 친밀감을 나타냄

같은 언덕[阝]에 사는 친한(좋은)[可] 사이에 붙이는 호칭을 뜻한다.

• 阝은 阜(언덕 부)가 부수로 쓰인 모양이며, 可(옳을 가)는 여기서 '좋다'라는 뜻으로 쓰였다.
• '아첨하다'라는 뜻일 때는 ē라고 발음한다.

3 阿姨 āyí 명 아주머니, 이모

啊
a
어조사 아

★★★ 10획

조 문장 끝에서 긍정·의문·감탄·강조를 나타냄, 문장 중간에서 열거를 나타냄

입[口]으로 '아(阿)'라는 소리를 내며 긍정·의문·감탄의 분위기를 나타내는 어조사이다.

+ 是啊 shì a 감 그래, 맞아

司
sī
맡을 사

★★★ 5획

동 주관하다, 담당하다 명 국, 부(부서명)

윗사람의 명령에 몸을 굽히고[𠃌] 한번[一] 입[口]으로 대답했으면, 그 일을 맡는다는 뜻이다.

2 公司 gōngsī 명 회사, 직장
3 司机 sījī 명 기사, 운전사
6 司法 sīfǎ 명 사법

词
cí
말 사 [詞]

★★★ 7획

명 단어, 말, 문구, 구절, 대사

말[讠]에서 중요한 역할을 맡고[司] 있는 단어나 말(문구)을 뜻한다.

3 词典 cídiǎn 명 사전
4 词语 cíyǔ 명 단어와 어구
5 词汇 cíhuì 명 어휘
+ 生词 shēngcí 명 새 단어

huān
기뻐할 환 〔歡〕
★★★ 6획

형 즐겁다, 기쁘다 동 좋아하다

좋은 일이 생기고 또[又] 생기면 입을 크게 벌려 [欠] 기뻐한다는 뜻이다.

- 又(또 우)는 오른손을 그린 글자로, 자주 쓰는 손이므로 '또'라는 뜻이다. 欠(하품 흠)은 입을 크게 벌려 하품하는 모습이다.

① 喜欢 xǐhuan — 동 좋아하다
③ 欢迎 huānyíng — 동 환영하다
⑥ 欢乐 huānlè — 형 즐겁다

gē
노래 가
★★★ 14획

명 노래, 가곡 동 노래 부르다, 찬양하다

'좋구나[可], 좋구나[可]' 하며 입을 벌리고[欠] 흥얼거리는 노래를 뜻한다.

- 可(옳을 가)는 여기서 '좋다'라는 뜻으로 쓰였다.

② 唱歌 chànggē — 동 노래 부르다
⑥ 歌颂 gēsòng — 동 찬양하다, 찬미하다
+ 歌曲 gēqǔ — 명 노래
+ 歌手 gēshǒu — 명 가수

款
kuǎn
성실할 관
★★ 12획

명 조항, 금액, 양식, 스타일 형 성실하다

선비[士]는 보일[示] 때마다 입을 벌려[欠] 책을 읽으니 성실하다는 뜻이다. 성실하게 버는 '돈'을 뜻하기도 한다.

- 士(선비 사)는 하나[一]를 들으면 열[十]을 아는 선비를 뜻한다. 示(보일 시)는 제사 지내는 단을 그린 글자로, 조상이나 신에게 제사를 차려 보인다는 뜻이다.

④ 付款 fùkuǎn — 동 돈을 지불하다
⑤ 贷款 dàikuǎn — 동 (은행에서) 대출하다
⑤ 罚款 fákuǎn — 동 벌금을 부과하다
⑥ 款式 kuǎnshì — 명 스타일, 타입
⑥ 条款 tiáokuǎn — 명 조항, 조목

次
cì
다음 차
★★★ 6획

형 다음의, 두 번째의, (품질이) 떨어지다
양 차례, 번 명 순서, 차례

두[冫] 번째 사람을 부를 때, 입을 크게 벌리고[欠] 외치는 말은 '다음'이라는 뜻이다.

- 冫은 여기서 二(두 이)의 변형이다.
- '다음에 만나자!'는 '下次见! Xiàcì jiàn!'이라고 한다.

④ 其次 qícì — 대 다음, 그다음
⑥ 层次 céngcì — 명 단계, 순서
⑥ 次品 cìpǐn — 명 질이 낮은 물건

zī
재물 자 〔資〕
★★ 10획

명 재물, 자격, 자질, 재료 동 (재물로) 돕다

인생에서 사람의 마음 다음[次]으로 중요한 것은 재물[贝]이라는 뜻이다.

- 贝는 조개껍데기를 그린 贝(조개 패)가 간략해진 모양이다. 화폐로 사용되던 조개의 특성에 따라 주로 돈과 관련된 글자에 쓰인다.

④ 工资 gōngzī — 명 월급
⑤ 投资 tóuzī — 동 투자하다
⑤ 资金 zījīn — 명 자금
⑤ 资格 zīgé — 명 자격
⑤ 资料 zīliào — 명 자료
⑥ 资本 zīběn — 명 자본

61

06 발음 체크 박스

오른쪽의 발음을 가리고 읽어 보세요.
책 날개에 제공된 책갈피를 이용하면 편리합니다.

古	gǔ	信	xìn	何	hé	次	cì
苦	kǔ	警	jǐng	河	hé	资	zī
固	gù	语	yǔ	阿	ā	自	zì
活	huó	说	shuō	啊	a	鼻	bí
话	huà	脱	tuō	司	sī	息	xī
乱	luàn	论	lùn	词	cí	面	miàn
刮	guā	诉	sù	欢	huān		
甜	tián	误	wù	歌	gē		
言	yán	可	kě	款	kuǎn		

07일째 손 1

手 shǒu 손 수 (4획) ★★★

명 손, 기술자, 수단 동 잡다 형 간편하다 부 직접

다섯 손가락을 그린 글자로, 손을 의미한다. '어떤 분야에 전문적인 사람'을 뜻하기도 한다.

- 2 手表 shǒubiǎo — 명 손목시계
- 2 手机 shǒujī — 명 휴대폰
- 3 洗手间 xǐshǒujiān — 명 화장실
- 5 手套 shǒutào — 명 장갑
- 5 分手 fēnshǒu — 동 헤어지다, 이별하다
- 5 握手 wòshǒu — 동 악수하다

拿 ná 잡을 나 (10획) ★★★

동 잡다, 쥐다, 가지다, 받다 개 ~로써, ~을 가지고

온 힘을 합하여[合] 손[手]으로 무엇을 잡는다는 뜻이다. '~을 가지다, ~을 가지고'라는 의미로 많이 쓰인다.

- 合(합할 합)은 뚜껑[스]을 그릇[口]에 덮어 합한다는 뜻이다.

- 6 拿手 náshǒu — 형 뛰어나다, 능하다

掌 zhǎng 손바닥 장 (12획) ★

명 손바닥 동 손바닥으로 때리다, 장악하다

숭고한[尚] 사람 앞에서 맹세할 때 들어 보이는 손바닥[手]을 뜻한다.

- 尚(숭할 상)은 아궁이에서 연기가 피어오르는 모양으로, 높거나 숭고한 것을 의미한다.

- 5 掌握 zhǎngwò — 동 파악하다, 장악하다
- 5 鼓掌 gǔzhǎng — 동 손뼉을 치다

卷 juǎn / juàn 말 권, 책 권〔捲〕 (8획) ★

동 말다 명 말아 놓은 물건, 문서, 시험지 양 권

두 손[手手→关]으로 잘 말아서[㔾] 보관해 놓은 책을 뜻한다.

- 关은 手(손 수)가 두 개 합쳐진 모양이다.
- '말다, 원통으로 말아 놓은 물건' 등을 뜻할 때는 juǎn, '문서, 시험지' 등을 뜻할 때는 juàn으로 발음한다.

- 5 试卷 shìjuàn — 명 시험지
- + 答卷 dájuàn — 명 답안지
- + 胶卷 jiāojuǎn — 명 필름

打 dǎ 칠 타 (5획) ★★★

동 치다, 때리다, 열다, 전화를 걸다, 만들다, 하다

손[扌]에 망치를 들고 못[丁]을 친다는 뜻이다. 손으로 하는 다양한 동작을 나타낸다.

- 扌은 手(손 수)가 부수로 쓰인 모양이다. 丁(고무래 정)은 농기구인 고무래를 그린 글자로, '못'을 뜻하기도 한다.
- 양사로 '다스(12개)'를 의미할 때는 dá로 발음한다.

1	打电话 dǎdiànhuà		전화를 걸다
2	打篮球 dǎlánqiú		농구를 하다
3	打算 dǎsuàn	동	~할 계획이다
3	打扫 dǎsǎo	동	청소하다
4	打扮 dǎban	동	꾸미다
4	打扰 dǎrǎo	동	방해하다
4	打折 dǎzhé	동	가격을 깎다

指 zhǐ 가리킬 지 (9획) ★★

명 손가락 동 가리키다, 지시하다, 지적하다

손[扌]으로 맛보고[旨] 싶은 음식을 가리킨다는 뜻이다. '손가락, 지시하다'라는 의미도 있다.

- 旨(맛 지)는 숟가락[匕]에 음식을 올려 입[曰]으로 맛본다는 뜻이다.

5	指挥 zhǐhuī	동	지휘하다
5	手指 shǒuzhǐ	명	손가락
5	戒指 jièzhi	명	반지
5	指导 zhǐdǎo	동	지도하다, 이끌다
6	指示 zhǐshì	동	가리키다, 지시하다
6	指南针 zhǐnánzhēn	명	나침반, 지침

接 jiē 이을 접 (11획) ★★★

동 잇다, 연결하다, 닿다, 연속하다, 맞이하다

남자가 손[扌]을 내밀어 서[立] 있는 여자[女]에게 구애하니 사이가 이어진다는 뜻이다.

- 立(설 립)은 사람이 두 팔을 벌리고 땅 위에 선 모습이다.

4	接着 jiēzhe	부	이어서, 연이어
4	接受 jiēshòu	동	받아들이다
4	直接 zhíjiē	형	직접적인
5	接触 jiēchù	동	닿다, 접촉하다
5	迎接 yíngjiē	동	영접하다, 마중하다
5	接近 jiējìn	동	접근하다

托 tuō 맡길 탁 (6획) ★

동 맡기다, 위탁하다, 의지하다, 받치다 명 받침

손[扌]에 쥔 물건을 남에게 부탁하며[乇] 맡긴다는 뜻이다. 주로 '부탁하다'라는 의미로 쓰인다.

- 乇(부탁할 탁)은 풀잎이 땅에 몸을 의탁하여 자라는 모습을 그린 글자이다.

5	摩托车 mótuōchē	명	오토바이
6	依托 yītuō	동	의지하다
6	拜托 bàituō	동	부탁하다
6	托运 tuōyùn	동	운송을 위탁하다
6	委托 wěituō	동	위탁하다

换 huàn 바꿀 환〔換〕(10획) ★★★

동 교환하다, 바꾸다, 환전하다

손[扌]에 든 빛나는[奐] 보석을 돈으로 바꾼다는 뜻이다.

- 奐(빛날 환)은 아이[人一勹]가 엄마의 자궁 가운데[央]로 머리를 내미는 빛나는 순간을 나타낸다.

5	交换 jiāohuàn	동	교환하다
5	兑换 duìhuàn	동	환전하다
+	换钱 huànqián	동	환전하다
+	换车 huànchē	동	차를 갈아타다

振 zhèn 떨칠 진 (10획) ★

동 떨치다, 진동하다, 흔들다, 떨쳐 일어나다

손[扌]에 조개[辰]로 만든 도구를 들고 곡식을 털어 떨친다는 뜻이다. '진동하다'라는 뜻도 있다.

- 辰(별 진)은 큰 조개에 끈을 달아 만든 농사 도구를 그린 글자로, 농사의 때와 관계있는 '별'을 의미한다.

5	振动 zhèndòng	동 진동하다
6	振奋 zhènfèn	동 분발하다, 북돋다
6	振兴 zhènxīng	동 진흥시키다

抓 zhuā 움켜쥘 조 (7획) ★

동 꽉 쥐다, 할퀴다, 긁다, 붙잡다, 사로잡다

손[扌]에 손톱[爪]자국이 날 정도로 꽉 움켜쥔다는 뜻이다.

- 爪(손톱 조)는 물건을 집으려고 손톱을 세운 모양이다.

5	抓紧 zhuājǐn	동 꽉 쥐다, 급히 하다
+	抓住 zhuāzhù	(손으로) 잡다
+	抓紧时间 zhuājǐnshíjiān	동 서두르다

爬 pá 길 파 (8획) ★★★

동 기다, 기어오르다, 오르다

벽을 손톱[爪]으로 찍어가며 높은 곳으로 뱀[巴]처럼 기어오른다는 뜻이다.

- 巴(뱀 파)는 똬리를 튼 큰 뱀의 모습을 그린 글자이다.

| 3 | 爬山 páshān | 동 등산하다 |

执 zhí 잡을 집 [執] (6획) ★

동 잡다, 주관하다, 집행하다, 고집하다 **명** 증명서

범인의 손[扌]을 줄로 둥글게[丸] 묶어서 잡는다는 뜻이다.

- 丸(둥글 환)은 사람이 무릎을 구부려 몸을 둥글게 만든 모습이다.

5	执照 zhízhào	명 허가증, 면허증
6	执着 zhízhuó	동 집착하다, 고집하다
6	固执 gùzhí	형 고집스럽다
6	执行 zhíxíng	동 집행하다, 수행하다

热 rè 뜨거울 열 [熱] (10획) ★★★

형 덥다, 뜨겁다, 인기 있다, 친밀하다
명 유행 **동** 데우다

불[灬]에 올린 냄비를 잡으면[执] 뜨겁다는 뜻이다. '인기가 뜨겁다, 유행'이라는 뜻도 있다.

- 灬는 火(불 화)가 부수로 쓰인 모양이다.

3	热情 rèqíng	형 친절하다 명 열정
4	热闹 rènao	형 떠들썩하다
5	热爱 rè'ài	동 뜨겁게 사랑하다
5	热烈 rèliè	형 열렬하다
6	热门 rèmén	명 인기 있는 것

★ 8획

shì
기세 세 〔势〕

명 기세, 세력, 위세, 정세, 상황, 몸짓

사회에서 우위를 잡기[执] 위해 힘[力]을 뻗치는 기세(세력)를 뜻한다.

• 力(힘 력)은 사람이 팔뚝에 힘을 준 모습을 그린 글자이다.

5	形势 xíngshì	명 정세, 형세
5	趋势 qūshì	명 추세
5	优势 yōushì	명 우세
5	姿势 zīshì	명 자세
6	手势 shǒushì	명 손짓, 손동작
6	势力 shìlì	명 세력

★★ 9획

chí
가질 지

동 가지다, 잡다, 끝까지 지키다, 주관하다

손[扌]으로 흙[土]에 심은 작물을 마디마디[寸] 베어서 가진다는 뜻이다.

• 寸(마디 촌)은 손목에서 맥박이 뛰는 곳까지의 한 마디를 나타내며, 주로 '손'을 의미한다.

4	支持 zhīchí	동 지지하다
4	坚持 jiānchí	동 견지하다
5	主持 zhǔchí	동 주관하다, 사회를 보다
5	保持 bǎochí	동 유지하다
5	持续 chíxù	동 지속하다

★ 9획

待
dài
기다릴 대

동 대하다, 접대하다, 기다리다, 머물다

논밭에 가서[彳] 흙[土]에 심은 작물을 바라보며 마디마디[寸] 벨 날을 기다린다는 뜻이다.

• 彳(조금 걸을 척)은 사람의 다리 모양을 본뜬 것이다.
• '머물다'라는 뜻일 때는 dāi로 발음한다.

5	待遇 dàiyù	명 대우, 대접
5	招待 zhāodài	동 접대하다
5	期待 qīdài	동 기대하다, 기다리다
5	等待 děngdài	동 기다리다
6	看待 kàndài	동 대우하다, 다루다

★★★ 5획

zuǒ
왼쪽 좌

명 왼쪽, 근방

장인이 왼손[𠂇→ナ]에 도구[工]를 든 모습으로, 왼쪽을 의미한다.

• 工(장인 공)은 장인이 사용하는 도구[工]를 그린 글자이다.

| 2 | 左边 zuǒbian | 명 왼쪽 |

★★★ 9획

chā / chà / chāi
다를 차
보낼 차

형 다르다, 차이 나다, 모자라다, 나쁘다
명 차이 동 보내다, 파견하다

벼의 이삭[羊→䒑]은 왼쪽[左], 오른쪽의 모양이 각각 다르다는 뜻이다.

• 명사로 '차이'를 뜻할 때는 chā, 형용사로 '다르다, 차이 나다, 모자라다, 나쁘다'를 뜻할 때는 chà, 동사로 '보내다, 파견하다'를 뜻할 때는 chāi로 발음한다.

4	出差 chūchāi	동 출장 가다
4	差不多 chàbuduō	형 비슷하다
5	差距 chājù	명 격차, 차이
5	时差 shíchā	명 시차
6	差别 chābié	명 차별

右 yòu 오른쪽 우

★★★ 5획

명 오른쪽

입[口]에 음식을 넣고 있는 오른손[ナ→ナ]의 모습으로, 오른쪽을 의미한다.

- ② 右边 yòubian　명 오른쪽
- ④ 左右 zuǒyòu　명 좌우, 주위, 가량
- ⑥ 座右铭 zuòyòumíng　명 좌우명

若 ruò 같을 약

★ 8획

동 ~와 같다　접 만일, 만약

여러 풀[艹]을 오른손[右]으로 만져 보니 촉감이 모두 비슷하거나 같다는 뜻이다. 만약 있을지 모를 독풀을 조심해야 하니 '만약'이라는 뜻도 있다.

• 艹는 艸(풀 초)가 간략해진 모양이다.

- ⑥ 倘若 tǎngruò　접 만일 ~한다면

又 yòu 또 우

★★★ 2획

부 또, 다시, 또한, 한편

오른손을 그린 글자로, 자주 쓰는 손이므로 '또'라는 뜻이다.

• '~이면서 ~이다'라는 표현은 '又~ 又~'로, '예쁘면서 싸다'는 '又好看又便宜。Yòu hǎokàn yòu piányi.'이다.

双 shuāng 쌍 쌍 [雙]

★★★ 4획

형 두 개의, 쌍의　명 짝, 켤레, 쌍

왼손[又]과 오른손[又], 양손을 그려서 한 쌍을 표현했다. 주로 한 쌍이 되는 것을 세는 단위로 쓰인다.

- ⑤ 双方 shuāngfāng　명 쌍방, 양쪽
- ⑥ 双胞胎 shuāngbāotāi　명 쌍둥이
- ＋ 双眼皮 shuāngyǎnpí　명 쌍꺼풀

仅 jǐn 겨우 근 [僅]

★★ 4획

부 겨우, 근근이, 단지, ~뿐

사람[亻]에게 같은 일을 또[又] 하라고 시키니 싫증 나서 겨우 한다는 뜻이다.

- ④ 不仅 bùjǐn　접 ~뿐만 아니라
- ＋ 仅仅 jǐnjǐn　부 단지, 겨우

quán
권세 권 〔權〕

6획

명 권세, 권력, 권리
나무[木] 지휘봉을 손[又]에 잡고 지도자로서 누리는 권세를 뜻한다.

- ⑤ 权力 quánlì　명 권력
- ⑤ 权利 quánlì　명 권리
- ⑥ 政权 zhèngquán　명 정권
- ⑥ 主权 zhǔquán　명 주권

zhī
지탱할 지

4획

동 받치다, 지지하다, 지불하다　**양** 자루, 개비
나뭇가지[十]를 손[又]에 잡고서 몸을 지탱한다는 뜻이다. 막대를 든 손으로 물건의 개수를 헤아려 '돈을 지불하다'라는 뜻도 있다.

• 十은 여기서 나뭇가지를 나타낸다.

- ④ 支持 zhīchí　동 지지하다, 견디다
- ⑤ 支票 zhīpiào　명 수표
- ⑥ 开支 kāizhī　동 지출하다 명 지출
- ⑥ 支援 zhīyuán　동 지원하다

jì
기술 기

7획

명 기술, 기능, 능력, 재능
오직 손[扌]으로만 몸을 지탱하는[支] 기술을 뜻한다.

• 扌은 手(손 수)가 부수로 쓰인 모양이다.

- ④ 技术 jìshù　명 기술
- ⑥ 技巧 jìqiǎo　명 기교, 테크닉
- ⑥ 杂技 zájì　명 곡예, 서커스

fǎn
돌이킬 반

4획

형 반대의　**동** 뒤집다, 반대하다　**부** 반대로, 오히려
언덕[厂]을 오르고 또[又] 올라 건강한 몸으로 다시 돌이킨다는 뜻이다.

• 厂(기슭 엄)은 언덕이나 낭떠러지의 모양을 나타낸다.

- ④ 反对 fǎnduì　동 반대하다
- ⑤ 反正 fǎnzhèng　부 아무튼, 어떻든
- ⑤ 反应 fǎnyìng　명 반응
- ⑤ 反复 fǎnfù　동 반복하다
- ⑤ 反而 fǎn'ér　부 반대로, 오히려
- ⑤ 违反 wéifǎn　동 위반하다, 위배하다

bǎn
널빤지 판

8획

명 널빤지, 판　**동** 정색하다　**형** 생기가 없다
나무[木]를 얇게 펴서 뒤집기[反] 좋은 상태로 만든 널빤지를 뜻한다.

- ③ 黑板 hēibǎn　명 칠판
- ⑤ 老板 lǎobǎn　명 상점 주인, 사장

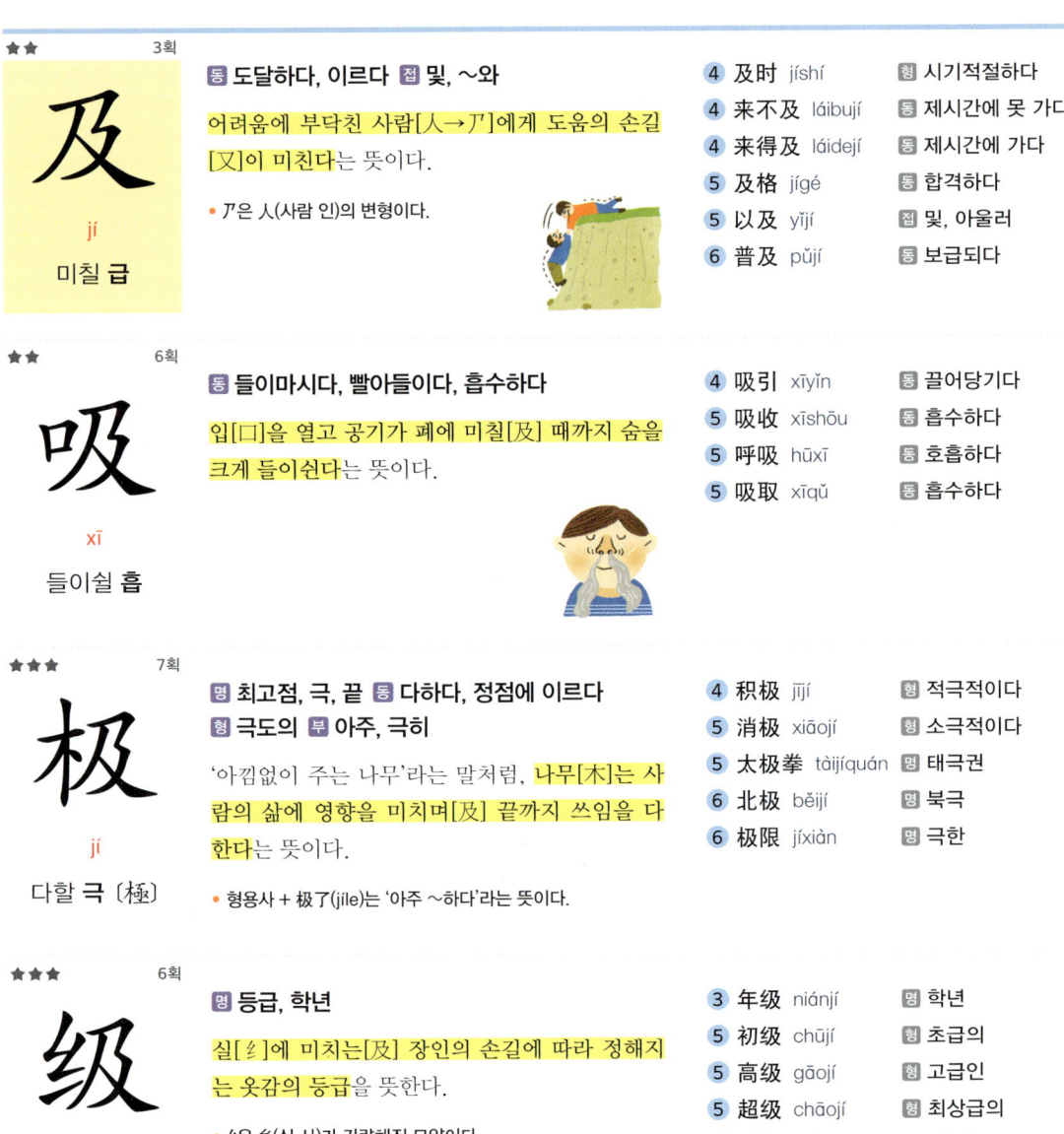

及 jí 미칠 급

★★ 3획

- 동 도달하다, 이르다 접 및, ~와

어려움에 부닥친 사람[人→丆]에게 도움의 손길[又]이 미친다는 뜻이다.

- 丆은 人(사람 인)의 변형이다.

4	及时 jíshí	형 시기적절하다
4	来不及 láibují	동 제시간에 못 가다
4	来得及 láidejí	동 제시간에 가다
5	及格 jígé	동 합격하다
5	以及 yǐjí	접 및, 아울러
6	普及 pǔjí	동 보급되다

吸 xī 들이쉴 흡

★★ 6획

- 동 들이마시다, 빨아들이다, 흡수하다

입[口]을 열고 공기가 폐에 미칠[及] 때까지 숨을 크게 들이쉰다는 뜻이다.

4	吸引 xīyǐn	동 끌어당기다
5	吸收 xīshōu	동 흡수하다
5	呼吸 hūxī	동 호흡하다
5	吸取 xīqǔ	동 흡수하다

极 jí 다할 극 〔極〕

★★★ 7획

- 명 최고점, 극, 끝 동 다하다, 정점에 이르다
- 형 극도의 부 아주, 극히

'아낌없이 주는 나무'라는 말처럼, 나무[木]는 사람의 삶에 영향을 미치며[及] 끝까지 쓰임을 다한다는 뜻이다.

- 형용사 + 极了(jíle)는 '아주 ~하다'라는 뜻이다.

4	积极 jījí	형 적극적이다
5	消极 xiāojí	형 소극적이다
5	太极拳 tàijíquán	명 태극권
6	北极 běijí	명 북극
6	极限 jíxiàn	명 극한

级 jí 등급 급 〔級〕

★★★ 6획

- 명 등급, 학년

실[糹]에 미치는[及] 장인의 손길에 따라 정해지는 옷감의 등급을 뜻한다.

- 糹은 糸(실 사)가 간략해진 모양이다.

3	年级 niánjí	명 학년
5	初级 chūjí	형 초급의
5	高级 gāojí	형 고급인
5	超级 chāojí	형 최상급의
6	等级 děngjí	명 등급

발음 체크 박스

오른쪽의 발음을 가리고 읽어 보세요.
책 날개에 제공된 책갈피를 이용하면 편리합니다.

手	shǒu	振	zhèn	差	chā / chà / chāi	反	fǎn
拿	ná	抓	zhuā	右	yòu	板	bǎn
掌	zhǎng	爬	pá	若	ruò	及	jí
卷	juǎn / juàn	执	zhí	又	yòu	吸	xī
打	dǎ	热	rè	双	shuāng	极	jí
指	zhǐ	势	shì	仅	jǐn	级	jí
接	jiē	持	chí	权	quán		
托	tuō	待	dài	支	zhī		
换	huàn	左	zuǒ	技	jì		

08일째 손 2

 MP3 발음 파일　 암기 프로그램

友 yǒu — 벗 우 (4획) ★★★

명 친구, 벗　형 친하다, 사이가 좋다

왼손[ナ→ナ]과 오른손[又]을 잡고 다정하게 걸어가는 벗(친구)을 뜻한다.

급수	단어	병음	뜻
1	朋友	péngyou	명 친구, 벗
4	友好	yǒuhǎo	형 우호적이다
4	友谊	yǒuyì	명 우정

爱 ài — 사랑 애 〔愛〕 (10획) ★★★

동 사랑하다, 아끼다, ~하기를 좋아하다

손[爫]으로 덮으려[冖] 해도 가려지지 않는 우정[友] 이상의 감정은 사랑이라는 뜻이다.

• 爫는 물건을 집으려고 손톱을 세운 모양인 爪(손톱 조)가 부수로 쓰인 모양이다. 冖(덮을 멱)은 물건을 덮은 모양이다.

급수	단어	병음	뜻
3	爱好	àihào	동 즐기다 명 취미
3	可爱	kě'ài	형 귀엽다
4	爱情	àiqíng	명 사랑, 애정
5	恋爱	liàn'ài	동 연애하다 명 연애
5	亲爱	qīn'ài	형 친애하다
5	爱护	àihù	동 소중히 여기다

受 shòu — 받을 수 (8획) ★★

동 받다, 받아들이다, 참다, 견디다, 당하다

상대방 손[爫]에 들린 잘 덮인[冖] 물건을 손[又]으로 받는다는 뜻이다.

급수	단어	병음	뜻
4	受到	shòudào	동 얻다, 받다
4	接受	jiēshòu	동 받아들이다
4	难受	nánshòu	형 괴롭다
4	受不了	shòubuliǎo	동 견딜 수 없다
5	受伤	shòushāng	동 상처를 입다
5	享受	xiǎngshòu	동 누리다, 향유하다

变 biàn — 변할 변 〔變〕 (8획) ★★★

동 변하다, 변화하다, 바뀌다

또[亦] 다른 시대를 맞이하여, 세상은 또[又] 다른 모습으로 변한다는 뜻이다.

• 亦(또 역)은 사람의 양쪽 겨드랑이를 강조하여 그린 글자로, 양쪽에 모두 있어서 '또'라는 뜻이다.

급수	단어	병음	뜻
3	变化	biànhuà	동 변화하다 명 변화
4	改变	gǎibiàn	동 변하다, 바꾸다
5	转变	zhuǎnbiàn	동 전환하다, 바뀌다

★★★ 5획

发 fā / fà
쏠 발〔發〕
터럭 발〔髮〕

동 보내다, 발송하다, 쏘다, 발생하다, 표현하다
명 머리카락, 머리털

무기[𠂇]를 손[又]에 들고 나아가 적을 쏜다[丶]는 뜻이다. 또, 빗[𠂇]을 손[又]에 들고 윤기[丶]나게 빗질한 머리카락을 뜻하기도 한다.

• 대부분 fā로 발음하며, '머리카락'을 뜻할 때만 fà로 발음한다.

3	发现 fāxiàn	동 발견하다
3	发烧 fāshāo	동 열이 나다
3	头发 tóufa	명 머리카락
4	出发 chūfā	동 출발하다, 떠나다
4	发生 fāshēng	동 생기다, 발생하다
4	发展 fāzhǎn	동 발전하다
4	理发 lǐfà	동 이발하다, 머리 깎다

★★ 8획

取 qǔ
가질 취

동 가지다, 찾다, 얻다, 고르다

전쟁터에서 적을 물리친 것을 증명하려고 적의 귀[耳]를 잘라 손[又]에 가진다는 뜻이다.

• 耳(귀 이)는 사람의 귀를 그린 글자이다.

5	采取 cǎiqǔ	동 채택하다, 취하다
5	录取 lùqǔ	동 채용하다
5	争取 zhēngqǔ	동 쟁취하다
5	取消 qǔxiāo	동 취소하다

★★★ 12획

最 zuì
가장 최

부 가장, 제일, 최고

여러 사람이 말한[曰] 것 중에서 내가 취할[取] 만한 가장 좋은 것을 뜻한다.

• 曰(말할 왈)은 입[口]에서 소리[一]를 내어 말한다는 뜻이다.

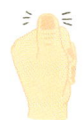

3	最后 zuìhòu	형 맨 마지막의
3	最近 zuìjìn	명 최근, 요즈음
4	最好 zuìhǎo	형 가장 좋다

★★ 14획

聚 jù
모일 취

동 모이다, 집합하다

사람들[人人人→乑]이 함께 시간을 갖기[取] 위해 모인다는 뜻이다.

| 4 | 聚会 jùhuì | 명 모임, 집회 |
| 6 | 聚精会神 jùjīnghuìshén | 성 정신을 집중하다 |

★ 7획

投 tóu
던질 투

동 던지다, 넣다, 보내다, 뛰어들다, 마음이 맞다

손[扌]에 나무 몽둥이[殳]를 들고서 전쟁터에 몸을 던진다는 뜻이다.

• 殳(몽둥이 수)는 손[又]에 나무 몽둥이[几]를 든 모양이다.

5	投入 tóurù	동 뛰어들다, 투입하다
5	投资 tóuzī	동 투자하다
6	投机 tóujī	형 의기투합하다
6	投降 tóuxiáng	동 투항하다, 항복하다
6	投掷 tóuzhì	동 던지다, 투척하다
6	投票 tóupiào	동 투표하다

没 méi / mò
없을 몰
빠질 몰 〔沒〕
7획 ★★★

동 없다, 가지고 있지 않다, 물에 잠기다
부 ~하지 않았다(부정)

배에서 물[氵]에 나무 막대(노)[殳]를 빠뜨렸으니, 손에 쥔 것이 없다는 뜻이다.

- 부정형으로 쓰일 때는 méi로 발음하나, 동사로 '물에 잠기다, 사라지다, 몰수하다'라는 뜻일 때는 mò로 발음한다.

1	没有	méiyǒu	동 없다
1	没关系	méiguānxi	괜찮다, 상관없다
6	埋没	máimò	동 매몰되다, 묻히다
+	没用	méiyòng	형 효과가 없다

设 shè
베풀 설 〔設〕
6획 ★

동 세우다, 계획하다, 가정하다

유창한 말[讠]과 지휘봉[殳]을 이용하여 가르침을 베푼다는 뜻이다. '세우다, 계획하다'라는 의미로 많이 쓰인다.

- 讠은 言(말씀 언)이 간략해진 모양이다.

5	设备	shèbèi	명 설비
5	设计	shèjì	동 설계(디자인)하다
5	假设	jiǎshè	동 가정하다
5	建设	jiànshè	동 건설하다
5	设施	shèshī	명 시설
6	设置	shèzhì	동 설치하다

股 gǔ
넓적다리 고
8획 ★

명 넓적다리, 주식, 증권 **양** 줄기

우리 몸[月]에서 몽둥이[殳]처럼 넓적한 다리를 뜻한다. 현대 중국어에서는 '주식, 증권'을 뜻하며, 넓적다리는 '大腿 dàtuǐ'라고 한다.

- 月은 肉(고기 육)이 부수로 쓰인 모양으로, 신체와 관련된 한자에 많이 쓰인다.

5	股票	gǔpiào	명 주식, 증권
6	屁股	pìgu	명 엉덩이
6	股东	gǔdōng	명 주주

段 duàn
층계 단
9획 ★★★

명 층계, 방법 **양** 단락, 토막, 구간, 기간

층층이[𠂆] 나무[殳]를 쌓아 만든 층계를 뜻한다. 나누어진 '단락, 토막'을 의미하기도 한다.

- 𠂆은 암석 등에 홈을 내어 높이 오를 수 있게 한 모양이다.

| 5 | 阶段 | jiēduàn | 명 단계 |
| + | 手段 | shǒuduàn | 명 수단, 방법 |

般 bān
일반 반
10획 ★★★

형 보통의, 일반의 **조** ~와 같은 **명** 종류

배[舟]에서 노[殳]를 젓는 일처럼 반복적이고 일반적인 일을 뜻한다.

- 舟(배 주)는 통나무를 쪼개서 만든 배의 모양을 그린 글자이다.

| 3 | 一般 | yìbān | 형 보통이다 |

搬 bān
옮길 반
★★★ 13획

동 옮기다, 운반하다, 이사하다

불편하게 놓인 물건을 손[扌]으로 들어 일반적인 (평범한)[般] 장소로 옮긴다는 뜻이다.

• 扌은 手(손 수)가 부수로 쓰인 모양이다.

| + | 搬家 | bānjiā | 동 이사하다 |

报 bào
알릴 보
갚을 보 〔報〕
★★★ 7획

동 알리다, 갚다, 보답하다 명 신문, 간행물

몸을 구부리고[卩] 아파하는 사람을 손[又]으로 부축하며, 다른 손[扌]을 흔들어 주위에 알린다는 뜻이다. 도움을 받은 사람이 나중에 은혜를 '갚다'라는 뜻도 있다.

• 卩(병부 절)은 몸을 구부린 사람의 모습이다.

2	报纸	bàozhǐ	명 신문
4	报名	bàomíng	동 신청하다, 등록하다
5	报告	bàogào	동 보고하다 명 보고
5	报道	bàodào	동 보도하다 명 보도
5	预报	yùbào	동 예보하다 명 예보

服 fú
옷 복
★★★ 8획

명 옷, 의복 동 입다, (약을) 먹다, (일을) 맡다

몸[月]을 구부리고[卩] 손[又]을 넣어서 입는 옷을 뜻한다. '옷을 입다, 약을 먹다, 일을 맡다' 등의 뜻도 있다.

• 月은 肉(고기 육)이 부수로 쓰인 모양으로, 신체와 관련된 한자에 많이 쓰인다.

1	衣服	yīfu	명 옷, 의복
2	服务员	fúwùyuán	명 종업원, 웨이터
3	舒服	shūfu	형 편안하다, 쾌적하다
5	克服	kèfú	동 극복하다, 이기다
5	服装	fúzhuāng	명 복장, 의류
5	佩服	pèifú	동 탄복하다, 감탄하다

坚 jiān
굳을 견 〔堅〕
★★ 7획

형 단단하다, 견고하다, 굳건하다

둘[二→ㅠ]이 함께 손[又]으로 흙[土]을 다지니 땅이 단단히 굳는다는 뜻이다.

• 又(또 우)는 오른손을 그린 글자로, 주로 '손'을 의미한다.

4	坚持	jiānchí	동 유지하다, 고수하다
5	坚强	jiānqiáng	형 굳세다 동 강화하다
5	坚决	jiānjué	형 단호하다
6	坚实	jiānshí	형 튼튼하다, 건장하다
6	坚固	jiāngù	형 견고하다
6	坚硬	jiānyìng	형 단단하다

紧 jǐn
팽팽할 긴 〔緊〕
★★ 10획

형 팽팽하다, 단단하다, 빡빡하다, 긴급하다

둘[二→ㅠ]이 양쪽에서 손[又]으로 줄[糸]을 잡아당기니 팽팽하다는 뜻이다. 분위기가 팽팽하여 '긴장하다, 긴급하다' 등의 의미로도 쓰인다.

• 糸(실 사)는 실을 꼬아 놓은 모습을 그린 글자이다.

4	紧张	jǐnzhāng	형 긴장하다, 긴박하다
5	抓紧	zhuājǐn	동 꽉 쥐다, 급히 하다
5	赶紧	gǎnjǐn	부 서둘러, 재빨리
5	紧急	jǐnjí	형 긴급하다
5	不要紧	búyàojǐn	형 괜찮다, 문제없다
+	要紧	yàojǐn	형 중요하다

对 duì 대답할 대〔對〕 ★★★ 5획

형 맞다, 옳다 개 ~에게, ~에 대해 동 대하다

상대방의 말에 두 손[又, 寸]으로 맞장구치며 대답한다는 뜻이다. 맞장구칠 때 하는 말인 '맞다'라는 뜻도 있고, '~에게'라는 뜻의 개사로도 쓰인다.

- 寸(마디 촌)은 손목에서 맥박이 뛰는 곳까지의 한 마디를 나타내며, 주로 '손'을 의미한다.

1	对不起	duìbuqǐ	미안합니다.
4	对话	duìhuà	동 대화하다
4	反对	fǎnduì	동 반대하다
4	对于	duìyú	개 ~에 대해서
5	对象	duìxiàng	명 (연애·결혼) 상대
5	绝对	juéduì	형 절대의 부 절대로

讨 tǎo 칠 토〔討〕 ★★ 5획

동 토론하다, 정벌하다

싸울 때는 거친 말[讠]과 손[寸]으로 상대방을 공격하며 친다는 뜻이다. 말로 상대의 의견을 공격하며 '토론하다'라는 의미로도 쓰인다.

4	讨厌	tǎoyàn	동 싫어하다, 미워하다
4	讨论	tǎolùn	동 토론하다
5	讨价还价	tǎojiàhuánjià	성 값을 흥정하다

时 shí 때 시〔時〕 ★★★ 7획

명 때, 시대, 시, 시간 부 이따금, 때로

해[日]의 그림자 길이를 마디[寸]별로 구분해서 가늠하는 시간(때)을 뜻한다.

1	时候	shíhou	명 때, 시각, 시간
2	时间	shíjiān	명 시간
2	小时	xiǎoshí	명 시간
4	同时	tóngshí	명 동시 부 동시에
4	平时	píngshí	명 평소, 평상시
4	当时	dāngshí	명 당시, 그때

村 cūn 마을 촌 ★ 7획

명 마을, 촌락

나무[木]를 베어 손수[寸] 지은 집이 여러 채 모여 있는 시골 마을을 뜻한다.

| 5 | 农村 | nóngcūn | 명 농촌 |

过 guò 지날 과〔過〕 ★★★ 6획

동 지나다, 건너다 조 ~한 적 있다, 동작의 완료

걸어가다가[辶] 아는 사람을 만나면 손[寸]으로 인사하고 지나간다는 뜻이다.

- 辶은 천천히 걷는 모습인 辵(쉬엄쉬엄 갈 착)이 부수로 쓰인 모양이다.

3	过去	guòqù	동 지나가다
3	经过	jīngguò	동 통과하다, 지나다
3	难过	nánguò	형 고통스럽다, 괴롭다
4	不过	búguò	접 그러나, 그런데
4	超过	chāoguò	동 초과하다, 넘다
4	通过	tōngguò	동 건너가다, 통과하다

尽 jǐn / jìn
다할 진 〔盡〕 — 6획 ★★

동 되도록 ~하다, 다하다, 최고에 달하다

내 땅을 한 자[尺]라도 더 늘리기 위해 땀[⺀]을 흘리며 힘을 다한다는 뜻이다.

- 尺(자 척)은 손목에서 팔꿈치까지의 길이를 재는 모습으로, 그 길이가 '한 자(약 30cm)'라는 의미이다.
- '되도록 ~하다'라는 뜻일 때는 jǐn, '다하다, 최고에 달하다'라는 뜻일 때는 jìn으로 발음한다.

4	尽管 jǐnguǎn	부 얼마든지
5	尽快 jǐnkuài	부 되도록, 빨리
5	尽力 jìnlì	동 힘을 다하다
5	尽量 jǐnliàng	부 가능한 한, 되도록

迟 chí
늦을 지 〔遲〕 — 7획 ★★★

형 느리다, 늦다, 주저하다, 망설이다

한 자[尺] 한 자, 발을 끌며 천천히 가니[辶] 도착 시각이 늦어진다는 뜻이다.

3	迟到 chídào	동 지각하다
4	推迟 tuīchí	동 뒤로 미루다
5	迟早 chízǎo	부 조만간, 머지않아
6	迟缓 chíhuǎn	형 느리다, 완만하다

当 dāng / dàng
마땅할 당 〔當〕 — 6획 ★★★

동 담당하다, ~을 마주 대하다, 마땅히 ~해야 한다
형 마땅하다, 상당하다 개 바로 그때 명 속임수

작은[小→⺌] 일이라도 내 일은 내 손[彐]으로 해야 마땅하다는 뜻이다.

- 彐는 사람의 손 모양을 나타낸다.
- 대부분 dāng으로 발음하나, '마땅하다, 속임수'라는 뜻일 때는 dàng으로 발음한다.

3	当然 dāngrán	형 당연하다 부 당연히
4	当时 dāngshí	명 당시, 그때
5	相当 xiāngdāng	부 상당히, 무척
5	当地 dāngdì	명 현지, 현장
5	上当 shàngdàng	동 속다, 사기를 당하다

事 shì
일 사 — 8획 ★★★

명 일, 직업, 업무, 사건, 사고 동 종사하다

한[一] 명의 식구[口]도 빠짐없이 손[彐]에 도구[亅]를 들고 하는 일을 뜻한다.

- 口(입 구)는 여기서 밥을 같이 먹는 식구를 뜻한다.

2	事情 shìqing	명 일, 사건
3	同事 tóngshì	명 동료 동 함께 일하다
3	故事 gùshi	명 이야기, 줄거리
5	从事 cóngshì	동 종사하다, 몸담다
5	事实 shìshí	명 사실
6	事业 shìyè	명 사업

急 jí
급할 급 — 9획 ★★★

형 급하다, 조급하다 동 초조해하다, 화내다
명 긴급한 일

사람[⺈]이 위험에 처한 사람에게 손[彐]을 뻗을 때는 마음[心]이 급하다는 뜻이다.

- ⺈은 人(사람 인)의 변형이다.

3	着急 zháojí	동 조급해하다
5	急诊 jízhěn	명 응급 진료
5	急忙 jímáng	부 급히, 황급히
5	紧急 jǐnjí	형 긴급하다
6	焦急 jiāojí	형 초조하다

wěn

평온할 온 〔穩〕

[형] 평온하다, 안정되다, 확실하다 [동] 안정시키다

벼[禾]로 밥을 지어 급한[急] 허기를 달래고 나니 마음이 평온하다는 뜻이다.

- 禾(벼 화)는 고개 숙인 벼의 모양을 그린 글자이다.

| 5 | 稳定 wěndìng | [형] 안정되다 |
| + | 稳妥 wěntuǒ | [형] 온당하다 |

xīng / xìng

일 흥
흥미 흥 〔興〕

[동] 일으키다, 흥하다 [명] 흥, 흥미

반짝이는[⌒] 물건을 양손[廾→六]에 들고 돌아다니며 사람들의 흥미를 일으킨다는 뜻이다.

- 동사로 '일으키다'라는 뜻일 때는 xīng, 명사로 '흥미'라는 뜻일 때는 xìng으로 발음한다.

1	高兴 gāoxìng	[형] 기쁘다, 즐겁다
3	感兴趣 gǎnxìngqù	관심(흥미)이 있다
4	兴奋 xīngfèn	[형] 흥분하다
6	复兴 fùxīng	[동] 부흥하다
6	振兴 zhènxīng	[동] 진흥시키다

举

jǔ

들 거 〔擧〕

[동] 들어 올리다, 일으키다, 추천하다 [명] 거동

두[二] 사람이 하나[|]의 물건을 함께 일으켜서[兴] 들어 올린다는 뜻이다.

4	举办 jǔbàn	[동] 개최하다
4	举行 jǔxíng	[동] 거행하다
6	举动 jǔdòng	[명] 동작, 행위
6	列举 lièjǔ	[동] 열거하다
6	选举 xuǎnjǔ	[동] 선거하다

yīng / yìng

응할 응 〔應〕

[동] 마땅히 ~해야 한다, 대답하다, 응하다

반짝이는[⌒] 물건과 땅[一]이 많은 집안[广]에서 초대하니 바로 응한다는 뜻이다.

- 广(집 엄)은 산기슭에 자리 잡은 집의 지붕 모습이다.
- '마땅히 ~해야 한다'라는 뜻일 때는 yīng, '대답하다, 응하다'라는 뜻일 때는 주로 yìng으로 발음한다.

3	应该 yīnggāi	[동] ~해야 한다
4	适应 shìyìng	[동] 적응하다
4	应聘 yìngpìn	[동] 초빙에 응하다
5	反应 fǎnyìng	[명] 반응
5	应付 yìngfu	[동] 대응하다
5	答应 dāying	[동] 대답하다

08 발음 체크 박스

오른쪽의 발음을 가리고 읽어 보세요.
책 날개에 제공된 책갈피를 이용하면 편리합니다.

友	yǒu	没	méi / mò	紧	jǐn	事	shì
爱	ài	设	shè	对	duì	急	jí
受	shòu	股	gǔ	讨	tǎo	稳	wěn
变	biàn	段	duàn	时	shí	兴	xīng / xìng
发	fā / fà	般	bān	村	cūn	举	jǔ
取	qǔ	搬	bān	过	guò	应	yīng / yìng
最	zuì	报	bào	尽	jǐn / jìn		
聚	jù	服	fú	迟	chí		
投	tóu	坚	jiān	当	dāng / dàng		

발

09 일째

 MP3 발음 파일   암기 프로그램

★★★ 7획

足 zú
발 족

명 발, 다리, 사물의 발   형 충분하다   부 충분히

무릎에서 발끝까지의 모양을 그린 글자이다. 사람은 발이 편하면 그걸로 족한다는 의미에서 '충분하다'라는 뜻으로도 쓰인다.

• 중국에서는 '축구'를 '足球 zúqiú'라고 한다.

2	踢足球	tīzúqiú	축구를 하다
5	不足	bùzú	형 부족하다
5	满足	mǎnzú	동 만족하다
6	十足	shízú	형 충분하다
6	充足	chōngzú	형 충족하다

★ 9획

促 cù
재촉할 촉

형 촉박하다, 다급하다   동 재촉하다

사람[亻]이 다급하면 발[足]을 동동거리며 재촉한다는 뜻이다.

5	促进	cùjìn	동 촉진하다
5	促使	cùshǐ	동 ~하도록 하다
6	仓促	cāngcù	형 황급하다
6	短促	duǎncù	형 촉박하다

★★★ 13획

跳 tiào
뛸 도

동 뛰다, 튀어 오르다, 떨리다, 건너뛰다

땅에서 이상한 조짐[兆]을 느껴 발[⻊]을 구르며 팔짝 뛴다는 뜻이다.

• ⻊은 足(발 족)이 부수로 쓰인 모양이다. 兆(조짐 조)는 점칠 때 거북이 배딱지가 갈라진 모양을 그려, 일이 그렇게 될 '조짐'을 나타낸 글자이다.

2	跳舞	tiàowǔ	동 춤을 추다
6	跳跃	tiàoyuè	동 도약하다
+	跳高	tiàogāo	명 높이뛰기

★★ 11획

距 jù
거리 거

명 거리, 간격   동 떨어지다, 사이를 두다

발[⻊]의 보폭을 크게[巨] 해서 걸으면 어느새 떨어지게 되는 거리를 뜻한다.

• 巨(클 거)는 장인이 사용하는 도구 중 손잡이가 달린 큰 도구를 그린 글자이다.

4	距离	jùlí	명 거리
5	差距	chājù	명 차이, 격차

走 zǒu 달릴 주
★★★ 7획

동 걷다, 떠나다, 달리다, 움직이다

흙[土]을 발[足→龰]로 내디디며 달린다는 뜻이다. 현대 중국어에서는 주로 단독으로 쓰여 '걷다'라는 의미를 나타낸다.

- ⑥ 走漏 zǒulòu 동 누설하다
- ⑥ 走廊 zǒuláng 명 복도
- ⊕ 慢走 mànzǒu 안녕히 가세요.

起 qǐ 일어날 기
★★★ 10획

동 일어서다, 올라가다, 시작하다, 생기다

달리다가[走] 넘어지면 몸[己]을 세워 일어난다는 뜻이다. 동사 뒤에 붙어 위쪽을 나타내거나, 得나 不와 쓰여 가능의 의미를 나타내기도 한다.

- ① 对不起 duìbuqǐ 동 미안합니다
- ② 一起 yìqǐ 부 같이, 함께
- ② 起床 qǐchuáng 동 기상하다
- ③ 起来 qǐlai 동 일어나다
- ③ 起飞 qǐfēi 동 이륙하다
- ④ 引起 yǐnqǐ 동 불러 일으키다
- ⑤ 了不起 liǎobuqǐ 형 굉장하다

超 chāo 뛰어넘을 초
★★★ 12획

동 뛰어넘다, 초과하다, 벗어나다 형 뛰어나다

나를 부르는[召] 곳으로 달려가기[走] 위해 장애물을 뛰어넘는다는 뜻이다.

- 召(부를 소)는 칼[刀]을 든 강도를 만나면 입[口]으로 주변 사람을 크게 부른다는 뜻이다.

- ③ 超市 chāoshì 명 슈퍼마켓
- ④ 超过 chāoguò 동 초과하다, 넘다
- ⑤ 超级 chāojí 형 최상급의
- ⑥ 超越 chāoyuè 동 넘다, 초월하다
- ⊕ 超人 chāorén 명 초인, 슈퍼맨

越 yuè 넘을 월
★★★ 12획

동 넘다, 건너다 부 ~할수록 ~하다, 점점

전쟁 중인 병사가 도끼[戉]를 들고 달려가서[走] 국경선을 넘는다는 뜻이다.

- 戉(도끼 월)은 도끼의 모양을 그린 글자이다.
- '越~越~'는 '~할수록 ~하다'라는 표현이다. '빠를수록 좋다'는 '越快越好。Yuè kuài yuè hǎo.'라고 한다.

- ⑥ 穿越 chuānyuè 동 넘다, 통과하다
- ⑥ 优越 yōuyuè 형 우월하다
- ⊕ 越来越 yuèláiyuè 부 점점

处 chǔ / chù 살 처, 곳 처 〔處〕
★★ 5획

동 함께 지내다, 처하다, 처리하다 명 장소, 부분

발[夂]을 들일 만한 곳인지 점[卜]을 쳐서 정하는 살 곳을 뜻한다.

- 夂(뒤져올 치)는 천천히 걷는 발을 그린 글자이다.
- 동사로 '함께 지내다, 처하다, 처리하다'라는 뜻일 때는 chǔ, 명사로 '장소, 부분'이라는 뜻일 때는 chù로 발음한다.

- ④ 到处 dàochù 명 도처, 곳곳
- ④ 好处 hǎochu 명 장점, 좋은 점
- ⑤ 处理 chǔlǐ 동 처리하다
- ⑤ 相处 xiāngchǔ 동 함께 살다

条 tiáo
가지 조 〔條〕
7획 ★★★

명 가늘고 긴 것, 종잇조각 양 줄기, 갈래, 조목

나무[木→木]에 발[夂]을 올려서 올라가려면 밟아야 하는 나뭇가지를 뜻한다. 주로 나뭇가지처럼 가늘고 긴 것을 나타낸다.

- 2 面条 miàntiáo — 명 국수
- 4 条件 tiáojiàn — 명 조건
- 5 苗条 miáotiao — 형 아름답고 날씬하다
- 6 便条 biàntiáo — 명 메모, 쪽지
- 6 条理 tiáolǐ — 명 맥락, 질서

复 fù
회복할 복 / 다시 부 〔復〕
9획 ★★★

동 반복하다, 돌아가다, 대답하다, 회복하다
형 복잡하다 부 다시

사람[亻]은 해[日]가 지면 집으로 걸어와서[夂] 체력을 다시 회복한다는 뜻이다.

- 3 复习 fùxí — 동 복습하다
- 4 复印 fùyìn — 동 복사하다
- 4 复杂 fùzá — 형 복잡하다
- 5 反复 fǎnfù — 동 반복하다
- 5 重复 chóngfù — 동 중복하다, 반복하다
- 5 恢复 huīfù — 동 회복하다

夏 xià
여름 하
10획 ★★★

명 여름

한[一] 걸음마다 코[自]에 땀이 나서 천천히 걷게[夂] 되는 여름을 뜻한다.

- + 夏天 xiàtiān — 명 여름
- + 夏季 xiàjì — 명 하계, 여름

• 自(스스로 자)는 자신을 가리킬 때 손가락이 향하는 방향에 있는 코를 그린 글자이다.

冬 dōng
겨울 동
5획 ★★★

명 겨울

땅이 얼어서[冫] 천천히 걸어야[夂] 하는 계절인 겨울을 뜻한다.

- + 冬天 dōngtiān — 명 겨울
- + 冬季 dōngjì — 명 동계, 겨울

• 冫은 점처럼 굳은 얼음을 나타내는 冰(얼음 빙)의 변형이다.

终 zhōng
마칠 종 〔終〕
8획 ★★★

명 끝, 결말 동 끝나다 형 처음부터 끝까지 부 결국

실[糸]로 스웨터를 뜨기 시작해서 겨울[冬]이 되기 전에 끝낸다는 뜻이다.

- 3 终于 zhōngyú — 부 마침내, 결국
- 5 始终 shǐzhōng — 명 처음과 끝 부 줄곧
- 6 终点 zhōngdiǎn — 명 종착점, 종점

• 纟은 糸(실 사)가 간략해진 모양이다.

★★★ 8획

图
tú
그림 도 〔圖〕

몡 그림, 의도, 계획　통 계획하다, 탐내다

큰 도화지[囗]에 겨울[冬] 풍경을 그린 그림을 뜻한다. 마음속에 그리는 그림인 '의도, 계획'이라는 뜻도 있다.

③ 地图　dìtú　　　　몡 지도
③ 图书馆　túshūguǎn　몡 도서관
⑥ 企图　qǐtú　　　　몡 의도　통 의도하다

★★ 6획

各
gè
각각 각

대 각, 여러, 갖가지　부 각자, 각기

사람들의 발[夂]자국이 입구[口]에 찍힌 모양새가 모두 각각이라는 뜻이다.

⑤ 各自　gèzì　　　대 각자, 제각기
+ 各种　gèzhǒng　형 각종의
+ 各别　gèbié　　형 각기 다르다
+ 各界　gèjiè　　몡 각계, 각 분야

★★★ 9획

客
kè
손님 객

몡 손님, 고객　형 타지의, 객관적인

집[宀]으로 각각[各] 찾아온 손님을 뜻한다.

① 不客气　búkèqi　　천만에요.
③ 客人　kèrén　　　몡 손님
④ 顾客　gùkè　　　몡 고객
④ 客厅　kètīng　　몡 객실, 응접실
⑤ 客观　kèguān　　형 객관적이다
⑤ 好客　hàokè　　　형 접대를 좋아하다

★★★ 13획

路
lù
길 로

몡 길, 도로, 여정, 방법, 수단　양 노선

사람들이 발[足]로 각자[各] 걸어 다니는 길을 뜻한다. 차가 다니는 길은 '노선'이라고 한다.

④ 迷路　mílù　　　　통 길을 잃다
④ 高速公路　gāosùgōnglù　몡 고속도로
⑥ 出路　chūlù　　　몡 출구

★★ 10획

格
gé
바로잡을 격

몡 네모 칸, 표준, 규격, 품성, 품격

나무[木]가 휘지 않고 각자[各] 잘 자랄 수 있도록 바로잡는다는 뜻이다. 기준을 바로잡아 놓은 '표준, 규격'을 뜻하기도 한다.

④ 严格　yángé　　　형 엄격하다
④ 性格　xìnggé　　　몡 성격
④ 价格　jiàgé　　　　몡 가격, 값
④ 表格　biǎogé　　　몡 표, 양식
④ 合格　hégé　　　　형 합격이다
⑤ 风格　fēnggé　　　몡 풍격, 스타일

lüè
생략할 략

11획

동 생략하다, 빼앗다 명 계략 형 간단하다 부 대략

밭[田]에서 각각[各]의 곡식을 수확할 때, 덜 익은 것은 생략한다는 뜻이다. 수확한 곡식을 나라에서 세금으로 '빼앗다'라는 뜻도 있다.

5	省略 shěnglüè	동 생략하다
6	战略 zhànlüè	명 전략
6	策略 cèlüè	명 책략, 전술
6	忽略 hūlüè	동 소홀히 하다
6	侵略 qīnlüè	동 침략하다

luò
떨어질 락

12획

동 떨어지다, 내려가다, 쇠퇴하다

풀잎[艹]에 맺힌 물방울[氵]이 각각[各] 떨어진다는 뜻이다.

- 艹는 艸(풀 초)가 간략해진 모양이다.
- 대부분 luò로 발음하지만, 말할 때 lào로 발음하기도 한다. '빠뜨리다'라는 뜻일 때는 là라고 발음한다.

4	降落 jiàngluò	동 내려오다, 착륙하다
5	落后 luòhòu	동 낙후되다
6	角落 jiǎoluò	명 구석, 모퉁이
6	堕落 duòluò	동 타락하다, 부패하다
6	丢三落四 diūsānlàsì	성 이것저것 빠뜨리다

zhǐ
그칠 지

4획

동 정지하다, 멈추다, 저지하다, 끝나다

사람이 걸음을 멈춘 발자국을 그린 글자이다.

4	禁止 jìnzhǐ	동 금지하다
5	阻止 zǔzhǐ	동 저지하다
6	不止 bùzhǐ	동 멈추지 않다
6	防止 fángzhǐ	동 방지하다
+	停止 tíngzhǐ	동 멈추다, 정지하다

bù
걸음 보

7획

명 걸음, 단계 동 걷다

한 발짝[止] 한 발짝[少] 내딛는 걸음을 뜻한다.

- 止와 少는 모두 발자국 모양을 나타낸다.

2	跑步 pǎobù	동 달리다
4	散步 sànbù	동 산책하다
5	进步 jìnbù	동 진보하다
5	退步 tuìbù	동 퇴보하다
5	逐步 zhúbù	부 점차

yán
늘일 연

6획

동 연장하다, 늘이다, (시간 등을) 뒤로 미루다

비뚤어진[丿] 발[止] 때문에 천천히 걸어가야[廴] 해서 도착 시각을 뒤로 늘인다는 뜻이다.

- 廴은 발을 천천히 끌며 걷는 모습이다.

5	延长 yáncháng	동 연장하다
6	延期 yánqī	동 연기하다
6	延续 yánxù	동 계속하다

之 zhī
어조사 지 (3획) ★★

- 조 ~의, ~한, ~이(가) 통 가다 대 이것, 그것
- 사람이 비틀비틀 걸어간 자국을 그린 글자로, 문장에서 다양한 용법으로 쓰이는 어조사이다.

| 4 | 百分之 bǎifēnzhī | 수 퍼센트 |
| 5 | 总之 zǒngzhī | 접 총괄적으로 말하면 |

正 zhèng
바를 정 (5획) ★★★

- 형 바르다, 표준적인, 정직하다
- 통 바르게 하다 부 딱, 마침
- 잘못을 바로잡으러 떠나는 장군의 첫[一] 발자국[止] 모양이 바르다는 뜻이다.
- '정월'이라는 뜻일 때는 zhēng으로 발음한다.

2	正在 zhèngzài	부 지금 ~하고 있다
4	真正 zhēnzhèng	형 진정한, 참된
4	正好 zhènghǎo	형 딱 맞다 부 마침
4	正常 zhèngcháng	형 정상적인
4	正确 zhèngquè	형 정확하다, 올바르다
4	正式 zhèngshì	형 정식의, 공식의

证 zhèng
증명할 증 〔證〕 ★★ (7획)

- 통 증명하다 명 증서, 증명서, 증거
- 진실을 밝히기 위해서 바른[正] 말[讠]만 모아 사건을 증명한다는 뜻이다.
- 讠은 言(말씀 언)이 간략해진 모양이다.

4	保证 bǎozhèng	통 보증하다
4	证明 zhèngmíng	통 증명하다
4	签证 qiānzhèng	명 비자
5	证据 zhèngjù	명 증거
6	证书 zhèngshū	명 증서, 증명서

政 zhèng
정치 정 (9획) ★

- 명 정치, 행정 업무
- 나라를 바르게[正] 이끌기 위해 잘못을 채찍질하며[攵] 펼치는 정치를 뜻한다.
- 攵은 손에 막대기를 든 모습을 그린 攴(칠 복)이 부수로 쓰인 모양이다.

5	政府 zhèngfǔ	명 정부
5	政治 zhèngzhì	명 정치
6	行政 xíngzhèng	명 행정
6	政策 zhèngcè	명 정책

整 zhěng
가지런할 정 (16획) ★★

- 형 완전하다, 가지런하다 통 정리하다, 정비하다
- 나뭇가지를 하나로 묶고[束] 튀어나온 것을 쳐서[攵] 바르게[正] 정리하니 가지런하다는 뜻이다.
- 束(묶을 속)은 나무[木]를 끈으로 감아 묶은[口] 모양이다.

4	整理 zhěnglǐ	통 정리하다
5	整齐 zhěngqí	형 단정하다
5	整个 zhěnggè	명 모든 것 부 완전히
5	调整 tiáozhěng	통 조정하다, 조절하다
5	完整 wánzhěng	형 완전히 갖추다

此
cǐ
이 차

★★ 6획

대 이, 이것

가다가 멈춰서[止] 몸을 구부린[匕] 채 가까이 있는 것을 가리킬 때 하는 말인 '이, 이것'을 뜻한다.

• 匕(비수 비)는 여기서 사람이 몸을 구부린 모습이다.

4 因此 yīncǐ 접 이로 인하여, 그래서
5 彼此 bǐcǐ 대 피차, 서로
5 此外 cǐwài 명 이외에, 이 밖에
5 从此 cóngcǐ 부 지금부터, 이제부터

些
xiē
적을 사

★★★ 8획

양 조금, 약간

손에 든 이것[此]은 단지 두[二] 개뿐이니 양이 적다는 뜻이다.

• 些는 '一' 외의 수사와는 결합하지 않는다.

+ 一些 yìxiē 양 약간, 조금
+ 有些 yǒuxiē 동 일부 있다 대 일부
+ 这些 zhèxiē 대 이런 것들

台
tái
받침 대 〔臺〕
태풍 태

★★ 5획

명 받침대, 건축물, 태풍 양 기계 등을 세는 단위

발[厶]을 딛고 올라갈 수 있는 네모난[口] 받침을 뜻한다. 또는, 회오리[厶]를 몰고 뱅뱅[口] 돌며 부는 태풍을 뜻하기도 한다.

• 厶(사사 사)는 여기서 발을 내딛는 모양이다.

5 台阶 táijiē 명 층계, 계단
5 柜台 guìtái 명 계산대, 카운터
5 电台 diàntái 명 방송국, 무선 통신기
5 阳台 yángtái 명 난간, 베란다
6 台风 táifēng 명 태풍

治
zhì
다스릴 치

★ 8획

동 다스리다, 치료하다, 처벌하다 형 안정되다

물길[氵]이 태풍[台]에 휩쓸리지 않도록 잘 다스린다는 뜻이다.

5 治疗 zhìliáo 동 치료하다
5 政治 zhèngzhì 명 정치
6 统治 tǒngzhì 동 통치하다, 다스리다
6 防治 fángzhì 동 예방 치료하다
6 治安 zhì'ān 명 치안

始
shǐ
처음 시

★★★ 8획

동 시작하다 명 처음, 최초, 시작

엄마[女]로부터 태어나면 곧 인생이라는 무대[台]가 처음 시작된다는 뜻이다.

2 开始 kāishǐ 동 시작되다, 개시하다
5 始终 shǐzhōng 명 처음과 끝 부 줄곧
6 原始 yuánshǐ 형 원시의, 최초의

발음 체크 박스

오른쪽의 발음을 가리고 읽어 보세요.
책 날개에 제공된 책갈피를 이용하면 편리합니다.

足	zú	条	tiáo	格	gé	政	zhèng
促	cù	复	fù	略	lüè	整	zhěng
跳	tiào	夏	xià	落	luò	此	cǐ
距	jù	冬	dōng	止	zhǐ	些	xiē
走	zǒu	终	zhōng	步	bù	台	tái
起	qǐ	图	tú	延	yán	治	zhì
超	chāo	各	gè	之	zhī	始	shǐ
越	yuè	客	kè	正	zhèng		
处	chǔ / chù	路	lù	证	zhèng		

10일째 기타 신체

MP3 발음 파일 | 암기 프로그램

力 lì
힘 력
★★★ 2획

명 힘, 능력 동 힘을 다하다, 노력하다
사람이 팔뚝에 힘을 준 모습을 그린 글자이다.

- 3 努力 nǔlì — 동 노력하다
- 4 压力 yālì — 명 스트레스, 압력
- 4 能力 nénglì — 명 능력
- 4 力气 lìqi — 명 힘, 역량
- 4 巧克力 qiǎokèlì — 명 초콜릿
- + 魅力 mèilì — 명 매력

历 lì
지낼 력〔歷〕
★★★ 4획

동 지나다, 겪다, 체험하다 형 이전의
언덕[厂] 아래에 모여 사는 사람들이 힘[力]을 합쳐 화목하게 지낸다는 뜻이다.
- 厂(기슭 엄)은 언덕이나 낭떠러지의 모양을 나타낸다.

- 3 历史 lìshǐ — 명 역사
- 4 经历 jīnglì — 동 경험하다
- 5 简历 jiǎnlì — 명 이력서
- 5 学历 xuélì — 명 학력
- 6 农历 nónglì — 명 음력

边 biān
가 변〔邊〕
★★★ 5획

명 변두리, 가장자리, 방면 접미 ~쪽, 측
힘껏[力] 걸어서[辶] 도착한 길의 끝, 가장자리를 뜻한다. 방위사 뒤에 쓰여 '(어떤) 쪽'을 나타내기도 하고, 문장에서 부사로 쓰여 '~하면서 ~하다'라는 의미로 쓰이기도 한다.

- 2 旁边 pángbiān — 명 옆, 곁
- 2 右边 yòubian — 명 오른쪽, 우측
- 2 左边 zuǒbiān — 명 왼쪽, 좌측
- 3 一边 yìbiān — 명 한쪽, 한편
- 6 边境 biānjìng — 명 국경 지대
- 6 边缘 biānyuán — 명 가장자리

办 bàn
힘쓸 판〔辦〕
★★★ 4획

동 일하다, 처리하다, 경영하다 명 사무실
땀[八]을 뻘뻘 흘리며 힘쓴다[力]는 뜻이다. 힘을 써서 '일하다, 처리하다' 등의 뜻으로 쓰인다.

- 3 办法 bànfǎ — 명 방법
- 3 办公室 bàngōngshì — 명 사무실
- 4 举办 jǔbàn — 동 개최하다
- 5 办理 bànlǐ — 동 처리하다
- 6 主办 zhǔbàn — 동 주최하다

协 xié
합할 협〔協〕
6획 ★

동 합하다, 한데 모으다 형 어울리다

여러[十] 사람이 힘써[办] 서로의 마음을 합한다는 뜻이다.

• 十(열 십)은 숫자 10을 나타내는 한자로, 많은 수를 의미한다.

6	协议 xiéyì	명 협의 동 협의하다
6	协调 xiétiáo	형 어울리다
6	妥协 tuǒxié	동 타협하다
6	协会 xiéhuì	명 협회
+	协作 xiézuò	동 협력하다

为 wéi / wèi
할 위 / 위할 위〔爲〕
4획 ★★★

동 하다, 생각하다, ~로 여기다, ~로 변하다
개 ~에게, ~을 위하여, ~때문에, ~에 대해서

가족을 힘껏[力] 부양하기 위해 땀[、、]을 흘리며 일한다는 뜻이다.

• 동사로 '하다, 생각하다, ~로 여기다' 등의 뜻일 때는 wéi, 개사로 '~에게, ~때문에' 등의 뜻일 때는 wèi로 발음한다.

2	因为 yīnwèi	접 왜냐하면
2	为什么 wèishénme	부 왜, 무엇 때문에
3	认为 rènwéi	동 여기다, 생각하다
3	为了 wèile	개 ~을 위하여
4	成为 chéngwéi	동 ~가 되다

另 lìng
따로 령
5획 ★★

대 다른, 그 밖의 부 따로, 달리

입[口]으로 하는 말과 실제로 힘쓰는[力] 모양새가 따로 논다는 뜻이다.

| 4 | 另外 lìngwài | 대 별도의, 다른 부 별도로, 그 밖에 |

别 bié
나눌 별〔別〕
7획 ★★★

동 이별하다, 구별하다 명 구별 형 별개의
부 ~하지 마라

고기를 부위별로 따로[另] 떼기 위해 칼[刂]로 나눈다는 뜻이다. '이별하다'라는 뜻도 있고, 동사 앞에 쓰여 금지를 나타내기도 한다.

• 刂은 刀(칼 도)가 부수로 쓰인 모양이다.

3	特别 tèbié	형 특별하다
3	别人 biéren	대 남, 타인
4	区别 qūbié	명 구별, 차이
5	性别 xìngbié	명 성별
5	分别 fēnbié	동 헤어지다
5	告别 gàobié	동 작별 인사를 하다

男 nán
사내 남
7획 ★★★

명 남자, 사내

밭[田]에서 힘[力]을 써서 일하는 사내를 뜻한다.

• 田(밭 전)은 잘 정돈된 논과 밭의 모양을 그린 글자이다.

| + | 男人 nánrén | 명 남자 |
| + | 男生 nánshēng | 명 남학생 |

务 wù — 일할 무〔務〕 (5획) ★★★

명 일, 사무, 업무 **동** 종사하다, 일하다

발[夂]로 이리저리 다니며 힘써[力] 일한다는 뜻이다.

- 夂(뒤져올 치)는 천천히 걷는 발을 그린 글자이다.

급수	단어	병음	품사	뜻
2	服务员	fúwùyuán	명	종업원, 웨이터
4	任务	rènwu	명	임무
5	义务	yìwù	명	의무
5	家务	jiāwù	명	집안일
5	业务	yèwù	명	업무
6	事务	shìwù	명	사무, 일

劳 láo — 일할 로〔勞〕 (7획) ★

동 일하다, 수고를 끼치다 **명** 일, 노동 **형** 피로하다

잡초[艹]로 덮여[冖] 있는 논에서 힘써[力] 일한다는 뜻이다.

- 艹는 艸(풀 초)가 간략해진 모양이다. 冖(덮을 멱)은 물건을 덮은 모양이다.

급수	단어	병음	품사	뜻
5	劳动	láodòng	명	일, 노동
5	疲劳	píláo	형	피곤하다, 지치다
5	劳驾	láojià	동	죄송합니다
6	功劳	gōngláo	명	공로

加 jiā — 더할 가 (5획) ★★★

동 더하다, 보태다, 증가하다, 붙이다

누군가에게 힘[力]을 북돋워 주기 위해 입[口]으로 응원 소리를 더한다는 뜻이다.

급수	단어	병음	품사	뜻
3	参加	cānjiā	동	참가하다
4	加班	jiābān	동	초과 근무하다
4	增加	zēngjiā	동	증가하다, 더하다
4	加油站	jiāyóuzhàn	명	주유소
+	加油	jiāyóu	동	힘을 내다, 파이팅, 기름을 넣다

咖 kā / gā — 음역자 가 (8획) ★★★

명 커피, 카레 등의 외래어에 쓰임

입[口]으로 외래어를 말할 때 쓰기 위해 새로 만들어 더한[加] 음역자이다.

- '커피'를 뜻할 때는 kā, '카레'를 뜻할 때는 gā라고 발음한다.

급수	단어	병음	품사	뜻
2	咖啡	kāfēi	명	커피
+	咖啡厅	kāfēitīng	명	커피숍
+	咖喱	gālí	명	카레
+	咖喱饭	gālífàn	명	카레라이스

架 jià — 시렁 가 (9획) ★

명 선반, 뼈대, 다툼 **동** 짜서 만들다, 받치다

기둥 사이에 긴 나무[木]를 더하여[加] 물건을 놓을 수 있게 만든 시렁(선반)을 뜻한다. 긴 나무를 들고 공격하는 '싸움, 다툼'을 뜻하기도 한다.

급수	단어	병음	품사	뜻
5	书架	shūjià	명	책장, 책꽂이
5	吵架	chǎojià	동	말다툼하다
6	打架	dǎjià	동	(때리며) 싸우다

动 dòng
움직일 동〔動〕
6획

동 움직이다, 행동하다, (마음을) 움직이다

말한[云] 것을 실천하기 위해 힘써[力] 몸을 움직인다는 뜻이다.

• 云(말할 운)은 뭉게구름을 그린 글자로, 구름처럼 떠오르는 생각을 말한다는 뜻이다.

2	运动	yùndòng	명 운동
3	动物	dòngwù	명 동물
4	活动	huódòng	동 움직이다, 운동하다
4	动作	dòngzuò	명 동작, 행동
5	感动	gǎndòng	동 감동하다
5	主动	zhǔdòng	형 주동적인

伤 shāng
상처 상〔傷〕
6획

명 상처 동 상하다, 해치다, 다치다

사람[亻]이 사람[一]에게 힘[力]을 가해 입히는 상처를 뜻한다.

4	伤心	shāngxīn	동 상심하다, 슬퍼하다
5	伤害	shānghài	동 손상하다, 해치다
5	受伤	shòushāng	동 상처를 입다

助 zhù
도울 조
7획

동 돕다, 협조하다

힘든 일이 또[且] 생기지 않도록 옆에서 힘[力]을 보태어 돕는다는 뜻이다.

• 且(또 차)는 그릇에 음식이 겹겹이 쌓여 있는 모양을 그린 것으로, '또'라는 뜻이다.

2	帮助	bāngzhù	동 돕다
6	辅助	fǔzhù	동 거들다, 돕다
6	助理	zhùlǐ	동 보조하다 명 보좌관

心 xīn
마음 심
4획

명 마음, 생각, 속, 가운데

사람의 심장을 그린 글자로, 마음을 의미한다.

3	放心	fàngxīn	동 마음을 놓다
3	小心	xiǎoxīn	동 조심하다
3	担心	dānxīn	동 걱정하다
3	关心	guānxīn	동 관심을 두다
4	开心	kāixīn	형 기쁘다, 즐겁다
4	信心	xìnxīn	명 자신감, 확신

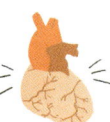

必 bì
반드시 필
5획

부 반드시, 꼭, 반드시 ~해야 한다

마음[心]에 새기고[丿] 반드시 해야 하는 것을 뜻한다.

3	必须	bìxū	부 반드시 ~해야 한다
5	必要	bìyào	형 필요로 하다
5	何必	hébì	부 하필, 구태여

mì
빽빽할 **밀** — 11획

형 가깝다, 빽빽하다, 친하다, 비밀의

신을 모신 집[宀]은 반드시[必] 나무가 빽빽한 산[山]에 가까이 있다는 뜻이다. '가깝다, 친밀하다, 비밀' 등의 뜻도 있다.

4	密码	mìmǎ	명 암호, 비밀번호
5	密切	mìqiè	형 밀접하다
5	秘密	mìmì	명 비밀
6	保密	bǎomì	동 비밀을 지키다
6	亲密	qīnmì	형 관계가 좋다

sī
생각 **사** — 9획

동 생각하다, 고려하다, 그리워하다 명 생각

마음속[心]에서 어떤 감정이 일어나 머릿속을 칸칸이[田] 채운 생각을 뜻한다.

2	意思	yìsi	명 의미, 뜻
5	思想	sīxiǎng	명 사상, 생각
5	思考	sīkǎo	동 깊이 생각하다
6	不可思议	bùkěsīyì	성 불가사의하다

zǒng
모을 **총** 〔總〕 — 9획

동 모으다, 총괄하다 부 늘, 줄곧, 언제나
형 전부의, 총괄적인, 주요한

입[口]으로 침을 튀겨[丷] 가며 설득하여 사람들의 마음[心]을 모은다는 뜻이다.

3	总是	zǒngshì	부 늘, 줄곧, 언제나
4	总结	zǒngjié	동 총괄하다
5	总理	zǒnglǐ	명 (국가의) 총리
5	总共	zǒnggòng	부 전부
5	总统	zǒngtǒng	명 총통, 대통령

wàng
잊을 **망** — 7획

동 잊다, 망각하다, 소홀히 하다

망한[亡] 일을 마음[心]에서 잊는다는 뜻이다.

• 亡(망할 망)은 사람[亠]이 도망쳐서 몸을 숨기니[乚] 모두 망했다는 뜻이다.

3	忘记	wàngjì	동 잊어버리다
+	忘却	wàngquè	동 망각하다, 잊어버리다
+	忘掉	wàngdiào	동 잊어버리다
+	忘不了	wàngbuliǎo	동 잊을 수 없다

máng
바쁠 **망** — 6획

형 바쁘다, 서두르다

마음[忄]을 다해 일이 망하지[亡] 않도록 노력하려니 바쁘다는 뜻이다.

• 忄은 心(마음 심)이 부수로 쓰인 모양이다.

3	帮忙	bāngmáng	동 일을 돕다
5	匆忙	cōngmáng	형 매우 바쁘다
5	急忙	jímáng	부 급히, 황급히
5	连忙	liánmáng	부 얼른, 급히
6	忙碌	mánglù	동 서두르다 형 바쁘다

怕 pà 두려워할 파 (8획) ★★★

동 무서워하다, 두려워하다　부 아마

마음[忄]이 떨리고 얼굴이 하얗게[白] 질릴 정도로 두렵다는 뜻이다.

- 白(흰 백)은 해[日]가 위[丿]로 떠올라 세상을 비추면 주변이 환하고 희다는 뜻이다.

3	害怕 hàipà	동 겁내다, 두려워하다
4	恐怕 kǒngpà	부 아마 ~일 것이다
5	可怕 kěpà	형 두렵다, 무섭다
5	哪怕 nǎpà	접 설령 ~라 해도

怪 guài 괴상할 괴 (8획) ★★★

형 괴상하다, 이상하다　동 의심스럽다, 책망하다

흙무덤[土]에서 손[又]이 올라오는 괴이한 모습을 보니 마음[忄]이 괴상하다는 뜻이다.

- 又(또 우)는 오른손을 그린 글자로, 주로 '손'을 의미한다.

3	奇怪 qíguài	형 기이하다, 이상하다
5	难怪 nánguài	부 어쩐지, 과연
5	怪不得 guàibude	부 어쩐지, 과연
6	责怪 zéguài	동 원망하다, 나무라다
+	怪物 guàiwu	명 괴물

慢 màn 느릴 만 (14획) ★★★

형 느리다, 오만하다　동 천천히 하다

마음[忄]이 느긋하여 일을 길게 끄니[曼] 행동이 느리다는 뜻이다. 느긋한 중국인의 특성을 '만만디(慢慢地 mànmànde)'라고 한다.

- 曼(길게 끌 만)은 햇빛[日]이 세서 눈[目→罒]을 손[又]으로 가리니 앞이 안 보여서 발을 길게 끈다는 뜻이다.

| 6 | 慢性 mànxìng | 형 만성의 |

也 yě 어조사 야 (3획) ★★★

부 ~도, 또한

여자의 자궁을 그린 글자로, 문장에서 종결을 나타내는 어조사이다. 회화에서는 주로 '~또한'이라는 뜻의 부사로 쓰인다.

| 4 | 也许 yěxǔ | 부 어쩌면, 아마도 |

他 tā 남 타 (5획) ★★★

대 그, 그 사람, 다른 방면

사람[亻]의 자궁[也]에서 태어나 각각의 개성을 지닌 사람(그)이라는 뜻이다. 일반적으로 남자를 지칭할 때 쓰인다.

| 3 | 其他 qítā | 명 기타, 다른 사람 |
| + | 他们 tāmen | 대 그들, 저들 |

她 tā
그녀 타
★★★ 6획

대 그녀, 그 여자

엄마의 자궁[也]에서 태어난 여자[女], 곧 그녀라는 뜻이다. 일반적으로 여자를 지칭할 때 쓰인다.

| + 她们 tāmen | 대 그녀들 |

施 shī
베풀 시
★ 9획

동 실시하다, (압력·영향을) 주다, 베풀다

사방[方]의 사람들[亻]이 엄마의 자궁[也]에서 갓 태어난 아기에게 사랑을 베푼다는 뜻이다.

- 方(모 방)은 쟁기를 그린 글자로, '방향, 사방' 등을 뜻한다.

5 设施 shèshī	명 시설
5 措施 cuòshī	명 조치
6 实施 shíshī	동 실시하다

牙 yá
어금니 아
★★★ 4획

명 이, 치아, 상아, 이처럼 생긴 것

어금니의 모양을 그린 글자이다. 일반적으로 '이, 치아'를 나타낸다.

3 刷牙 shuāyá	동 이를 닦다
4 牙膏 yágāo	명 치약
5 牙齿 yáchǐ	명 이, 치아
+ 牙疼 yáténg	명 치통 형 이가 아프다

穿 chuān
뚫을 천
★★★ 9획

동 (옷을) 입다, 통과하다, 뚫다, 꿰다

개가 어금니[牙]로 물어서 물건에 구멍[穴]을 뚫는다는 뜻이다. 옷이나 신발을 '입다, 신다'라는 의미로 많이 쓰인다.

- 穴(굴 혈)은 동굴의 입구를 그린 글자로, '동굴, 구멍'을 뜻한다.

| 6 穿越 chuānyuè | 동 넘다, 통과하다 |

10 발음 체크 박스

오른쪽의 발음을 가리고 읽어 보세요.
책 날개에 제공된 책갈피를 이용하면 편리합니다.

力	lì	务	wù	必	bì	也	yě
历	lì	劳	láo	密	mì	他	tā
边	biān	加	jiā	思	sī	她	tā
办	bàn	咖	kā/gā	总	zǒng	施	shī
协	xié	架	jià	忘	wàng	牙	yá
为	wéi/wèi	动	dòng	忙	máng	穿	chuān
另	lìng	伤	shāng	怕	pà		
别	bié	助	zhù	怪	guài		
男	nán	心	xīn	慢	màn		

🏔 日 水
🌙 马
🔥 石 鱼
🌌 生 月 牛

2부 자연

해·달　물·불　산　나무
기상·신　농경　동물　상태

11일째 해·달

★★★ 4획

日
rì
해 일

명 해, 하루, 일, 날, 매일

가운데에 흑점이 있는 해를 그린 글자이다. 해가 뜨고 지는 것을 기준으로 하루를 헤아리므로 '하루, 날'이라는 뜻도 있다.

2	生日	shēngrì	명	생일
3	节日	jiérì	명	기념일
4	日记	rìjì	명	일기
5	日子	rìzi	명	날, 날짜
5	日程	rìchéng	명	일정

★★★ 5획

旧
jiù
옛 구〔舊〕

형 옛날의, 과거의, 헐다, 낡다, 오래다

지평선[|] 너머로 해[日]가 저물면 그 하루는 지나간 옛날이라는 뜻이다.

6	仍旧	réngjiù	부	여전히, 변함없이
6	陈旧	chénjiù	형	낡다, 오래되다
6	依旧	yījiù	동	여전하다

★★★ 6획

阳
yáng
볕 양〔陽〕

명 햇빛, 태양, 양지

언덕[阝] 위에 해[日]가 떠오르면 내리쬐는 햇볕을 뜻한다.

• 阝은 층진 언덕을 본뜬 阜(언덕 부)가 부수로 쓰인 모양이다.

3	太阳	tàiyáng	명	태양, 해
4	阳光	yángguāng	명	햇빛
5	阳台	yángtái	명	난간, 베란다
6	夕阳	xīyáng	명	석양

★★★ 9획

春
chūn
봄 춘

명 봄, 봄철, 활기, 생기

얼었던 땅이 따뜻한 해[日]를 받아 새싹[夫]을 돋우는 봄을 뜻한다.

• 夫은 땅 위로 새싹이 돋아나는 모습을 나타낸다.

5	青春	qīngchūn	명	청춘
+	春天	chūntiān	명	봄
+	春节	chūnjié	명	춘절, 설

白 bái
흰 백 · 5획

형 희다, 맑다, 깨끗하다, 명백하다, 비다
부 헛되이, 쓸데없이, 공짜로

해[日]가 위[丿]로 떠올라 세상을 비추면 주변이 환하고 희다는 뜻이다. '깨끗하다, 비어 있다, 쓸데없다' 등의 뜻으로도 쓰인다.

3	明白	míngbai	동 알다, 이해하다
6	空白	kòngbái	명 공백, 여백
6	苍白	cāngbái	형 창백하다
6	坦白	tǎnbái	형 담백하다, 솔직하다
6	蛋白质	dànbáizhì	명 단백질

的 de / dì
어조사 적 / 과녁 적 · 8획

조 ~의, ~한, 강조나 긍정을 나타냄 명 과녁, 목표

흰[白] 판에 점[丶]을 찍고 그 바깥을 감싸는[勹] 원을 여러 개 그린 과녁을 뜻한다.

• 어조사로 쓰일 때는 de, '과녁, 목표'를 뜻할 때는 dì, '확실히'라는 뜻일 때는 dí, '택시'를 뜻할 때는 dī로 발음한다.

4	目的	mùdì	명 목적
5	的确	díquè	부 확실히, 분명히
5	似的	shìde	조 ~와 같다
+	别的	biéde	대 다른 것, 다른 사람
+	打的	dǎdī	동 택시를 잡다

早 zǎo
아침 조 · 6획

명 아침 형 (때가) 이르다, 조기의 부 일찍이, 벌써

해[日]가 풀[十] 사이로 떠오르는 이른 아침을 뜻한다. '(시간이) 이르다'라는 뜻도 있다.

• 十은 여기서 풀이 돋아난 모양이다.

2	早上	zǎoshang	명 아침
5	迟早	chízǎo	부 조만간, 머지않아
+	早晨	zǎochen	명 (이른) 아침, 새벽
+	早点	zǎodiǎn	명 (간단한) 아침 식사
+	早上好	zǎoshanghǎo	좋은 아침입니다.

草 cǎo
풀 초 · 9획

명 풀, 초안 형 거칠다, 어설프다

이른[早] 봄이면 파릇파릇 돋아나기 시작하는 풀[艹]을 뜻한다.

• 艹는 艸(풀 초)가 간략해진 모양이다.

| 6 | 草案 | cǎo'àn | 명 초안 |
| 6 | 草率 | cǎoshuài | 형 건성으로 하다 |

但 dàn
다만 단 · 7획

접 그러나, 그렇지만 부 다만, 오직

사람[亻]은 '다만' 아침[旦]이 되어야만 몸을 일으킨다는 의미이다. '그러나, 그렇지만'이라는 접속사로 많이 쓰인다.

• 旦(아침 단)은 땅 위로 해가 떠오르는 아침을 뜻한다.

| 2 | 但是 | dànshì | 접 그러나, 그렇지만 |
| 3 | 不但 | búdàn | 접 ~뿐만 아니라 |

担 dān
멜 담 〔擔〕

★★★ 8획

동 (멜대로) 메다, 맡다, 담당하다

아침[旦]에 일을 나가기 위해 손[扌]으로 짐을 들어서 어깨에 멘다는 뜻이다.

- 扌은 手(손 수)가 부수로 쓰인 모양이다.
- 명사로 '짐'이라는 뜻일 때는 dàn으로 발음한다.

3 担心 dānxīn	동 염려하다, 걱정하다
5 承担 chéngdān	동 맡다, 담당하다
5 担任 dānrèn	동 맡다, 담임하다
6 负担 fùdān	명 부담, 책임

查 chá
조사할 사 〔查〕

★★★ 9획

동 조사하다, 검사하다, 찾아보다

농사짓는 나무[木]가 잘 자라는지 아침[旦]마다 살피고 조사한다는 뜻이다.

3 检查 jiǎnchá	동 검사하다, 조사하다
4 调查 diàochá	동 조사하다
6 审查 shěnchá	동 심사하다, 검열하다

易 yì
쉬울 이
바꿀 역

★★★ 8획

형 쉽다, 용이하다 동 바꾸다, 교환하다

햇빛[日]이 구름 사이로 비치는[勿] 모양은 쉽게 쉽게 바뀐다는 뜻이다.

- 勿(말 물)은 여기서 햇살이 비치는 모양을 나타낸다.

3 容易 róngyì	형 쉽다, 용이하다
5 轻易 qīngyì	부 가볍게, 함부로
5 贸易 màoyì	명 무역
6 交易 jiāoyì	동 교역하다 명 거래

踢 tī
찰 척

★★★ 15획

동 차다, 발길질하다

굴러오는 공을 발[⻊]로 쉽게[易] 찬다는 뜻이다.

- ⻊은 足(발 족)이 부수로 쓰인 모양이다.

| 2 踢足球 tīzúqiú | 동 축구를 하다 |

是 shì
옳을 시

★★★ 9획

동 ~이다 형 맞다, 옳다 감 예, 네

변함없는 모습으로 뜨고 지는 해[日]는 언제나 바르고[正→疋] 옳다는 뜻이다.

2 但是 dànshì	접 그러나, 그렇지만
3 还是 háishi	부 여전히 접 또는
3 总是 zǒngshì	부 늘, 줄곧
4 可是 kěshì	접 그러나, 하지만
4 要是 yàoshi	접 만약

提 tí
끌 제
12획

동 끌어올리다, 꺼내다, 앞당기다

손[扌]에 자기가 옳다고[是] 여기는 것을 잡고서 높이 끌어올린다는 뜻이다.

- 3 提高 tígāo · 동 향상시키다
- 4 提供 tígōng · 동 제공하다, 공급하다
- 4 提前 tíqián · 동 앞당기다
- 4 提醒 tíxǐng · 동 일깨우다, 깨우치다
- 5 提问 tíwèn · 동 질문하다 · 명 질문
- 5 提纲 tígāng · 명 요점, 요강, 개요

题 tí
제목 제 〔題〕
15획

명 제목, 문제 동 적다, 쓰다

글의 내용을 대표하기에 옳은[是] 것으로 글머리[页]에 붙인 제목을 뜻한다.

- 页(머리 혈)은 사람의 머리와 목 부분을 그린 글자이다.

- 2 问题 wèntí · 명 문제
- 5 题目 tímù · 명 제목
- 5 话题 huàtí · 명 화제, 논제
- 6 课题 kètí · 명 과제, 프로젝트

昨 zuó
어제 작
9획

명 어제

해[日]가 지고 나서 잠깐[乍] 사이에 지나가 버린 어제를 뜻한다.

- 乍(잠깐 사)는 사람을 잠깐 사이에 칼로 베는 모양이다.
- 중국어로 '작년'은 '昨年'이 아니라 '去年 qùnián'이다.

- 1 昨天 zuótiān · 명 어제

作 zuò
지을 작
7획

동 글을 쓰다, 하다, 만들다, ~로 여기다 명 작품

사람[亻]이 머릿속에 잠깐씩[乍] 스치는 생각을 글로 짓는다는 뜻이다. '만들다, 하다, 일하다' 등의 의미로도 쓰인다.

- 1 工作 gōngzuò · 명 직업, 일
- 3 作业 zuòyè · 명 숙제, 과제
- 4 动作 dòngzuò · 명 동작, 행동
- 4 作家 zuòjiā · 명 작가
- 5 作品 zuòpǐn · 명 작품
- 5 作文 zuòwén · 동 글을 짓다

怎 zěn
어찌 즘
9획

대 왜, 어째서, 어떻게

잠깐[乍] 멈칫하는 마음[心]이 생기면 의문을 가지고 묻는 말인 '어찌, 어떻게'라는 뜻이다.

- 1 怎么 zěnme · 대 어떻게, 어째서 어떻니?
- 1 怎么样 zěnmeyàng

曾

céng / zēng
일찍이 증〔曾〕
12획 ★

부 일찍이, 이미, 벌써 형 (친족 관계의) 증조

아침 해[日]를 바라보며 창문[㑒]을 열고 기지개[ㅅ]를 켜는 이른 시간(일찍)을 뜻한다.

• 부사로 '일찍이, 이미'라는 뜻일 때는 céng, 친족 관계의 '증조'를 나타낼 때는 zēng으로 발음한다.

5 曾经 céngjīng 부 이미, 벌써

增

zēng
더할 증〔增〕
15획 ★★

동 더하다, 늘다, 보태다

충계를 만들기 위해 흙[土]을 일찍[曾]부터 쌓아 더한다는 뜻이다.

4 增加 zēngjiā 동 더하다, 늘리다
6 增添 zēngtiān 동 더하다, 보태다
+ 增进 zēngjìn 동 증진하다
+ 增强 zēngqiáng 동 강화하다

午

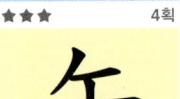

wǔ
낮 오
4획 ★★★

명 정오, 낮 12시

세워진 절굿공이에 그림자가 없는 모습을 그린 글자로, 한낮을 의미한다.

1 上午 shàngwǔ 명 오전
1 中午 zhōngwǔ 명 정오
1 下午 xiàwǔ 명 오후
6 端午节 Duānwǔjié 명 단오
+ 午饭 wǔfàn 명 점심밥
+ 午觉 wǔjiào 명 낮잠

许

xǔ
허락할 허〔許〕
6획 ★★

동 허락하다, 칭찬하다 부 아마도, 어쩌면

간곡한 말[讠]로 낮[午]부터 밤까지 부탁하니 허락한다는 뜻이다.

• 讠은 言(말씀 언)이 간략해진 모양이다.

4 许多 xǔduō 형 매우 많다
4 也许 yěxǔ 부 어쩌면, 아마도
4 允许 yǔnxǔ 동 허락하다
5 或许 huòxǔ 부 어쩌면, 혹시
6 许可 xǔkě 동 허가하다

年

nián
해 년
6획 ★★★

명 해, 년, 나이, 연령, 시대

낮[午]에 수확하여 담은[ㄴ] 농작물을 키우는 데까지 걸린 한 해를 뜻한다. 해마다 더해지는 '나이'를 뜻하기도 한다.

• ㄴ은 여기서 수확한 농작물을 담은 그릇의 모양이다.

2 去年 qùnián 명 작년
3 年轻 niánqīng 형 젊다, 어리다
3 年级 niánjí 명 학년
4 年龄 niánlíng 명 연령, 나이
5 年代 niándài 명 시대, 연대
5 年纪 niánjì 명 나이

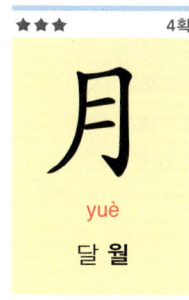

★★★ 4획

月 yuè
달 월

명 달, 월

초승달의 모양을 그린 글자이다.

③ 月亮 yuèliang	명 달
⑥ 岁月 suìyuè	명 세월
⑥ 正月 zhēngyuè	명 정월

★★★ 8획

明 míng
밝을 명

형 밝다, 명백하다, 내일의, 내년의 **동** 이해하다

낮을 밝히는 해[日]와 밤을 밝히는 달[月]은 모두 밝다는 뜻이다.

① 明天 míngtiān	명 내일
③ 明白 míngbai	동 알다, 이해하다
③ 聪明 cōngming	형 똑똑하다, 총명하다
④ 说明 shuōmíng	동 설명하다
⑤ 明星 míngxīng	명 유명인, 스타
＋ 明年 míngnián	명 내년

★★★ 6획

阴 yīn
흐릴 음 〔陰〕

형 (날씨가) 흐리다, 숨겨진, 음흉하다 **명** 그늘

언덕[阝] 위로 달[月]이 떠오르며 구름을 몰고 오니 날이 흐리다는 뜻이다.

• 阝은 층진 언덕을 본뜬 阜(언덕 부)가 부수로 쓰인 모양이다.

| ⑥ 阴谋 yīnmóu | 명 음모 동 음모하다 |
| ＋ 阴天 yīntiān | 명 흐린 날씨 |

★ 12획

朝 cháo / zhāo
조정 조
아침 조

동 ~로 향하다 **개** ~을 향하여 **명** 왕조, 아침

풀숲[艹→十] 사이로 해[日]가 떠오르고, 달[月]은 모습을 감춘 아침을 뜻한다. 나라의 아침을 깨운 '왕조(조정)'를 뜻하기도 한다.

• '~로 향하다, ~을 향하여, 왕조'라는 뜻일 때는 cháo, '아침'을 뜻할 때는 zhāo로 발음한다.

⑥ 朝代 cháodài	명 왕조의 연대
⑥ 朝气蓬勃 zhāoqìpéngbó	성 생기발랄하다
＋ 朝鲜族 Cháoxiǎnzú	명 조선족
＋ 北朝鲜 Běicháoxiǎn	명 북한

★ 3획

夕 xī
저녁 석

명 저녁때, 해 질 녘, 밤

구름에 살짝 가려진 달을 그린 글자로, 저녁을 의미한다.

| ⑤ 除夕 chúxī | 명 섣달그믐날 밤 |
| ⑥ 夕阳 xīyáng | 명 석양 |

外 wài 바깥 외 (5획)

명 겉, 바깥, 이외, 외국 부 따로

저녁[夕]에 점[卜]을 치려면 나가야 하는 바깥을 뜻한다. 옛날에는 주로 밤에 점을 쳤다.

- 卜(점 복)은 옛날에 거북이 배딱지를 구워 갈라지는 모양을 보고 길흉을 예측하던 점을 뜻한다.

4 另外 lìngwài	대 별도의, 다른
5 意外 yìwài	형 의외의
5 格外 géwài	부 특별히, 유달리
5 外交 wàijiāo	명 외교
5 此外 cǐwài	명 이외에, 이 밖에
+ 外国 wàiguó	명 외국

岁 suì 해 세〔歲〕 (6획)

명 해, 세월 양 살, 세(나이를 세는 단위)

달[夕]이 산[山] 위로 뜨고 지는 하루하루가 모여 이루어진 한 해(년)를 뜻한다.

- '나는 스무 살이다.'는 '我二十岁。Wǒ èrshí suì.'라고 한다.

6 岁月 suìyuè	명 세월
6 压岁钱 yāsuìqián	명 세뱃돈

名 míng 이름 명 (6획)

명 이름, 명성, 명예 동 이름을 ~라고 하다
형 유명한 양 명

캄캄한 저녁[夕]에는 앞이 잘 안 보이니 입[口]으로 소리쳐 부르는 이름을 뜻한다. 사람이나 등수를 셀 때도 쓰인다.

1 名字 míngzi	명 이름
3 有名 yǒumíng	형 유명하다
4 报名 bàomíng	동 등록하다
4 著名 zhùmíng	형 저명하다
5 名牌 míngpái	명 유명 상표
5 名片 míngpiàn	명 명함

号 hào 이름 호〔號〕 (5획)

명 번호, 호, 사이즈, 이름, 신호, 일(날짜)

입[口]을 크게 벌려[丂] 부르는 이름을 뜻한다. 주로 번호나 날짜(~일)를 말할 때 쓰인다.

- 丂는 여기서 입을 벌린 모습이다.
- 동사로 '소리치다'라는 뜻일 때는 háo로 발음한다.

4 号码 hàomǎ	명 번호, 숫자
5 信号 xìnhào	명 신호, 사인
5 挂号 guàhào	동 등록하다
6 符号 fúhào	명 부호

夜 yè 밤 야 (8획)

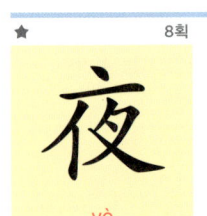

명 밤

사람[亻]의 머리[亠] 위로 달[月→夂]이 밝게 비추는 밤을 뜻한다.

- 亠는 사람의 머리 모양이다. 夂은 月(달 월)의 변형이다.

5 熬夜 áoyè	동 밤새다
6 昼夜 zhòuyè	명 낮과 밤
+ 半夜 bànyè	명 심야, 한밤중

11획

液

yè

액체 **액**

명 액체

풀이나 과일에 있는 즙[氵]을 밤새[夜] 짜서 얻은 액체를 뜻한다.

6 液体 yètǐ 명 액체
+ 血液 xuèyè 명 혈액, 피
+ 溶液 róngyè 명 용액

11 단어 확인 문제

제시된 뜻을 보고
빈칸에 알맞은 글자를 a, b 중에 골라 보세요.

01 기념일	节□ jiérì
a. 日	b. 旧

02 태양	太□ tàiyáng
a. 阴	b. 阳

03 봄	□天 chūntiān
a. 查	b. 春

04 이해하다	明□ míngbai
a. 白	b. 的

05 아침	□上 zǎoshang
a. 早	b. 草

06 그러나	□是 dànshì
a. 担	b. 但

07 쉽다	容□ róngyì
a. 易	b. 踢

08 문제	问□ wèntí
a. 提	b. 题

09 어제	□天 zuótiān
a. 作	b. 昨

10 더하다	□加 zēngjiā
a. 曾	b. 增

11 오전	上□ shàngwǔ
a. 午	b. 年

12 달	□亮 yuèliang
a. 夕	b. 月

13 내일	□天 míngtiān
a. 明	b. 朝

14 별도의	另□ lìngwài
a. 外	b. 岁

15 유명하다	有□ yǒumíng
a. 号	b. 名

16 밤새다	熬□ áoyè
a. 夜	b. 液

정답 01 a 02 b 03 b 04 a 05 a 06 b 07 a 08 b 09 b 10 b 11 a 12 b 13 a 14 a 15 b 16 a

12 일째
물·불

 MP3 발음 파일
 암기 프로그램

★★★ 4획

水
shuǐ
물 수

명 물, 강, 호수, 바다 등
물줄기가 흐르는 모양을 그린 글자이다.

1	水果 shuǐguǒ	명	과일
3	水平 shuǐpíng	명	수준
4	矿泉水 kuàngquánshuǐ	명	광천수, 생수
5	开水 kāishuǐ	명	끓인 물
6	水泥 shuǐní	명	시멘트

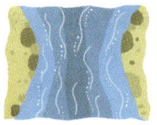

★★ 5획

永
yǒng
길 영

형 길다, 오래다 부 영원히
한 방울씩[丶] 흘러내린 물[水]이 강과 바다로 길게 이어진다는 뜻이다.

4	永远 yǒngyuǎn	부	영원히
6	永恒 yǒnghéng	형	영원히 변치 않다

★★★ 8획

泳
yǒng
헤엄칠 영

동 수영하다, 헤엄치다
물[氵]에 오래[永] 떠 있으려고 헤엄친다는 뜻이다.
• 氵은 水(물 수)가 부수로 쓰인 모양이다.

2	游泳 yóuyǒng	동 수영하다	명 수영
+	泳池 yǒngchí	명 수영장	
+	泳镜 yǒngjìng	명 물안경	
+	泳帽 yǒngmào	명 수영모	

★★★ 6획

冰
bīng
얼음 빙〔氷〕

명 얼음 형 차다, 시리다 동 차갑게 하다
물[水]이 얼어서[冫] 된 얼음을 뜻한다.
• 冫(얼음 빙)은 점처럼 굳은 얼음을 나타낸다.

3	冰箱 bīngxiāng	명	냉장고
5	冰激凌 bīngjilíng	명	아이스크림
+	滑冰 huábīng	명 스케이팅 동 스케이트를 타다	

江 jiāng
강 **강** (6획) ★★

명 강, 장강, 양쯔 강

물줄기[氵]가 흘러서 만들어진[工] 강을 뜻한다. 원래 중국에서 가장 큰 강인 '장강(长江)'을 뜻하는 글자였는데, 지금은 모든 강을 의미한다.

- 工(장인 공)은 장인이 사용하는 도구[工]를 그린 글자이다.

④ 长江 Chángjiāng 명 장강, 양쯔 강

汉 hàn
한수 **한** 〔漢〕 (5획) ★★★

명 (중국) 한나라, 중국어, 한족, 남자

물[氵]이 모이고 또[又] 모여서 이루어진 중국의 '한수(汉水)'를 뜻한다. 중국 사람 유방(劉邦)이 한수 옆에 세운 나라를 '한나라'라고 하며, 그 영향을 받아 중국어를 '한어(汉语)', 중국의 중심이 되는 민족을 '한족(汉族)'이라고 한다.

① 汉语 Hànyǔ 명 중국어, 한어
+ 汉族 Hànzú 명 한족

训 xùn
가르칠 **훈** 〔訓〕 (5획) ★

동 훈련하다, 가르치다, 해석하다 명 교훈

옛 성현들의 말[訁]을 냇물[川] 흐르듯 줄줄 외며 후학들을 가르친다는 뜻이다.

- 川(내 천)은 위에서 아래로 흐르는 냇물의 모습이다.

⑤ 教训 jiàoxùn 명 교훈 동 타이르다
⑤ 培训 péixùn 동 양성하다
⑤ 训练 xùnliàn 동 훈련하다

洲 zhōu
물가 **주** (9획) ★★

명 주, 모래사장, 지구 상의 대륙을 나눈 명칭

고을[州]이 형성되려면 주변에 꼭 있어야 하는 물가[氵]를 뜻한다. 주로 지구 상의 대륙을 나누는 명칭에 쓰인다.

- 州(고을 주)는 물[川]이 흐르는 곳들 사이사이[丶丶丶]에 자리 잡은 고을을 뜻한다.

④ 亚洲 Yàzhōu 명 아시아 주
⑤ 欧洲 Ōuzhōu 명 유럽
+ 非洲 Fēizhōu 명 아프리카 주
+ 绿洲 lǜzhōu 명 오아시스

流 liú
흐를 **류** (10획) ★★

동 흐르다, 이동하다, 전하다, 떠돌다 형 순조롭다

엄마 뱃속의 양수[氵]가 터져서 아이[㐬]가 냇물[川→㐬]처럼 흘러나온다는 뜻이다.

- 㐬은 갓 태어난 아기의 모습을 그린 글자이다.

④ 交流 jiāoliú 동 교류하다
④ 流利 liúlì 형 막힘없다, 유창하다
④ 流行 liúxíng 동 유행하다
⑤ 流泪 liúlèi 동 눈물을 흘리다
⑥ 流通 liútōng 동 유통하다
+ 韩流 Hánliú 명 한류, 한국풍 유행

回 huí 돌아올 회
★★★ 6획

동 돌리다, 돌아오다(가다), 대답하다 양 회, 번

물이 소용돌이치며 도는 모습을 그린 글자이다. 한 바퀴를 돌면 1'회'이므로 일이나 동작의 횟수를 세는 단위로도 쓰인다.

- 3 回答 huídá — 동 대답하다 명 대답
- 5 回忆 huíyì — 동 회상하다 명 회상
- 6 回报 huíbào — 동 보고하다, 보답하다

温 wēn 따뜻할 온 〔溫〕
★★ 12획

형 따뜻하다, 부드럽다 동 데우다 명 온도

물[氵]을 욕조[皿]에 담아 햇볕[日]으로 데우니 따뜻하다는 뜻이다.

- 皿(그릇 명)은 그릇을 그린 글자로, 여기서는 욕조를 나타낸다.

- 4 温度 wēndù — 명 온도
- 5 温暖 wēnnuǎn — 형 따뜻하다
- 5 温柔 wēnróu — 형 부드럽고 상냥하다
- 6 温和 wēnhé — 형 따뜻하다, 온화하다

混 hùn 섞을 혼
★ 11획

동 섞다, 속이다, 그럭저럭 살다 부 함부로

물난리[氵]가 나면 태양[日] 아래 나란하던[比] 모든 물건이 뒤섞인다는 뜻이다.

- 比(견줄 비)는 두 사람이 나란히 서서 서로 견주는 모습을 그린 글자이다.

- 6 混合 hùnhé — 동 혼합하다, 함께 섞다
- 6 混淆 hùnxiáo — 동 뒤섞이다, 헷갈리다
- 6 混乱 hùnluàn — 형 혼란하다 명 혼란

滑 huá 미끄러울 활 〔滑〕
★ 12획

형 미끄럽다, 교활하다 동 미끄러지다

물기[氵]가 있는 곳은 넘어지면 뼈[骨→骨]를 다칠 정도로 미끄럽다는 뜻이다.

- 骨은 骨(뼈 골)의 다른 모양이다.

- 5 光滑 guānghuá — 형 매끌매끌하다
- + 滑雪 huáxuě — 명 스키 동 스키 타다
- + 滑冰 huábīng — 명 스케이팅 동 스케이트를 타다

演 yǎn 펼 연
★★ 14획

동 공연하다, 연기하다, 연습하다, 널리 펴다

물[氵] 위의 파도가 호랑이[寅]처럼 빠르게 다가와 넓게 펼쳐진다는 뜻이다. '공연을 펼치다'라는 뜻으로 많이 쓰인다.

- 寅(범 인)은 두 손으로 활을 당기는 모습을 그린 글자로, 화살처럼 빠른 범(호랑이)를 뜻한다.

- 4 表演 biǎoyǎn — 동 연기하다
- 4 演出 yǎnchū — 동 공연하다 명 공연
- 4 演员 yǎnyuán — 명 연예인, 배우
- 5 演讲 yǎnjiǎng — 명 강연 동 강연하다
- 5 导演 dǎoyǎn — 명 연출자, 감독
- 6 演奏 yǎnzòu — 동 연주하다

★★★ 12획

yóu 헤엄칠 유

동 헤엄치다, 이리저리 다니다, 놀다

엄마의 양수[氵]에서 사람[人→⺈]으로 성장해 가는 자식[子]이 여러 방향[方]으로 이리저리 헤엄친다는 뜻이다.

• 方(모 방)은 쟁기를 그린 글자로, '방향, 사방' 등을 뜻한다.

2	游泳	yóuyǒng	동 수영하다 명 수영
2	旅游	lǚyóu	동 여행하다
3	游戏	yóuxì	명 게임
4	导游	dǎoyóu	명 관광 안내원, 가이드
5	游览	yóulǎn	동 유람하다

★★ 16획

jī 격할 격

동 (감정이) 격동되다, 자극하다 형 격렬하다

물[氵]이 하얀[白] 파도를 사방[方]으로 치는[攵] 모습이 격하다는 뜻이다.

• 攵은 손에 막대기를 든 모습을 그린 攴(칠 복)이 부수로 쓰인 모양이다.

4	激动	jīdòng	동 감격하다, 흥분하다
5	刺激	cìjī	동 자극하다 명 자극
5	激烈	jīliè	형 격렬하다
5	感激	gǎnjī	동 감격하다

★★ 11획

shēn 깊을 심

형 깊다, (색깔이) 짙다, (정이) 두텁다

물[氵]이 점점[罙] 깊어진다는 뜻이다.

• 罙(점점 미)는 동굴[冖] 안쪽으로 나무[木] 지팡이를 짚고서 점점 들어간다는 뜻이다.

| 5 | 深刻 | shēnkè | 형 (인상이) 깊다 |
| 6 | 深奥 | shēn'ào | 형 심오하다 |

★ 11획

tàn 찾을 탐

동 찾다, 찾아가다, 정탐하다 명 정탐꾼, 간첩

손[扌]을 점점[罙] 깊숙한 곳으로 넣어 물건을 찾는다는 뜻이다.

• 扌은 手(손 수)가 부수로 쓰인 모양이다.

6	侦探	zhēntàn	동 정탐하다 명 탐정
6	探望	tànwàng	동 방문하다, 문안하다
6	探索	tànsuǒ	동 탐색하다, 찾다
6	探讨	tàntǎo	동 탐구하다

★★ 10획

yuán 원래 원

형 원래의, 본래의 동 용서하다 부 본래, 원래

산기슭[厂] 깊숙한 곳에서 나오는 샘물[㶊]은 자연 본래의 것이라는 뜻이다. '원래, 본래'라는 뜻으로 쓰인다.

• 厂(기슭 엄)은 언덕이나 낭떠러지의 모양을 나타낸다. 㶊은 泉(샘 천)의 변형이다.

4	原来	yuánlái	부 원래, 알고 보니
4	原谅	yuánliàng	동 양해하다, 용서하다
4	原因	yuányīn	명 원인
5	原则	yuánzé	명 원칙
5	原料	yuánliào	명 원료

源 yuán
근원 원

13획

명 물의 근원, 근원, 출처

물줄기[氵]가 본래[原] 나오기 시작하는 곳이 물의 근원이라는 뜻이다.

5	能源 néngyuán	명 에너지
5	资源 zīyuán	명 자원
6	根源 gēnyuán	명 근원
6	来源 láiyuán	명 내원, 근원

愿 yuàn
원할 원〔願〕

14획

명 소망, 희망 동 바라다, 희망하다

본래[原]의 마음[心]에서 샘솟는 것을 바라고 원한다는 뜻이다.

• 心(마음 심)은 사람의 심장을 그린 글자로, 마음을 의미한다.

3	愿意 yuànyì	동 바라다
5	愿望 yuànwàng	명 희망, 소망
5	自愿 zìyuàn	동 자원하다
5	志愿者 zhìyuànzhě	명 지원자
6	宁愿 nìngyuàn	부 차라리 ~할망정

火 huǒ
불 화

4획

명 불, 무기 동 화내다, 성내다 형 붉은색의

불이 활활 타고 있는 모습을 그린 글자이다.

2	火车站 huǒchēzhàn	명 기차역
5	火柴 huǒchái	명 성냥
5	着火 zháohuǒ	동 불나다, 불붙다
6	火药 huǒyào	명 화약
+	发火 fāhuǒ	동 화를 내다

灯 dēng
등불 등〔燈〕

6획

명 등, 등불, 램프

어두워지면 불[火]을 받침대[丁] 위에 올려 밝혀 놓는 등불을 뜻한다.

• 丁(고무래 정)은 농기구를 그린 글자인데, 여기서는 불을 받치는 도구의 모양을 나타낸다.

| 6 | 灯笼 dēnglong | 명 등롱, 초롱 |
| + | 电灯 diàndēng | 명 전등, 백열등 |

秋 qiū
가을 추

9획

명 가을, 농작물이 익을 때

벼[禾]가 불[火]처럼 노랗고 붉게 익어 가는 가을을 뜻한다.

• 禾(벼 화)는 고개 숙인 벼의 모양을 그린 글자이다.

| + | 秋天 qiūtiān | 명 가을 |

谈 tán
말씀 담 〔談〕
10획
★★

동 말하다, 이야기하다 명 이야기, 말

여러 사람이 모닥불[炎]을 피워 놓고 나누는 말[讠]을 뜻한다. 동사로 '(두 명 이상) 말하다'라는 뜻으로 많이 쓰인다.

• 讠은 言(말씀 언)이 간략해진 모양이다.

5 谈判 tánpàn 동 담판하다, 회담하다
+ 谈话 tánhuà 동 이야기하다

烧 shāo
불사를 소 〔燒〕
10획
★★★

동 불사르다, 가열하다, 열이 나다 명 고열

불길[火]이 높게[尧] 치솟아 주위를 불사른다는 뜻이다.

• 尧(높을 요)는 우뚝 솟은 단[兀] 위에 창[戈→ㄜ]이 높게 쌓인 모양이다.

3 发烧 fāshāo 동 열이 나다
5 燃烧 ránshāo 동 연소하다, 타다

炼 liàn
정련할 련 〔煉〕
9획
★★★

동 정련하다, 정제하다, 녹이다, (불로) 달구다

금속을 불[火]로 달구어 순정의 금속만을 가려[柬] 정련한다는 뜻이다.

• 柬(가릴 간)은 손[冖]으로 나무줄기[木]에 붙은 곡식알을 가려낸다는 뜻이다.

3 锻炼 duànliàn 동 (몸을) 단련하다
6 提炼 tíliàn 동 추출하다, 정련하다

练 liàn
익힐 련 〔練〕
8획
★★★

동 연습하다, 훈련하다 형 경험이 많다

옷을 짓기 위해 좋은 실[纟]을 가려내는[柬] 기술을 익힌다는 뜻이다.

• 纟은 糸(실 사)가 간략해진 모양이다.

3 练习 liànxí 동 연습하다, 익히다
5 教练 jiàoliàn 명 감독 동 훈련하다
5 训练 xùnliàn 동 훈련하다
5 熟练 shúliàn 동 능숙하다
6 操练 cāoliàn 동 훈련하다

黑 hēi
검을 흑
12획
★★★

형 검다, 어둡다, 올바르지 않다, 불법의

집에서 피운 불[灬]이 굴뚝[里]을 그을려서 검다는 뜻이다.

• 里은 흙[土]으로 빚은 굴뚝[口]이 검게 그을린[〓] 모양이다. 灬은 火(불 화)가 부수로 쓰인 모양이다.

3 黑板 hēibǎn 명 칠판
6 乌黑 wūhēi 형 새까맣다
+ 黑车 hēichē 명 불법 운행 차량

照 zhào — 비출 조 (13획) ★★★

- 동 비추다, (사진·영화를) 찍다, 돌보다
- 명 사진, 면허증 개 ~을 향하여, ~대로

해[日]가 지면 하인을 불러[召] 불[灬]로 주변을 비춘다는 뜻이다.

- 召(부를 소)는 칼[刀]을 든 강도를 만나면 입[口]으로 주변 사람을 크게 부른다는 뜻이다.

3	照顾 zhàogù	동 보살피다, 돌보다
3	护照 hùzhào	명 여권
3	照片 zhàopiàn	명 사진
3	照相机 zhàoxiàngjī	명 카메라
4	按照 ànzhào	동 ~에 따르다 개 ~에 따라

然 rán — 그러할 연 (12획) ★★★

- 형 그렇다 대 이와 같은, 그러한 접 그러나
- 접미 형용사나 부사의 뒤에 쓰여 상태를 나타냄

옛날에는 불[灬]에 개[犬]고기[月]를 구워 먹는 일이 당연한(그러한) 일이었다는 뜻이다.

- 月은 肉(고기 육)이 부수로 쓰인 모양이다. 犬(개 견)은 개의 옆모습을 그린 글자이다.

2	虽然 suīrán	접 비록 ~지만
3	当然 dāngrán	형 당연하다
3	突然 tūrán	부 갑자기
3	然后 ránhòu	접 그런 후에
4	自然 zìrán	명 자연 형 자연의
4	仍然 réngrán	부 변함없이, 여전히

熟 shú — 익을 숙 (15획) ★★

- 형 (음식·과일 등이) 익다, 잘 알다, 능숙하다

누구나[孰] 불[灬]에 가까이 가면 피부가 빨갛게 익는다는 뜻이다. 주로 '익숙하다, 잘 알다, 능숙하다'라는 뜻으로 쓰인다.

- 孰(누구 숙)은 둥글게[丸] 잘 익은 열매를 누릴[享] 사람은 '누구'라는 뜻이다.

4	熟悉 shúxī	형 잘 알다
5	成熟 chéngshú	형 성숙하다, 익다
5	熟练 shúliàn	형 능숙하다

발음 체크 박스

오른쪽의 발음을 가리고 읽어 보세요.
책 날개에 제공된 책갈피를 이용하면 편리합니다.

水	shuǐ	回	huí	原	yuán	练	liàn
永	yǒng	温	wēn	源	yuán	黑	hēi
泳	yǒng	混	hùn	愿	yuàn	照	zhào
冰	bīng	滑	huá	火	huǒ	然	rán
江	jiāng	演	yǎn	灯	dēng	熟	shú
汉	hàn	游	yóu	秋	qiū		
训	xùn	激	jī	谈	tán		
洲	zhōu	深	shēn	烧	shāo		
流	liú	探	tàn	炼	liàn		

 13일째 산

 MP3 발음 파일   암기 프로그램

山 shān
★★★ 3획
산 산

명 산
봉우리가 높이 솟아 있는 산을 그린 글자이다.

- 3 爬山 páshān — 동 등산하다
- 6 山脉 shānmài — 명 산맥

击 jī
★ 5획
칠 격 〔擊〕

동 치다, 공격하다, 부딪치다
두[二] 무리가 산[山]에서 마주쳐 서로 공격하며 친다는 뜻이다.

- 5 射击 shèjī — 동 사격하다, 쏘다
- 6 冲击 chōngjī — 명 충격
- 6 打击 dǎjī — 동 치다, 공격하다
- 6 攻击 gōngjī — 동 공격하다

出 chū
★★★ 5획
날 출

동 나가다, 나오다, 나타나다, 내다, 생산하다
식물의 싹이 땅 위로 나오는 모습을 그린 글자로, '나가다, 나오다'라는 의미이다.

- 1 出租车 chūzūchē — 명 택시
- 4 演出 yǎnchū — 동 공연하다 명 공연
- 4 出差 chūchāi — 동 출장 가다
- 4 出发 chūfā — 동 출발하다, 떠나다
- 4 出现 chūxiàn — 동 출현하다, 나타나다
- 4 出生 chūshēng — 동 출생하다, 태어나다

厂 chǎng
★ 2획
공장 창 〔廠〕

명 공장
산기슭[厂] 아래의 넓은 땅에 차려진 공장을 뜻한다.

- 5 工厂 gōngchǎng — 명 공장
- + 厂长 chǎngzhǎng — 명 공장장

• 부수로 쓰이는 厂(기슭 엄)은 언덕이나 낭떠러지를 나타내므로, 이 한자와 구분하여 익혀야 한다.

产 chǎn
낳을 산 〔產〕

동 낳다, 생산하다, 창출하다 명 생산품, 재산
산기슭[厂] 아래에 세운[立] 보금자리 안에서 아이를 낳는다는 뜻이다. 여기에서 '생산하다'라는 뜻으로 발전하였다.

5	产品 chǎnpǐn	명 생산품, 제품
5	产生 chǎnshēng	동 생기다, 발생하다
5	生产 shēngchǎn	동 생산하다, 출산하다
6	产业 chǎnyè	명 산업

严 yán
엄할 엄 〔嚴〕

형 엄하다, 위엄 있다, 심각하다, 빈틈없다
산기슭[厂] 위에 우뚝 솟은 바위[Ⅱ]에서 풍기는 기운[ˇ]이 엄하다는 뜻이다. '위엄 있다, 심각하다'라는 뜻으로도 쓰인다.

4	严格 yángé	형 엄격하다, 엄하다
4	严重 yánzhòng	형 위급하다, 심각하다
5	严肃 yánsù	형 엄숙하다, 근엄하다
6	庄严 zhuāngyán	형 장엄하다

危 wēi
위태할 위

형 위험하다, 위독하다 동 위험에 빠뜨리다
기슭[厂]에 선 사람[ˊ]을 보니 몸이 움츠러들[㔾] 정도로 위태롭다는 뜻이다.

• ˊ 은 人(사람 인)의 변형이다.
㔾(병부 절)은 몸을 구부린 사람의 모습이다.

4	危险 wēixiǎn	형 위험하다
5	危害 wēihài	명 손상 동 해치다
6	危机 wēijī	명 위기

厚 hòu
두터울 후

형 두껍다, 두텁다, 크다 명 두께
산기슭[厂]은 위험하니 가지 말라고 말하는[曰] 어머니의 자식[子] 사랑이 두텁다는 뜻이다.

• 曰(말할 왈)은 입[口]에서 소리[一]를 내어 말한다는 뜻이다.

| 6 | 浓厚 nónghòu | 형 농후하다, 짙다 |

广 guǎng
넓을 광 〔廣〕

형 넓다, 광범위하다, 많다 동 넓히다
산기슭에 자리 잡은 집[广]의 크기가 넓다는 뜻이다.

• 부수로 쓰이는 广(집 엄)은 집의 지붕 모습을 나타내므로, 이 한자와 구분하여 익혀야 한다.

4	广播 guǎngbō	동 방송하다 명 방송
4	广告 guǎnggào	명 광고, 선전
5	广大 guǎngdà	형 광대하다
5	广泛 guǎngfàn	형 광범위하다
5	推广 tuīguǎng	동 널리 보급하다
5	广场 guǎngchǎng	명 광장

★ 6획

扩 kuò
넓힐 확 〔擴〕

동 넓히다, 확대하다

척박한 땅을 손[扌]으로 일구어 넓은[广] 땅으로 넓힌다는 뜻이다.

• 扌은 手(손 수)가 부수로 쓰인 모양이다.

| 5 | 扩大 | kuòdà | 동 확대하다, 넓히다 |
| 6 | 扩张 | kuòzhāng | 동 확장하다, 넓히다 |

★★ 8획

矿 kuàng
쇳돌 광 〔鑛〕

명 광석, 광물

넓은[广] 땅속에 묻힌 돌[石] 중에 금속 성질이 있는 쇳돌을 뜻한다. '광석, 광물'을 의미한다.

• 石(돌 석)은 언덕 아래에 굴러다니는 돌을 그린 글자이다.

4	矿泉水	kuàngquánshuǐ	명 광천수, 생수
6	矿产	kuàngchǎn	명 광산물
+	矿石	kuàngshí	명 광석

★★ 7획

际 jì
가장자리 제 〔際〕

명 가장자리, 경계, 사이, 때 동 교제하다

언덕[阝]의 끝에 보이는[示] 가장자리를 뜻한다.

• 阝은 층진 언덕을 본뜬 阜(언덕 부)가 부수로 쓰인 모양이다.
示(보일 시)는 신에게 제사 지내는 단을 그린 글자로, 조상이나 신에게 제사를 차려 보인다는 뜻이다.

4	实际	shíjì	명 실제
4	国际	guójì	명 국제 형 국제적인
5	交际	jiāojì	동 교제하다

★ 8획

限 xiàn
한계 한

명 한도, 한계, 기한, 제한 동 제한하다

언덕[阝]을 오르다가 숨이 차서 멈춰야[艮] 할 정도의 체력적 한계를 뜻한다.

• 艮(머무를 간)은 멈춰 서서 한 곳을 바라보는 눈을 강조한 모양이다.

5	限制	xiànzhì	동 제한하다 명 제한
6	期限	qīxiàn	명 기한, 시한
6	极限	jíxiàn	명 극한, 궁극의 한계
6	界限	jièxiàn	명 한계, 경계

★★★ 7획

附 fù
붙을 부

동 부착하다, 붙다, 가까이 대다, 덧붙이다

험한 언덕[阝]을 오를 때는 앞선 자에게 권한을 주고[付] 가까이 붙는다는 뜻이다.

• 付(줄 부)는 사람[亻]이 손[寸]에 든 물건을 다른 사람에게 준다는 뜻이다.

3	附近	fùjìn	명 근처 형 가까운
6	附件	fùjiàn	명 부품, 부속품
6	附属	fùshǔ	동 귀속되다, 종속되다

降 jiàng / xiáng
내려갈 **강**
항복할 **항**
8획 ★★

[동] 내리다, 내려가다, 낮추다, 항복하다

다친 병사가 언덕[⻖]에서 어그러진[舛→夅] 발을 끌고 내려와 항복한다는 뜻이다.

- 舛(어그러질 천)은 양발이 뒤틀려 어그러진 모양을 나타낸다.
- '내려가다'라는 뜻일 때는 jiàng, '항복하다'라는 뜻일 때는 xiáng으로 발음한다.

4	降低	jiàngdī	[동] 내리다, 낮추다
4	降落	jiàngluò	[동] 착륙하다
6	降临	jiànglín	[동] 강림하다
6	投降	tóuxiáng	[동] 투항하다

土 tǔ
흙 **토**
3획 ★

[명] 흙, 토양, 토지 [형] 토속적이다, 촌스럽다

땅 위에 쌓인 흙덩어리를 그린 글자이다.

5	土豆	tǔdòu	[명] 감자
5	土地	tǔdì	[명] 토지
6	领土	lǐngtǔ	[명] 영토

压 yā
누를 **압** 〔壓〕
6획 ★★

[동] 압력을 가하다, 누르다, 억압하다 [명] 압력

산기슭[厂]에서 무너져 내린 흙[土]이 사람을 찍어[丶] 누른다는 뜻이다.

4	压力	yālì	[명] 스트레스, 압력
6	血压	xuèyā	[명] 혈압
6	压迫	yāpò	[동] 억압하다
6	压缩	yāsuō	[동] 압축하다
6	压岁钱	yāsuìqián	[명] 세뱃돈

区 qū
구분할 **구**
지역 **구** 〔區〕
4획 ★★

[명] 구역, 지구, 행정 구획 단위 [동] 구분하다

자기 땅에 경계선[匚]을 그리고 표시하여[×] 남의 땅과 구분한다는 뜻이다. 경계가 구분된 땅인 '지역'을 의미하기도 한다.

- 匚은 여기서 땅에 그린 경계선을 나타낸다.

4	区别	qūbié	[명] 구별, 차이
4	郊区	jiāoqū	[명] (도시의) 변두리
5	地区	dìqū	[명] 지역, 지구
6	区分	qūfēn	[동] 구분하다
6	区域	qūyù	[명] 구역, 지역

 de / dì
어조사 **지**
땅 **지**
6획 ★★★

[조] 동사나 형용사를 수식함 [명] 땅, 바닥, 장소

여자의 자궁[也]처럼 만물을 품을 수 있는 땅[土]을 뜻한다.

- 也(어조사 야)는 여자의 자궁 모양을 그린 글자이다.
- 어조사로 동사나 형용사를 수식할 때는 de, 명사로 '땅'이라는 뜻일 때는 dì로 읽는다.

3	地铁	dìtiě	[명] 지하철
3	地方	dìfang	[명] 장소, 곳
3	地图	dìtú	[명] 지도
4	地址	dìzhǐ	[명] 주소
4	地球	dìqiú	[명] 지구
5	地道	dìdao	[형] 진짜의, 정통의

均 jūn 고를 균
7획

형 균등하다　동 균등하게 하다　부 모두, 다

불룩한 땅[土]을 몸을 구부려[勹] 탁탁[冫] 치니 평평하고 고르다는 뜻이다.

- 勹(쌀 포)는 사람이 몸을 굽혀서 무엇을 감싸는 모습이다.

5 均匀 jūnyún	동 균등하다
5 平均 píngjūn	형 평균의
	동 평균을 내다

境 jìng 경계 경
14획

명 경계, 곳, 장소, 형편, 처지

땅[土]이 마침내[竟] 끝나는 경계를 뜻한다.

- 竟(마침내 경)은 일어서고[立] 말할[曰] 수 있는 사람[儿]은 마침내 살아갈 준비를 끝낸 것이라는 뜻이다.

3 环境 huánjìng	명 환경
6 境界 jìngjiè	명 경계
6 边境 biānjìng	명 국경 지대, 변방
6 处境 chǔjìng	명 처지, 상태

场 chǎng 마당 장〔場〕
6획

명 장소, 곳, 무대　양 회, 차례

땅[土] 위로 햇살이 비치는[㐅] 넓은 마당을 뜻한다. 주로 넓은 장소를 의미한다.

- 㐅은 여기서 햇살이 비치는 모습을 나타낸다.

2 机场 jīchǎng	명 공항, 비행장
5 市场 shìchǎng	명 시장
5 广场 guǎngchǎng	명 광장
5 操场 cāochǎng	명 운동장
6 现场 xiànchǎng	명 현장
6 场所 chǎngsuǒ	명 장소

扬 yáng 드날릴 양〔揚〕
6획

동 높이 들다, 휘날리다, 널리 알리다

손[扌]에 든 깃발을 햇살이 비치는[㐅] 하늘 높이 드날린다는 뜻이다. '널리 알리다'라는 뜻도 있다.

- 扌은 手(손 수)가 부수로 쓰인 모양이다.

4 表扬 biǎoyáng	동 표창하다
6 飘扬 piāoyáng	동 펄럭이다
6 宣扬 xuānyáng	동 널리 알리다

汤 tāng 국 탕〔湯〕
6획

명 국물, 탕, 국

물[氵]을 넣고 건더기가 비치도록[㐅] 맑게 끓인 국이나 탕을 뜻한다.

周 zhōu 두루 주 (8획) ★★★

- 명 주위, 주, 주일 동 돌다 양 바퀴
- 형 전반적인, 보편적인, 세밀하다

성[冂]의 안쪽에 있는 땅[土]과 구역[口]을 두루 돌아다닌다는 뜻이다. 돌아가는 시간 단위인 '주일'을 뜻하기도 한다.

- 口(입 구)는 여기서 경계가 있는 구역을 나타낸다.

3	周末 zhōumò	명	주말
4	周围 zhōuwéi	명	주위, 주변
5	周到 zhōudào	형	치밀하다

调 diào / tiáo 조사할 조 / 조절할 조 〔調〕 (10획) ★★★

- 동 옮기다, 조사하다, 조절하다, 놀리다
- 명 말투 형 고르다

어떤 일에 대해 말[讠]로 묻고 따지며 두루두루[周] 고르게 조사한다는 뜻이다.

- '옮기다, 조사하다, 말투'라는 뜻일 때는 diào, '조절하다, 놀리다, 고르다'라는 뜻일 때는 tiáo로 발음한다.

3	空调 kōngtiáo	명	에어컨
4	调查 diàochá	동	조사하다
5	调皮 tiáopí	형	장난스럽다
5	声调 shēngdiào	명	성조, 말투
5	调整 tiáozhěng	동	조절하다
5	强调 qiángdiào	동	강조하다

石 shí 돌 석 (5획) ★

- 명 돌

언덕[厂] 아래에 굴러다니는 돌[口]을 그린 글자이다.

- 厂은 언덕이나 산기슭을 뜻하는 厂(기슭 엄)의 변형이다.

5	石头 shítou	명	돌
6	钻石 zuànshí	명	다이아몬드
6	岩石 yánshí	명	암석, 바위
6	化石 huàshí	명	화석
6	石油 shíyóu	명	석유

研 yán 갈 연 (9획) ★★

- 동 곱게 갈다, 연구하다

돌[石]의 거친 면이 평평해질[开] 때까지 간다는 뜻이다. 주로 '연구하다'라는 의미로 쓰인다.

- 开는 여기서 바닥이 평평한 모양을 나타낸다.

4	研究 yánjiū	동	연구하다
6	钻研 zuānyán	동	깊이 연구하다
+	研究所 yánjiūsuǒ	명	연구소
+	研究生 yánjiūshēng	명	대학원생, 연구생

碗 wǎn 사발 완 (13획) ★★★

- 명 사발, 공기, 그릇 양 그릇, 공기, 사발

돌[石]을 굽은[宛] 모양으로 깎아서 음식을 담는 사발을 뜻한다.

- 宛(굽을 완)은 집[宀]에서 저녁[夕]에 잘 때 몸을 웅크리고 구부린다[㔾]는 뜻이다.

+	饭碗 fànwǎn	명	밥그릇, 밥공기
+	洗碗 xǐwǎn	동	설거지하다

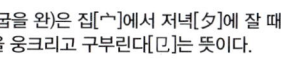

金 jīn 쇠 금 (8획) ★★

명 금, 금속, 화폐, 성씨 김 형 황금빛의

덮여[亼] 있는 흙[土] 속에서 반짝이는[丷] 금속을 나타낸다.

• 亼은 뚜껑 등이 덮여 있는 모습을 나타낸다.

4	现金 xiànjīn	명 현금
4	奖金 jiǎngjīn	명 상금, 상여금
5	黄金 huángjīn	명 황금
5	押金 yājīn	명 보증금, 담보금
5	资金 zījīn	명 자금
6	基金 jījīn	명 기금, 펀드

针 zhēn 바늘 침 〔針〕 (7획) ★★

명 바늘, 침, 주삿바늘

쇠[钅]를 갈아서 십[十] 자 모양으로 뾰족하게 만든 바늘을 뜻한다.

• 钅은 金(쇠 금)이 간략해진 모양이다.

4	打针 dǎzhēn	동 주사를 놓다(맞다)
5	针对 zhēnduì	동 겨누다, 대하다
6	方针 fāngzhēn	명 방침
6	指南针 zhǐnánzhēn	명 나침반

钟 zhōng 종 종 〔鐘〕 (9획) ★★★

명 종, 시각, 시간, 괘종시계, 탁상시계

쇠[钅] 중에 가운데[中]를 치면 소리 나게 만든 종을 뜻한다. 일정한 시각에 맞춰 종을 치니 '시각, 시계'라는 의미도 있다.

• 중국인들은 괘종시계를 선물하지 않는데, 그 이유는 '괘종시계를 선물하다(送钟 sòngzhōng)'와 '임종을 지키다(送终 sòngzhōng)'의 발음이 같기 때문이다.

| 1 | 分钟 fēnzhōng | 명 분 |
| + | 钟头 zhōngtóu | 명 시간 |

银 yín 은 은 〔銀〕 (11획) ★★★

명 은, 은화, 화폐와 관계있는 것 형 은색의

금속[钅] 중에서 시선이 머무를[艮] 정도로 반짝이는 빛을 가진 은을 뜻한다.

• 艮(머무를 간)은 멈춰 서서 한 곳을 바라보는 눈을 강조한 모양이다.

| 3 | 银行 yínháng | 명 은행 |

错 cuò 어긋날 착 〔錯〕 (13획) ★★★

동 틀리다, 엇갈리다 명 착오, 잘못 형 잘못되다

금속[钅] 중에 옛날[昔]에 만들어진 것은 녹슬어 모양이 어긋났다(틀어졌다)는 뜻이다. '틀리다, 잘못'이라는 뜻으로 많이 쓰인다.

• 昔(옛 석)은 날[日]이 쌓이고 쌓여[⺀] 오래된 옛날을 뜻한다.

| 4 | 错误 cuòwù | 명 착오, 잘못 |
| + | 不错 búcuò | 형 좋다, 괜찮다 |

10획

借 jiè

빌릴 **차**

동 빌리다, 빌려주다, 핑계를 대다

사람[亻]은 옛날[昔]부터 자연에서 자원을 빌린다는 뜻이다.

5 借口 jièkǒu 명 핑계 동 핑계를 대다
6 借鉴 jièjiàn 동 본보기로 삼다
+ 借钱 jièqián 동 돈을 빌리다

13 단어 확인 문제

제시된 뜻을 보고 빈칸에 알맞은 글자를 a, b 중에 골라 보세요.

01 택시	□租车 chūzūchē	09 지하철	□铁 dìtiě
a. 击	b. 出	a. 土	b. 地
02 공장	工□ gōngchǎng	10 환경	环□ huánjìng
a. 厂	b. 广	a. 均	b. 境
03 엄격하다	□格 yángé	11 공항	机□ jīchǎng
a. 产	b. 严	a. 场	b. 扬
04 위험하다	□险 wēixiǎn	12 주말	□末 zhōumò
a. 危	b. 厚	a. 周	b. 调
05 확대하다	□大 kuòdà	13 연구하다	□究 yánjiū
a. 扩	b. 矿	a. 研	b. 碗
06 국제적인	国□ guójì	14 현금	现□ xiànjīn
a. 限	b. 际	a. 石	b. 金
07 근처	□近 fùjìn	15 분(시간 단위)	分□ fēnzhōng
a. 附	b. 降	a. 针	b. 钟
08 스트레스	□力 yālì	16 은행	□行 yínháng
a. 区	b. 压	a. 银	b. 错

정답 01 b 02 a 03 b 04 a 05 a 06 b 07 a 08 b 09 b 10 b 11 a 12 a 13 a 14 b 15 b 16 a

14일째
나무₁

 MP3 발음 파일   암기 프로그램

★ 4획

木
mù
나무 목

명 나무, 목재 동 마비되다, 저리다 형 멍하다

나무의 기둥과 가지, 뿌리를 그린 글자이다. 나무처럼 몸이 뻣뻣해져서 '마비되다, 저리다'라는 뜻도 있다.

| 5 | 木头 | mùtou | 명 나무, 목재 |
| 6 | 麻木 | mámù | 동 마비되다 형 둔하다 |

★★★ 9획

树
shù
나무 수 〔樹〕

명 나무 동 세우다, 수립하다

나무[木] 중에서 두 손[又, 寸]으로 땅에 심은 살아 있는 나무를 뜻한다. 현대 중국어에서 木(나무 목)은 주로 '목재'를 의미한다.

- 又(또 우)와 寸(마디 촌)은 모두 손의 일부를 그린 글자로, '손'을 의미한다.

| 6 | 树立 | shùlì | 동 수립하다, 세우다 |
| + | 树木 | shùmù | 명 나무 동 나무를 심다 |

★★ 8획

林
lín
수풀 림

명 숲, 수풀

나무[木] 여러 그루[木]가 우거진 수풀을 뜻한다.

| 4 | 森林 | sēnlín | 명 삼림, 숲 |
| 6 | 园林 | yuánlín | 명 정원 |

★★★ 6획

休
xiū
쉴 휴

동 쉬다, 휴식하다, 퇴직하다, 정지하다

사람[亻]이 나무[木]에 기대어 쉰다는 뜻이다.

2	休息	xiūxi	동 휴식하다, 쉬다
5	休闲	xiūxián	동 한가하게 지내다
5	退休	tuìxiū	동 퇴직하다

困 kùn 곤할 곤 (7획) ★★

- 형 고생하다, 곤란하다, 지치다
- 동 포위하다, 졸리다

사방이 둘러쳐진[口] 곳에 갇혀 몸이 나무[木]처럼 뻣뻣하니 매우 곤란하다는 뜻이다.

• 口(에울 위)는 사방이 울타리처럼 둘러싸인 모양이다.

| 4 | 困难 kùnnan | 명 곤란 형 곤란하다 |
| 6 | 贫困 pínkùn | 형 빈곤하다 |

本 běn 근본 본 (5획) ★★★

- 명 근본, 기초, 본전, 책 부 원래 형 지금의
- 양 권(책을 세는 단위)

나무[木] 아래에 뿌리를 나타내는 선[一]을 그어 사물의 근본을 표현했다.
책을 세는 단위로도 쓰인다.

3	笔记本 bǐjìběn	명 노트북
4	本来 běnlái	부 본래, 원래
5	基本 jīběn	형 기본의, 기본적인
5	本科 běnkē	명 (대학의) 학부
6	资本 zīběn	명 자본

体 tǐ 몸 체 〔體〕 (7획) ★★★

- 명 몸, 신체, 물체

사람[亻]에게 있어 근본[本]이 되는 튼튼한 몸을 뜻한다.

2	身体 shēntǐ	명 몸, 신체
3	体育 tǐyù	명 체육
5	具体 jùtǐ	형 구체적이다
5	媒体 méitǐ	명 대중 매체
5	体贴 tǐtiē	동 자상하게 돌보다
5	体验 tǐyàn	명 체험 동 체험하다

术 shù 재주 술 〔術〕 (5획) ★★

- 명 기술, 기예, 학술, 방법

붓으로 점[丶]을 찍는 것만큼 쉽게 나무[木]를 다룰 수 있는 재주를 뜻한다.

4	技术 jìshù	명 기술
4	艺术 yìshù	명 예술
5	美术 měishù	명 미술
5	手术 shǒushù	명 수술 동 수술하다
6	魔术 móshù	명 마술

述 shù 펼 술 〔述〕 (8획) ★

- 동 진술하다, 말하다, 서술하다

나의 재주[术]가 세상 밖으로 나가도록[辶] 말이나 글로 써서 펼친다는 뜻이다.

• 辶은 천천히 걷는 모습인 辵(쉬엄쉬엄 갈 착)이 부수로 쓰인 모양이다.

5	叙述 xùshù	동 서술하다
6	陈述 chénshù	동 진술하다
+	论述 lùnshù	명 논술 동 논술하다

★★★ 5획
mò
끝 말

명 물건의 끝, 중요하지 않은 일, 가루 형 최후의

나무[木]의 끝에 긴 선[一]을 그어 사물의 끝을 표현한 글자이다.

| 3 | 周末 zhōumò | 명 주말 |
| 6 | 粉末 fěnmò | 명 분말, 가루 |

★ 5획
wèi
아닐 미

부 아직 ~하지 않다, ~이 아니다

나무[木]의 끝에 덜 자란 싹을 선[一]으로 그어 '아직 아니다'라는 의미를 표현했다.

| 5 | 未来 wèilái | 명 미래 |
| 5 | 未必 wèibì | 부 반드시 ~한 것은 아니다 |

★★★ 7획
lái
올 래〔來〕

동 오다, 발생하다, (어떤 행동을) 하다

아직 오지 않은[未] 사람에게 손짓하니[丶] 곧 다가온다는 뜻이다.

3	起来 qǐlai	동 일어서다
3	后来 hòulái	명 그 후, 그다음
4	本来 běnlái	부 본래, 원래
4	从来 cónglái	부 지금까지, 여태껏
4	原来 yuánlái	부 원래, 알고 보니
5	以来 yǐlái	명 이래, 동안

★★ 8획
wèi
맛 미

명 맛, 냄새, 재미, 흥취, 느낌 동 음미하다

입[口]에 음식을 넣고 간이 맞는지 아닌지[未] 보는 맛을 뜻한다.

4	味道 wèidao	명 맛, 느낌, 재미
5	口味 kǒuwèi	명 맛, 입맛
6	滋味 zīwèi	명 좋은 맛, 재미, 기분
6	气味 qìwèi	명 냄새, 성격
6	趣味 qùwèi	명 재미, 흥미, 흥취
6	意味着 yìwèizhe	동 의미하다, 뜻하다

★★★ 8획
guǒ
열매 과
결과 과

명 과실, 열매, 결과 부 과연, 참으로

열매[田]가 나무[木] 위에 열린 모습을 그린 글자이다. '열매, 결과' 등을 뜻한다.

1	苹果 píngguǒ	명 사과
1	水果 shuǐguǒ	명 과일
3	如果 rúguǒ	접 만약, 만일
4	果汁 guǒzhī	명 주스
4	效果 xiàoguǒ	명 효과
4	结果 jiéguǒ	명 결과

课 kè 과정 과〔課〕
★★★ 10획

명 수업, 수업 시간, 과목 양 (교재의) 과

교수가 연구한 결과[果]를 말[讠]로써 학생에게 전하는 교육의 과정을 뜻한다. '수업'이라는 뜻으로도 쓰인다.

• 讠은 言(말씀 언)이 간략해진 모양이다.

5	课程 kèchéng	명 교육 과정, 커리큘럼
6	课题 kètí	명 과제, 프로젝트
6	旷课 kuàngkè	동 수업을 빼먹다
+	上课 shàngkè	동 수업하다
+	下课 xiàkè	동 수업이 끝나다
+	课本 kèběn	명 교과서, 교재

束 shù 묶을 속
★★★ 7획

동 묶다, 매다, 속박하다, 제한하다 명 묶음, 다발

쌓아 놓은 목재[木]를 끈으로 감아서[口] 묶는다는 뜻이다. 묶음을 세는 단위로도 쓰인다.

3	结束 jiéshù	동 끝나다, 마치다
6	束缚 shùfù	동 구속하다, 속박하다
6	约束 yuēshù	동 단속하다

速 sù 빠를 속
★★ 10획

형 빠르다, 신속하다 명 속도

신발 끈을 꽉 묶고서[束] 걸어가는[辶] 발걸음이 빠르다는 뜻이다.

• 辶은 천천히 걷는 모습인 辵(쉬엄쉬엄 갈 착)이 부수로 쓰인 모양이다.

4	速度 sùdù	명 속도
4	高速公路 gāosùgōnglù	명 고속도로
5	迅速 xùnsù	형 신속하다
+	加速 jiāsù	동 가속하다
+	快速 kuàisù	형 쾌속의

采 cǎi 캘 채
★ 8획

동 따다, 뜯다, 캐다, 수집하다

손[爫]으로 나무[木]나 작물을 캔다는 뜻이다.

• 爫는 물건을 집으려고 손톱을 세운 모양인 爪(손톱 조)가 부수로 쓰인 모양이다.

5	采取 cǎiqǔ	동 채택하다, 채취하다
6	采访 cǎifǎng	동 탐방하다, 인터뷰하다
6	无精打采 wújīngdǎcǎi	성 풀이 죽다

菜 cài 나물 채
★★★ 11획

명 채소, 반찬, 요리

풀[艹] 중에 우리가 캐서[采] 먹을 수 있는 나물을 뜻한다. 회화에서 '요리'라는 뜻으로 많이 쓰인다.

• 艹는 艸(풀 초)가 간략해진 모양이다.

3	菜单 càidān	명 메뉴
5	蔬菜 shūcài	명 채소
+	小菜 xiǎocài	명 간단한 반찬, 밑반찬
+	做菜 zuòcài	동 요리를 하다
+	点菜 diǎncài	동 요리를 주문하다

相

xiāng / xiàng
서로 상
모양 상

9획 ★★★

부 서로, 함께 **명** 외모, 생김새, 사진

연인이 나무[木]를 사이에 두고 서로 눈[目]을 맞추며 바라보는 모양을 뜻한다.

• 부사로 '서로, 함께'라는 뜻일 때는 xiāng, 명사로 '외모, 생김새, 사진'이라는 뜻일 때는 xiàng으로 발음한다.

3	相信 xiāngxìn	동 믿다, 신뢰하다
3	照相机 zhàoxiàngjī	카메라
4	相反 xiāngfǎn	접 반대로 동 상반되다
4	相同 xiāngtóng	형 똑같다
4	互相 hùxiāng	부 서로
5	相当 xiāngdāng	부 상당히

想

xiǎng
생각할 상

13획 ★★★

동 생각하다, 그리워하다 **조동** ~하고 싶다

서로[相] 그리워하며 마음속[心]으로 생각한다는 뜻이다. '~하고 싶다'라는 뜻으로 많이 쓰인다.

4	理想 lǐxiǎng	명 이상 형 이상적인
5	梦想 mèngxiǎng	명 꿈
5	思想 sīxiǎng	명 사상
5	想象 xiǎngxiàng	명 상상
5	幻想 huànxiǎng	명 환상
5	感想 gǎnxiǎng	명 감상, 느낌

箱

xiāng
상자 상

15획 ★★★

명 상자, 트렁크, 박스

대나무[⺮]를 얇게 잘라 서로[相] 엮어서 만든 상자를 뜻한다.

• ⺮는 竹(대나무 죽)이 부수로 쓰인 모양이다.

| 3 | 冰箱 bīngxiāng | 명 냉장고 |
| 3 | 行李箱 xínglǐxiāng | 명 여행용 가방 |

桌

zhuō
탁자 탁

10획 ★★★

명 탁자

나무[木] 받침 위[上]에 평평한 판[日]을 올려서 만든 탁자를 뜻한다.

• 日은 여기서 판판하고 넓은 나무판자의 모양을 나타낸다.

1	桌子 zhuōzi	명 탁자, 테이블
+	桌灯 zhuōdēng	명 스탠드, 책상 등
+	同桌 tóngzhuō	명 짝꿍 동 동석하다

某

mǒu
아무 모

9획 ★

대 아무, 어느, 모, 어떤 사람

달콤한[甘] 열매가 열린 나무[木]에서는 아무거나 따도 맛있다는 뜻이다.

• 甘(달 감)은 혀[甘]에 올려진 음식[一]이 달다는 뜻이다.

| + | 某些 mǒuxiē | 대 몇몇(의) |
| + | 某人 mǒurén | 대 아무개 |

★★ 6획

杂
zá
섞일 잡 〔雜〕

[형] 잡다하다, 복잡하다, 이외의 [동] 섞이다
산에 여러[九] 종류의 나무[木→朩]가 섞여 있다는 뜻이다. '잡다하다, 복잡하다'라는 의미로도 쓰인다.

- 九(아홉 구)는 여기서 많은 수를 의미한다.

4 杂志 zázhì [명] 잡지
4 复杂 fùzá [형] 복잡하다
6 杂技 zájì [명] 서커스, 곡예

★★ 9획

染
rǎn
물들일 염

[동] 염색하다, 물들이다, 전염되다, 감염되다
나무[木]의 잎에서 짜낸 물[氵]로 천을 여러[九] 번 물들인다는 뜻이다.

4 污染 wūrǎn [동] 오염시키다
5 传染 chuánrǎn [동] 전염되다
6 感染 gǎnrǎn [동] 감염되다

★ 6획

杀
shā
죽일 살 〔殺〕

[동] 죽이다, 살해하다
나무[木→朩]에 칼자국[✕]을 내어 죽인다는 뜻이다.

6 抹杀 mǒshā [동] 말살하다, 없애다
+ 杀害 shāhài [동] 살해하다
+ 自杀 zìshā [동] 자살하다
+ 杀毒 shādú [동] 소독하다

★★★ 11획

检
jiǎn
검사할 검 〔檢〕

[동] 검사하다, 점검하다, 규제하다
나무[木] 상자에 보관된 중요한 기록을 모두[佥] 검사한다는 뜻이다.

- 佥(모두 첨)은 집[스] 안에 모여[业] 있는 사람 모두를 뜻한다.

3 检查 jiǎnchá [동] 검사하다, 조사하다
6 检讨 jiǎntǎo [동] 검토하다, 반성하다

★★★ 11획

脸
liǎn
얼굴 검 〔臉〕

[명] 얼굴, 표정, 체면, 안면
몸[月]의 상태가 모두[佥] 나타나는 얼굴을 뜻한다.

- 月은 肉(고기 육)이 부수로 쓰인 모양으로, 신체와 관련된 한자에 많이 쓰인다.

+ 脸色 liǎnsè [명] 안색, 얼굴색
+ 洗脸 xǐliǎn [동] 세수하다

险
xiǎn
험할 험 〔險〕
★★ 9획

[형] 험하다, 위험하다 [명] 위험, 보험 [부] 하마터면

가파른 언덕[阝]을 오르다 보면 사방 모든[佥] 곳이 험하다는 뜻이다.

• 阝은 층진 언덕을 본뜬 阜(언덕 부)가 부수로 쓰인 모양이다.

4	危险	wēixiǎn	[형] 위험하다 [명] 위험
5	保险	bǎoxiǎn	[명] 보험 [형] 안전하다
5	冒险	màoxiǎn	[동] 위험을 무릅쓰다

验
yàn
시험할 험 〔驗〕
★★ 10획

[동] 검증하다, 조사하다, 검사하다 [명] 효과, 효력

경주에 내보낼 말[马]을 뽑기 위해 모든[佥] 말의 능력을 시험한다는 뜻이다.

• 马는 馬(말 마)가 간략해진 모양이다.

4	经验	jīngyàn	[명] 경험 [동] 경험하다
5	实验	shíyàn	[명] 실험 [동] 실험하다
5	测验	cèyàn	[동] 측정하다
5	体验	tǐyàn	[명] 체험 [동] 체험하다
6	试验	shìyàn	[동] 시험하다

构
gòu
얽을 구 〔構〕
★ 8획

[동] 얽어 짜다, 구성하다, 조직하다

나뭇가지[木]를 한데 감싸서[勹] 매듭[厶]을 묶어 얽는다는 뜻이다. 여러 아이디어를 얽어서 '구성하다'라는 뜻도 있다.

• 勹(쌀 포)는 사람이 몸을 굽혀서 무엇을 감싸는 모습이다. 厶(사사 사)는 여기서 매듭지은 모양을 나타낸다.

5	结构	jiégòu	[명] 구성, 조직
5	构成	gòuchéng	[동] 구성하다, 짜다
6	机构	jīgòu	[명] 기구(단체, 기관)

购
gòu
살 구 〔購〕
★★ 8획

[동] 사다, 구매하다

예쁘게 포장되어[勹] 매듭지어진[厶] 물건을 돈[贝]으로 산다는 뜻이다.

• 贝는 조개껍데기를 그린 貝(조개 패)가 간략해진 모양이다. 화폐로 사용되던 조개의 특성에 따라 주로 돈과 관련된 글자에 쓰인다.

| 4 | 购物 | gòuwù | [동] 물건을 사다 |

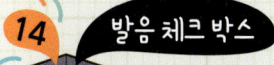

발음 체크 박스

오른쪽의 발음을 가리고 읽어 보세요.
책 날개에 제공된 책갈피를 이용하면 편리합니다.

木	mù	末	mò	菜	cài	检	jiǎn
树	shù	未	wèi	相	xiāng / xiàng	脸	liǎn
林	lín	来	lái	想	xiǎng	险	xiǎn
休	xiū	味	wèi	箱	xiāng	验	yàn
困	kùn	果	guǒ	桌	zhuō	构	gòu
本	běn	课	kè	某	mǒu	购	gòu
体	tǐ	束	shù	杂	zá		
术	shù	速	sù	染	rǎn		
述	shù	采	cǎi	杀	shā		

15일째 나무₂

 MP3 발음 파일   암기 프로그램

★★★ 3획

才 cái
재주 재 〔才〕

명 재능, 재주, 재주꾼 부 이제, 겨우, 방금
질이 좋은 나무 모양을 그린 글자로, 뛰어난 재주를 의미한다. 가진 재주가 뒤늦게 발휘될 수도 있으니 '이제, 겨우'라는 의미도 있다.

3	刚才	gāngcái	명	지금 막, 방금
5	人才	réncái	명	인재
6	天才	tiāncái	명	천재, 천부적 재능

★★ 7획

材 cái
재목 재

명 목재, 재목, 원료, 재료, 자료
나무[木] 중에 여러 가지로 쓰기 좋은 재주[才]를 가진 재목을 뜻한다.

4	材料	cáiliào	명	재료, 자료
5	教材	jiàocái	명	(교육용) 교재
5	身材	shēncái	명	몸매, 체격

★ 6획

团 tuán
둥글 단 〔團〕

형 둥글다 명 단체, 덩어리 동 한데 모이다 양 뭉치
재주[才]꾼 주위를 사람들이 에워싼[口] 모습이 둥글다는 뜻이다. 한 자리에 둥글게 '모이다'라는 뜻도 있다.

6	团圆	tuányuán	동	한자리에 모이다
6	集团	jítuán	명	집단, 단체
6	团结	tuánjié	동	단결하다, 뭉치다
6	团体	tuántǐ	명	단체, 집단

★★ 6획

存 cún
있을 존

동 존재하다, 보존하다, 저축하다, 맡기다
질이 좋은 나무[才→扌] 아래에는 좋은 종자(씨앗)[子]가 있다는 뜻이다.

• 扌는 才(재주 재)의 변형이다.

5	存在	cúnzài	동	존재하다
5	保存	bǎocún	동	보존하다
6	储存	chǔcún	동	저축하여 두다
6	生存	shēngcún	동	생존하다 명 생존

在 zài
있을 재

6획

동 존재하다, ~에 있다 부 지금 ~하고 있다
개 ~에서

질이 좋은 나무[才→仁] 아래에는 좋은 흙[土]이 있다는 뜻이다.

1	现在 xiànzài	명 지금, 현재
2	正在 zhèngzài	부 지금 ~하고 있다
4	实在 shízai	형 착실하다, 성실하다
5	在乎 zàihu	동 신경 쓰다
5	在于 zàiyú	동 ~에 있다
6	在意 zàiyì	동 마음에 두다

东 dōng
동녘 동 〔東〕

5획

명 동쪽, 주인, 주최자

지평선을 뚫고 나온[丆] 햇빛이 나무[木→朩] 위로 떠오르는 동쪽을 뜻한다. 옛날에 주인은 동쪽, 손님은 서쪽에 앉던 풍습에서 '주인'을 의미하기도 한다.

1	东西 dōngxi	명 물건
4	房东 fángdōng	명 집주인
6	东道主 dōngdàozhǔ	명 주인, 주최 측
6	股东 gǔdōng	명 주주

乐 lè / yuè
즐거울 락
음악 악 〔樂〕

5획

형 즐겁다, 기쁘다 명 음악

나무[木→朩]로 만든 악기에 손[丆]을 올려 연주하니 즐겁다는 뜻이다.

• '즐겁다'라는 뜻일 때는 lè, '음악'을 뜻할 때는 yuè라고 발음한다.

2	快乐 kuàilè	형 즐겁다, 행복하다
3	音乐 yīnyuè	명 음악
5	娱乐 yúlè	동 오락하다 명 예능
5	乐器 yuèqì	명 악기
5	乐观 lèguān	형 낙관적이다
5	俱乐部 jùlèbù	명 클럽, 동호회

南 nán
남녘 남

9획

명 남쪽, 남방 지역

풀[十]로 둘러싸여[冂] 있어서 양[羊→𢆉]을 기르기에 좋은 남쪽을 뜻한다.

• 十은 풀이 돋아난 모양이고, 羊(양 양)은 뿔 달린 양의 머리를 그린 글자이다.

| 6 | 指南针 zhǐnánzhēn | 명 나침반 |
| 6 | 南辕北辙 nányuánběizhé | 성 하는 행동과 목적이 상반되다 |

西 xī
서녘 서

6획

명 서쪽, 서양

새가 저녁에 둥지[西]로 돌아온 모습으로, 해가 지는 서쪽을 의미한다.

• 西는 새가 둥지에 발을 디딘 모습이다.

1	东西 dōngxi	명 물건
2	西瓜 xīguā	명 수박
4	西红柿 xīhóngshì	명 토마토

北 běi 북녘 북
★★★ 5획

- 명 북, 북쪽

두 사람이 등지고 달아나는 모습으로, 남쪽을 등진 북쪽을 의미한다.

- 중국에서는 '동서남북'을 '东南西北(동남서북)'이라고 한다.

① 北京 Běijīng	명 베이징
③ 北方 běifāng	명 북방, 북쪽
⑥ 北极 běijí	명 북극

背 bèi 등 배
★ 9획

- 명 등, 뒷면 형 운이 나쁘다 동 등지다, 외우다

서로 등지고[北] 있을 때 맞닿아 있는 신체[月] 부위는 등이라는 뜻이다.

- 月은 肉(고기 육)이 부수로 쓰인 모양으로, 신체와 관련된 한자에 많이 쓰인다.

⑤ 背景 bèijǐng	명 배경, 배후
⑤ 后背 hòubèi	명 등
⑥ 背叛 bèipàn	동 배반하다
⑥ 背诵 bèisòng	동 외우다
⑥ 违背 wéibèi	동 위반하다

片 piàn 조각 편
★★★ 4획

- 명 조각, 영화 동 얇게 썰다 형 단편적이다
- 양 얇거나 잘라진 것을 세는 단위

나무를 반으로 자른 오른쪽 조각의 모양이다.

- 단어 '动画片'에서는 piān으로 발음한다.

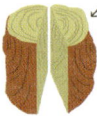

③ 照片 zhàopiàn	명 사진
⑤ 片面 piànmiàn	형 일방적이다
⑤ 名片 míngpiàn	명 명함
⑤ 动画片 dònghuàpiān	명 만화 영화

牌 pái 패 패
★★ 12획

- 명 팻말, 간판, 상표, 브랜드

나무 조각[片] 중에 질이 낮은[卑] 것을 골라 만든 작은 팻말을 뜻한다. 오늘날에는 '간판, 상표'라는 의미로 많이 쓰인다.

- 卑(낮을 비)는 손에 부채를 들고 주인에게 부채질하는 신분이 낮은 사람의 모습을 그린 글자이다.

④ 登机牌 dēngjīpái	명 탑승권
⑤ 名牌 míngpái	명 유명 상표
+ 牌子 páizi	명 상표, 브랜드

将 jiāng 장차 장〔將〕
★★ 9획

- 부 ~일 것이다, 장차, 곧

나무[爿]를 베며 저녁[夕]까지 힘쓴 일꾼은 장차 손[寸]에 많은 장작을 거머쥘 것이라는 뜻이다.

- 爿은 나무를 반으로 자른 왼쪽 모양인 爿(나무 조각 장)이 간략해진 모양이다. 寸(마디 촌)은 '손'을 의미한다.

④ 将来 jiānglái	명 장래, 미래
⑥ 将军 jiāngjūn	명 장군
⑥ 即将 jíjiāng	부 곧, 머지않아
⑥ 将近 jiāngjìn	동 거의 근접하다
⑥ 将就 jiāngjiu	동 그런대로 ~할 만하다.

奖 jiǎng

★★ 9획

장려할 장 〔奬〕

명 상 동 장려하다, 표창하다, 칭찬하다

장차[將→爿] 크게[大] 될 사람에게 상을 주어 장려한다는 뜻이다.

- ④ 奖金 jiǎngjīn — 명 상금, 상여금
- ⑥ 奖励 jiǎnglì — 동 장려하다, 표창하다
- ⑥ 过奖 guòjiǎng — 동 과찬이십니다

不 bù

★★★ 4획

아닐 부
아닐 불

부 부정이나 부정적인 대답을 나타냄

사방으로 틀어진 나무의 뿌리[不]를 그려 부정의 의미를 표현했다. 중국어에서 부정형을 만들 때 주로 쓰인다.

• 4성 앞에 쓰일 때는 bú로 발음해야 한다.

- ① 不客气 búkèqi — 천만에요.
- ① 对不起 duìbuqǐ — 동 미안합니다
- ③ 不但 búdàn — 접 ~뿐만 아니라
- ④ 不得不 bùdébù — 부 어쩔 수 없이
- ④ 不过 búguò — 접 그러나, 하지만
- ④ 不管 bùguǎn — 접 ~에 관계없이

坏 huài

★★★ 7획

무너질 괴 〔壞〕

형 나쁘다 동 상하게 하다, 망가지다

흙[土]이 좋지 않으면[不] 그 위에 세운 건물이 쉽게 무너진다는 뜻이다. '나쁘다'라는 뜻으로 많이 쓰인다.

- ⑤ 破坏 pòhuài — 동 파괴하다
- ⑥ 损坏 sǔnhuài — 동 손상하다
- + 坏处 huàichu — 명 나쁜 점
- + 坏蛋 huàidàn — 명 나쁜 놈
- + 坏人 huàirén — 명 나쁜 사람

怀 huái

★★ 7획

품을 회 〔懷〕

동 간직하다, 품다, 생각하다 명 가슴, 품

마음속[忄]에 현재가 아닌[不] 지난 일을 품는다는 뜻이다.

• 忄은 心(마음 심)이 부수로 쓰인 모양이다.

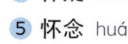

- ④ 怀疑 huáiyí — 동 의심하다
- ⑤ 怀念 huáiniàn — 동 회상하다
- ⑤ 怀孕 huáiyùn — 동 임신하다
- ⑥ 胸怀 xiōnghuái — 명 가슴, 흉부

杯 bēi

★★★ 8획

잔 배

명 잔, 컵, 트로피 양 잔, 컵

나무[木]를 깎아 음료를 흘리지 않고[不] 따라 마실 수 있게 만든 잔을 뜻한다. '한 잔, 두 잔'과 같이 잔을 세는 단위로도 쓰인다.

- ① 杯子 bēizi — 명 잔, 컵
- ④ 干杯 gānbēi — 동 건배하다, 잔을 비우다
- + 世界杯 shìjièbēi — 명 월드컵

还 hái / huán
다시 환 / 돌아올 환 〔還〕
7획

🔸 아직도, 여전히, 또 🔹 돌아오다, 돌려주다, 갚다

가던[辶] 길을 가지 않고[不] 다시 돌아온다는 뜻이다.

- 辶은 천천히 걷는 모습인 辵(쉬엄쉬엄 갈 착)이 부수로 쓰인 모양이다.
- 부사로 '아직도, 여전히, 또'라는 뜻일 때는 hái, 동사로 '돌아오다, 돌려주다, 갚다'라는 뜻일 때는 huán으로 발음한다.

3	还是	háishi	🔸 여전히 🔹 또는
5	讨价还价	tǎojiàhuánjià	🔹 값을 흥정하다
6	还原	huányuán	🔹 원상회복하다

否 fǒu
아닐 부
7획

🔹 부정하다

어떤 질문에 아니라고[不] 입[口]을 벌려 말하며 부정한다는 뜻이다.

4	否则	fǒuzé	🔹 만약 그렇지 않으면
4	是否	shìfǒu	🔸 ~인지 아닌지
5	否定	fǒudìng	🔹 부정하다
5	否认	fǒurèn	🔹 부인하다

纸 zhǐ
종이 지 〔紙〕
7획

🔹 종이 🔹 장, 매(종이를 세는 단위)

나무뿌리[氏]를 삶아 실[糹]처럼 얽힌 섬유질을 얇게 떠서 만든 종이를 뜻한다.

- 糹는 糸(실 사)가 간략해진 모양이다. 氏(성씨 씨)는 나무의 뿌리를 그려 자신의 뿌리인 성씨를 표현한 글자이다.

2	报纸	bàozhǐ	🔹 신문
+	稿纸	gǎozhǐ	🔹 원고지
+	剪纸	jiǎnzhǐ	🔹 중국 종이 공예(지엔즈)

低 dī
낮을 저
7획

🔹 낮다 🔹 (머리를) 숙이다

사람[亻] 중에 머리를 나무뿌리[氏]가 있는 지점[丶]까지 낮추는 사람은 신분이 낮다는 뜻이다.

4	降低	jiàngdī	🔹 내리다, 낮추다
+	高低	gāodī	🔹 고저, 높이
+	低价	dījià	🔹 저가, 헐값

底 dǐ
밑 저
8획

🔹 밑, 바닥, 기초, 토대, 속사정, 초안

집[广]의 기둥뿌리[氏] 지점[丶]에 다진 기반이나 맨 밑을 뜻한다.

- 广(집 엄)은 산기슭에 자리 잡은 집의 지붕 모습이다.

| 4 | 到底 | dàodǐ | 🔸 도대체 |
| 5 | 彻底 | chèdǐ | 🔹 철저하다 |

节 jié
마디 절 〔節〕 5획
★★★

명 기념일, 명절, 절기, 예절, 마디 **동** 절약하다

나무줄기에서 풀[艹]이 굽어져[卩→卪] 나오면서 생기는 마디를 뜻한다. 마디마디 나뉜 '계절, 절기'를 뜻하거나, 기념일의 이름에도 쓰인다.

• 艹는 艸(풀 초)가 간략해진 모양이다. 卩(병부 절)은 몸을 구부린 사람의 모습이다.

3	节日	jiérì	명	기념일, 명절
3	季节	jìjié	명	계절
3	节目	jiémù	명	프로그램, 종목
4	节约	jiéyuē	동	절약하다
5	国庆节	guóqìngjié	명	국경절
6	礼节	lǐjié	명	예절

艺 yì
재주 예 〔藝〕 4획
★★

명 예술, 예능, 기예, 기술

풀[艹]을 꼬아서 새[乙] 모양으로 만들 정도의 뛰어난 재주를 뜻한다. 주로 '예술'이라는 뜻으로 쓰인다.

• 乙(새 을)은 새의 옆모습을 그린 글자이다.

4	艺术	yìshù	명	예술
6	文艺	wényì	명	문학과 예술
6	手艺	shǒuyì	명	손재주, 솜씨
6	工艺品	gōngyìpǐn	명	공예품

茶 chá
차 차 9획
★★★

명 차, 차로 만든 음료

풀[艹]이나 나무[木→朩]의 잎을 말려서 사람[人]이 마실 수 있게 달인 차를 뜻한다. 중국인들은 언제 어디서나 차를 많이 마시므로, 중국에는 차 문화가 매우 발달했다.

+	红茶	hóngchá	명	홍차
+	茶叶	cháyè	명	찻잎
+	茶馆	cháguǎn	명	찻집
+	绿茶	lǜchá	명	녹차
+	奶茶	nǎichá	명	밀크티
+	品茶	pǐnchá	동	차의 맛을 보다

营 yíng
경영할 영 〔營〕 11획
★

동 경영하다, 꾀하다, 만들다 **명** 병영, 캠프

풀[艹]로 덮인[冖] 땅을 일구어 건물[呂]을 세우고 그곳을 경영한다는 뜻이다.

• 冖(덮을 멱)은 물건을 덮은 모양이다. 呂은 건물이 세워진 모양이다.

5	经营	jīngyíng	동	운영하다, 경영하다
5	营养	yíngyǎng	명	영양
5	营业	yíngyè	동	영업하다
+	国营	guóyíng	형	국가에서 경영하는

青 qīng
푸를 청 〔青〕 8획
★

형 푸르다, 진녹색의, 젊다 **명** 청년

우물가[井→龶]에 돋아난 풀잎[主]의 빛깔이 푸르다는 뜻이다. 파릇파릇한 청춘이나 젊음을 뜻하기도 한다.

• 井은 우물의 모양이고, 主은 풀잎의 모양이다.

5	青春	qīngchūn	명	청춘
5	青少年	qīngshàonián	명	청소년
+	年青	niánqīng	형	젊다
+	青菜	qīngcài	명	채소, 청경채

请 qǐng
청할 청 〔請〕 10획 ★★★

동 청하다, 부탁하다, 초청하다

젊은이가 푸른[青] 꿈을 꾸며 어른께 도움의 말[讠]을 청한다는 뜻이다. 문장 앞에 쓰여 '~하세요'라는 높임말의 역할을 한다.

• 讠은 言(말씀 언)이 간략해진 모양이다.

3	请假	qǐngjià	동 휴가 등을 신청하다
4	申请	shēnqǐng	동 신청하다
4	邀请	yāoqǐng	동 초청하다, 초대하다
5	请求	qǐngqiú	명 요청 동 요청하다
6	请教	qǐngjiào	동 가르침을 청하다
6	请柬	qǐngjiǎn	명 청첩장, 초대장

情 qíng
정 정 〔情〕 11획 ★★★

명 감정, 애정, 호의, 상황

마음[忄]의 속으로부터 푸르게[青] 피어오르는 따뜻한 정을 나타낸다.

• 忄은 心(마음 심)이 부수로 쓰인 모양이다.

2	事情	shìqing	명 일, 사건
3	热情	rèqíng	형 열정적이다, 친절하다
4	感情	gǎnqíng	명 감정
4	情况	qíngkuàng	명 상황, 정황
4	爱情	àiqíng	명 남녀 간의 사랑
4	心情	xīnqíng	명 심정, 마음

清 qīng
맑을 청 〔清〕 11획 ★★★

형 깨끗하다, 맑다, 분명하다, 뚜렷하다
동 깨끗이 하다

물[氵]이 하늘의 푸른빛[青]을 그대로 담아낼 정도로 맑다는 뜻이다.

3	清楚	qīngchu	형 분명하다
5	清淡	qīngdàn	형 담백하다
6	清洁	qīngjié	형 깨끗하다, 청결하다

晴 qíng
맑을 청 〔晴〕 12획 ★★★

형 하늘이 맑다, 날씨가 맑다

해[日]가 푸른[青] 하늘에 떠 있으니 날씨가 맑다는 뜻이다.

| 6 | 晴朗 | qínglǎng | 형 쾌청하다, 맑다 |
| + | 晴天 | qíngtiān | 명 맑은 날씨 |

발음 체크 박스

오른쪽의 발음을 가리고 읽어 보세요.
책 날개에 제공된 책갈피를 이용하면 편리합니다.

才	cái	北	běi	杯	bēi	营	yíng
材	cái	背	bèi	还	hái / huán	青	qīng
团	tuán	片	piàn	否	fǒu	请	qǐng
存	cún	牌	pái	纸	zhǐ	情	qíng
在	zài	将	jiāng	低	dī	清	qīng
东	dōng	奖	jiǎng	底	dǐ	晴	qíng
乐	lè / yuè	不	bù	节	jié		
南	nán	坏	huài	艺	yì		
西	xī	怀	huái	茶	chá		

16일째 기 상 · 신

 MP3 발음 파일   암기 프로그램

生 shēng
날 생
5획 ★★★

동 낳다, 태어나다, 자라다, 발생하다
형 생생하다, 덜 익다, 낯설다
땅에서 새싹이 나오는 모습을 그린 글자이다.

1 先生 xiānsheng — 명 씨(성인 남성의 존칭)
1 医生 yīshēng — 명 의사
2 生日 shēngrì — 명 생일
2 生病 shēngbìng — 동 병나다
3 生气 shēngqì — 동 화내다, 성나다
4 生命 shēngmìng — 명 생명

姓 xìng
성씨 성
8획 ★★★

명 성, 성씨 동 성이 ~이다
모계 사회 때 여자[女]가 아이를 낳으면[生] 아이에게 붙이던 성씨를 뜻한다. '성함이 어떻게 되십니까?'는 '您贵姓? Nín guì xìng?'이라고 한다.

5 老百姓 lǎobǎixìng — 명 백성, 국민

性 xìng
성품 성
8획 ★★

명 본성, 성격, 성별, 성질, 성
사람이 날[生] 때부터 지닌 마음[忄]인 성품을 뜻한다.

• 忄은 心(마음 심)이 부수로 쓰인 모양이다.

4 性格 xìnggé — 명 성격
4 性别 xìngbié — 명 성별
5 个性 gèxìng — 명 개성
5 性质 xìngzhì — 명 성질
6 任性 rènxìng — 형 제멋대로 하다
6 性感 xìnggǎn — 형 섹시하다

胜 shèng
이길 승 〔勝〕
9획 ★

동 이기다, 승리하다, 우월하다, 감당하다
형 아름답다
몸[月]으로 직접 부딪혀 가며 인생[生]의 어려움을 이긴다는 뜻이다.

• 月은 肉(고기 육)이 부수로 쓰인 모양으로, 신체와 관련된 한자에 많이 쓰인다.

5 胜利 shènglì — 명 승리
5 名胜古迹 míngshènggǔjì — 명 명승고적
6 胜负 shèngfù — 명 승부

★★★ 9획
xīng
별 성

명 별

해[日]가 지고 밤이 되면 하늘에 생겨나는[生] 별을 뜻한다.

① 星期 xīngqī 　　명 요일
⑤ 明星 míngxīng 　명 (유명) 스타
＋ 星星 xīngxing 　　명 별

★★★ 10획
xiào
웃을 소

동 웃다, 비웃다 　명 웃음(거리)

대나무[⺮]가 흔들리는 소리처럼 까르르하며 어린아이[夭]가 웃는다는 뜻이다.

• ⺮는 竹(대나무 죽)이 부수로 쓰인 모양이다. 夭(어릴 요)는 고개를 갸우뚱하는 어린아이의 모습을 그린 글자이다.

④ 笑话 xiàohua 　　명 우스갯소리
④ 开玩笑 kāiwánxiào 　동 농담하다
⑤ 微笑 wēixiào 　　동 미소 짓다 　명 미소
⑥ 嘲笑 cháoxiào 　　동 비웃다

★★★ 12획
děng
등급 등

명 등급 　동 기다리다, 같다 　조 등등

대나무[⺮]가 흙[土] 위로 올라온 마디[寸]의 두께를 보고 나눈 등급을 뜻한다. '기다리다, ~와 같다'라는 뜻으로도 쓰인다.

⑤ 等于 děngyú 　　동 ~와 같다
⑤ 等待 děngdài 　　동 기다리다
⑥ 等级 děngjí 　　명 등급

★★★ 14획
suàn
셀 산

동 계산하다, ~라고 생각하다, 계획하다
부 마침내, 드디어

대나무[⺮]로 만든 주판[目]을 양손[𦥑→廾]에 올려놓고 수를 센다(계산한다)는 뜻이다.

• 目은 여기서 주판의 모양을 나타내고, 廾(받들 공)은 양손으로 물건을 받드는 모양이다.

③ 打算 dǎsuàn 　　동 ~할 생각이다
⑤ 计算 jìsuàn 　　동 계산하다
⑤ 总算 zǒngsuàn 　　부 겨우, 마침내
⑥ 结算 jiésuàn 　　동 결산하다

★★★ 8획
yǔ
비 우

명 비

구름에서 빗방울이 떨어지는 모습을 그린 글자이다.

① 下雨 xiàyǔ 　　동 비가 오다(내리다)
＋ 雨衣 yǔyī 　　명 우의, 비옷

★★★ 11획

雪
xuě
눈 설

명 눈, 눈과 같은 것

비[雨]가 얼어서 내린 것으로, 손[크]으로 만지거나 뭉칠 수 있는 눈을 뜻한다.

• 크은 사람의 손 모양을 나타낸다.

+ 滑雪　huáxuě　동 스키를 타다
+ 雪花　xuěhuā　명 눈송이, 눈꽃
+ 下雪　xiàxuě　동 눈이 내리다
+ 雪碧　xuěbì　명 스프라이트

★ 21획

露
lù
이슬 로

명 이슬 동 나타나다, 드러나다

빗방울[雨]처럼 길가[路]의 풀잎에 맺혀 있는 이슬을 뜻한다. 이슬의 모습이 '나타나다, 드러나다'라는 의미도 있다.

• 路(길 로)는 사람들이 발[口]로 각재[各] 걷는 길을 뜻한다.
• '나타나다, 드러나다'라는 뜻일 때는 lòu로 발음하기도 한다.

6 暴露　bàolù　동 폭로하다
6 流露　liúlù　동 무심코 드러내다
6 透露　tòulù　동 넌지시 드러내다
6 泄露　xièlòu　동 누설하다, 폭로하다

★★★ 13획

零
líng
떨어질 령
영 령〔零〕

수 0 형 자질구레하다 동 (초목이) 말라 떨어지다

신이 비[雨]를 명령하니[令] 빗방울이 떨어진다는 뜻이다. 다 떨어진 숫자 '0'을 뜻하기도 한다.

• 令(명령할 령)은 윗사람[人]이 점찍어[丶] 둔 하인[卩]에게 일을 시키며 명령한다는 뜻이다.

2 零钱　língqián　명 잔돈, 푼돈
5 零件　língjiàn　명 부속품
5 零食　língshí　명 간식, 군것질
6 零星　língxīng　형 자질구레하다

★★ 4획

云
yún
말할 운
구름〔雲〕 운

명 구름 동 말하다

뭉게구름을 그린 글자로, 구름처럼 떠오르는 생각을 말한다는 뜻이다.

+ 多云　duōyún　명 구름이 많음
+ 云集　yúnjí　동 구름같이 모여들다

★★★ 7획

层
céng
층 층〔層〕

명 층 양 층

건물의 1층부터 옥상[尸]까지 말[云]로 헤아려서 센 층을 뜻한다.

• 尸(주검 시)는 죽은 사람의 굽은 몸을 그린 글자이나, 여기서는 건물의 옥상 모양을 나타낸다.

6 阶层　jiēcéng　명 층, 계층
6 层次　céngcì　명 단계, 순서

运
yùn
돌 운
운수 운 〔運〕
7획

동 돌다, 이동하다, 운송하다 명 운, 운세

운수 좋은 일을 남에게 말하고[云] 다니며[辶] 온종일 동네를 돈다는 뜻이다. '운수'를 뜻하기도 한다.

• 辶은 천천히 걷는 모습인 辵(쉬엄쉬엄 갈 착)이 부수로 쓰인 모양이다.

② 运动 yùndòng	명 운동
⑤ 命运 mìngyùn	명 운명
⑤ 幸运 xìngyùn	형 행운이다
⑤ 运气 yùnqi	명 운, 운수
⑤ 运用 yùnyòng	동 활용하다

电
diàn
번개 전 〔電〕
5획

명 전기

하늘에서 번쩍하고 치는 번개[申→电]의 모양을 그린 글자이다. 전기나 전자 기기와 관련된 단어에 많이 쓰인다.

① 电视 diànshì	명 텔레비전
① 电影 diànyǐng	명 영화
① 电脑 diànnǎo	명 컴퓨터
① 打电话 dǎdiànhuà	전화를 걸다
③ 电梯 diàntī	명 엘리베이터
⑤ 充电器 chōngdiànqì	명 충전기

气
qì
기운 기 〔氣〕
4획

명 기체, 공기, 냄새, 호흡, 기후, 기운 동 화내다

뭉게뭉게 피어오르는[气] 기운을 뜻한다.

① 天气 tiānqì	명 날씨
① 不客气 búkèqi	천만에요.
③ 生气 shēngqì	동 화내다, 성나다
④ 空气 kōngqì	명 공기
④ 脾气 píqi	명 성격, 성질
⑤ 小气 xiǎoqi	형 인색하다

汽
qì
김 기
7획

명 수증기, 김

물[氵]을 끓일 때 뭉게뭉게 피어오르는[气] 김을 뜻한다.

• 氵은 水(물 수)가 부수로 쓰인 모양이다.

② 公共汽车 gōnggòngqìchē	명 버스
⑤ 汽油 qìyóu	명 휘발유
＋ 汽车 qìchē	명 자동차
＋ 汽水 qìshuǐ	명 사이다

风
fēng
바람 풍 〔風〕
4획

명 바람, 풍속, 풍습, 소문, 풍경, 기풍

배의 돛[几]이 멈추지 않고[乂] 펄럭이게 하는 바람을 뜻한다. '풍속, 풍경' 등 다양한 의미로 쓰인다.

③ 刮风 guāfēng	동 바람이 불다
⑤ 风格 fēnggé	명 풍격, 스타일
⑤ 风景 fēngjǐng	명 풍경, 경치
⑤ 风俗 fēngsú	명 풍속
⑤ 风险 fēngxiǎn	명 위험, 모험
⑤ 麦克风 màikèfēng	명 마이크

示 shì 보일 시 (5획) ★★

동 보이다, 알리다, 가리키다, 나타내다

신에게 제사 지내는 단을 그린 글자로, 조상이나 신에게 제사를 차려 보인다는 뜻이다.

- 4 表示 biǎoshì — 동 의미하다, 가리키다
- 5 显示 xiǎnshì — 동 내보이다
- 6 暗示 ànshì — 동 암시하다 명 암시

标 biāo 표시할 표 〔標〕 (9획) ★★

명 표지, 기호, 표면적인 것 동 나타내다, 표시하다

산에서 길을 잃지 않도록 나무[木]에 잘 보이는 [示] 지표를 표시한다는 뜻이다.

- 4 标准 biāozhǔn — 명 표준, 기준
- 5 标志 biāozhì — 명 상징, 표지
- 5 目标 mùbiāo — 명 목표
- 5 鼠标 shǔbiāo — 명 마우스

票 piào 표 표 (11획) ★★★

명 표, 티켓, 지폐

어디에 입장할 때 허리춤[覀→覀]에서 꺼내어 보여[示] 줘야 하는 표를 뜻한다. 각종 티켓이나 표를 의미한다.

- 覀은 양손을 허리에 올린 사람의 모습을 나타낸다.

- 5 支票 zhīpiào — 명 수표
- 5 发票 fāpiào — 명 영수증
- 5 股票 gǔpiào — 명 주식
- 6 彩票 cǎipiào — 명 복권
- 6 投票 tóupiào — 동 투표하다
- + 门票 ménpiào — 명 입장권

漂 piāo / piǎo / piào 물에 뜰 표 / 헹굴 표 (14획) ★★★

동 (물에) 뜨다, 떠다니다, 헹구다, 표백하다

물[氵] 위에 항로를 표시한[票] 부표가 둥둥 떠다닌다는 뜻이다.

- '(물에) 뜨다, 떠다니다'라는 뜻일 때는 piāo, '헹구다, 표백하다'라는 뜻일 때는 piǎo, '예쁘다'라는 단어에 쓰일 때는 piào로 발음한다.

- 1 漂亮 piàoliang — 형 예쁘다
- 6 漂浮 piāofú — 동 둥둥 뜨다, 표류하다

察 chá 살필 찰 (14획) ★★

동 살피다, 관찰하다, 자세히 보다

집[宀]에 제사[祭] 지낼 음식이 잘 차려졌는지 살핀다는 뜻이다.

- 祭(제사 제)는 고기[肉→月]를 손[又]에 들어 제단[示]에 바치며 신에게 올리는 제사를 뜻한다.

- 4 警察 jǐngchá — 명 경찰
- 5 观察 guānchá — 동 관찰하다, 살피다
- 6 考察 kǎochá — 동 고찰하다

擦 cā
★★ 17획
문지를 **찰**

동 닦다, 비비다, 문지르다, 바르다

손[扌]에 수건을 들고 더러운 곳을 잘 살펴[察] 문질러 닦는다는 뜻이다.

• 扌은 手(손 수)가 부수로 쓰인 모양이다.

6 摩擦 mócā — 동 마찰하다, 비비다

神 shén
★ 9획
귀신 **신** 〔神〕

명 신, 귀신, 정신, 기색, 표정 형 신비롭다, 신기하다

제단[礻]을 차려 모시면 번개[申]를 쳐서 농사비를 내려 주는 귀신(신)을 뜻한다.

• 礻은 제사 지내는 단을 그린 示(보일 시)가 간략해진 모양이다.

5 精神 jīngshén — 명 정신
5 神话 shénhuà — 명 신화
5 神秘 shénmì — 형 신비하다
6 眼神 yǎnshén — 명 눈매, 눈빛
6 神奇 shénqí — 형 신기하다

礼 lǐ
★★★ 5획
예절 **례** 〔禮〕

명 예, 예의, 예절, 선물, 예물, 예식, 의식

제단[礻] 앞에 몸을 구부리고[乚] 앉는 예절을 뜻한다.

• 乚(숨을 은)은 사람이 몸을 구부려 숨은 모습이다.

3 礼物 lǐwù — 명 선물
4 礼貌 lǐmào — 명 예의 형 예의 바르다
4 礼拜天 lǐbàitiān — 명 일요일
5 婚礼 hūnlǐ — 명 결혼식, 혼례
6 敬礼 jìnglǐ — 동 경례하다
6 典礼 diǎnlǐ — 명 식, 행사

社 shè
★★ 7획
단체 **사** 〔社〕

명 단체, 조직, 기구, 서비스 업체

농경 사회 때, 제단[礻]에 모여 토지[土]의 신께 제사를 올리던 많은 사람(단체)을 뜻한다.

4 社会 shèhuì — 명 사회
5 报社 bàoshè — 명 신문사
6 社区 shèqū — 명 지역 사회, 단지

福 fú
★★ 13획
복 **복** 〔福〕

명 복, 행복, 행운

제단[礻]에 음식을 가득[畐] 차려 놓고 기원하는 복을 뜻한다.

• 畐(가득할 복)은 곳간에 곡식이 가득 차 있는 모습이다.

4 幸福 xìngfú — 형 행복하다 명 행복
5 祝福 zhùfú — 동 축복하다 명 축복
6 福利 fúlì — 명 복지, 복리
6 福气 fúqi — 명 복, 행운

★★ 12획

富

fù

부유할 부

형 많다, 풍부하다, 부유하다　통 부유하게 하다
명 재산, 부자

집[宀] 안에 곡식과 재물이 가득하니[畐] 부유하다는 뜻이다.

4	丰富	fēngfù	형 풍부하다
6	富裕	fùyù	형 부유하다
6	财富	cáifù	명 부, 재산

★ 6획

血

xuè

피 혈

명 피, 혈액

제사에 올릴 동물의 피[丿]를 그릇[皿]에 가득 담은 모양을 나타낸 글자이다.

- 皿(그릇 명)은 그릇의 모양을 그린 글자이다.
- 말할 때 xiě라고 발음하기도 한다.

6	血压	xuèyā	명 혈압
6	心血	xīnxuè	명 심혈
+	血液	xuèyè	명 혈액, 피
+	血型	xuèxíng	명 혈액형

★★★ 11획

盘

pán

쟁반 반 〔盤〕

명 쟁반, 대야, 접시 모양의 물건
양 판(장기나 바둑 시합), 개(평평한 것을 세는 단위)

짐을 가득 싣는 배[舟]처럼 여러 음식을 담는 그릇[皿]인 쟁반을 뜻한다.

- 舟(배 주)는 통나무를 쪼개서 만든 배의 모양이다.

3	盘子	pánzi	명 쟁반
5	键盘	jiànpán	명 건반, 키보드
5	光盘	guāngpán	명 CD, 콤팩트디스크

★★ 10획

盐

yán

소금 염 〔鹽〕

명 소금

땅[土] 밖[外→卜](물)에서 들어와 그릇[皿]에 소복이 담긴 소금을 뜻한다.

- 外(바깥 외)는 저녁[夕]에 점[卜]을 치려면 나가야 하는 바깥을 뜻한다.

★ 10획

益

yì

더할 익 〔益〕

형 유익하다　명 이익　통 더하다　부 더욱

물[水→氺]을 그릇[皿]에 넘치도록 더한다는 뜻이다. 물은 사람의 몸에 유익하므로 '유익하다, 이익'이라는 뜻도 있다.

5	利益	lìyì	명 이익
6	日益	rìyì	부 날로, 나날이
6	收益	shōuyì	명 수익, 이득
6	效益	xiàoyì	명 효과와 수익

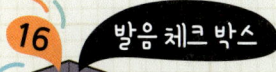

발음 체크 박스

오른쪽의 발음을 가리고 읽어 보세요.
책 날개에 제공된 책갈피를 이용하면 편리합니다.

生	shēng	雪	xuě	风	fēng	社	shè
姓	xìng	露	lù	示	shì	福	fú
性	xìng	零	líng	标	biāo	富	fù
胜	shèng	云	yún	票	piào	血	xuè
星	xīng	层	céng	漂	piāo piāo piào	盘	pán
笑	xiào	运	yùn	察	chá	盐	yán
等	děng	电	diàn	擦	cā	益	yì
算	suàn	气	qì	神	shén		
雨	yǔ	汽	qì	礼	lǐ		

17일째 농경

★ 5획 **田** tián 밭 전	명 밭, 논 잘 정돈된 논과 밭의 모양을 그린 글자이다.	6 田径 tiánjìng — 명 육상 경기 6 田野 tiányě — 명 논밭과 들판
★ 8획 **苗** miáo 싹 묘	명 새싹, 묘목 풀[艹]이 밭[田]에서 돋아나기 시작하며 드러낸 새싹을 뜻한다. • 艹는 艸(풀 초)가 간략해진 모양이다.	5 苗条 miáotiao — 형 아름답고 날씬하다 6 拔苗助长 bámiáozhùzhǎng — 성 일을 급하게 하다가 도리어 그르치다
★★★ 8획 **画** huà 그림 화 〔 〕	동 그리다, 긋다 명 그림(~儿) 한[一] 획씩 밭[田]의 모양을 그려서 상자[凵]에 담아 둔 그림을 뜻한다. '그리다'라는 뜻도 있다. • 凵은 여기서 상자의 모양을 나타낸다. • 명사로 '그림'은 儿을 붙여서 '画儿 huàr'이라고 한다.	5 动画片 dònghuàpiān — 명 만화 영화 6 漫画 mànhuà — 명 만화 + 画画儿 huàhuàr — 그림 그리다
★ 6획 **曲** qū / qǔ 굽을 곡 노래 곡	형 구불구불하다, 불합리하다 동 구부리다 명 노래 논밭[田]으로 가는 시골길[丨]은 대부분 구불구불 굽었다는 뜻이다. 구불구불한 리듬을 가진 '노래'를 뜻하기도 한다. • '구불구불하다, 불합리하다'라는 뜻일 때는 qū, '노래'라는 뜻일 때는 qǔ로 발음한다.	6 曲折 qūzhé — 형 구불구불하다 6 曲子 qǔzi — 명 노래, 가곡 + 曲线 qūxiàn — 명 곡선

由 yóu 말미암을 유 (5획) ★★

- 명 원인, 이유 동 지나다, 경유하다
- 개 ~로부터, ~에서, ~로 인하여

밭[田]에 난 싹[│]으로부터 모든 곡식이 말미암는다는 뜻이다.

- 4 由于 yóuyú | 개 ~때문에
- 5 自由 zìyóu | 명 자유 형 자유롭다
- 5 理由 lǐyóu | 명 이유, 까닭
- 6 不由得 bùyóude | 부 저절로

油 yóu 기름 유 (8획) ★★

- 명 기름, 오일 동 칠하다 형 능글맞다

식물의 씨앗이나 땅속으로부터 말미암아[由] 나오는 액체[氵]는 기름이라는 뜻이다.

- 4 加油站 jiāyóuzhàn | 명 주유소
- 5 酱油 jiàngyóu | 명 간장
- 5 油炸 yóuzhá | 동 기름에 튀기다
- 5 汽油 qìyóu | 명 휘발유
- 6 油腻 yóunì | 형 기름지다, 느끼하다
- 6 石油 shíyóu | 명 석유

邮 yóu 우편 우 〔郵〕 (7획) ★★★

- 동 (우편으로) 부치다, 보내다 명 우편, 우표

편지 배달로 말미암아[由] 마을[阝]에 소식을 전해 주는 우편을 뜻한다.

- 阝은 邑(고을 읍)이 부수로 쓰인 모양이다.

- 3 电子邮件 diànzǐyóujiàn | 명 이메일
- 4 邮局 yóujú | 명 우체국
- + 邮票 yóupiào | 명 우표
- + 邮件 yóujiàn | 명 우편물
- + 邮箱 yóuxiāng | 명 우체통

黄 huáng 누를 황 〔黃〕 (11획) ★★★

- 명 노란색, 황금, 황하 형 노랗다, 선정적이다

함께[共] 밭[田]에서 자란[│] 곡식들이 잘 익으면 색이 누렇다는 뜻이다. 중국에서 노란색은 선정적인 의미가 있다.

- 共(함께 공)은 쌓여 있는 장작[艹]을 여럿이[ハ] 함께 드는 모습이다. │은 여기서 곡식이 자란 모습을 나타낸다.

- 3 黄河 Huánghé | 명 황허(황하)
- 5 黄金 huángjīn | 명 황금
- 6 黄昏 huánghūn | 명 황혼, 해질 무렵
- + 黄色 huángsè | 명 노란색 형 퇴폐적인

备 bèi 갖출 비 〔備〕 (8획) ★★★

- 동 갖추다, 준비하다, 대비하다 명 설비

농부가 차근차근 다니며[夂] 밭[田]에 농사지을 준비를 갖춘다는 뜻이다.

- 夂(뒤져올 치)는 천천히 걷는 발을 그린 글자이다.

- 2 准备 zhǔnbèi | 동 준비하다
- 5 设备 shèbèi | 명 설비, 시설
- 5 责备 zébèi | 동 책하다, 탓하다
- 5 具备 jùbèi | 동 갖추다, 구비하다
- 6 完备 wánbèi | 형 완비되어 있다

留
liú
머무를 류

10획

동 머무르다, 유학하다, 보존하다, 남기다

토끼[卯→****]가 풀을 먹으려고 밭[田]에 머무른 다는 뜻이다.

• 卯(토끼 묘)는 토끼의 귀 모양을 그린 글자이다.

3	留学	liúxué	동 유학하다
5	保留	bǎoliú	동 보존하다
6	留念	liúniàn	동 기념으로 남기다

里
lǐ
마을 리
속[裏] 리

7획

명 속, 안, 가운데, 내부, 이웃
접미 '这, 那, 哪' 등의 뒤에 쓰여 장소를 나타냄

농사짓는 밭[田] 근처의 땅[土]에 집을 짓고 그 속에 여럿이 모여 사는 마을을 뜻한다.

• 거리의 단위로 쓰일 때, 1리는 500m에 해당한다.

4	公里	gōnglǐ	명 킬로미터
+	哪里	nǎli	대 어디, 어느 곳
+	这里	zhèlǐ	대 이곳, 여기
+	那里	nàli	대 거기, 저기
+	里面	lǐmiàn	명 안쪽

理
lǐ
다스릴 리

11획

동 관리하다, 정리하다, 상대하다 명 도리, 이치

임금이 옥[玉→王]처럼 귀하게 마을[里]의 백성을 다스린다는 뜻이다.

• 王은 玉(구슬 옥)이 부수로 쓰인 모양으로, 王(임금 왕)과 모양이 같다.

3	经理	jīnglǐ	명 경영 관리 책임자
4	管理	guǎnlǐ	동 관리하다
4	修理	xiūlǐ	동 수리하다
4	理想	lǐxiǎng	명 이상 형 이상적이다
4	整理	zhěnglǐ	동 정리하다
4	理解	lǐjiě	동 알다, 이해하다

量
liáng / liàng
헤아릴 량
수량 량

12획

동 재다, 측정하다, 추측하다 명 수량, 양

됫박[旦] 속[里]에 넣은 곡식을 저울로 달아서 그 양을 헤아린다는 뜻이다

• 旦은 여기서 곡식을 담는 사각형 됫박의 모양이다.
• 동사로 '재다, 측정하다, 추측하다'라는 뜻일 때는 liáng, 명사로 '수량, 양'이라는 뜻일 때는 liàng으로 발음한다.

4	质量	zhìliàng	명 질, 품질
4	商量	shāngliang	동 상의하다, 의논하다
4	数量	shùliàng	명 수량
5	力量	lìliang	명 힘, 능력
5	尽量	jǐnliàng	동 양을 다하다 부 되도록
6	测量	cèliáng	동 측량하다

重
zhòng / chóng
무거울 중
거듭 중

9획

형 무겁다, 중요하다, (정도가) 심하다
동 중복하다, 겹치다 부 다시, 거듭

많은[千] 곡식을 자루 속[里]에 거듭 담아 옮기면 무겁다는 뜻이다.

• 千(일천 천)은 여기서 많은 수를 나타낸다.
• '무겁다, 중요하다, 심하다'라는 뜻일 때는 zhòng, '중복하다, 거듭'이라는 뜻일 때는 chóng으로 발음한다.

3	重要	zhòngyào	형 중요하다
4	重点	zhòngdiǎn	명 중점
4	尊重	zūnzhòng	동 존중하다
4	重新	chóngxīn	부 다시, 재차
4	严重	yánzhòng	형 위급하다, 시급하다
4	重视	zhòngshì	동 중시하다

★★★ 15획

懂
dǒng
알 동

통 알다, 이해하다

마음[忄]을 다해 화초[艹]를 기르고, 거듭[重] 돌보며 화초를 이해한다(안다)는 뜻이다.

• 忄은 心(마음 심)이 부수로 쓰인 모양이다.

+ 懂得 dǒngde	통 알다, 이해하다
+ 懂事 dǒngshì	형 철들다
+ 看懂 kàndǒng	통 보고 알다, 이해하다
+ 听懂 tīngdǒng	통 알아듣다
+ 不懂 bùdǒng	통 이해하지 못하다

★★★ 9획

种
zhǒng / zhòng
씨 종
심을 종〔種〕

명 종, 품종, 씨앗, 종류 통 심다, (씨를) 뿌리다

농사를 짓기 위해 벼[禾]의 중심[中]에 있는 씨앗을 남겨 두었다가 심는다는 뜻이다.

• 禾(벼 화)는 고개 숙인 벼의 모양을 그린 글자이다.
• 명사로 '씨앗, 종류'라는 뜻일 때는 zhǒng, 동사로 '심다'라는 뜻일 때는 zhòng으로 읽는다.

5 种类 zhǒnglèi	명 종류
6 种子 zhǒngzi	명 종자, 씨앗
6 品种 pǐnzhǒng	명 품종
6 种植 zhòngzhí	통 재배하다
6 播种 bōzhǒng	통 파종하다, 씨 뿌리다

★★ 7획

利
lì
이로울 리

명 이익, 이로움 형 순조롭다, 예리하다
통 이롭게 하다

다 익은 벼[禾]를 칼[刂]로 베어 곡식을 얻으니 이롭다는 뜻이다. 벼를 베는 낫은 날이 '날카롭다'라는 뜻도 있다.

• 刂은 刀(칼 도)가 부수로 쓰인 모양이다.

4 流利 liúlì	형 막힘없다, 유창하다
4 顺利 shùnlì	형 순조롭다
5 胜利 shènglì	명 승리
5 利用 lìyòng	통 이용하다
5 利润 lìrùn	명 이윤
5 利息 lìxī	명 이자

★★★ 8획

和
hé
화목할 화

형 평화롭다, 부드럽다, 화목하다, 화해하다
접 ~와(과) 개 ~와(과) 명 합계

벼[禾]로 지은 맛있는 밥을 식구[口]가 모여 함께 먹으니 화목하다는 뜻이다.

• '따뜻하다'라는 뜻의 '暖和'에서는 huo로 발음한다.

4 暖和 nuǎnhuo	형 따뜻하다
5 和平 hépíng	명 평화 형 평화롭다
6 和气 héqi	형 온화하다, 부드럽다
6 和睦 hémù	형 화목하다
6 和谐 héxié	형 조화롭다

★★ 12획

程
chéng
길 정

명 법칙, 순서, 과정, 여행의 경로, 정도
통 가늠하다, 헤아리다

벼[禾]를 임금[王]의 입[口]에 올리기 위해 거쳐야 하는 길(과정)을 뜻한다.

4 过程 guòchéng	명 과정
5 程度 chéngdù	명 정도
5 程序 chéngxù	명 순서, 프로그램
5 课程 kèchéng	명 교육 과정, 커리큘럼
5 日程 rìchéng	명 일정

149

★★★ 8획 **季** jì 계절 계	명 1년의 4분의 1, 계절, 절기 벼[禾]를 자식[子]처럼 기르며 지내는 한 계절, 한 계절을 뜻한다. 	③ 季节 jìjié 명 계절 ⑥ 淡季 dànjì 명 비성수기
★★★ 9획 **香** xiāng 향기 향	형 향기롭다, 맛있다, (잠이) 달콤하다, 인기 있다 명 향료, 향, 향기 벼[禾]가 해[日]를 받아 익는 냄새가 향기롭다는 뜻이다.	③ 香蕉 xiāngjiāo 명 바나나 ⑤ 香肠 xiāngcháng 명 소시지 ＋ 香皂 xiāngzào 명 세숫비누 ＋ 香水 xiāngshuǐ 명 향수
★ 6획 **齐** qí 가지런할 제〔齊〕	형 가지런하다, 같다 동 맞추다, 갖추다 부 함께 곡식이 위쪽[亠]부터 흐트러지지 않고[乂] 가지런히[川] 돋은 모양을 그린 글자이다. 	⑤ 整齐 zhěngqí 형 단정하다 ⑥ 齐全 qíquán 형 완전히 갖추다
★★ 9획 **济** jì 건널 제〔濟〕	동 (물을) 건너다, 돕다, 구제하다 명 도움 물[氵]이 거세지 않고 가지런할[齐] 때 강을 건넌다는 뜻이다. 강을 건너 피난 온 사람들을 '구제하다'라는 뜻도 있다.	④ 经济 jīngjì 명 경제 ⑥ 救济 jiùjì 동 구제하다 ＋ 济州岛 jìzhōudǎo 명 제주도
★★★ 4획 **方** fāng 모 방	명 지방, 곳, ~쪽, 방향, 방법, 사각형 쟁기[方]를 그린 글자로, 쟁기로 밭을 갈면 생기는 네모진 모서리를 의미한다. '방향, 방법' 등의 뜻도 있다.	③ 方便 fāngbiàn 형 편리하다 ③ 北方 běifāng 명 북방, 북쪽 ③ 地方 dìfang 명 부분, 장소, 곳 ④ 方向 fāngxiàng 명 방향 ④ 方法 fāngfǎ 명 방법 ④ 方面 fāngmiàn 명 방면, 부분

访 fǎng
찾을 방 〔訪〕
6획

[동] 찾다, 조사하다, 방문하다

사건을 조사하기 위해 말[讠]소리가 들리는 방향[方]으로 찾아간다는 뜻이다.

• 讠은 言(말씀 언)이 간략해진 모양이다.

| 5 | 采访 | cǎifǎng | [동] 탐방하다, 인터뷰하다 |
| 6 | 访问 | fǎngwèn | [동] 방문하다 |

防 fáng
막을 방
6획

[동] 막다, 지키다 [명] 방어, 제방

언덕[阝]처럼 높은 벽을 사방[方]에 세워서 적의 침입을 막는다는 뜻이다.

• 阝은 층진 언덕을 본뜬 阜(언덕 부)가 부수로 쓰인 모양이다.

5	预防	yùfáng	[동] 예방하다
6	防守	fángshǒu	[동] 수비하다, 방어하다
6	消防	xiāofáng	[명] 소방

旁 páng
옆 방
10획

[명] 옆, 가, 곁 [형] 다른, 별개의

건널목에 선[立→亠] 사람이 둘러봐야 하는 방향[方]인 옆을 뜻한다.

• 立(설 립)은 사람이 두 팔을 벌리고 땅 위에 선 모습이다.

| 2 | 旁边 | pángbiān | [명] 옆, 곁 |

放 fàng
놓을 방
8획

[동] 놓아주다, (학교나 직장을) 쉬다, 방송하다

사방[方]의 울타리를 쳐내[攵] 버리고 동물들을 놓아준다는 뜻이다.

• 攵은 손에 막대기를 든 모습을 그린 攴(칠 복)이 부수로 쓰인 모양이다.

3	放心	fàngxīn	[동] 마음을 놓다
4	放松	fàngsōng	[동] 느슨하게 하다
4	放弃	fàngqì	[동] 포기하다
4	放暑假	fàngshǔjià	[동] 여름 방학을 하다
5	开放	kāifàng	[동] 개방하다
5	播放	bōfàng	[동] 방송하다

旅 lǚ
여행 려
10획

[동] 여행하다 [명] 여행자

사람[亠]과 사람들[从→氏]이 여럿이 모여 사방[方]팔방 다니는 여행을 뜻한다.

2	旅游	lǚyóu	[동] 여행하다
4	旅行	lǚxíng	[동] 여행하다
+	旅客	lǚkè	[명] 여행객
+	旅行社	lǚxíngshè	[명] 여행사

以 yǐ — 써 이 (4획) ★★★

- 개 ~로써, ~에 따라, ~때문에

쟁기를 그린 글자로, 쟁기로써 밭을 간다는 의미에서 '~로써'라는 뜻이다.

2	可以	kěyǐ	동 할 수 있다, 해도 좋다
2	所以	suǒyǐ	접 그래서
3	以前	yǐqián	명 과거, 이전
4	以为	yǐwéi	동 여기다, 생각하다
5	以及	yǐjí	접 및, 그리고, 아울러

似 sì — 같을 사 (6획) ★

- 동 닮다, ~처럼 보이다 부 마치(~인 것 같다)

사람들[亻]이 쟁기[以]를 들고 일하는 모습이 서로 닮았다는 뜻이다.

5	似乎	sìhū	부 마치(~인 것 같다)
5	相似	xiāngsì	형 닮다, 비슷하다
6	类似	lèisì	형 유사하다

其 qí — 그 기 (8획) ★★★

- 대 그, 그들, 그것 접미 더욱

키[其]로 쭉정이를 골라내고 난 곡식을 가리키는 말인 '그것'을 뜻한다.

3	其实	qíshí	부 사실
3	其他	qítā	대 기타, 다른 사람
4	其次	qícì	대 다음, 그다음
4	其中	qízhōng	대 그중
4	尤其	yóuqí	부 더욱이, 특히
5	与其	yǔqí	접 ~하기보다는(차라리)

期 qī — 기약할 기 (12획) ★★★

- 명 시기, 기간, 기한 동 약속하다, 기다리다

보름달[月]이 뜨면 그[其] 사람과 만나기로 기약한다는 뜻이다. 달의 위치에 따라 가늠하는 '시기, 기간'이라는 뜻으로도 쓰인다.

1	星期	xīngqī	명 요일
4	学期	xuéqī	명 학기
5	期待	qīdài	동 기대하다, 기다리다
5	过期	guòqī	동 기한을 넘기다
5	期间	qījiān	명 기간, 시간
5	时期	shíqī	명 시기

甚 shèn — 심할 심 (9획) ★★

- 부 몹시, 매우 형 심하다, 지나치다

곡식을 키[其]로 골라 포대[ㄴ]에 담기까지 농민의 고생이 심하다는 뜻이다.

| 4 | 甚至 | shènzhì | 부 심지어, ~까지도 |

11획

基
jī
터 기

명 기초, 토대　형 기초적인, 기본적인

키[其]로 곡식을 고르듯 흙[土]을 고르고 다져서 만든 터를 뜻한다.

4 基础 jīchǔ　명 기초, 토대
5 基本 jīběn　형 기본적인
6 基金 jījīn　명 기금, 기본금
6 基因 jīyīn　명 유전자

17 단어 확인 문제

제시된 뜻을 보고 빈칸에 알맞은 글자를 a, b 중에 골라 보세요.

01 날씬하다　□条 miáotiao
　a. 田　　b. 苗

02 자유　自□ zìyóu
　a. 由　　b. 曲

03 우체국　□局 yóujú
　a. 油　　b. 邮

04 황하　□河 huánghé
　a. 量　　b. 黄

05 준비하다　准□ zhǔnbèi
　a. 备　　b. 留

06 관리하다　管□ guǎnlǐ
　a. 里　　b. 理

07 중요하다　□要 zhòngyào
　a. 重　　b. 懂

08 평화　□平 hépíng
　a. 和　　b. 程

09 유창하다　流□ liúlì
　a. 利　　b. 种

10 계절　□节 jìjié
　a. 季　　b. 香

11 경제　经□ jīngjì
　a. 齐　　b. 济

12 편리하다　□便 fāngbiàn
　a. 方　　b. 访

13 옆　□边 pángbiān
　a. 防　　b. 旁

14 여행하다　□游 lǚyóu
　a. 放　　b. 旅

15 ~할 수 있다　可□ kěyǐ
　a. 以　　b. 似

16 요일　星□ xīngqī
　a. 其　　b. 期

정답　01 b　02 a　03 b　04 b　05 a　06 b　07 a　08 a　09 a　10 a　11 b　12 a　13 b　14 b　15 a　16 b

18일째 동물 1

 MP3 발음 파일   암기 프로그램

牛 niú 소 우 (4획)

- 명 소 형 완고하다, 거만하다 동 허풍을 치다
- 뿔이 달린 소의 머리를 그린 글자이다. 고집이 센 사람을 황소고집이라고 하듯 '완고하다, 거만하다'라는 의미도 있다.

2	牛奶 niúnǎi	명	우유
5	牛仔裤 niúzǎikù	명	청바지
6	吹牛 chuīniú	동	허풍을 떨다

件 jiàn 물건 건 (6획)

- 명 문서, 서류, 하나하나 셀 수 있는 물건
- 양 일·사건·개체 등을 세는 단위
- 농경 시대에, 사람[亻]에게 소[牛]는 매우 소중한 물건이라는 뜻이다. 일이나 사건 등을 세는 양사로 많이 쓰인다.

3	电子邮件 diànzǐyóujiàn	명	이메일
4	条件 tiáojiàn	명	조건
5	文件 wénjiàn	명	파일, 기록철
5	软件 ruǎnjiàn	명	소프트웨어
5	硬件 yìngjiàn	명	하드웨어
5	证件 zhèngjiàn	명	증명서

物 wù 물건 물 (8획)

- 명 물건, 물체, 사물
- 농경 시대에, 소[牛]는 함부로 대하지 말아야[勿] 하는 소중한 물건이라는 뜻이다.
- 牜은 牛(소 우)가 부수로 쓰인 모양이다. 勿(말 물)은 '~하지 마라'라는 뜻이다.

3	动物 dòngwù	명	동물
3	礼物 lǐwù	명	선물
4	植物 zhíwù	명	식물
4	购物 gòuwù	동	물건을 사다
5	人物 rénwù	명	인물
5	宠物 chǒngwù	명	애완동물, 반려동물

特 tè 특별할 특 (10획)

- 형 특수하다, 특별하다 부 특히, 특별히
- 소[牛]는 밭의 흙[土]을 마디마디[寸] 갈아 주니 소중하고 특별하다는 뜻이다.
- 寸(마디 촌)은 손목에서 맥박이 뛰는 곳까지의 한 마디를 나타낸다.

3	特别 tèbié	형 특별하다	부 특별히
4	特点 tèdiǎn	명	특성
5	特色 tèsè	명	특색, 특징
5	独特 dútè	형	독특하다, 특별하다
5	特殊 tèshū	형	특수하다
5	模特 mótè	명	모델

告 gào — 알릴 고 (7획)

동 알리다, 보고하다, 고발하다, 바라다

소[牛→丷]를 잡으면 사람들에게 같이 먹자고 입[口]으로 알린다는 뜻이다.

• 丷는 牛(소 우)의 변형이다.

2 告诉 gàosu	동 말하다, 알리다
4 广告 guǎnggào	명 광고, 선전
5 告别 gàobié	동 작별 인사를 하다
5 报告 bàogào	명 보고 동 보고하다
5 转告 zhuǎngào	동 (말을) 전달하다
6 警告 jǐnggào	명 경고 동 경고하다

造 zào — 만들 조 (10획)

동 만들다, 제작하다, 조작하다

왕실의 물건은 먼저 윗사람에게 가서[辶] 알린[告] 후에 만든다는 뜻이다.

• 辶은 천천히 걷는 모습인 辵(쉬엄쉬엄 갈 착)이 부수로 쓰인 모양이다.

5 创造 chuàngzào	동 창조하다, 만들다
5 制造 zhìzào	동 제조하다, 만들다
5 造成 zàochéng	동 조성하다
+ 改造 gǎizào	동 개조하다

靠 kào — 기댈 고 (15획)

동 기대다, 접근하다, 의지하다, 신뢰하다

안[非] 좋은 일이 알려져[告] 힘들 때는 친한 사람에게 마음을 기댄다는 뜻이다.

• 非(아닐 비)는 서로 등지고 좌우로 벌어진 모습을 그려, 부정의 의미를 표현한 글자이다.

5 可靠 kěkào	형 확실하다
6 依靠 yīkào	동 의존하다, 의지하다

半 bàn — 반 반 [半] (5획)

수 절반, 2분의 1 형 중간의 부 반쯤

소[牛→丨]의 고기를 둘로 나누면[八→丷] 크기가 반이라는 뜻이다.

• 丷은 八(여덟 팔)의 다른 모양으로, 여기서는 양쪽으로 나눈다는 뜻이다.

+ 半天 bàntiān	명 한나절, 반일
+ 半夜 bànyè	명 심야, 한밤중
+ 半价 bànjià	명 반값

判 pàn — 판단할 판 [判] (7획)

동 분별하다, 판단하다 형 명백하다

물건의 반[半]을 칼[刂]로 나눈 후, 정확한지 판단한다는 뜻이다.

• 刂은 刀(칼 도)가 부수로 쓰인 모양이다.

4 判断 pànduàn	동 판단하다
5 谈判 tánpàn	동 담판하다
6 裁判 cáipàn	명 심판
6 批判 pīpàn	동 비판하다

胖 pàng 살찔 반〔胖〕
★★★ 9획

형 살찌다, (몸이) 뚱뚱하다

몸[月]에 지방이 반[半] 이상일 정도로 살쪘다는 뜻이다.

• 月은 肉(고기 육)이 부수로 쓰인 모양으로, 신체와 관련된 한자에 많이 쓰인다.

- ➕ 胖子 pàngzi 　명 뚱보
- ➕ 胖乎乎 pànghūhū 　형 통통하다

狗 gǒu 개 구
★★★ 8획

명 개, (나쁜 사람의) 앞잡이

짐승[犭] 중에 몸을 잘 웅크리고[勹] 입[口]으로 잘 짖는 개를 뜻한다.

• 犭은 개의 옆모습을 그린 犬(개 견)이 부수로 쓰인 모양으로, 짐승을 통칭하기도 한다.

- ➕ 走狗 zǒugǒu 　명 사냥개, 앞잡이
- ➕ 小狗 xiǎogǒu 　명 강아지
- ➕ 狗仔队 gǒuzǎiduì 　명 파파라치

犯 fàn 범할 범
★ 5획

동 범하다, 위반하다, 어기다, 발생하다　명 범인

개[犭]가 몸을 웅크린 사람[卩→㔾]에게 달려들어 잘못을 범한다는 뜻이다.

• 㔾(병부 절)은 몸을 구부린 사람의 모습이다.

- 6 侵犯 qīnfàn 　동 침범하다
- 6 冒犯 màofàn 　동 무례하다
- 6 罪犯 zuìfàn 　명 죄인, 범인
- ➕ 犯人 fànrén 　명 범인

猫 māo 고양이 묘
★★★ 11획

명 고양이

짐승[犭] 중에 날렵해서 풀[艹]로 밭[田]으로 잘 넘어 다니는 고양이를 뜻한다.

• 만화 영화의 제목인 '톰과 제리'는 '猫和老鼠 māo hé lǎoshǔ(고양이와 쥐)'라고 한다.

- 3 熊猫 xióngmāo 　명 판다

突 tū 갑자기 돌
★★★ 9획

부 갑자기　동 뚫다, 돌진하다　형 두드러지다

동굴[穴]에서 개[犬]가 갑자기 튀어나온다는 뜻이다.

• 穴(굴 혈)은 동굴의 입구를 그린 글자로, '동굴, 구멍'을 뜻한다.

- 3 突然 tūrán 　부 갑자기
- 5 突出 tūchū 　동 돌출하다
- 6 冲突 chōngtū 　동 충돌하다
- 6 突破 tūpò 　동 돌파하다

huò
얻을 획 〔獲〕
★★ 10획

통 얻다, 획득하다, 잡다

풀[⺿]을 헤치고 다니던 짐승[犭]이 먹잇감으로 개[犬]를 얻는다는 뜻이다.

• ⺿는 艹(풀 초)가 간략해진 모양이다.

4 获得 huòdé 통 얻다
5 收获 shōuhuò 통 수확하다

kū
울 곡
★★★ 10획

통 (소리 내어) 울다

입[口口]을 벌리고서 개[犬]처럼 크게 소리 내며 운다는 뜻이다.

6 哭泣 kūqì 통 흐느껴 울다

qì
그릇 기
★ 16획

명 그릇, 기구, (신체의) 기관

개[犬]의 먹이를 담아서 곳곳에 놓아둔 여러 개의 그릇[口口口口]을 의미한다.

5 机器 jīqì 명 기계, 기기
5 乐器 yuèqì 명 악기
5 充电器 chōngdiànqì 명 충전기
6 武器 wǔqì 명 무기
6 器官 qìguān 명 (생물체) 기관

mǎ
말 마 〔馬〕
★★★ 3획

명 말 형 크다

말의 머리와 몸통, 네 다리와 꼬리를 그린 글자이다.

3 马上 mǎshàng 부 곧, 즉시, 바로
4 马虎 mǎhu 형 대충대충 하다
+ 马路 mǎlù 명 대로, 큰길
+ 马车 mǎchē 명 마차

ma
의문 조사 마 〔嗎〕
★★★ 6획

조 문장 끝에 쓰여 의문·반문의 분위기를 나타냄

입[口]에서 나온 말의 끝에 말[马]의 꼬리처럼 붙여 의문을 나타내는 조사이다.

+ 干吗 gànmá 대 어째서, 왜, 뭐해?
+ 是吗 shìma 그래요?
+ 懂吗 dǒngma 알아? 이해해?
+ 真的吗 zhēndema 진짜? 정말?

騎 qí — 말 탈 기 〔騎〕 (11획)

동 (동물이나 자전거 등에) 타다, 양쪽에 걸쳐 있다

말[马]의 등에 기이한[奇] 속도로 빠르게 올라탄다는 뜻이다. 주로 말이나 자전거처럼 다리를 벌리고 타는 것에 쓰이는 동사이다.

• 奇(기이할 기)는 너무 커서[大] 입이 벌어질 만할[可] 정도로 놀랍고 기이하다는 뜻이다.

- ➕ 骑车 qíchē — 동 자전거를 타다
- ➕ 骑马 qímǎ — 동 말을 타다
- ➕ 骑士 qíshì — 명 말을 탄 무사
- ➕ 骑兵 qíbīng — 명 기마병

椅 yǐ — 의자 의 (12획)

명 의자

나무[木]를 기이하게[奇] 구부리고 잘라서 사람이 앉을 수 있게 만든 의자를 뜻한다.

- ① 椅子 yǐzi — 명 의자
- ➕ 轮椅 lúnyǐ — 명 휠체어
- ➕ 转椅 zhuànyǐ — 명 회전의자

寄 jì — 부칠 기 (11획)

동 (우편으로) 부치다, 보내다, 의탁하다

집[宀]에 있는 기이한[奇] 물건을 맡아 줄 사람에게 부친다는 뜻이다.

- ⑥ 寄托 jìtuō — 동 맡기다, 의탁하다
- ➕ 寄信 jìxìn — 동 편지를 부치다
- ➕ 寄包裹 jìbāoguǒ — 동 소포를 보내다

羊 yáng — 양 양 (6획)

명 양

뿔 달린 양의 머리를 그린 글자이다. 중국인은 양고기를 즐겨 먹는다.

- ② 羊肉 yángròu — 명 양고기
- ➕ 羊肉串 yángròuchuàn — 명 양고기 꼬치

洋 yáng — 큰 바다 양 (9획)

명 큰 바다, 서양 **형** 광대하다, 넓다

물[氵]이 양[羊] 떼처럼 한곳으로 모여들어 이루어진 큰 바다를 뜻한다. '서양'을 뜻하기도 한다.

- ④ 海洋 hǎiyáng — 명 해양, 바다
- ➕ 洋酒 yángjiǔ — 명 양주

样 yàng
모양 양 〔樣〕 · 10획 ★★★

명 모양, 모습, 본보기, 모범 동 종류

나무[木]의 잎이 양[羊]의 털처럼 무성하게 자란 모양을 뜻한다.

- ① 怎么样 zěnmeyàng 어떻니?
- ③ 一样 yíyàng 형 같다
- ④ 样子 yàngzi 명 모양, 모습
- ⑤ 样式 yàngshì 명 양식, 형식
- ⑥ 模样 múyàng 명 모양, 모습
- ⑥ 榜样 bǎngyàng 명 모범, 본보기

群 qún
무리 군 · 13획 ★

명 무리, 군중, 대중 동 무리를 이루다 양 무리, 떼

임금[君]이 다스려야 할 양[羊] 떼처럼 많은 백성의 무리를 뜻한다.

• 君(임금 군)은 손[ㅋ]에 지휘봉[丿]을 들고 입[口]으로 명령하며 나라를 다스리는 임금을 뜻한다.

- ⑥ 群众 qúnzhòng 명 대중, 군중
- ＋ 群体 qúntǐ 명 단체, 집단

养 yǎng
기를 양 〔養〕 · 9획 ★★

동 기르다, 양육하다, 양성하다

양[羊→⺷]은 온순해서 다른 가축들 사이에 끼워[介] 함께 기른다는 뜻이다.

• 介(낄 개)는 사람[人]이 양쪽[川]의 사이에 낀다는 뜻이다.

- ④ 养成 yǎngchéng 동 양성하다, 기르다
- ⑤ 培养 péiyǎng 동 배양하다
- ⑤ 营养 yíngyǎng 명 영양
- ⑥ 修养 xiūyǎng 동 수양하다
- ⑥ 教养 jiàoyǎng 명 교양

美 měi
아름다울 미 · 9획 ★★

형 아름답다, 예쁘다, 좋다 동 아름답게 하다

신에게 바칠 양[羊→⺷]은 크고[大] 살쪄야 아름답다는 뜻이다.

- ④ 美丽 měilì 형 아름답다, 예쁘다
- ⑤ 美术 měishù 명 미술
- ⑤ 完美 wánměi 형 매우 훌륭하다
- ⑤ 赞美 zànměi 동 찬미하다

善 shàn
착할 선 · 12획 ★

형 착하다, 훌륭하다, 사이좋다, 친절하다 명 선행 동 ~을 잘하다

양[羊]은 풀[⺷]만 입[口]으로 뜯어 먹으니 순하고 착하다는 뜻이다.

• ⺷는 艸(풀 초)가 간략해진 모양이다.

- ⑤ 完善 wánshàn 형 완벽하다
- ⑤ 改善 gǎishàn 동 개선하다
- ⑤ 善良 shànliáng 형 선량하다, 착하다
- ⑤ 善于 shànyú 동 ~을 잘하다

象 xiàng
코끼리 상 (11획) ★★

명 형태, 형상, 모양 동 모방하다

코끼리의 코와 귀, 네 발과 꼬리를 그린 글자이다. 코끼리의 형태를 자세히 그렸다는 점에서 '형태, 형상' 등의 뜻으로 많이 쓰인다.

- ④ 印象 yìnxiàng 명 인상
- ⑤ 形象 xíngxiàng 명 형상, 이미지
- ⑤ 想象 xiǎngxiàng 명 상상 동 상상하다
- ⑤ 抽象 chōuxiàng 형 추상적이다
- ⑤ 对象 duìxiàng 명 (연애·결혼) 상대
- ⑤ 大象 dàxiàng 명 코끼리

像 xiàng
모양 상 (13획) ★★★

명 본뜬 형상, 모양 동 닮다, ~와 같다

사람[亻]이 코끼리[象]를 그리기 위해 자세히 살펴야 하는 모양을 뜻한다. 그린 것과 실제 모양이 비슷해서 '닮다, ~와 같다'라는 뜻도 있다.

- ④ 好像 hǎoxiàng 부 마치 ~와 같다
- ⑥ 偶像 ǒuxiàng 명 우상
- ⑥ 不像话 búxiànghuà 동 말이 안 되다

鱼 yú
물고기 어 〔魚〕 (8획) ★★★

명 물고기

물고기의 머리, 몸통, 꼬리를 그린 글자이다.

- + 鲸鱼 jīngyú 명 고래
- + 金鱼 jīnyú 명 금붕어
- + 鳄鱼 èyú 명 악어
- + 钓鱼 diàoyú 동 낚시하다

鲜 xiān
신선할 선 〔鮮〕 (14획) ★★★

형 신선하다, 싱싱하다, 선명하다

물고기[鱼]의 비늘이 양[羊]의 털처럼 둥글고 매끈하면 신선하다는 뜻이다.

• '드물다'라는 뜻일 때는 xiǎn으로 발음한다.

- ③ 新鲜 xīnxiān 형 신선하다, 싱싱하다
- ⑤ 海鲜 hǎixiān 명 해산물, 해물
- ⑤ 鲜艳 xiānyàn 형 산뜻하고 아름답다
- ⑥ 鲜明 xiānmíng 형 선명하다

18 발음 체크 박스

오른쪽의 발음을 가리고 읽어 보세요.
책 날개에 제공된 책갈피를 이용하면 편리합니다.

牛	niú	胖	pàng	吗	ma	美	měi
件	jiàn	狗	gǒu	骑	qí	善	shàn
物	wù	犯	fàn	椅	yǐ	象	xiàng
特	tè	猫	māo	寄	jì	像	xiàng
告	gào	突	tū	羊	yáng	鱼	yú
造	zào	获	huò	洋	yáng	鲜	xiān
靠	kào	哭	kū	样	yàng		
半	bàn	器	qì	群	qún		
判	pàn	马	mǎ	养	yǎng		

19일째 동물 2

已 yǐ 이미 이
★★★ 3획

- 동 그치다, 끝나다 부 이미, 벌써
- 뱀[已]이 입을 벌려 먹이를 먹는 모습으로, '이미, 끝나다'라는 뜻이다.
- 已(뱀 사)는 뱀이 똬리를 틀고 있는 모습이다.

2	已经 yǐjing	부	이미, 벌써
6	而已 éryǐ	조	~뿐이다
6	不得已 bùdéyǐ	형	어쩔 수 없이, 부득이하다

导 dǎo 이끌 도 〔導〕
★★ 6획

- 동 이끌다, 인도하다, 지도하다, 연출하다
- 마을에 나타난 뱀[已]도 손[寸]으로 제압할 수 있는 지도자여야 사람들을 이끈다는 뜻이다.
- 寸(마디 촌)은 손목에서 맥박이 뛰는 곳까지의 한 마디를 나타내며, 주로 '손'을 의미한다.

4	导游 dǎoyóu	명	관광 안내원, 가이드
5	领导 lǐngdǎo	동 이끌다 명 지도자
5	辅导 fǔdǎo	동	도우며 지도하다
5	指导 zhǐdǎo	동	지도하다
5	导演 dǎoyǎn	명 연출자, 감독 동 연출하다

把 bǎ 잡을 파
★★★ 7획

- 동 잡다, 장악하다 명 손잡이 양 자루, 한 줌
- 개 ~을(목적어를 동사 앞으로 뺄 때), ~하게 하다
- 큰 뱀[巴]을 맨손[扌]으로 움켜잡는다는 뜻이다. 목적어를 동사 앞으로 끌어내는 역할도 한다.
- 扌은 手(손 수)가 부수로 쓰인 모양이다. 巴(뱀 파)는 똬리를 튼 큰 뱀의 모습을 그린 글자이다.

5	把握 bǎwò	동	파악하다, 장악하다
6	把关 bǎguān	동	관문을 지키다
6	把手 bǎshou	명	손잡이, 핸들

吧 ba 어조사 파
★★★ 7획

- 조 청유·명령·추측·동의 등의 분위기를 나타냄
- 입[口]에서 나오는 말의 끝에 뱀[巴]의 꼬리처럼 붙이는 어조사를 뜻한다. 문장 끝에 쓰여 다양한 분위기와 어감을 나타낸다.
- 외래어 bar를 의미할 때는 bā로 발음한다.

5	酒吧 jiǔbā	명	술집, 바(bar)

★★ 8획

肥
féi
살질 비

형 지방이 많다, (땅이) 기름지다, (옷이) 크다
동 비옥하게 하다 명 비계, 비료

몸[月]이 먹이를 삼킨 뱀[巴]처럼 살쪘다는 뜻이다.

- 月은 肉(고기 육)이 부수로 쓰인 모양으로, 신체와 관련된 한자에 많이 쓰인다.
- 사람이 살쪘다고 표현할 때는 보통 '胖(살찔 반, pàng)'을 쓴다.

4	减肥	jiǎnféi	동 살을 빼다
5	肥皂	féizào	명 비누
6	化肥	huàféi	명 화학 비료
6	肥沃	féiwò	형 비옥하다

★★★ 6획

色
sè
빛 색

명 색, 색깔, 안색, 여자의 미모, 경치

사람[⺈]이 큰 뱀[巴]을 만나면 놀라서 변하는 얼굴의 빛(색)을 뜻한다.

- ⺈은 人(사람 인)의 변형이다.

2	颜色	yánsè	명 색깔
4	景色	jǐngsè	명 풍경, 경치
5	出色	chūsè	형 대단히 뛰어나다
5	角色	juésè	명 배역, 역할
5	色彩	sècǎi	명 색채
5	特色	tèsè	명 특색

★★ 9획

绝
jué
끊을 절 〔絕〕

동 끊다, 끝나다 형 막히다, 비할 데 없다
부 극히, 매우, 절대로, 결코

옷을 만들 때는 옷감의 색[色]에 맞는 실[糸]을 끊는다는 뜻이다.

- 纟는 糸(실 사)가 간략해진 모양이다.

4	拒绝	jùjué	동 거절하다
5	绝对	juéduì	형 절대적인 부 완전히
6	断绝	duànjué	동 단절하다
6	绝望	juéwàng	동 절망하다 명 절망

★★★ 9획

虽
suī
비록 수 〔雖〕

접 비록 ~이지만, 설사 ~이더라도

벌레[虫]는 '비록' 작지만, 먹이를 먹을 입[口]은 있다는 뜻이다.

- 虫(벌레 충)은 뱀을 그린 모양인데, 주로 벌레를 뜻한다.

| 2 | 虽然 | suīrán | 접 비록 ~하지만(~但是) |

★ 9획

独
dú
홀로 독 〔獨〕

형 하나의, 외롭다 명 단독, 혼자 부 홀로, 오직

사람들에게 개[犭]나 벌레[虫] 취급을 받는 외톨이(혼자)라는 뜻이다.

- 犭은 개의 옆모습을 그린 犬(개 견)이 부수로 쓰인 모양이다.

5	独立	dúlì	동 독립하다
5	单独	dāndú	부 단독으로, 혼자서
5	独特	dútè	형 독특하다, 특별하다
6	孤独	gūdú	형 고독하다, 외롭다
6	独裁	dúcái	동 독재하다

蛋 dàn
알 단 (11획) ★★★

명 알, 알처럼 둥근 것

새가 세상 밖에 발[疋]을 내디딜 때까지 뱀[虫]처럼 웅크려 몸을 담고 있는 알을 뜻한다.

- 疋(발 소)는 足(발 족)과 비슷한 모양으로, 발의 모양을 나타낸 것이다.

2	鸡蛋 jīdàn	명 달걀
3	蛋糕 dàngāo	명 케이크
6	蛋白质 dànbáizhì	명 단백질

鸟 niǎo
새 조 〔鳥〕 (5획) ★★★

명 새, 날짐승

새의 머리와 몸통, 다리와 꼬리를 그린 글자이다.

- 베이징 올림픽 주 경기장의 명칭은 '鸟巢(niǎocháo)'로, 새의 둥지를 본떠 만든 것이다.

| + | 鸟巢 niǎocháo | 명 새둥지 |
| + | 鸵鸟 tuóniǎo | 명 타조 |

鸡 jī
닭 계 〔鷄〕 (7획) ★★★

명 닭

날지 못해서 사람이 손[又]으로 잡을 수 있는 새[鸟]는 닭이라는 뜻이다.

- 又(또 우)는 오른손을 그린 글자로, 주로 '손'을 의미한다.

| 2 | 鸡蛋 jīdàn | 명 달걀 |
| + | 小鸡 xiǎojī | 명 병아리 |

集 jí
모일 집 (12획) ★

동 모이다 명 시장, 시나 문장을 모은 책

새들[隹]이 둥지가 있는 나무[木]로 모인다는 뜻이다.

- 隹(새 추)는 몸집이 작은 새를 나타낸다.

5	集合 jíhé	동 집합하다
5	集中 jízhōng	동 집중하다
5	集体 jítǐ	명 집단, 단체
6	集团 jítuán	명 집단, 단체

售 shòu
팔 수 (11획) ★★

동 팔다

새[隹]가 지저귀듯이 입[口]으로 소리 내어 물건을 판다는 뜻이다.

4	售货员 shòuhuòyuán	명 판매원, 점원
5	销售 xiāoshòu	동 팔다, 판매하다
+	零售 língshòu	동 소매하다
+	售票处 shòupiàochù	명 매표소

难 nán
어려울 난 〔難〕
10획 ★★★

형 어렵다, 힘들다, 곤란하다 동 곤란하게 하다

손[又]으로 날아다니는 새[隹]를 잡기는 어렵다는 뜻이다. '힘들다, 곤란하다'라는 의미도 있다.

- 3 难过 nánguò — 형 고통스럽다, 괴롭다
- 4 困难 kùnnan — 명 곤란 형 곤란하다
- 4 难道 nándào — 부 설마 ~란 말인가
- 4 难受 nánshòu — 형 참을 수 없다, 괴롭다
- 5 难怪 nánguài — 부 어쩐지, 과연

准 zhǔn
의거할 준 〔準〕
10획 ★★

명 표준 형 정확하다, 틀림없다
동 의거하다, 허락하다 부 반드시, 틀림없이

강에 얼음[冫]이 얼면 새[隹]는 따뜻한 남쪽으로 가서 의거한다는 뜻이다. '표준, 정확하다'라는 의미로 많이 쓰인다.

- 冫(얼음 빙)은 점처럼 굳은 얼음을 나타낸다.

- 2 准备 zhǔnbèi — 동 준비하다
- 4 标准 biāozhǔn — 명 표준 형 표준의
- 4 准确 zhǔnquè — 형 확실하다, 정확하다
- 4 准时 zhǔnshí — 부 정시에, 제때에
- 5 批准 pīzhǔn — 동 비준하다, 허가하다

谁 shéi
누구 수 〔誰〕
10획 ★★★

대 누구, 누가

창문 밖에서 말[讠]을 새[隹]처럼 조잘대는 사람은 '누구'냐고 묻는다는 뜻이다.

- 讠은 言(말씀 언)이 간략해진 모양이다.

推 tuī
밀 추
11획 ★★

동 밀다, 밀어 깎다, 추천하다, 추론하다, 확장하다

손[扌]을 새[隹]가 날갯짓하듯 쭉 뻗어서 앞쪽으로 민다는 뜻이다. 앞으로 밀며 '추천하다, 사양하다'라는 의미도 있다. 출입문에 쓰여 있는 '推'는 '미시오'라는 뜻이다.

- 4 推迟 tuīchí — 동 뒤로 미루다, 늦추다
- 5 推荐 tuījiàn — 동 추천하다
- 5 推辞 tuīcí — 동 거절하다, 사양하다
- 5 推广 tuīguǎng — 동 널리 보급하다
- 6 推翻 tuīfān — 동 뒤집어엎다
- 6 推销 tuīxiāo — 동 판로를 확장하다

龙 lóng
용 룡 〔龍〕
5획 ★

명 용, 용처럼 생긴 것, 제왕

다른 동물보다 더욱[尤] 높은 기세를 떨치는[丿] 동물인 용(상상의 동물)을 뜻한다.

- 尤(더욱 우)는 절름발이[尢]가 짐[丶]을 들어 '더욱' 힘들다는 의미이다.

- 6 水龙头 shuǐlóngtóu — 명 수도꼭지
- \+ 龙头 lóngtóu — 명 용의 머리
- \+ 恐龙 kǒnglóng — 명 공룡

优 yōu
우수할 우 〔優〕 — 6획 ★★

형 우수하다, 훌륭하다, 넉넉하다 동 우대하다

다른 사람[亻]보다 더욱[尤] 뛰어나니 우수하다는 뜻이다.

4	优点	yōudiǎn	명 장점
4	优秀	yōuxiù	형 우수하다
5	优惠	yōuhuì	형 특혜의, 우대의
5	优势	yōushì	명 우세

毛 máo
털 모 — 4획 ★★

명 털 형 조잡하다, 거칠다, 경솔하다, 작다

동물의 몸에 털이 나 있는 모습을 그린 글자이다.

4	毛巾	máojīn	명 수건, 타월
4	羽毛球	yǔmáoqiú	명 배드민턴
5	毛病	máobìng	명 고장, 결점, 문제
5	眉毛	méimao	명 눈썹

笔 bǐ
붓 필 〔筆〕 — 10획 ★★★

명 붓, 펜, 필기구, 한자의 필획 동 쓰다, 기록하다

대나무[⺮]로 만든 붓대 끝에 동물의 털[毛]을 붙여 만든 붓을 뜻한다.

- ⺮는 竹(대나무 죽)이 부수로 쓰인 모양이다.

2	铅笔	qiānbǐ	명 연필
3	笔记本	bǐjìběn	명 노트북
+	钢笔	gāngbǐ	명 펜

角 jiǎo / jué
뿔 각 〔角〕 — 7획 ★★★

명 (짐승의) 뿔, 뿔 모양의 물건, 각, 모서리
양 중국 화폐 단위

동물의 뿔을 그린 글자이다. '모서리'를 의미하거나 중국의 화폐 단위를 나타내기도 한다.

- 0.1元=1角
- '(연극 등에서의) 역할'을 뜻할 때는 jué로 발음한다.

5	角度	jiǎodù	명 각도
5	角色	juésè	명 배역, 역할
6	角落	jiǎoluò	명 구석, 외진 곳

确 què
굳을 확 〔確〕 — 12획 ★★

형 확실하다, 사실이다

돌[石]이나 뿔[角]처럼 단단하게 확신이 굳는다는 뜻이다.

- 石(돌 석)은 언덕 아래에 굴러다니는 돌을 그린 글자이다.

4	确实	quèshí	형 확실하다 부 확실히
4	准确	zhǔnquè	형 정확하다
4	正确	zhèngquè	형 정확하다
5	明确	míngquè	형 명확하다
5	确定	quèdìng	동 확정하다
5	确认	quèrèn	동 확인하다

解 jiě
풀 해 〔解〕
13획

동 풀다, 흩어지다, 없애다, 설명하다, 알다

날카로운 뿔[角]이나 칼[刀]로 소[牛]를 해체하여 푼다는 뜻이다. '문제를 풀다'라는 뜻도 있다.

- 牛(소 우)는 소의 머리를 그린 글자이다.

3	解决 jiějué	동 해결하다
3	了解 liǎojiě	동 자세히 알다, 이해하다
4	解释 jiěshì	동 해석하다, 해설하다
4	理解 lǐjiě	동 알다, 이해하다
5	缓解 huǎnjiě	동 완화되다, 호전되다
6	解放 jiěfàng	동 해방되다

触 chù
닿을 촉 〔觸〕
13획

동 닿다, 부딪치다, 접촉하다, 느끼다

곤충[虫]은 뿔[角]처럼 달린 더듬이로 주변 환경과 닿는다는 뜻이다.

- 虫(벌레 충)은 뱀을 그린 모양인데, 주로 벌레를 뜻한다.

| 5 | 接触 jiēchù | 동 닿다, 접촉하다 |
| 6 | 触犯 chùfàn | 동 저촉되다, 범하다 |

皮 pí
가죽 피
5획

명 가죽, 피부, 살갗, 고무 형 장난이 심하다

칼[丨]을 손에[又] 들고서 동물의 가죽[厂]을 손질하는 모습이다. 가죽처럼 얇은 것들을 의미하기도 한다.

3	皮鞋 píxié	명 가죽 구두
4	橡皮 xiàngpí	명 지우개
4	皮肤 pífū	명 피부
5	调皮 tiáopí	형 장난스럽다
+	皮带 pídài	명 가죽 허리띠

波 bō
물결 파
8획

명 물결, 파도

물[氵]에 바람이 일면 가죽[皮]처럼 주글주글 일렁이는 물결을 뜻한다.

- 氵은 水(물 수)가 부수로 쓰인 모양이다.

6	波浪 bōlàng	명 파도, 물결
6	波涛 bōtāo	명 파도
6	奔波 bēnbō	동 분주히 뛰어다니다

破 pò
깨뜨릴 파
10획

동 파손되다, 망가지다, 깨다

날카로운 돌[石]로 가죽[皮]을 자르며 그 형태를 깨뜨린다는 뜻이다.

5	破坏 pòhuài	동 파괴하다
5	破产 pòchǎn	동 파산하다, 도산하다
6	突破 tūpò	동 돌파하다, 타파하다

被 bèi 입을 피

★★★ 10획

명 이불 개 (~에게) 당하다 동 입다, 당하다

동물의 가죽[皮]으로 만든 옷[衤]을 입는다는 뜻이다. '이불'을 뜻하기도 하고, '(~에게) 당하다'라는 의미로도 쓰인다.

- 衤은 衣(옷 의)가 부수로 쓰인 모양이다.

5 被子 bèizi	명 이불
6 被动 bèidòng	형 피동적이다
6 被告 bèigào	명 피고, 피고인

革 gé 가죽 혁

★ 9획

명 가죽 동 고치다, 바꾸다

동물의 가죽을 넓게 펼쳐 놓은 모습을 그린 글자이다. 동물의 가죽은 가공을 거쳐 여러 용도로 쓰이므로 '고치다, 바꾸다'라는 의미로도 쓰인다.

5 改革 gǎigé	동 개혁하다 명 개혁
6 革命 gémìng	명 혁명
6 皮革 pígé	명 피혁, 가죽

鞋 xié 신 혜

★★★ 15획

명 신발, 구두

가죽[革]을 엮어 흙길[土土→圭]을 걸을 수 있게 만든 신발을 뜻한다.

3 皮鞋 píxié	명 가죽 구두
+ 鞋子 xiézi	명 신발
+ 拖鞋 tuōxié	명 슬리퍼
+ 运动鞋 yùndòngxié	명 운동화

挂 guà 걸 괘

★★ 9획

동 걸다, 전화를 끊다, 등록하다, 접수하다

손[扌]으로 흙벽[土土→圭]에 못을 박고 물건을 건다는 뜻이다. 옛날 전화기는 수화기를 걸면 끊어졌으므로, '전화를 끊다'라는 뜻도 있다.

- 扌은 手(손 수)가 부수로 쓰인 모양이다.

5 挂号 guàhào	동 등록하다
6 悬挂 xuánguà	동 걸다, 매달다
+ 挂电话 guàdiànhuà	동 전화를 끊다

발음 체크 박스

오른쪽의 발음을 가리고 읽어 보세요.
책 날개에 제공된 책갈피를 이용하면 편리합니다.

已	yǐ	蛋	dàn	龙	lóng	波	bō
导	dǎo	鸟	niǎo	优	yōu	破	pò
把	bǎ	鸡	jī	毛	máo	被	bèi
吧	ba	集	jí	笔	bǐ	革	gé
肥	féi	售	shòu	角	jiǎo / jué	鞋	xié
色	sè	难	nán	确	què	挂	guà
绝	jué	准	zhǔn	解	jiě		
虽	suī	谁	shéi	触	chù		
独	dú	推	tuī	皮	pí		

상태

20 일째

大 dà 큰 대
★★★ 3획

형 크다, 넓다, 많다 부 매우, 몹시 명 크기

사람이 두 팔과 다리를 크게 벌리고 서 있는 모습을 그린 글자이다. '크다, 많다, 몹시' 등의 의미로 쓰인다.

2	大家 dàjiā	대	모두, 다들
4	大概 dàgài	부	대개 형 대략적인
5	大方 dàfang	형	대범하다
5	大型 dàxíng	형	대형의
5	巨大 jùdà	형	아주 크다
5	扩大 kuòdà	동	확대하다

达 dá 도달할 달 〔達〕
★ 6획

동 도달하다, 달성하다, 통달하다, 표현하다

큰[大] 걸음으로 걸어서[辶] 목적지에 금방 도달한다는 뜻이다.

• 辶은 천천히 걷는 모습인 辵(쉬엄쉬엄 갈 착)이 부수로 쓰인 모양이다.

5	发达 fādá	형	발전하다
5	表达 biǎodá	동	나타내다, 표현하다
5	到达 dàodá	동	도달하다, 도착하다
5	达到 dádào	동	달성하다, 도달하다
6	雷达 léidá	명	레이더
6	达成 dáchéng	동	달성하다

天 tiān 하늘 천
★★★ 4획

명 하늘, 하루, 날, 낮, 계절, 날씨

위대한[大] 사람보다 더 높은 곳에 놓인[一] 하늘을 뜻한다. '날, 일'을 뜻하기도 한다.

1	今天 jīntiān	명	오늘
1	明天 míngtiān	명	내일
1	昨天 zuótiān	명	어제
1	天气 tiānqì	명	날씨
5	天空 tiānkōng	명	하늘, 공중
5	天真 tiānzhēn	형	천진하다, 순진하다

夫 fū 지아비 부
★★★ 4획

명 성인 남자, 남편, 인부

머리에 비녀[一]를 꽂아 상투를 튼 성인[大] 남성을 뜻한다.

2	丈夫 zhàngfu	명	남편
4	大夫 dàifu	명	의사
4	功夫 gōngfu	명	시간, 재주, 솜씨
6	夫妇 fūfù	명	부부

规 guī
법 규 〔規〕
8획

명 규칙, 규정, 컴퍼스

사나이[夫]라면 누가 보든[见] 안 보든 지켜야 하는 법을 뜻한다.

• 见은 사람[儿]이 눈[目→冂]을 크게 뜨고 본다는 뜻이다.

4	规定 guīdìng	동 규정하다 명 규정
5	规矩 guīju	명 표준, 법칙
5	规律 guīlǜ	명 규율, 법칙
5	规则 guīzé	명 규칙
5	规模 guīmó	명 규모

太 tài
클 태
4획

부 대단히, 매우, 너무 형 최고의, 크다

큰[大] 것보다 한 점[丶] 더 크다는 뜻이다. 매우 크다는 의미에서 '대단히, 매우'라는 뜻으로도 쓰인다.

3	太阳 tàiyáng	명 태양
5	太极拳 tàijíquán	명 태극권
6	太空 tàikōng	명 우주

态 tài
모양 태 〔態〕
8획

명 모양, 형태, 상황

마음[心]에 있는 것을 겉으로 크게[太] 드러낸 모습이나 모양을 뜻한다.

4	态度 tàidu	명 태도
5	状态 zhuàngtài	명 상태
6	动态 dòngtài	명 동태, 변화하는 상태

因 yīn
인할 인
6획

명 원인, 이유 접 ~때문에, ~로 인하여

사람이 침대[囗]에 몸을 크게[大] 뻗고 누운 원인(이유)을 뜻한다.

2	因为 yīnwèi	접 왜냐하면 개 때문에
4	因此 yīncǐ	접 그래서
4	原因 yuányīn	명 원인
5	因而 yīn'ér	접 그러므로, 따라서

烟 yān
연기 연 〔煙〕
10획

명 연기, 담배, 그을음

불[火]로 인하여[因] 생긴 연기를 뜻한다.

| 4 | 抽烟 chōuyān | 동 담배를 피우다 |

央 yāng 가운데 앙 (5획) ★

명 한가운데, 중앙

무거운 짐[冂]을 메고 양팔로 중심을 잡으며 걷는 사람[大]의 모습이다. '가운데'를 의미한다.

- ⑥ 中央 zhōngyāng **명** 중앙

英 yīng 꽃부리 영 (8획) ★

명 재능이 뛰어난 사람, 영국 **형** 재능이 뛰어나다

풀잎[艹]의 가운데[央]에서 예쁘게 피어난 꽃부리(꽃잎)를 뜻한다. '재능이 뛰어난 것'을 뜻하기도 하고, '영국, 영어'를 의미하기도 한다.

- 艹는 艸(풀 초)가 부수로 쓰인 모양이다.

- ⑤ 英雄 yīngxióng **명** 영웅
- ⑤ 英俊 yīngjùn **형** 재능이 출중하다
- ➕ 英语 yīngyǔ **명** 영어
- ➕ 英国 Yīngguó **명** 영국

决 jué 결정할 결 〔決〕 (6획) ★★★

동 결정하다 **부** 결코, 절대로 **형** 결단력 있다

한겨울에 물이 얼어서[冫] 터지기[夬] 전에 해결책을 빨리 정한다는 뜻이다.

- 冫(얼음 빙)은 점처럼 굳은 얼음을 나타낸다. 夬(터질 쾌)는 央(가운데 앙)에서 한쪽이 터진 모습이다.

- ③ 决定 juédìng **동** 결정하다
- ③ 解决 jiějué **동** 해결하다
- ⑤ 坚决 jiānjué **형** 단호하다, 결연하다
- ⑤ 决心 juéxīn **명** 결심, 다짐
- ⑤ 决赛 juésài **명** 결승
- ⑥ 判决 pànjué **동** 판결하다

块 kuài 덩어리 괴 〔塊〕 (7획) ★★★

명 덩어리 **부** 함께 **양** 덩어리, 중국 화폐 단위(元)

흙더미[土]에서 일부 떨어져[夬] 나온 덩어리를 뜻한다. 덩어리나 화폐를 세는 단위이다.

- 화폐 단위 1元을 말할 때는 1块(kuài)라고 한다.

快 kuài 빠를 쾌 (7획) ★★★

형 빠르다, 유쾌하다, 즐겁다 **부** 빨리, 곧

심장[忄]이 터질[夬] 정도로 뛰니 속도가 빠르다는 뜻이다. '유쾌하다, 즐겁다'라는 의미로도 많이 쓰인다.

- 快~了'는 '곧 ~하다'라는 표현이다. '기차가 곧 도착한다.'는 '火车快到了。Huǒchē kuài dào le.'라고 한다.

- ② 快乐 kuàilè **형** 즐겁다
- ④ 凉快 liángkuai **형** 시원하다, 서늘하다
- ④ 愉快 yúkuài **형** 기쁘다, 유쾌하다
- ⑤ 痛快 tòngkuài **형** 통쾌하다, 유쾌하다
- ⑤ 赶快 gǎnkuài **부** 황급히, 다급하게
- ⑥ 爽快 shuǎngkuai **형** 상쾌하다, 시원하다

★★ 10획

quē
모자랄 결

동 모자라다, 결핍되다, 결여되다, 결석하다

장군(통)[缶]이 터져[夬] 있으니 아무리 담아도 그 양이 모자란다는 뜻이다.

• 缶(장군 부)는 불룩한 병의 모양을 그린 글자이다. '장군'이란, 나무로 만든 큰 통을 가리킨다.

4	缺点	quēdiǎn	명 결점, 단점
4	缺少	quēshǎo	동 부족하다, 모자라다
5	缺乏	quēfá	동 결핍되다, 결여되다
6	缺席	quēxí	동 결석하다
6	缺陷	quēxiàn	명 결함, 결점

★★★ 3획

xiǎo
작을 소

형 작다, 어리다, 막내인 부 약간, 잠깐

작은 점 세 개[ㆍㆍㆍ]를 그려서 작다는 뜻을 표현한 글자이다. 글자의 균형을 맞추기 위해 가운데 부분이 길게 변형되었다. 성이나 이름 앞에 붙여 자기보다 어린 사람에 대한 친근감을 나타낼 때도 쓰인다.

1	小姐	xiǎojiě	명 아가씨, 젊은 여자
2	小时	xiǎoshí	명 시간
3	小心	xiǎoxīn	동 조심하다
4	小吃	xiǎochī	명 간단한 음식, 간식
4	小说	xiǎoshuō	명 소설

★★ 10획

xiāo
사라질 소 〔消〕

동 사라지다, 없애다, 소비하다, 해소하다

물방울[氵]이 작게[小→⺌] 떨어지기 시작하면 곧 달[月]이 먹구름에 가려 사라진다는 뜻이다.

4	消息	xiāoxi	명 소식
5	消化	xiāohuà	동 소화하다
5	消极	xiāojí	형 소극적이다
5	消失	xiāoshī	동 사라지다
5	消费	xiāofèi	동 소비하다
5	取消	qǔxiāo	동 취소하다

★★★ 8획

shū
숙부 숙

명 숙부(작은아버지), 삼촌, 아저씨

나의 윗사람[上]이지만, 또[又] 나의 아버지보다는 작은[小] 숙부(작은아버지)를 뜻한다.

• 又(또 우)는 오른손을 그린 글자로, 자주 쓰는 손이므로 '또'라는 뜻이다.

3	叔叔	shūshu	명 작은아버지, 아저씨
+	叔母	shūmǔ	명 숙모, 작은어머니
+	大叔	dàshū	명 큰 숙부, 큰삼촌

★★★ 4획

少
shǎo / shào
적을 소
어릴 소

형 적다, 젊다, 어리다 부 약간, 잠시 동 모자라다

크기가 작다는[小] 뜻의 글자에 한 획[丿]을 더해서 양이 적음을 표현하였다. 나이가 적은 사람은 '어리다'라는 뜻도 있다.

• '적다, 약간, 잠시, 모자라다'라는 뜻일 때는 shǎo로 발음하고, '젊다, 어리다'라는 뜻일 때는 shào로 발음한다.

1	多少	duōshǎo	부 조금, 약간
4	减少	jiǎnshǎo	동 감소하다, 줄다
4	缺少	quēshǎo	동 부족하다, 모자라다
4	至少	zhìshǎo	부 적어도, 최소한
+	少年	shàonián	명 소년
+	少女	shàonǚ	명 소녀

沙 shā — 모래 사 (7획) ★★

- 명 모래 형 (목소리가) 쉬다

물[氵]이 많은 바닷가에 작고 적은[少] 알갱이로 펼쳐져 있는 모래를 뜻한다.

- 4 沙发 shāfā — 명 소파
- 5 沙漠 shāmò — 명 사막

省 shěng / xǐng — 덜 생, 살필 성 (9획) ★★

- 동 아끼다, 절약하다, 덜다, 살피다, 반성하다

눈[目]에 보일 만큼 양이 적어지게[少] 덜어낸다는 뜻이다. 중국의 행정 단위인 '성'을 나타낼 때도 쓰인다.

• '아끼다, 절약하다, 덜다, 성(중국 행정 단위)' 등을 뜻할 때는 shěng, '살피다, 반성하다'라는 뜻일 때는 xǐng으로 발음한다.

- 5 节省 jiéshěng — 동 아끼다, 절약하다
- 5 省略 shěnglüè — 동 생략하다
- + 反省 fǎnxǐng — 동 반성하다

长 cháng / zhǎng — 길 장, 어른 장 〔長〕 (4획) ★★★

- 형 길다, 뛰어나다, 나이가 많다 동 자라다, 나다
- 명 길이, 장점, 어른, 우두머리

사람의 머리카락이 길게 늘어진 모습이다. 오래 살아서 머리가 긴 '어른'을 뜻하기도 한다.

• '길다, 뛰어나다, 장점'이라는 뜻일 때는 cháng, '나이가 많다, 자라다, 어른, 우두머리'라는 뜻일 때는 zhǎng으로 발음한다.

- 3 校长 xiàozhǎng — 명 학교장, 교장
- 4 长城 Chángchéng — 명 만리장성
- 5 成长 chéngzhǎng — 동 성장하다, 자라다
- 5 长途 chángtú — 형 장거리의
- 5 延长 yáncháng — 동 연장하다
- 6 擅长 shàncháng — 형 뛰어나다, 잘하다

张 zhāng — 펼칠 장 〔張〕 (7획) ★★★

- 동 열다, 펼치다 양 장(평평한 것을 세는 단위)

활[弓]이 날아가듯 길게[长] 자기 뜻을 펼친다는 뜻이다. 한 장씩 평평하게 펼쳐진 것을 세는 단위로도 쓰인다.

• 弓(활 궁)은 가운데가 볼록한 활을 그린 글자이다.

- 4 紧张 jǐnzhāng — 형 긴장하다
- 5 夸张 kuāzhāng — 동 과장하다
- 5 主张 zhǔzhāng — 동 주장하다 명 주장
- 5 慌张 huāngzhāng — 형 당황하다
- 6 扩张 kuòzhāng — 동 확장하다, 넓히다

非 fēi — 아닐 비 (8획) ★★★

- 동 ~이 아니다 명 과실, 잘못 부 반드시

서로 등지고 좌우로 벌어진 모습을 그려, 부정의 의미인 '아니다'를 표현한 글자이다.

- 2 非常 fēicháng — 부 대단히, 매우
- 5 除非 chúfēi — 접 오직 ~하여야
- 6 是非 shìfēi — 명 시비, 옳고 그름
- 6 并非 bìngfēi — 동 결코 ~하지 않다
- 6 非法 fēifǎ — 형 불법적인

排 pái
밀칠 배
11획 ★★

동 차례로 놓다, 배열하다, 밀다, 제거하다
명 (배열한) 줄, 열 양 줄, 열

손[扌]으로 옳지 않은[非] 것을 밀친다는 뜻이다. '배열하다'라는 의미로도 쓰이며, 발음 때문에 외래어인 '파이'와 '스테이크'를 뜻하기도 한다.

- ④ 安排 ānpái 동 안배하다
- ④ 排队 páiduì 동 줄을 서다
- ④ 排列 páiliè 동 배열하다
- ⑥ 排除 páichú 동 제거하다
- ＋ 排球 páiqiú 명 배구

罪 zuì
죄 죄
13획 ★

명 죄, 잘못, 벌, 고통

법의 그물[罒]에 걸리는, 옳지 않은[非] 행동인 죄를 뜻한다.

- 罒은 网(그물 망)이 부수로 쓰인 모양이다.

- ⑥ 得罪 dézuì 동 미움을 사다
- ⑥ 受罪 shòuzuì 동 고생하다
- ＋ 犯罪 fànzuì 동 죄를 저지르다

义 yì
옳을 의 〔義〕
3획 ★

명 의, 정의, 뜻, 의리 형 의로운, 올바른

한 점[丶] 부끄럼이 없이[乂] 행동하니 옳다는 뜻이다.

- ⑤ 义务 yìwù 명 의무
- ⑤ 意义 yìyì 명 의의, 뜻
- ⑥ 含义 hányì 명 내포된 뜻
- ⑥ 正义 zhèngyì 명 정의 형 정의로운
- ⑥ 主义 zhǔyì 명 주의

议 yì
의논할 의 〔議〕
5획 ★★★

동 의논하다, 토의하다 명 의견, 주장, 회의

더 옳은[义] 것이 무엇인지 말하며[讠] 서로 의논한다는 뜻이다.

- 讠은 言(말씀 언)이 간략해진 모양이다.

- ③ 会议 huìyì 명 회의
- ④ 建议 jiànyì 동 건의하다 명 제안
- ⑤ 议论 yìlùn 동 의논하다, 논의하다
- ⑥ 协议 xiéyì 명 협의 동 협의하다
- ⑥ 抗议 kàngyì 동 항의하다 명 항의

伟 wěi
클 위 〔偉〕
6획 ★

형 크다, 웅장하다, 위대하다

사람[亻]이 사냥한 동물의 가죽[韦]을 손질하니, 그 크기가 크다는 뜻이다. 주로 '위대하다'라는 의미로 쓰인다.

- 韦는 죽은 동물의 가죽을 칼로 손질하는 모양이다.

- ⑤ 伟大 wěidà 형 위대하다
- ⑥ 雄伟 xióngwěi 형 웅대하고 위세 넘치다
- ⑥ 宏伟 hóngwěi 형 웅장하다, 웅대하다

wéi

에워쌀 **위** 〔围〕

7획

동 둘러싸다, 에워싸다 명 둘레, 주위

가죽[韦]을 가진 동물을 사냥하기 위해 사람들이 그 주위[囗]를 에워싼다는 뜻이다.

• 囗(에울 위)는 사방이 울타리처럼 둘러싸인 모양이다.

4 周围 zhōuwéi 명 주위, 주변
5 范围 fànwéi 명 범위
5 围绕 wéirào 동 주위를 돌다
5 围巾 wéijīn 명 목도리, 머플러
6 包围 bāowéi 동 포위하다

발음 체크 박스

오른쪽의 발음을 가리고 읽어 보세요.
책 날개에 제공된 책갈피를 이용하면 편리합니다.

大	dà	央	yāng	少	shǎo / shào	议	yì
达	dá	英	yīng	沙	shā	伟	wěi
天	tiān	决	jué	省	shěng / xǐng	围	wéi
夫	fū	块	kuài	长	cháng / zhǎng		
规	guī	快	kuài	张	zhāng		
太	tài	缺	quē	非	fēi		
态	tài	小	xiǎo	排	pái		
因	yīn	消	xiāo	罪	zuì		
烟	yān	叔	shū	义	yì		

坐 米 戶 品 卡 行 千

3부 생활

동작   의식주   도구   기호
사회   전쟁

 동작

21일째

 MP3 발음 파일   암기 프로그램

★ 5획

立
lì
설 립

동 서다, 세우다, 설립하다 부 곧, 즉시

사람이 두 팔을 벌리고 땅 위에 선 모습을 나타낸다. 서 있으면 즉시 행동하기에 편리하므로 '곧, 즉시'라는 뜻으로도 쓰인다.

- ⑤ 成立 chénglì 동 창립하다, 성립되다
- ⑤ 独立 dúlì 동 독립하다, 홀로서다
- ⑤ 建立 jiànlì 동 건립하다
- ⑤ 立刻 lìkè 부 곧, 즉시

★★★ 7획

位
wèi
자리 위

명 자리, 위치, 직위 양 분(사람을 세는 단위)

사람[亻]이 서[立] 있는 자리를 뜻한다. 각 자리에 계시는 사람을 '한 분, 한 분' 셀 때도 쓰인다.

- ④ 座位 zuòwèi 명 좌석
- ⑤ 单位 dānwèi 명 직장, 단체
- ⑤ 地位 dìwèi 명 (사회적) 지위
- ⑤ 位于 wèiyú 동 ~에 위치하다
- ⑤ 位置 wèizhi 명 위치, 지위

★★ 8획

拉
lā
끌어갈 랍

동 끌다, 당기다, (악기를) 켜다, (대소변을) 누다

손[扌]으로 물건을 세워서[立] 끌고 간다는 뜻이다. 출입문에 쓰여 있는 '拉'는 '당기시오'라는 뜻이다.

- ➕ 拉肚子 lādùzi 동 설사하다
- ➕ 拉链 lāliàn 명 지퍼
- ➕ 拉面 lāmiàn 명 라면
- ➕ 沙拉 shālā 명 샐러드

• 扌은 手(손 수)가 부수로 쓰인 모양이다.

★★ 6획

bìng
나란히 설 병 〔竝〕

동 나란히 하다 접 아울러, 게다가
부 함께, 같이, 결코(부정사와 함께 쓰임)

두 사람이 나란히 서[竝→并] 있는 모습을 그린 글자이다. 둘이 함께 있으니 '함께, 아울러', 결코 혼자가 아니니 '(부정사와 함께 쓰여) 결코 ~하지 않다'라는 뜻으로 쓰인다.

- ④ 并且 bìngqiě 접 게다가
- ⑥ 并列 bìngliè 동 병렬하다
- ⑥ 合并 hébìng 동 합병하다, 합치다
- ⑥ 并非 bìngfēi 동 결코 ~이 아니다

瓶 píng
병 **병** (10획)

명 병 양 병

술을 나란히[并] 담아 두기 위해 만든 그릇[瓦]인 병을 뜻한다. '술 두 병'은 '两瓶酒 liǎng píng jiǔ'라고 한다.

• 瓦(기와 와)는 겹쳐진 기왓장의 모양으로, 여기서는 진흙으로 만든 그릇을 의미한다.

- ③ 瓶子 píngzi — 명 병
- ➕ 花瓶 huāpíng — 명 화병, 꽃병

普 pǔ
넓을 **보** (12획)

형 보편적인, 일반적인

사람들을 나란히[竝→並] 다 비출 만큼 햇빛[日]의 면적이 넓다는 뜻이다. 넓게 퍼져 있다는 의미에서 '보편적인, 일반적인'이라는 뜻으로 쓰인다.

- ④ 普遍 pǔbiàn — 형 보편적인, 일반적인
- ④ 普通话 pǔtōnghuà — 명 현대 중국 표준어
- ⑥ 普及 pǔjí — 동 보급되다, 퍼지다

音 yīn
소리 **음** (9획)

명 소리, 음악

서서[立] 말하며[曰] 더 크게 낸 소리를 뜻한다.

• 曰(말할 왈)은 입[口]에서 소리[一]를 내어 말한다는 뜻이다.

- ③ 声音 shēngyīn — 명 소리, 목소리
- ③ 音乐 yīnyuè — 명 음악
- ⑤ 录音 lùyīn — 동 녹음하다 명 녹음
- ⑤ 拼音 pīnyīn — 명 한어 병음

章 zhāng
문장 **장** (11획)

명 문장, 조목, 조항, 법규, 도장

소리[音] 내어 말한 것을 뾰족한 펜[十]으로 적은 문장을 뜻한다. '조항, 법규, 도장'이라는 뜻으로도 쓰인다.

• 十은 여기서 붓이나 펜의 뾰족한 부분을 나타낸다.

- ④ 文章 wénzhāng — 명 문장
- ⑥ 规章 guīzhāng — 명 규칙, 규정
- ⑥ 盖章 gàizhāng — 동 도장을 찍다
- ➕ 印章 yìnzhāng — 명 도장, 인장

意 yì
뜻 **의** (13획)

명 뜻, 의미, 의견, 생각, 마음 동 예상하다

상대방의 소리[音]를 듣고 마음속[心]으로 떠올린 말의 뜻을 의미한다.

- ② 意思 yìsi — 명 의미, 뜻
- ③ 愿意 yuànyì — 동 바라다, 희망하다
- ③ 注意 zhùyì — 동 주의하다, 조심하다
- ③ 满意 mǎnyì — 형 만족하다
- ③ 同意 tóngyì — 동 동의하다
- ④ 主意 zhǔyi — 명 방법, 생각

亲 qīn — 친할 친 〔親〕 (9획) ★★

명 부모, 친척 형 친하다 부 친히 동 입 맞추다

어릴 적에 나무[木→朩] 위에 올라서서[立] 함께 놀던 친한 사이를 뜻한다. 항상 우리 곁에서 친하게 보살펴 주시는 '부모'를 뜻하기도 한다.

4	父亲 fùqīn	명 부친, 아버지
4	母亲 mǔqīn	명 모친, 어머니
4	亲戚 qīnqi	명 친척
5	亲爱 qīn'ài	형 친애하다, 사랑하다
5	亲切 qīnqiè	형 친절하다
6	亲密 qīnmì	형 관계가 좋다

新 xīn — 새 신 (13획) ★★★

형 새롭다, 새것의 부 방금, 새로 동 새롭게 하다

서[立] 있는 나무[木→朩]를 도끼[斤]로 베어 만든 물건은 새롭다는 뜻이다.

• 斤(도끼 근)은 나무 자루가 달린 도끼를 그린 글자이다.

3	新闻 xīnwén	명 뉴스
3	新鲜 xīnxiān	형 신선하다
4	重新 chóngxīn	부 다시, 새로
6	新郎 xīnláng	명 신랑
6	新娘 xīnniáng	명 신부

部 bù — 떼 부 (10획) ★★

명 부분, 부 양 부, 편(책이나 영화를 세는 단위)

한데 서서[立] 입[口]을 모아 의견을 내는 마을[阝]의 한 무리(떼)를 뜻한다. '부분, 부(서)'라는 뜻으로도 쓰인다.

• 阝은 邑(고을 읍)이 부수로 쓰인 모양이다.

4	全部 quánbù	명 전부, 모두
4	部分 bùfen	명 부분
5	部门 bùmén	명 부, 부문, 부서
5	内部 nèibù	명 내부
5	俱乐部 jùlèbù	명 클럽, 동호회
6	部署 bùshǔ	동 배치하다, 안배하다

倍 bèi — 곱 배 (10획) ★★

양 배, 배수, 곱절 동 곱절로 늘다

사람[亻]이 서서[立] 입[口]으로 소리치니 목소리가 곱절(배)이라는 뜻이다.

| + | 倍数 bèishù | 명 배수 |
| + | 加倍 jiābèi | 동 배가하다 |

比 bǐ — 견줄 비 (4획) ★★★

동 비교하다, 예를 들다 개 ~보다 명 (경기에서) 대

두 사람이 나란히 서서 서로 견주는 모습을 그린 글자이다. '비교하다'라는 의미도 있다.

3	比较 bǐjiào	동 비교하다
3	比赛 bǐsài	명 경기 동 시합하다
4	比如 bǐrú	접 예를 들어
5	对比 duìbǐ	동 대비하다, 대조하다
6	比方 bǐfang	동 예를 들다

★★ 7획

批 pī
비평할 비

[동] 비판하다, 허가하다, 도매하다 [양] 무리, 무더기

손[扌]에 든 물건을 견주어[比] 보며 비평한다는 뜻이다.

• 扌은 手(손 수)가 부수로 쓰인 모양이다.

4	批评	pīpíng	[동] 비판하다, 비평하다
5	批准	pīzhǔn	[동] 비준하다, 허가하다
6	批发	pīfā	[동] 도매하다
6	批判	pīpàn	[동] 비판하다, 지적하다

★★★ 7획

坐 zuò
앉을 좌

[동] 앉다, (교통수단을) 타다

두 사람[人人]이 흙바닥[土]에 앉아 있다는 뜻이다. 현대 중국어에서는 '(교통수단을) 타다'라는 의미로도 쓰인다.

4	乘坐	chéngzuò	[동] (교통수단을) 타다
+	坐车	zuòchē	[동] 차를 타다
+	请坐	qǐngzuò	[동] 앉으세요

★★ 10획

座 zuò
자리 좌

[명] 좌석, 자리, 받침 [양] 채, 동(건물 등을 세는 단위)

집[广]에서 편히 앉을[坐] 수 있는 자리를 뜻한다.

• 广(집 엄)은 산기슭에 자리 잡은 집의 지붕 모습이다.

4	座位	zuòwèi	[명] 좌석
5	讲座	jiǎngzuò	[명] 강좌
6	插座	chāzuò	[명] 콘센트
6	座右铭	zuòyòumíng	[명] 좌우명

★★★ 5획

去 qù
갈 거

[동] 가다, 떠나다, 제거하다, 죽다(완곡한 표현)
[형] 지나간, 과거의

흙[土]을 밟고 발[厶]을 내디뎌 간다는 뜻이다.

• 厶(사사 사)는 여기서 발을 내딛는 모양이다.

2	去年	qùnián	[명] 작년
3	过去	guòqù	[동] 지나가다
5	去世	qùshì	[동] 돌아가다(죽다)
5	失去	shīqù	[동] 잃다, 잃어버리다

★★★ 8획

法 fǎ
법 법

[명] 법, 방법, 모범 [동] 본받다 [형] 합법적인

물[氵]이 흘러가듯[去] 당연하게 지켜야 하는 법을 뜻한다.

3	办法	bànfǎ	[명] 방법
4	方法	fāngfǎ	[명] 방법
4	法律	fǎlǜ	[명] 법률
4	语法	yǔfǎ	[명] 어법
5	合法	héfǎ	[형] 합법적이다

却 què 물리칠 각 (7획) ★★

- 동 물러나다, 물리치다 부 도리어, 오히려, 그러나
- 전쟁에 나가서[去] 상대가 몸을 구부려[卩] 항복하도록 물리친다는 뜻이다. 도리어 역습을 당할 수 있으니, '도리어'라는 뜻도 있다.
- 卩(병부 절)은 몸을 구부린 사람의 모습이다.

- 6 冷却 lěngquè 동 냉각하다

脚 jiǎo 다리 각 (11획) ★★★

- 명 발, 물체의 발
- 우리 몸[月]에서 나아가고 물러나는[却] 데 쓰이는 다리를 뜻한다. 중국어에서는 주로 '사람의 발'을 뜻한다.
- 月은 肉(고기 육)이 부수로 쓰인 모양으로, 신체와 관련된 한자에 많이 쓰인다.

- + 脚跟 jiǎogēn 명 발꿈치

进 jìn 나아갈 진〔進〕 (7획) ★★★

- 동 나아가다, 들어가다, 드리다
- 물을 뜨기 위해 우물[井]로 걸어[辶] 나아간다는 뜻이다. '들어가다(오다)'라는 뜻도 있다.
- 辶은 천천히 걷는 모습인 辵(쉬엄쉬엄 갈 착)이 부수로 쓰인 모양이다. 井(우물 정)은 우물의 모양이다.

- 4 进行 jìnxíng 동 진행하다
- 5 进步 jìnbù 동 진보하다
- 5 进口 jìnkǒu 동 수입하다
- 5 改进 gǎijìn 동 개선하다
- 5 促进 cùjìn 동 촉진하다
- 6 先进 xiānjìn 형 선진의

讲 jiǎng 논할 강〔講〕 (6획) ★★★

- 동 말하다, 논하다, 설명하다, 중시하다
- 어떤 주제에 대해 말[讠]을 짜서[井] 논한다는 뜻이다. '말하다, 설명하다' 등의 뜻으로도 쓰인다.
- 讠은 言(말씀 언)이 간략해진 모양이고, 井(우물 정)은 여기서 격자로 틀을 짠 모습을 나타낸다.

- 5 讲究 jiǎngjiu 동 중요시하다
- 5 演讲 yǎnjiǎng 명 강연 동 강연하다
- 5 讲座 jiǎngzuò 명 강좌
- + 讲话 jiǎnghuà 동 말하다

退 tuì 물러날 퇴 (9획) ★

- 동 물러나다, 떠나다, 내리다, 반환하다, 취소하다
- 가던[辶] 길을 멈추고[艮] 물러난다는 뜻이다. 구매한 물건을 '무르다, 반환하다'라는 뜻도 있다.
- 艮(머무를 간)은 멈춰 서서 한 곳을 바라보는 눈을 강조한 모양이다.

- 5 退步 tuìbù 동 퇴보하다
- 5 退休 tuìxiū 동 퇴직하다
- 6 撤退 chètuì 동 (군대가) 철수하다
- + 退货 tuìhuò 동 반품하다

185

★★★ 13획

腿
tuǐ
넓적다리 **퇴**

명 다리, 물건의 다리, (중국식) 햄

우리 몸[月]에서 나아가고 물러나는[退] 데 쓰이는 넓적다리를 뜻한다. 주로 '사람의 다리'를 뜻한다.

| + 大腿 dàtuǐ | 명 넓적다리 |
| + 火腿 huǒtuǐ | 명 (중국식) 햄 |

★★★ 7획

yíng
맞이할 **영**

동 맞이하다, 영접하다

몸을 숙여[卬] 인사하고 걸어[辶] 나가며 손님을 맞이한다는 뜻이다.

• 卬(고개 들 앙)은 사람이 몸을 숙여 인사하고 고개를 드는 모습이다.

| 3 欢迎 huānyíng | 동 환영하다 |
| 5 迎接 yíngjiē | 동 영접하다, 마중하다 |

★★ 9획

适
shì
맞을 **적** 〔適〕

동 적합하다 형 적당하다, 알맞다, 편하다

상대방이 혀[舌]로 말한 장소로 갔더니[辶] 목적지에 딱 맞다는 뜻이다. 현대 중국어에서는 '적당하다, 알맞다'라는 뜻으로 많이 쓰인다.

• 舌(혀 설)은 입에서 혀가 나와 있는 모습을 그린 글자이다.

4 合适 héshì	형 적당하다, 알맞다
4 适合 shìhé	동 적합하다, 부합하다
4 适应 shìyìng	동 적응하다
5 舒适 shūshì	형 편하다, 쾌적하다

★★ 10획

通
tōng / tòng
통할 **통**

동 통하다, 통지하다, 교류하다 형 일반적인, 모든 양 번(동작을 세는 단위)

길[甬]을 걸으면[辶] 사방으로 통한다는 뜻이다.

• 甬(길 용)은 양쪽에 담이 쌓여 있는 길의 모습이다.
• 대부분 tōng으로 발음하며, 양사로 '~번, ~차례'라는 뜻일 때는 tòng으로 발음한다.

4 交通 jiāotōng	명 교통
4 通过 tōngguò	동 통과하다, 지나가다
4 通知 tōngzhī	명 통지 동 통지하다
4 普通话 pǔtōnghuà	명 현대 표준 중국어
6 卡通 kǎtōng	명 카툰

★★★ 12획

遇
yù
만날 **우**

동 만나다, 겪다, 대우하다 명 기회

원숭이[禺]처럼 재빠르게 돌아다니다[辶] 보면 여러 사람을 만난다는 뜻이다. 주로 우연히 만나는 것을 의미한다.

• 禺(긴꼬리원숭이 우)는 원숭이의 얼굴과 몸통, 꼬리를 그린 글자이다.

3 遇到 yùdào	동 만나다, 마주치다
5 待遇 dàiyù	명 대우, 대접
6 遭遇 zāoyù	동 맞닥뜨리다
+ 遇见 yùjiàn	동 우연히 만나다

★★★ 3획	동 날다, 비행하다, 휘날리다	① 飞机 fēijī	명 비행기
飞 fēi 날 비 〔飛〕	새가 날개를 펴고 하늘을 나는 모습을 그린 글자이다. 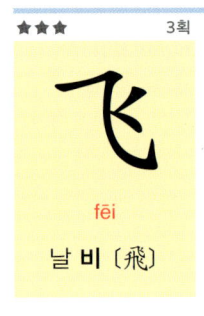	③ 起飞 qǐfēi ⑥ 飞跃 fēiyuè ⑥ 飞翔 fēixiáng	동 이륙하다 동 비약하다 동 비상하다, 하늘을 빙빙 돌며 날다

★★★ 3획	동 배우다, 학습하다, 익숙하다 명 습관	① 学习 xuéxí	동 학습하다, 공부하다
习 xí 익힐 습 〔習〕	어린 새가 날개[习]를 퍼덕이며 나는 법을 익힌다는 뜻이다. 주로 '학습하다'라는 뜻으로 쓰인다.	③ 练习 liànxí ③ 习惯 xíguàn ③ 复习 fùxí ④ 预习 yùxí ⑤ 实习 shíxí	동 연습하다, 익히다 명 습관, 버릇 동 복습하다 동 예습하다 동 실습하다

★★ 18획	동 뒤집다, 들추다, 번역(통역)하다, 넘다	④ 翻译 fānyì	동 번역하다, 통역하다
翻 fān 뒤집을 번 〔飜〕	새가 차례차례[番] 날갯짓[习习]을 익히다가 드디어 날개를 크게 뒤집는다는 뜻이다. 언어를 뒤집어 '번역하다'라는 뜻도 있다. • 番(차례 번)은 짐승의 발자국[釆]이 밭[田]에 찍힌 모양이 차례차례라는 뜻이다. 	⑥ 推翻 tuīfān	동 뒤집어엎다

★★★ 10획	개 ~에서, ~로부터 동 분리하다, 헤어지다	③ 离开 líkāi	동 떠나다, 헤어지다
离 lí 떠날 리 〔離〕	머리[亠]가 크고 흉한[凶] 짐승이 마을에 발자국[禸]을 남기고 떠났다는 뜻이다. • 凶(흉할 흉)은 구덩이[凵]에 빠진 사람[ㄨ]의 모습이 흉하다는 뜻이다. 禸(발자국 유)는 짐승의 발자국을 그린 글자이다. 	④ 距离 jùlí ⑤ 离婚 líhūn ⑥ 隔离 gélí ⑥ 脱离 tuōlí	명 거리 동 이혼하다 동 분리하다, 격리하다 동 벗어나다

21 발음 체크 박스

오른쪽의 발음을 가리고 읽어 보세요.
책 날개에 제공된 책갈피를 이용하면 편리합니다.

立	lì	亲	qīn	法	fǎ	通	tōng / tòng
位	wèi	新	xīn	却	què	遇	yù
拉	lā	部	bù	脚	jiǎo	飞	fēi
并	bìng	倍	bèi	进	jìn	习	xí
瓶	píng	比	bǐ	讲	jiǎng	翻	fān
普	pǔ	批	pī	退	tuì	离	lí
音	yīn	坐	zuò	腿	tuǐ		
章	zhāng	座	zuò	迎	yíng		
意	yì	去	qù	适	shì		

의식주₁

MP3 발음 파일

암기 프로그램

★★★ 6획

衣
yī
옷 의

명 옷, 의복

윗옷인 저고리의 모양을 그린 글자이다.

① 衣服 yīfu 　명 옷, 의복
⑥ 衣裳 yīshang 　명 의상
+ 衬衣 chènyī 　명 셔츠, 블라우스
+ 毛衣 máoyī 　명 스웨터
+ 大衣 dàyī 　명 외투

★ 8획

依
yī
의지할 의

동 의지하다, 기대다 　개 ~에 따라

사람[亻]이 추위로부터 몸을 보호하기 위해 옷[衣]에 의지한다는 뜻이다.

⑤ 依然 yīrán 　동 여전하다 　부 여전히
⑥ 依托 yītuō 　동 의지하다, 기대다
⑥ 依靠 yīkào 　동 의존하다
⑥ 依赖 yīlài 　동 의지하다
⑥ 依据 yījù 　동 의거하다, 근거하다

★ 6획

农
nóng
농사 농 〔農〕

동 농사짓다 　명 농사

햇볕이 따가워 옷[衣→亻] 위에 모자를 쓰고[冖] 일해야 하는 농사를 뜻한다.

• 冖(덮을 멱)은 물건을 덮은 모양이다.

⑤ 农业 nóngyè 　명 농업
⑤ 农村 nóngcūn 　명 농촌
⑤ 农民 nóngmín 　명 농민
⑥ 农历 nónglì 　명 음력

★★★ 8획

表
biǎo
겉 표

동 나타내다, 표시하다 　명 시계, 모범, 겉, 표면

동물의 털[毛→主]로 장식된 옷[衣→衣]의 겉면을 뜻한다. 겉으로 '나타내다, 표시하다', 겉에 잘 보이게 차는 '시계'라는 뜻도 있다.

• 毛(털 모)는 동물의 몸에 털이 나 있는 모습을 그린 글자이다.

② 手表 shǒubiǎo 　명 손목시계
④ 表演 biǎoyǎn 　동 공연하다
④ 表示 biǎoshì 　동 나타내다, 가리키다
④ 表扬 biǎoyáng 　동 칭찬하다, 표창하다
⑤ 表情 biǎoqíng 　명 표정
⑤ 代表 dàibiǎo 　명 대표 　동 대표하다

★ 12획 **裝** zhuāng 꾸밀 장〔裝〕	동 꾸미다, 설치하다, 담다, ~인 체하다 명 복장 장수는 씩씩해[壯] 보이기 위해서 옷차림[衣]을 화려하게 꾸민다는 뜻이다. • 壯은 壮(씩씩할 장)이 간략해진 모양으로, 장작[爿]을 패는 선비[士]의 모습이 씩씩하다는 뜻이다.	5 裝修 zhuāngxiū 동 장식하고 꾸미다 5 裝饰 zhuāngshì 명 장식 동 장식하다 5 安裝 ānzhuāng 동 설치하다 5 服裝 fúzhuāng 명 복장, 의류 5 假裝 jiǎzhuāng 동 가장하다
★★★ 8획 **衬** chèn 속옷 촌〔襯〕	동 안에 덧대다, 부각시키다 형 안에서 받쳐 주는 옷[衤] 속에 손[寸]으로 잘 정리해서 입어야 하는 속옷을 뜻한다. • 衤은 衣(옷 의)가 부수로 쓰인 모양이다. 寸(마디 촌)은 손목에서 맥박이 뛰는 곳까지의 한 마디를 나타내며, 주로 '손'을 의미한다.	3 衬衫 chènshān 명 셔츠, 블라우스 6 衬托 chèntuō 동 부각시키다 + 衬衣 chènyī 명 셔츠, 블라우스
★ 7획 **补** bǔ 기울 보〔補〕	동 수선하다, 고치다, 메우다, 보충하다 옷[衤]이 거북이 배딱지처럼 갈라지면[卜] 실로 기운다는 뜻이다. '보충하다'라는 뜻이다. • 卜(점 복)은 거북이 배딱지를 구워 갈라지는 모양을 보고 길흉을 예측하던 점을 뜻한다. 	5 补充 bǔchōng 동 보충하다 6 补救 bǔjiù 동 구제하다, 보완하다 6 补贴 bǔtiē 명 보조금 동 보조하다 6 补偿 bǔcháng 동 (손해를) 보충하다 + 补习 bǔxí 동 보충 학습을 하다 + 补习班 bǔxíbān 명 보습 학원
★ 7획 **初** chū 처음 초	형 처음의, 최초의, 초급의 명 처음 옷[衤]을 만들 때는 칼[刀]로 천을 자르는 것이 일의 처음이라는 뜻이다. • 刀(칼 도)는 칼의 모양을 그린 글자이다.	5 初级 chūjí 형 초급의 5 最初 zuìchū 명 최초, 처음 6 当初 dāngchū 명 당초, 처음 6 初步 chūbù 형 첫 단계의 6 起初 qǐchū 명 처음, 최초
★ 5획 **布** bù 펼 포	동 배치하다, 분포하다, 선포하다 명 천 손[𠂇→𡗗]으로 천[巾]을 잡고 주름이 없게 편다는 뜻이다. • 巾(수건 건)은 줄에 널린 수건을 그린 글자로, 여기서는 '천'을 의미한다.	5 分布 fēnbù 동 분포하다, 널려 있다 5 公布 gōngbù 동 공포(공표)하다 5 宣布 xuānbù 동 선포하다 6 布置 bùzhì 동 안배하다, 배치하다 6 布告 bùgào 명 게시문

希 xī
바랄 희 (7획) ★★★

- 동 바라다, 희망하다 형 드물다
- 헤아릴 수 없이[x] 큰 희망이 앞에 펼쳐지길[布] 바란다는 뜻이다.

2	希望 xīwàng	명 희망 동 희망하다	

市 shì
시장 시 (5획) ★★★

- 명 도시, 시(행정 구역 단위), 시장
- 머리[亠] 위에 이고 온 물건을 천[巾] 위에 펼쳐 놓고 파는 시장을 뜻한다. '도시'라는 뜻으로도 쓰인다.
- 亠는 사람의 머리 모양이다.

3	超市 chāoshì	명 슈퍼마켓
3	城市 chéngshì	명 도시
5	市场 shìchǎng	명 시장

师 shī
스승 사 〔師〕 (6획) ★★★

- 명 선생, 스승
- 한[一] 곳에 자리[巾]를 잡고 칼날[刀→丿] 같은 가르침을 주는 스승을 뜻한다.
- 巾(수건 건)은 여기서 바닥에 깐 '자리'를 의미한다.
- 모양이 비슷한 帅(장수 수, shuài)는 '잘생기다'라는 뜻이다.

1	老师 lǎoshī	명 선생님
4	师傅 shīfu	명 스승, 사부
4	律师 lǜshī	명 변호사
5	工程师 gōngchéngshī	명 기사, 엔지니어

带 dài
띠 대 〔帶〕 (9획) ★★★

- 명 띠, 벨트, 끈 동 (몸에) 지니다, 데리다, 차다
- 화려한 장식[卅]을 달아 허리를 덮어[冖] 옷[巾]에 차는 띠를 그린 글자이다. '몸에 지니다, 데리다'라는 뜻도 있다.
- 巾(수건 건)은 여기서 '옷'을 뜻한다.

5	系领带 jìlǐngdài	동 넥타이를 매다
6	带领 dàilǐng	동 데리다, 인솔하다
6	携带 xiédài	동 휴대하다
6	磁带 cídài	명 (기록용) 테이프
+	皮带 pídài	명 가죽 허리띠

常 cháng
항상 상 (11획) ★★★

- 형 보통의, 일반적인 부 늘, 항상, 자주
- 숭고한[尚] 사람은 옷[巾]을 '항상' 단정히 한다는 의미이다.
- 尚(숭고할 상)은 아궁이에서 연기가 피어오르는 모양으로, 높거나 숭고한 것을 의미한다.

2	非常 fēicháng	부 대단히, 매우
3	经常 jīngcháng	부 항상 형 일상적인
4	正常 zhèngcháng	형 정상적인
5	平常 píngcháng	명 평소 형 보통이다
5	常识 chángshí	명 상식
5	日常 rìcháng	형 일상의, 평소의

帮 bāng
도울 방〔幇〕
9획 ★★★

동 돕다, 거들다 **명** 무리, 집단

나라[邦]가 어려울 때 국민이 머리에 수건[巾]을 두르고 자기 일처럼 돕는다는 뜻이다.

• 邦(나라 방)은 무성한[丰] 풀을 정돈하고서 그 자리에 고을[阝]을 형성하여 만든 나라를 의미한다.

| ② 帮助 bāngzhù | 동 돕다 |
| ③ 帮忙 bāngmáng | 동 일을 돕다 |

求 qiú
구할 구
7획 ★★★

동 부탁하다, 추구하다, 요구하다 **명** 요구

털옷[求]을 그린 글자로, 이처럼 귀한 것을 사람들이 모두 구한다는 뜻이다. '부탁하다, 요구하다'라는 뜻으로 많이 쓰인다.

③ 要求 yāoqiú	동 요구하다 명 요구
⑤ 请求 qǐngqiú	동 요청하다 명 요청
⑤ 追求 zhuīqiú	동 추구하다, 구애하다
⑥ 需求 xūqiú	명 수요, 필요

球 qiú
공 구
11획 ★★★

명 공, 공 모양의 물체

구슬[王]처럼 둥글어서 사람들이 구하여[求] 놀기 좋은 공을 뜻한다.

• 王은 玉(구슬 옥)이 부수로 쓰인 모양으로, 王(임금 왕)과 모양이 같다.

② 打篮球 dǎlánqiú	농구를 하다
② 踢足球 tīzúqiú	축구를 하다
④ 网球 wǎngqiú	명 테니스
④ 地球 dìqiú	명 지구
④ 乒乓球 pīngpāngqiú	명 탁구
④ 羽毛球 yǔmáoqiú	명 배드민턴

米 mǐ
쌀 미
6획 ★★★

명 쌀, 껍질을 벗긴 곡물 **양** 미터

알알이 엉글어 있는 쌀의 모양을 그린 글자이다. 발음 때문에 길이를 나타내는 '미터'를 뜻하기도 한다.

① 米饭 mǐfàn	명 밥, 쌀밥
⑤ 厘米 límǐ	양 센티미터
⑤ 玉米 yùmǐ	명 옥수수
⑥ 毫米 háomǐ	양 밀리미터
＋ 小米 xiǎomǐ	명 좁쌀

类 lèi
종류 류〔類〕
9획 ★

명 종류 **동** 유사하다, 비슷하다

쌀[米]을 크기[大]가 유사한 것끼리 나누어 분류해 놓은 종류를 뜻한다.

• 大(큰 대)는 여기서 '크기'를 의미한다.

⑤ 人类 rénlèi	명 인류
⑤ 种类 zhǒnglèi	명 종류
⑥ 类似 lèisì	형 유사하다, 비슷하다

guā
오이 과

5획

명 박과 식물

오이 덩굴에 열매가 열린 모양을 그린 글자이다.
주로 박과 식물을 나타낸다.

② 西瓜 xīguā 명 수박
＋ 黄瓜 huángguā 명 오이
＋ 瓜子 guāzǐ 명 종자, 씨, 과쯔
＋ 南瓜 nánguā 명 호박
＋ 甜瓜 tiánguā 명 참외

liáng
양식 량 〔糧〕

13획

명 곡식, 양식, 식량

쌀[米]처럼 사람 몸에 좋은[良] 영양이 되는 양식을 뜻한다.

• 良(좋을 량)은 끌리는 점[丶]이 있어 시선이 머무를[艮] 정도로 좋다는 뜻이다.

⑤ 粮食 liángshi 명 양식, 식량

jīng
정밀할 정 〔精〕

14획

형 정밀하다, 훌륭하다 명 정제한 것, 정신

쌀[米]을 푸른[青] 쌀눈이 안 보일 정도로 빻으면 그 입자가 정밀하다는 뜻이다.

• 青(푸를 청)은 우물가[井→月]에 돋아난 풀잎[主]의 빛깔이 푸르다는 뜻이다.

④ 精彩 jīngcǎi 형 뛰어나다, 훌륭하다
⑤ 精神 jīngshén 명 정신
⑤ 精力 jīnglì 명 정력
⑥ 酒精 jiǔjīng 명 알코올
⑥ 精致 jīngzhì 형 정교하다

shí
밥 식
먹을 식

9획

동 먹다 명 음식 형 식용의

사람[人]의 몸에 좋은[良] 밥을 먹는다는 뜻이다.

⑤ 粮食 liángshi 명 양식, 식량
⑤ 零食 língshí 명 간식, 군것질
⑤ 食物 shíwù 명 음식물
⑥ 饮食 yǐnshí 명 음식 동 먹고 마시다
＋ 食堂 shítáng 명 구내식당
＋ 食品 shípǐn 명 식품

fàn
밥 반 〔飯〕

7획

명 밥, 식사

밖에서 돌아오면[反] 먹을 수 있도록 밥그릇[飠]에 담아 놓은 밥을 뜻한다.

• 飠은 食(밥 식)이 간략해진 모양이다.

① 饭店 fàndiàn 명 호텔, 식당
① 米饭 mǐfàn 명 밥
＋ 饭馆 fànguǎn 명 식당
＋ 饭碗 fànwǎn 명 밥그릇
＋ 炒饭 chǎofàn 명 볶음밥

★★★ 7획

yǐn
마실 음〔飮〕

동 마시다 명 음료, 마실 것

밥[饣]을 먹고서 입을 크게 벌려[欠] 물을 마신다는 뜻이다.

• 欠(하품 흠)은 입을 크게 벌리고 하품하는 모습을 나타낸 글자이다.

③ 饮料 yǐnliào 명 음료
⑥ 饮食 yǐnshí 명 음식 동 먹고 마시다
＋ 饮水 yǐnshuǐ 명 식수, 먹는 물

★★★ 8획

bǎo
배부를 포〔飽〕

형 배부르다, 꽉 차다 부 충분히 동 만족하게 하다

밥[饣]을 많이 먹어서 배를 감싸야[包] 할 정도로 배부르다는 뜻이다.

• 包(쌀 포)는 태아[巳]가 엄마의 배에 싸여[勹] 있는 모습이다.
• '배고프다'는 '饿 è' 라고 한다.

⑥ 饱和 bǎohé 명 포화
  동 최고조에 달하다

★★ 6획

合
hé
합할 합

동 합치다, 닫다, 덮다, (눈을) 감다, 맞다

뚜껑[亼]을 그릇[口]에 덮어 딱 맞게 합한다는 뜻이다.

• 亼은 뚜껑을, 口는 그릇을 그린 것이다.

④ 符合 fúhé 동 부합하다, 들어맞다
④ 合格 hégé 동 합격이다
④ 合适 héshì 형 적당하다, 알맞다
④ 适合 shìhé 동 적합하다, 알맞다
⑤ 合法 héfǎ 형 합법적이다
⑤ 合同 hétong 명 계약서

★★★ 12획

dá
대답할 답

동 대답하다, 보답하다

대나무[⺮]처럼 곧은 자세로 스승의 질문에 맞는 [合] 대답을 한다는 뜻이다.

• ⺮는 竹(대나무 죽)이 부수로 쓰인 모양이다.
• 대부분 dá로 발음하나, '答应 dāying'에서는 dā로 발음한다.

③ 回答 huídá 동 대답하다 명 대답
④ 答案 dá'àn 명 답안, 답
⑤ 答应 dāying 동 대답하다
⑥ 报答 bàodá 동 보답하다

★★★ 9획

gěi / jǐ
줄 급
공급할 급〔給〕

동 주다, 공급하다 개 ～에게, ～을 위하여

실[纟]을 뭉치고 합하여[合] 실타래로 만들어 준다는 뜻이다. '～에게'라는 뜻으로도 쓰인다.

• 纟은 糸(실 사)가 간략해진 모양이다.
• 대부분 gěi로 발음하나, '공급하다'라는 뜻일 때는 jǐ로 발음한다.

⑥ 供给 gōngjǐ 동 공급하다

肉 ròu 고기 육 (6획) ★★★

명 고기, 살, 근육

고기를 썰어 놓은 모양을 그린 글자이다.

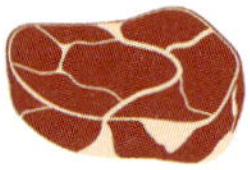

- ② 羊肉 yángròu — 명 양고기
- ⑤ 肌肉 jīròu — 명 근육
- ＋ 烤肉 kǎoròu — 명 불고기
- ＋ 猪肉 zhūròu — 명 돼지고기
- ＋ 牛肉 niúròu — 명 소고기

朋 péng 벗 붕 (8획) ★★★

명 친구

몸[月]과 몸[月]을 부대끼며 친하게 지내는 벗(친구)을 뜻한다.

• 月은 肉(고기 육)이 부수로 쓰인 모양으로, 신체와 관련된 한자에 많이 쓰인다.

- ① 朋友 péngyou — 명 친구, 벗

育 yù 기를 육 (8획) ★★★

동 기르다, 양육하다, 아이를 낳다 **명** 교육

갓 태어난 아기[云]를 잘 먹여서 몸[月]을 기른다는 뜻이다.

• 云은 엄마의 배에서 갓 태어난 아기의 모습을 그린 글자이다.

- ③ 体育 tǐyù — 명 체육
- ④ 教育 jiàoyù — 명 교육
- ⑥ 生育 shēngyù — 동 출산하다
- ＋ 养育 yǎngyù — 동 기르다, 양육하다

能 néng 능할 능 (10획) ★★★

조동 ~할 수 있다, ~할 가능성이 있다 **명** 능력

곰은 입[厶]과 몸[月], 꼬리[匕]와 발[匕]로 피우는 재주에 능하다는 뜻이다. 조동사로 '~할 수 있다'라는 의미도 있다.

- ② 可能 kěnéng — 형 가능하다 부 아마도
- ④ 能力 nénglì — 명 능력
- ⑤ 功能 gōngnéng — 명 기능, 작용
- ⑤ 能干 nénggàn — 형 유능하다
- ⑥ 智能 zhìnéng — 명 지능 형 지능이 있는

有 yǒu 있을 유 (6획) ★★★

동 있다, 가지고 있다, 생기다, 어느, 어떤

손[龵→ナ]안에 고기[月]를 가지고 있다는 뜻이다. 문장에서 비교의 의미를 나타내기도 한다.

- ① 没有 méiyǒu — 동 없다
- ③ 只有 zhǐyǒu — 동 ~뿐이다
- ③ 有名 yǒumíng — 형 유명하다
- ④ 所有 suǒyǒu — 형 모든, 전부의
- ④ 有趣 yǒuqù — 형 재미있다
- ⑤ 有利 yǒulì — 형 유리하다, 이롭다

11획

随 suí

따를 수 〔随〕

동 따르다, 마음대로 하게 하다 부 곧바로

험한 언덕[阝]을 갈[辶] 때는 앞에 있는[有] 안내자의 뒤를 따른다는 뜻이다.

• 阝은 층진 언덕을 본뜬 阜(언덕 부)가 부수로 쓰인 모양이다.

- ④ 随便 suíbiàn 부 마음대로
- ④ 随着 suízhe 동 ~에 따르다, ~에 따라
- ⑤ 随身 suíshēn 동 몸에 지니다
- ⑤ 随时 suíshí 부 수시로, 아무 때나
- ⑤ 随手 suíshǒu 부 ~하는 김에

22 단어 확인 문제

제시된 뜻을 보고 빈칸에 알맞은 글자를 a, b 중에 골라 보세요.

01 옷	☐服 yīfu	09 농구를 하다	打篮☐ dǎlánqiú
a. 农	b. 衣	a. 求	b. 球

02 나타내다	☐示 biǎoshì	10 쌀밥	☐饭 mǐfàn
a. 表	b. 装	a. 米	b. 类

03 셔츠	☐衫 chènshān	11 수박	西☐ xīguā
a. 补	b. 衬	a. 瓜	b. 肉

04 보충하다	☐充 bǔchōng	12 뛰어나다	☐彩 jīngcǎi
a. 补	b. 初	a. 粮	b. 精

05 희망하다	☐望 xīwàng	13 호텔	☐店 fàndiàn
a. 希	b. 帮	a. 饭	b. 饮

06 슈퍼마켓	超☐ chāoshì	14 대답하다	回☐ huídá
a. 布	b. 市	a. 合	b. 答

07 선생님	老☐ lǎoshī	15 친구	☐友 péngyou
a. 帅	b. 师	a. 朋	b. 有

08 대단히	非☐ fēicháng	16 가능하다	可☐ kěnéng
a. 常	b. 带	a. 育	b. 能

정답 01 b 02 a 03 b 04 a 05 a 06 b 07 b 08 a 09 b 10 a 11 a 12 b 13 a 14 b 15 a 16 b

23일째 의식주₂

MP3 발음 파일 | 암기 프로그램

★★★ 6획

多 duō
많을 다

형 (수량이) 많다 부 훨씬, 얼마나 동 많아지다

겹겹이 쌓인 고기[月→夕]의 양이 많다는 뜻이다.

• 夕은 肉(고기 육)이 부수로 쓰인 모양인 月이 간략해진 모양이다.

① 多少 duōshǎo 부 조금, 약간
③ 多么 duōme 부 얼마나
④ 许多 xǔduō 형 매우 많다
④ 差不多 chàbuduō 형 비슷하다

★★ 11획

够 gòu
충분할 구

형 충분하다, 넉넉하다 동 도달하다 부 제법, 꽤

글[句]을 많이[多] 읽으면 지식이 제법 충분하다는 뜻이다.

• 句(글귀 구)는 입[口]으로 한 말을 잘 다듬고 포장해서[勹] 글로 적은 글귀를 뜻한다.

+ 能够 nénggòu 동 할 수 있다
+ 不够 búgòu 형 부족하다

★ 11획

移 yí
옮길 이

동 이동하다, 옮기다, 변경하다

벼[禾]를 많이[多] 수확해서 저장고로 옮긴다는 뜻이다.

• 禾(벼 화)는 고개 숙인 벼의 모양을 그린 글자이다.

⑤ 移民 yímín 동 이민하다
⑤ 移动 yídòng 동 이동하다
⑥ 转移 zhuǎnyí 동 옮기다

★★★ 5획

且 qiě
또 차

부 잠시, 잠깐 접 게다가, 또한

그릇에 음식이 겹겹이 쌓여 있는 모양을 그린 것으로, '또'라는 의미이다.

③ 而且 érqiě 접 게다가, 또한
④ 并且 bìngqiě 접 게다가

宜 yí 마땅할 의

★★★ 8획

형 적합하다, 알맞다 부 마땅히

제사 지내는 집[宀]에는 음식이 겹겹이 쌓여[且] 있어야 마땅하다는 뜻이다.

• 宀(집 면)은 지붕의 모양을 그린 글자로, 집을 뜻한다.

② 便宜 piányi 형 (값이) 싸다
⑥ 适宜 shìyí 형 알맞다

阻 zǔ 가로막을 조

★ 7획

동 가로막다, 저지하다

언덕[阝]을 넘고 넘어도 또[且] 다른 언덕이 앞을 가로막는다는 뜻이다.

• 阝은 층진 언덕을 본뜬 阜(언덕 부)가 부수로 쓰인 모양이다.

⑤ 阻止 zǔzhǐ 동 저지하다
⑥ 阻碍 zǔ'ài 동 방해하다 명 방해

租 zū 세낼 조

★★★ 10획

동 세내다, 세를 주다 명 임대료

벼[禾]를 팔고 또[且] 팔아 마련한 돈으로 집을 세낸다는 뜻이다. '돈을 내고 일정 기간 집이나 차 등을 빌리다'라는 의미이다.

① 出租车 chūzūchē 명 택시
⑥ 租赁 zūlìn 동 임차하다, 임대하다
+ 租金 zūjīn 명 임대료
+ 租车 zūchē 명 렌터카
+ 房租 fángzū 명 집세
+ 租房 zūfáng 동 임대하다 명 셋방

具 jù 갖출 구

★★ 8획

동 갖추다, 구비하다 명 기구, 도구

음식을 만들어 쌓기[且] 위해 손[八]에 주방 도구를 갖춘다는 뜻이다.

• 八은 주방 도구를 들고 있는 양손의 모양이다.

④ 家具 jiājù 명 가구
⑤ 工具 gōngjù 명 공구, 작업 도구
⑤ 具体 jùtǐ 형 구체적이다
⑤ 文具 wénjù 명 문구, 문방구
⑤ 玩具 wánjù 명 장난감, 완구
⑤ 具备 jùbèi 동 갖추다, 구비하다

真 zhēn 참 진 〔眞〕

★★★ 10획

형 진실하다, 진짜다 부 정말, 참으로 명 진면목

많은[十] 덕목을 갖춘[具] 사람은 진실하고 참되다는 뜻이다.

• 十(열 십)은 숫자 10을 나타내는 한자로, 여기서는 많은 수를 의미한다.

③ 认真 rènzhēn 형 진지하다
④ 传真 chuánzhēn 명 팩스
④ 真正 zhēnzhèng 형 진정한, 참된
⑤ 天真 tiānzhēn 형 천진하다, 순진하다
⑤ 真实 zhēnshí 형 진실하다

酒 jiǔ 술 주

★★★ 10획

[명] 술

물[氵]에 알코올 성분을 넣어 병[酉]에 담아 둔 술을 뜻한다.

- 酉(닭 유)는 술이 담긴 병에 뚜껑이 덮인 모습으로, 나중에 십이지(十二支) 중 닭을 의미하게 되었다.

3	啤酒 píjiǔ	[명] 맥주
5	酒吧 jiǔbā	[명] 술집, 바(bar)
6	酒精 jiǔjīng	[명] 알코올
+	酒店 jiǔdiàn	[명] 대형 호텔, 술집
+	喜酒 xǐjiǔ	[명] 결혼 축하주

配 pèi 나눌 배 / 짝 배

★ 10획

[동] 분배하다, 어울리다, 배합하다 [명] 배우자

결혼식에서 신랑 신부가 술병[酉] 앞에 몸[己]을 구부리고 앉아 잔을 나눈다는 뜻이다.

- 己(몸 기)는 웅크리고 있는 사람의 몸을 그린 글자이다.

5	分配 fēnpèi	[동] 분배하다
5	配合 pèihé	[동] 협력하다
6	配备 pèibèi	[동] 배치하다
6	搭配 dāpèi	[동] 배합하다 [형] 어울리다

酸 suān 초 산

★★ 14획

[형] 시큼하다, 시다, 몸이 시큰시큰하다

병[酉]에 든 술을 천천히[夋] 오래 숙성시키면 술맛이 시큼하다는 뜻이다.

- 夋(천천히 걸을 준)은 발[厶]을 팔자[八]로 벌리고 천천히 걷는[夂] 모양을 나타낸다.

+	酸酸 suānsuān	[형] 새콤하다, 시큼하다
+	心酸 xīnsuān	[동] 마음이 쓰리다
+	酸奶 suānnǎi	[명] 요구르트
+	酸甜 suāntián	[형] 새콤달콤하다
+	发酸 fāsuān	[동] 음식이 쉬다, 시큰시큰 쑤시다

即 jí 곧 즉 〔卽〕

★★ 7획

[접] 설령 ~하더라도 [부] 곧, 즉, 바로

향기로운[皀→旦] 음식 앞에 몸을 구부리고[卩] 앉아 '곧' 먹는다는 뜻이다.

- 皀(향기로울 향)은 주걱[匕] 위의 흰[白] 쌀밥 냄새가 향기롭다는 뜻이다. 卩(병부 절)은 몸을 구부린 사람의 모습이다.

4	即使 jíshǐ	[접] 설령 ~하더라도
5	立即 lìjí	[부] 곧, 즉시
6	即将 jíjiāng	[부] 곧, 머지않아

印 yìn 도장 인

★★ 5획

[명] 도장, 흔적 [동] 인쇄하다, 복사하다, 새기다

손[爫→E]에 인주를 묻히고 몸을 구부려[卩] 힘껏 찍는 도장을 뜻한다.

- E는 爫(손톱 조)의 변형이다.

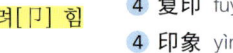

4	打印 dǎyìn	[동] 인쇄하다
4	复印 fùyìn	[동] 복사하다
4	印象 yìnxiàng	[명] 인상

既 jì
이미 기 〔旣〕 · 9획 · ★★

[접] ~할 뿐만 아니라, ~한 바에는 [부] 이미, 벌써

향기로운[皀→🇮] 밥을 목이 멜[旡] 때까지 먹어 '이미' 배가 찼다는 뜻이다.

- 旡(목멜 기)는 배불리 먹고 목이 메어 고개를 돌린 모습이다.

4 既然 jìrán	접 ~된 바에야
6 一如既往 yìrújìwǎng	성 지난날과 같다
+ 既~又~ jì~yòu~	~하고 또 ~하다
+ 既~也~ jì~yě~	~하고 또 ~하다

概 gài
대개 개 〔槪〕 · 13획 · ★★

[명] 대략, 대개, 기개, 절개 [부] 일체

나무[木]가 이미[既] 다 크면 '대개' 그 기개가 높다는 의미이다.

4 大概 dàgài	부 대개 형 대략적인
5 概括 gàikuò	동 개괄하다
5 概念 gàiniàn	명 개념
6 气概 qìgài	명 기개

家 jiā
집 가 · 10획 · ★★★

[명] 집, 가정, 전문 분야에 종사하는 사람

한 지붕[宀] 아래에서 돼지[豕]와 같은 가축을 기르며 살아가는 집을 뜻한다.

- 豕(돼지 시)는 돼지의 주둥이와 몸, 다리와 꼬리를 그린 글자이다.

2 大家 dàjiā	대 모두, 다들
3 国家 guójiā	명 국가, 나라
4 家具 jiājù	명 가구
4 作家 zuòjiā	명 작가
5 家庭 jiātíng	명 가정
5 家乡 jiāxiāng	명 고향

它 tā
그것 타 · 5획 · ★★★

[대] 그, 저, 그것, 저것(사람 이외의 것을 가리킴)

집[宀]의 물건 중 칼[匕]처럼 멀리 둔 것을 가리키는 말인 '그것'을 뜻한다. 칼은 위험하므로 주로 손이 잘 닿지 않는 먼 곳에 둔다.

- 匕(비수 비)는 짧은 칼을 의미한다.

+ 它们 tāmen	대 그것들, 저것들
+ 其它 qítā	대 기타, 그 밖에
+ 弹吉它 tánjítā	동 기타를 치다

守 shǒu
지킬 수 · 6획 · ★

[동] 지키다, 수비하다, 곁에서 돌보다

내 집[宀]은 내 손[寸]으로 지킨다는 뜻이다.

- 寸(마디 촌)은 손목에서 맥박이 뛰는 곳까지의 한 마디를 나타내며, 주로 '손'을 의미한다.

5 遵守 zūnshǒu	동 준수하다, 지키다
6 保守 bǎoshǒu	형 보수적이다
6 守护 shǒuhù	동 지키다, 수호하다

dìng
정할 정

8획

동 정하다, 안정시키다, 주문하다 형 확정된

집안[宀]을 바르게[正→疋] 다스리기 위해 각자의 자리를 정한다는 뜻이다.

• 疋은 正(바를 정)의 변형이다.

3	一定	yídìng	부 반드시, 꼭
3	决定	juédìng	동 결정하다
3	肯定	kěndìng	부 확실히 동 확신하다
4	规定	guīdìng	동 규정하다 명 규정
5	否定	fǒudìng	동 부정하다
5	稳定	wěndìng	형 안정되다

hài
해칠 해

10획

명 나쁜 점, 해로운 점, 재해 형 해롭다 동 해치다

집[宀]에서 가시[丯] 돋친 말[口]을 하면 가정의 화목을 해친다는 뜻이다.

• 丯은 여기서 가시가 돋친 모양이고, 口(입 구)는 '말하다'라는 뜻으로 쓰였다.

3	害怕	hàipà	동 겁내다, 두려워하다
4	害羞	hàixiū	동 부끄러워하다
4	厉害	lìhai	형 사납다, 대단하다
5	伤害	shānghài	동 상하게 하다
5	危害	wēihài	명 손상 동 해치다

guān
관청 관

8획

명 관리, 관료, 관청 형 관청의, 정부의, 공공의

집[宀] 중에 언덕[阜→㠯] 위에 지어져 백성을 굽어살피는 관청을 뜻한다.

• 㠯은 층진 언덕을 본뜬 阜(언덕 부)의 변형이다.

6	器官	qìguān	명 (생물체의) 기관
6	官方	guānfāng	명 정부 측
6	打官司	dǎguānsi	동 소송을 걸다

guǎn
집 관〔館〕

11획

명 여관, 호텔, 공공 기관

나라의 녹을 먹는[饣] 관리[官]가 일하는 관청이나 시설(집)을 뜻한다. 주로 여관·호텔이나 공공 기관을 나타낸다.

• 饣은 食(먹을 식)이 간략해진 모양이다.

2	宾馆	bīnguǎn	명 (규모가 큰) 호텔
3	图书馆	túshūguǎn	명 도서관
4	大使馆	dàshǐguǎn	명 대사관
5	博物馆	bówùguǎn	명 박물관
6	领事馆	lǐngshìguǎn	명 영사관

guǎn
피리 관

14획

명 관, 관악기 동 관리하다, 맡다, 간섭하다

대나무[⺮]로 만든 악기(피리)를 관청[官]에서 쓰기 위해 잘 관리한다는 뜻이다. '관리하다, 맡다'라는 뜻으로 많이 쓰인다.

• ⺮는 竹(대나무 죽)이 부수로 쓰인 모양이다.

4	管理	guǎnlǐ	동 관리하다
4	尽管	jǐnguǎn	부 얼마든지
4	不管	bùguǎn	접 ~에 관계없이
6	保管	bǎoguǎn	동 보관하다

庆 qìng
경사 경 〔慶〕 6획

동 경축하다, 축하하다

집안[广]의 큰[大] 경사를 경축한다는 뜻이다.

• 广(집 엄)은 산기슭에 자리 잡은 집의 지붕 모습이다.

| 5 | 国庆节 | guóqìngjié | 명 | 국경절 |
| 5 | 庆祝 | qìngzhù | 동 | 경축하다 |

床 chuáng
침대 상 〔牀〕 7획

명 침대, 평평하게 생긴 것 **양** 채(이불을 세는 단위)

집[广] 안의 물건 중 나무[木]로 만든 침대를 뜻한다. 이불 등을 세는 단위로도 쓰인다.

2	起床	qǐchuáng	동	기상하다
6	床单	chuángdān	명	침대보
+	病床	bìngchuáng	명	병상

度 dù
법도 도 9획

명 정도, 법칙, 규칙, 한도 **동** (시간을) 보내다
양 도(각·경도·위도·온도 등의 단위)

집[广]에서 밥그릇[廿]에 손[又]을 대기 전에 지켜야 하는 예의와 법도(규칙)를 뜻한다.

• 廿은 여기서 밥그릇의 모양을 나타낸다. 又(또 우)는 오른손을 그린 글자로, 주로 '손'을 의미한다.

4	速度	sùdù	명	속도
4	态度	tàidu	명	태도
4	温度	wēndù	명	온도
5	程度	chéngdù	명	정도
5	制度	zhìdù	명	제도
5	度过	dùguò	동	(시간을) 보내다

席 xí
자리 석 10획

명 자리, 좌석, 연회석, 의석

집[广]에 음식 그릇[廿]과 방석[巾] 등을 잘 갖추어 마련한 자리를 뜻한다.

• 巾(수건 건)은 줄에 널린 수건을 그린 글자로, 여기서는 '방석'을 의미한다.

5	主席	zhǔxí	명	의장, 주석
5	出席	chūxí	동	회의에 참여하다
6	缺席	quēxí	동	결석하다

序 xù
차례 서 7획

명 순서, 차례, 서문 **형** 처음의

집안[广]에서 나[予]의 순서나 차례를 뜻한다.

• 予(나 여)는 베틀에 북을 넣는 모습으로, 나의 손길에 따라 옷이 짜여진다는 의미에서 '나'라는 뜻이다.

4	顺序	shùnxù	명	순서, 차례
5	程序	chéngxù	명	단계, 프로그램
5	秩序	zhìxù	명	질서
6	序言	xùyán	명	서문, 머리말

病 bìng 병 병
★★★ 10획

명 병, 결점, 결함, 고장 동 병나다

침상에 누운 사람[疒]을 위해 밤새 불을 밝히고 [丙] 간호해야 하는 병을 뜻한다.

- 疒(병들 녁)은 병들어 침상에 누워 있는 사람을 나타낸다. 丙은 상 위에 불을 밝힌 모양이다.

2	生病	shēngbìng	동	병이 나다
5	毛病	máobìng	명	고장, 장애, 결함
5	病毒	bìngdú	명	바이러스
+	看病	kànbìng	동	진찰하다, 진료하다

疼 téng 아플 동
★★★ 10획

형 아프다 동 매우 귀여워하다, 몹시 아끼다

병상[疒] 위에 겨울[冬]처럼 차가운 몸으로 누워 있는 사람은 아프다는 뜻이다.

- 冬(겨울 동)은 땅이 얼어서[冫] 천천히 걸어야[夂] 하는 계절인 겨울을 뜻한다.

5	疼爱	téng'ài	동	매우 귀여워하다
6	心疼	xīnténg	동	아까워하다
+	头疼	tóuténg	명	두통

瘦 shòu 여윌 수
★★★ 14획

형 마르다, 여위다, 비계가 적다, (옷 등이) 작다

병상[疒]에 누워 있는 늙은이[叟]의 몸이 몹시 야위었다는 뜻이다. 살이 없고 마른 것을 의미한다.

- 叟(늙은이 수)는 손에 도구를 들고 일하는 늙은이를 뜻한다.

| + | 瘦瘦 | shòushòu | 형 | 날씬하다, 마르다 |
| + | 瘦肉 | shòuròu | 명 | 살코기 |

余 yú 남을 여 〔餘〕
★ 7획

동 남다 형 나머지의 명 나머지 시간 수 남짓

지붕[人]과 들보[一], 나무[木→朩] 기둥을 세우고도 재료가 남는다는 뜻이다. 문어체에서 '나(자신)'라는 의미도 있다.

5	业余	yèyú	형	여가의, 아마추어의
5	其余	qíyú	대	나머지, 남은 것
5	多余	duōyú	형	여분의, 쓸데없는

除 chú 제거할 제
★★★ 9획

동 제거하다, 없애다, 나누다 개 ～을 제외하고

높은 언덕[阝]에 올라 멀리 바라보며 마음에 남아[余] 있는 근심을 제거한다는 뜻이다.

- 阝은 층진 언덕을 본뜬 阜(언덕 부)가 부수로 쓰인 모양이다.

3	除了	chúle	개	～을 제외하고
5	除非	chúfēi	접	오직 ～하여야
5	除夕	chúxī	명	섣달 그믐날 밤
5	删除	shānchú	동	빼다, 삭제하다
6	解除	jiěchú	동	제거하다, 없애다

발음 체크 박스

오른쪽의 발음을 가리고 읽어 보세요.
책 날개에 제공된 책갈피를 이용하면 편리합니다.

多	duō	酒	jiǔ	守	shǒu	席	xí
够	gòu	配	pèi	定	dìng	序	xù
移	yí	酸	suān	害	hài	病	bìng
且	qiě	即	jí	官	guān	疼	téng
宜	yí	印	yìn	馆	guǎn	瘦	shòu
阻	zǔ	既	jì	管	guǎn	余	yú
组	zū	概	gài	庆	qìng	除	chú
具	jù	家	jiā	床	chuáng		
真	zhēn	它	tā	度	dù		

의식주 ₃

MP3 발음 파일 | 암기 프로그램

★★ 4획

户
hù
집 호

명 집, 세대, 문, 가문, (은행의) 계좌

한쪽 문짝[户]이 달린 작은 집을 뜻한다.

④	窗户 chuānghu	명	창문
⑤	账户 zhànghù	명	계좌
⑥	客户 kèhù	명	거래처
⑥	用户 yònghù	명	가입자, 아이디

★★★ 8획

房
fáng
방 방

명 방, 집

집[户] 안에 네모나게[方] 나누어진 방을 뜻한다.

• '부동산'을 '房地产 fángdìchǎn'이라고 한다.

②	房间 fángjiān	명	방
④	厨房 chúfáng	명	주방, 부엌
④	房东 fángdōng	명	집주인
＋	房子 fángzi	명	집, 건물

★★★ 7획

护
hù
보호할 호 〔護〕

동 보호하다, 지키다

내 손[扌]으로 직접 집[户]을 지키고 보호한다는 뜻이다.

• 扌은 手(손 수)가 부수로 쓰인 모양이다.

③	护照 hùzhào	명	여권
④	护士 hùshi	명	간호사
④	保护 bǎohù	동	보호하다
⑤	爱护 àihù	동	소중히 하다
⑤	救护车 jiùhùchē	명	구급차
⑥	守护 shǒuhù	동	지키다, 수호하다

★★★ 8획

居
jū
살 거

동 살다, 묵다, 머무르다 명 주소, 거주지

몸[尸]이 오래도록[古] 편하게 쉴 수 있는 곳에서 산다는 뜻이다.

• 尸(주검 시)는 죽은 사람의 굽은 몸을 그린 글자로, 사람의 몸이나 시체를 뜻한다. 古(옛 고)에는 '오래되다'라는 뜻도 있다.

③	邻居 línjū	명	이웃
⑤	居然 jūrán	부	뜻밖에
⑥	居住 jūzhù	동	거주하다
⑥	居民 jūmín	명	주민

据 jù
의거할 거 〔據〕
11획

동 점거하다 명 증거, 증서 개 ~에 의거하여

손[扌]으로 내가 살[居] 집을 만들어 그곳에 의거한다는 뜻이다. '~에 따르면'이라는 뜻으로 자주 쓰인다.

- ③ 根据 gēnjù — 개 ~에 근거하여
- ⑤ 收据 shōujù — 명 영수증
- ⑤ 证据 zhèngjù — 명 증거
- ⑥ 依据 yījù — 동 의거하다 명 근거

剧 jù
연극 극
심할 극 〔劇〕
10획

명 연극, 극 형 심하다, 격렬하다

살다가[居] 칼[刂]에 찔리는 일은 '연극'에서나 일어날 법한 '심한 일'이라는 뜻이다.

- 刂은 刀(칼 도)가 부수로 쓰인 모양이다.

- ④ 京剧 jīngjù — 명 경극
- ⑤ 戏剧 xìjù — 명 희극, 연극
- ⑥ 剧本 jùběn — 명 극본
- ⑥ 剧烈 jùliè — 형 극렬하다, 격렬하다

刷 shuā
닦을 쇄
8획

명 솔, 브러시 동 솔로 닦다, 솔로 칠하다

장수가 몸[尸]을 구부리고 수건[巾]으로 칼날[刂]을 닦는다는 뜻이다.

- 巾(수건 건)은 줄에 널린 수건을 그린 글자이다.

- ③ 刷牙 shuāyá — 동 이를 닦다
- ⑤ 印刷 yìnshuā — 동 인쇄하다
- + 牙刷 yáshuā — 명 칫솔
- + 刷子 shuāzi — 명 솔
- + 刷卡 shuākǎ — 동 카드를 긁다

局 jú
판 국
7획

명 바둑판, 형세, 국면, 부분, ~국 양 판, 번, 경기

바둑에서 몸[尸]을 구부리고[勹] 바둑돌[口]을 올려놓아야 하는 판을 뜻한다.

- ④ 邮局 yóujú — 명 우체국
- ⑥ 结局 jiéjú — 명 결말
- ⑥ 局面 júmiàn — 명 국면, 형세
- ⑥ 公安局 gōng'ānjú — 명 공안국, 경찰국

展 zhǎn
펼 전
10획

동 펴다, 펼치다, 발휘하다 명 전람, 전시

장사를 위해 몸[尸]을 구부려 겹겹이 쌓인[丗] 옷[衣→㠯]을 펼친다는 뜻이다.

- ④ 发展 fāzhǎn — 동 발전하다
- ⑤ 展开 zhǎnkāi — 동 펴다, 펼치다
- ⑤ 展览 zhǎnlǎn — 동 전람하다
- ⑥ 开展 kāizhǎn — 동 전개되다

向 xiàng 향할 향
★★★ 6획

개 ~에게, ~로 향하여 명 방향 동 ~로 향하다

집[宀→冂]의 창문[口]을 열어야 바람이 안으로 향한다는 뜻이다.

- 4 方向 fāngxiàng 명 방향
- 6 一向 yíxiàng 부 줄곧, 내내
- 6 倾向 qīngxiàng 동 기울다 명 경향
- 6 外向 wàixiàng 형 외향적이다

响 xiǎng 소리 향 〔響〕
★★★ 9획

명 소리, 음향 동 소리 나다, 울리다 형 소리가 크다

입[口]으로 누군가를 향하여[向] 말하는 소리를 뜻한다.

- 3 影响 yǐngxiǎng 동 영향을 주다 명 영향
- 6 音响 yīnxiǎng 명 음향
- 6 响应 xiǎngyìng 동 호응하다 명 호응

门 mén 문 문 〔門〕
★★★ 3획

명 문, 출입구, 비결, 방법 양 과목

문의 모양[門]을 간략하게 그린 글자이다. 문제를 해결하는 문인 '방법'을 뜻하기도 한다.

- 4 专门 zhuānmén 형 전문적이다
- 5 部门 bùmén 명 부, 부문, 부서
- 6 窍门 qiàomén 명 방법, 비결
- 6 热门 rèmén 명 인기 있는 것

们 men 무리 문 〔們〕
★★★ 5획

접미 ~들

사람들[亻]이 문[門] 앞에 줄지어 선 모습에서 여러 명을 의미한다. 인칭대명사나 사람을 나타내는 명사 뒤에 쓰여 복수형을 나타낸다.

- 1 我们 wǒmen 대 우리(들)
- 4 咱们 zánmen 대 우리(들)
- + 你们 nǐmen 대 너희들
- + 他们 tāmen 대 그들, 저들
- + 她们 tāmen 대 그녀들

问 wèn 물을 문 〔問〕
★★★ 6획

동 묻다, 질문하다, 안부를 묻다

문[門] 앞에서 입[口]으로 크게 안부를 묻는다는 뜻이다. 주로 '질문하다'라는 뜻으로 쓰인다.

- 2 问题 wèntí 명 문제
- 5 提问 tíwèn 동 질문하다 명 질문
- 5 学问 xuéwen 명 학문, 학식
- 5 问候 wènhòu 동 안부를 묻다
- 6 访问 fǎngwèn 동 방문하다

★★★ 9획

闻
wén
들을 문 〔聞〕

동 듣다, 냄새를 맡다 명 소문, 소식

문[门] 앞에서 귀[耳]를 대고 듣는다는 뜻이다. '냄새를 맡다'라는 뜻도 있다.

- '신문(新闻)'은 중국에서 '뉴스'라는 뜻이다.

3 新闻 xīnwén 명 뉴스
6 见闻 jiànwén 명 견문

★★★ 7획

间
jiān
사이 간 〔間〕

명 사이, 중간, 방, 실 양 방을 세는 단위

문[门] 안으로 햇빛[日]이 들어오도록 열려 있는 틈이나 사이를 뜻한다.

- 대부분 jiān으로 발음하며, '틈, 사이, 간접적인, 사이를 두다'라는 뜻일 때는 jiàn으로 발음한다.

2 时间 shíjiān 명 시간
2 房间 fángjiān 명 방
3 中间 zhōngjiān 명 중간
3 洗手间 xǐshǒujiān 명 화장실
5 空间 kōngjiān 명 공간
5 期间 qījiān 명 기간

★★★ 13획

简
jiǎn
간단할 간 〔簡〕

형 간단하다, 단순하다 동 간단하게 하다

종이가 없던 옛날에는 대나무를 쪼개서 그 사이에 글을 썼다. 그래서 대나무[⺮]를 얇게 잘라 그 사이[间]에 적은 글은 간단하다는 뜻이다.

- ⺮는 竹(대나무 죽)이 부수로 쓰인 모양이다.

3 简单 jiǎndān 형 간단하다
5 简直 jiǎnzhí 부 참으로
5 简历 jiǎnlì 명 이력서
6 简化 jiǎnhuà 동 간소화하다
6 简体字 jiǎntǐzì 명 간체자

★★★ 4획

开
kāi
열 개 〔開〕

동 열다, 켜다, (꽃이) 피다, 운전하다, 시작하다

문에 걸린 빗장[一]을 풀고 두 손[廾]으로 문을 연다는 뜻이다. '켜다, (꽃이) 피다, 운전하다' 등 다양한 의미로 쓰이는 동사이다.

- 廾(받들 공)은 양손으로 물건을 받드는 모양이다.

3 开始 kāishǐ 동 시작하다
3 离开 líkāi 동 떠나다, 헤어지다
4 开心 kāixīn 형 기쁘다, 즐겁다
4 开玩笑 kāiwánxiào 동 농담하다
5 公开 gōngkāi 형 공개적인
5 开放 kāifàng 동 개방하다

★ 7획

形
xíng
모양 형

명 형체, 모양, 모습 동 나타나다

창문을 열면[开] 길게 드리우는[彡] 빛의 모양을 뜻한다.

- 彡(터럭 삼)은 여기서 빛이 드리운 모양을 나타낸다.

5 形象 xíngxiàng 명 이미지, 형상
5 形容 xíngróng 동 묘사하다
5 形式 xíngshì 명 형식, 형태
5 形成 xíngchéng 동 형성되다
5 形状 xíngzhuàng 명 겉모습

207

关 guān 빗장 관〔關〕 ★★★ 6획

통 닫다, 끄다, 관계있다 명 관계, 관련

큰[大] 문의 양쪽[丷]을 가로질러[一] 걸어 놓은 빗장을 뜻한다. 빗장을 걸어 '닫다', 빗장처럼 걸린 '관계' 등을 의미한다.

- ① 没关系 méiguānxi — 괜찮다, 상관없다
- ③ 关系 guānxi — 명 관계, 연줄
- ③ 关心 guānxīn — 통 관심을 두다
- ③ 关于 guānyú — 개 ~에 관하여
- ④ 关键 guānjiàn — 명 관건, 키포인트
- ⑤ 关闭 guānbì — 통 닫다, 파산하다

送 sòng 보낼 송〔送〕 ★★★ 9획

통 배웅하다, 보내다, 배달하다, 주다

닫았던 빗장[关]을 열고 나가서[辶] 사람이나 물건을 보낸다는 뜻이다.

• 辶은 천천히 걷는 모습인 辵(쉬엄 쉬엄 갈 착)이 부수로 쓰인 모양이다.

- ⑥ 赠送 zèngsòng — 통 증정하다

联 lián 이을 련〔聯〕 ★★ 12획

통 이어지다, 연속하다, 연합하다, 관계되다

다른 사람의 말을 귀[耳] 기울여 들으며 서로의 관계[关]를 잇는다는 뜻이다.

• 耳(귀 이)는 사람의 귀를 그린 글자이다.

- ④ 互联网 hùliánwǎng — 명 인터넷
- ④ 联系 liánxì — 통 연락하다
- ⑤ 联合 liánhé — 통 연합하다

用 yòng 쓸 용 ★★★ 5획

통 쓰다, 사용하다, 필요하다 명 쓸모, 용도

울타리의 모양을 그린 글자로, 나무를 울타리로 만들어 쓴다는 뜻이다.

- ③ 信用卡 xìnyòngkǎ — 명 신용카드
- ④ 作用 zuòyòng — 명 작용
- ④ 使用 shǐyòng — 통 사용하다, 쓰다
- ⑤ 应用 yìngyòng — 통 응용하다
- ⑤ 利用 lìyòng — 통 이용하다
- ⑤ 实用 shíyòng — 형 실용적이다

再 zài 다시 재 ★★★ 6획

부 재차, 또, 다시, ~하고 나서

나무토막을 쌓아 놓고 그 위에 '다시' 하나를 더 올린 모양이다.

- ① 再见 zàijiàn — 통 또 뵙겠습니다
- ⑤ 再三 zàisān — 부 두세 번
- ⊕ 再说 zàishuō — 통 다시 말하다

★★★ 6획

同
tóng
같을 동

형 같다, 동일하다 동 ~와 같다 부 함께 개 ~와

울타리[冂] 안에서 함께 사는 한[一] 식구[口]는 생김새가 거의 같다는 뜻이다.

• '골목'이라는 뜻의 단어 '胡同 hútòng'에서는 tòng으로 발음한다.

1 同学 tóngxué	명 학우, 학교 친구
3 同事 tóngshì	명 직장 동료
3 同意 tóngyì	동 동의하다, 찬성하다
4 同时 tóngshí	명 같은 때 부 동시에
4 共同 gòngtóng	형 공통의 부 함께
4 同情 tóngqíng	동 동정하다

★★★ 10획

高
gāo
높을 고

형 (높이·등급·수준 등이) 높다 명 높이, 높은 곳

높은 누각의 모습을 그린 글자이다. '(키가) 크다, (값이) 비싸다'라는 의미도 있다.

1 高兴 gāoxìng	형 기쁘다, 즐겁다
3 提高 tígāo	동 향상시키다
4 高速公路 gāosùgōnglù	명 고속도로
5 高级 gāojí	형 고급인
6 高潮 gāocháo	명 최고조, 절정

★ 13획

搞
gǎo
할 고

동 하다, 처리하다, 만들다

손[扌]으로 높은[高] 건물을 짓는 일을 한다는 뜻이다. '~을 하다'라는 의미로 광범위하게 쓰이며, 구어적 느낌이 강하다.

• 扌은 手(손 수)가 부수로 쓰인 모양이다.

+ 搞鬼 gǎoguǐ	동 음모를 꾸미다
+ 搞活 gǎohuó	동 활기를 띠게 하다
+ 搞笑 gǎoxiào	동 웃기다, 우습다

★★★ 9획

亮
liàng
밝을 량

형 밝다, 빛나다, 소리가 크고 맑다 동 빛을 내다

높은[高→亠] 누각 위에서 탁자[几]에 기대어 바라본 달빛이 밝다는 뜻이다.

• 几(책상 궤)는 작은 탁자[几]의 모습을 그린 글자이다.

1 漂亮 piàoliang	형 예쁘다
3 月亮 yuèliang	명 달
6 响亮 xiǎngliàng	형 (소리가) 우렁차다

★★ 11획

停
tíng
멈출 정

동 멈추다, 정지하다, 세우다, 머물다

사람들[亻]이 정자[亭]에서 쉬려고 잠시 멈춘다는 뜻이다.

• 亭(정자 정)은 높은[高→亯] 기둥[丁]과 지붕을 세워서 지은 정자를 나타낸다.

6 停泊 tíngbó	동 (배가) 정박하다
6 停顿 tíngdùn	동 머물다, 잠시 쉬다
6 停滞 tíngzhì	동 정체되다, 막히다

京 jīng 서울 경
★★★ 8획

명 수도, 서울, 베이징(북경)

높게 지은 건물[京]이 비교적 많은 도시인 수도(서울)를 뜻한다. 중국의 수도는 北京(북경)이고, 일본의 수도는 东京(동경)이다.

• 京은 높게 지은 누각의 모습이다.

1	北京	Běijīng	명 베이징(북경)
4	京剧	jīngjù	명 경극
+	东京	Dōngjīng	명 도쿄(동경)

就 jiù 나아갈 취
★★★ 12획

부 곧, 이미, 벌써, 오직 동 다가가다, 종사하다

사람들이 성공하기 위해 서울[京]로 더욱[尤] 나아간다는 뜻이다.

• 尤(더욱 우)는 절름발이[尢]가 짐[丶]을 들어 '더욱' 힘들다는 의미이다.
• '一~就~(~하자마자 곧~)'의 용법으로 자주 쓰인다.

5	成就	chéngjiù	명 성취, 성과
6	就业	jiùyè	동 취업하다
6	将就	jiāngjiu	동 그런대로 ~할 만하다

景 jǐng 풍경 경
★★ 12획

명 풍경, 배경, 상황

해[日]가 밝게 비추는 서울[京]의 아름다운 풍경을 뜻한다.

4	景色	jǐngsè	명 풍경, 경치
5	背景	bèijǐng	명 배경
5	情景	qíngjǐng	명 정경, 광경, 장면
5	风景	fēngjǐng	명 풍경, 경치

影 yǐng 그림자 영
★★★ 15획

명 그림자, 흔적, 사진, 영화

아름다운 풍경[景]의 뒤편에 드리워진[彡] 그림자를 뜻한다.

• 彡(터럭 삼)은 여기서 그림자가 드리워진 모양을 나타낸다.

1	电影	diànyǐng	명 영화
3	影响	yǐngxiǎng	동 영향을 주다 명 영향
5	影子	yǐngzi	명 그림자
5	摄影	shèyǐng	동 사진을 찍다
5	合影	héyǐng	동 함께 사진을 찍다 명 단체 사진

建 jiàn 세울 건
★★ 8획

동 (건물을) 짓다, 세우다, 설립하다, 제안하다

붓[聿]을 끌어다[廴] 그린 도면대로 건물을 세운다는 뜻이다.

• 聿(붓 율)은 손에 붓을 쥔 모습이고, 廴(길게 걸을 인)은 발을 천천히 끌며 걷는 모습이다.

4	建议	jiànyì	동 제안하다, 건의하다
4	建筑	jiànzhù	명 건축물 동 건축하다
5	建设	jiànshè	동 건설하다, 세우다
5	建立	jiànlì	동 건립하다, 창설하다

★★★ 10획

健
jiàn
튼튼할 건

형 건강하다, 튼튼하다 동 건강하게 하다

사람[亻]이 몸을 세워[建] 힘차게 운동하니 튼튼하다는 뜻이다.

- '헬스클럽'을 '健身房 jiànshēnfáng'이라고 한다.

3 健康 jiànkāng 형 건강하다
5 健身 jiànshēn 동 튼튼하게 하다

24 단어 확인 문제

제시된 뜻을 보고 빈칸에 알맞은 글자를 a, b 중에 골라 보세요.

01 방　　□间 fángjiān
　a. 居　　b. 房

02 여권　　□照 hùzhào
　a. 户　　b. 护

03 경극　　京□ jīngjù
　a. 剧　　b. 刷

04 우체국　　邮□ yóujú
　a. 局　　b. 展

05 방향　　方□ fāngxiàng
　a. 向　　b. 响

06 우리　　我□ wǒmen
　a. 门　　b. 们

07 뉴스　　新□ xīnwén
　a. 闻　　b. 问

08 간단하다　　□单 jiǎndān
　a. 间　　b. 简

09 시작하다　　□始 kāishǐ
　a. 开　　b. 形

10 관계　　□系 guānxi
　a. 关　　b. 联

11 안녕, 잘 가　　□见 zàijiàn
　a. 用　　b. 再

12 기쁘다　　□兴 gāoxìng
　a. 高　　b. 搞

13 예쁘다　　漂□ piàoliang
　a. 高　　b. 亮

14 베이징　　北□ Běijīng
　a. 京　　b. 景

15 영화　　电□ diànyǐng
　a. 景　　b. 影

16 건강하다　　□康 jiànkāng
　a. 建　　b. 健

정답 01 b 02 b 03 a 04 a 05 a 06 b 07 a 08 b 09 a 10 a 11 b 12 a 13 a 14 a 15 b 16 b

25일째 도구 ₁

 MP3 발음 파일   암기 프로그램

工 gōng 장인 공 (3획) ★★★

명 일꾼, 노동, 작업, 공사, 공업

물건을 만드는 장인이 사용하는 도구[工]를 그린 글자이다. 도구를 사용하여 일하는 '일꾼', 일꾼이 하는 '일' 등을 나타낸다.

1	工作 gōngzuò	명	직업, 일
4	工资 gōngzī	명	월급
5	工具 gōngjù	명	공구
5	工人 gōngrén	명	노동자
5	工厂 gōngchǎng	명	공장
5	打工 dǎgōng	동	아르바이트하다

空 kōng / kòng 빌 공 (8획) ★★★

형 텅 비다 부 쓸데없이 동 비우다 명 하늘, 틈

공구[工]로 뚫은 구멍[穴]의 속이 비었다는 뜻이다.

- 穴(굴 혈)은 동굴의 입구를 그린 글자로 '동굴, 구멍'을 뜻한다.
- '텅 비다, 쓸데없이, 하늘'을 뜻할 때는 kōng으로 발음하고, '비우다, 틈'을 뜻할 때는 kòng으로 발음한다.

3	空调 kōngtiáo	명	에어컨
4	空气 kōngqì	명	공기
4	填空 tiánkòng	동	괄호를 채우다
5	空闲 kòngxián	명	여가, 짬, 틈
5	天空 tiānkōng	명	하늘, 공중

功 gōng 공 공 (5획) ★★

명 공로, 성과, 기술

일꾼[工]이 힘써[力] 일하여 세운 업적이나 공을 뜻한다.

- 力(힘 력)은 사람이 팔뚝에 힘을 준 모습을 그린 글자이다.

4	功夫 gōngfu	명	시간, 재주
4	成功 chénggōng	동	성공하다
5	用功 yònggōng	동	열심히 공부하다
5	功能 gōngnéng	명	기능, 작용
6	功劳 gōngláo	명	공로

式 shì 법 식 (6획) ★★

명 격식, 형식, 의식, 양식, 모양, 스타일

도구[工]를 써서 일정한 모양의 주살[弋]을 만드는 방식이나 방법을 뜻한다. 주로 '격식, 형식, 의식' 등을 의미한다.

- 弋(주살 익)은 줄이 달린 화살의 모양이다.

4	正式 zhèngshì	형	정식의, 공식의
5	形式 xíngshì	명	형식
5	样式 yàngshì	명	양식
5	方式 fāngshì	명	방식, 방법
5	开幕式 kāimùshì	명	개막식
6	款式 kuǎnshì	명	스타일, 타입

试 shì
시험 시 〔試〕 8획 ★★★

명 시험 동 시험하다, 시험 삼아 하다

말[讠]이나 글로써 정해진 형식[式]에 맞게 답하는 시험을 뜻한다.

• 讠은 言(말씀 언)이 간략해진 모양이다.

2	考试	kǎoshì	동 시험 치다 명 시험
5	试卷	shìjuàn	명 시험지
6	试验	shìyàn	동 시험하다
6	尝试	chángshì	동 시도하다

升 shēng
오를 승 〔昇〕 4획 ★

동 오르다, 올라가다 양 리터, 되

도구를 이용하여 물건을 떠올리는 모습[升]을 그린 글자이다. 액체나 곡식 등의 용량을 세는 단위로도 쓰인다.

• 1升=1리터 또는 한 되

| 6 | 晋升 | jìnshēng | 동 승진하다, 진급하다 |
| + | 上升 | shàngshēng | 동 상승하다 |

伞 sǎn
우산 산 〔傘〕 6획 ★★★

명 우산

손잡이와 우산살이 있는 우산[伞]의 모양을 그린 글자이다.

• 우산은 '헤어짐'을 의미하는 '散(sàn, 흩어질 산)'과 발음이 비슷해서 중국인들이 꺼리는 선물이다.

+	雨伞	yǔsǎn	명 우산
+	阳伞	yángsǎn	명 양산
+	打伞	dǎsǎn	동 우산을 쓰다

业 yè
직업 업 〔業〕 5획 ★★★

명 직업, 학업, 사업

악기 걸이를 그린 글자로, 각각의 악기를 다루는 직업을 의미한다. 학생의 직업인 '학업'을 뜻하기도 한다.

3	作业	zuòyè	명 숙제, 과제
4	专业	zhuānyè	명 전공
4	职业	zhíyè	명 직업
4	毕业	bìyè	명 졸업 동 졸업하다
5	农业	nóngyè	명 농업
5	行业	hángyè	명 직업, 직종

亚 yà
버금 아 〔亞〕 6획 ★★

형 제2의, 다음가는, 버금가는 명 아시아

학업[业]에 열중하면 성적이 일등[一]에 버금간다는 뜻이다. 1등에 다음가는 '제2의'라는 뜻이다.

| 4 | 亚洲 | Yàzhōu | 명 아시아 주 |
| 6 | 亚军 | yàjūn | 명 준우승 |

显 xiǎn — 나타날 현 〔顯〕
★ 9획

동 나타내다, 드러내다, 분명하다, 뚜렷하다

해[日]가 자기의 본업[业]에 힘쓰면 빛이 세상에 나타난다는 뜻이다.

5	显示	xiǎnshì	동	내보이다
5	明显	míngxiǎn	형	분명하다
5	显得	xiǎnde	동	~하게 보이다
6	显著	xiǎnzhù	형	뚜렷하다

料 liào — 헤아릴 료
★★★ 10획

동 예상하다, 예측하다 **명** 재료, 원료

쌀[米]을 한 말[斗]씩 담아서 그 양을 헤아린다는 뜻이다.

• 米(쌀 미)는 벼에 알알이 여문 쌀의 모양을 그린 글자이다. 斗(말 두)는 곡식의 양을 헤아리는 단위이다.

3	饮料	yǐnliào	명	음료
4	材料	cáiliào	명	재료, 자료
4	塑料袋	sùliàodài	명	비닐봉지
5	资料	zīliào	명	자료
5	原料	yuánliào	명	원료
6	不料	búliào	부	뜻밖에, 의외에

科 kē — 항목 과
★★ 9획

명 과, 항목

벼[禾]를 한 말[斗]씩 담아서 등급에 따라 구분해 놓은 항목을 뜻한다.

• 禾(벼 화)는 고개 숙인 벼의 모양을 그린 글자이다.

4	科学	kēxué	명	과학
5	本科	běnkē	명	(대학의) 학부
5	内科	nèikē	명	내과
6	科目	kēmù	명	과목

刀 dāo — 칼 도
★★ 2획

명 칼, 칼처럼 생긴 물건

한쪽에 칼날이 있는 칼의 모양을 그린 글자이다.

| 5 | 剪刀 | jiǎndāo | 명 | 가위 |
| + | 刀子 | dāozi | 명 | 작은 칼 |

切 qiē / qiè — 끊을 절, 모두 체
★★ 4획

동 자르다, 끊다 **형** 절박하다, 친밀하다 **부** 반드시

여러[七] 번 칼질하여[刀] 모두 끊는다는 뜻이다.

• 七(일곱 칠)은 여기서 많은 수를 의미한다.
• 대부분 qiè로 발음하나, '끊다, 자르다'라는 뜻일 때는 qiē로 발음한다.

4	一切	yíqiè	형	일체의, 모든
5	密切	mìqiè	형	밀접하다
5	亲切	qīnqiè	형	친절하다
5	迫切	pòqiè	형	절박하다

分 fēn 나눌 분 — 4획 ★★★

- 통 나누다, 분배하다, 분별하다
- 명 부분, (수학의) 분수 양 분(시간 단위)

칼[刀]로 물건을 잘라 양쪽[八]으로 나눈다는 뜻이다.

- 八(여덟 팔)은 여기서 사물을 양쪽으로 나눈 모습이다.
- '성분, 본분'이라는 뜻일 때는 fèn으로 발음한다.

1	分钟 fēnzhōng	명 분
4	部分 bùfen	명 부분, 일부분
4	十分 shífēn	부 매우, 아주, 대단히
4	百分之 bǎifēnzhī	퍼센트
5	分别 fēnbié	통 헤어지다, 구별하다
5	分手 fēnshǒu	통 헤어지다, 이별하다

粉 fěn 가루 분 — 10획 ★

- 명 가루, 분말, (화장용) 분 통 가루가 되다

쌀[米]과 같은 곡물을 잘게 나누고[分] 빻아 만든 가루를 뜻한다.

6	粉碎 fěnsuì	통 가루로 만들다
6	粉末 fěnmò	명 가루, 분말
6	粉色 fěnsè	명 분홍색
+	粉丝 fěnsī	명 (가수의) 팬

刻 kè 새길 각 — 8획 ★★★

- 통 새기다 명 때, 시간 형 심하다 양 15분

돼지[亥]가 칼[刂]에 찔리면 그 고통을 마음에 새긴다는 뜻이다. '15분'을 뜻하기도 해서 一刻는 15분을 나타낸다.

- 亥(돼지 해)는 돼지의 모양을 그린 글자이다. 刂은 刀(칼 도)가 부수로 쓰인 모양이다.

5	刻苦 kèkǔ	형 고생을 참아내다
5	深刻 shēnkè	형 (인상이) 깊다
5	时刻 shíkè	명 시간, 시각
5	立刻 lìkè	부 곧, 즉시
6	雕刻 diāokè	통 조각하다

该 gāi 갖출 해〔該〕— 8획 ★★★

- 통 ~해야 한다, ~의 차례이다, ~해도 싸다
- 부 아마 ~일 것이다

제사 지낸다는 말[讠]에 돼지고기[亥]를 갖춘다는 뜻이다. 현대 중국어에서는 주로 '~해야 한다'라는 의미로 쓰인다.

- 讠은 言(말씀 언)이 간략해진 모양이다.

| 3 | 应该 yīnggāi | 통 ~해야 한다 |
| 6 | 活该 huógāi | 통 ~해도 싸다 |

创 chuàng 시작할 창〔創〕— 6획 ★

- 통 시작하다, 창조하다 형 독창적이다

요리는 곳간[仓]의 재료를 칼[刂]로 다듬는 일에서부터 시작한다는 뜻이다.

- 仓은 곳간의 모습을 그린 倉(곳집 창)이 간략해진 모양이다.
- '상처'라는 뜻일 때는 chuāng으로 발음한다.

5	创造 chuàngzào	통 창조하다, 만들다
6	创新 chuàngxīn	명 창의성, 창조성
6	创作 chuàngzuò	통 창작하다
6	创立 chuànglì	통 창립하다
6	创业 chuàngyè	통 창업하다

制 zhì — 만들 제 (8획)

- 동 만들다, 제정하다, 통제하다 명 제도
- 사방으로 뻗은 나뭇가지[朱]를 칼[刂]로 잘라서 필요한 것을 만든다는 뜻이다. '통제하다'라는 뜻도 있다.
- 朱는 나뭇가지가 사방으로 뻗은 모양이다.

5	控制 kòngzhì	동	제어하다, 억제하다
5	限制 xiànzhì	동	제한하다
5	制作 zhìzuò	동	제작하다, 만들다
5	制度 zhìdù	명	제도
5	制造 zhìzào	동	제조하다

则 zé — 법칙 칙 〔則〕 (6획)

- 명 규칙, 규범 양 조항 접 ~하자 ~하다
- 재물[贝]을 분배할 때 칼[刂] 같이 나누기 위해 필요한 법(법칙)을 뜻한다.
- 贝는 조개껍데기를 그린 貝(조개 패)가 간략해진 모양이다. 화폐로 사용되던 조개의 특성에 따라 주로 돈과 관련된 글자에 쓰인다.

4	否则 fǒuzé	접	만약 그렇지 않으면
5	规则 guīzé	명	규칙
5	原则 yuánzé	명	원칙

测 cè — 잴 측 〔測〕 (9획)

- 동 측정하다, 측량하다, 추측하다
- 물[氵]의 깊이를 일정한 법칙[则]에 따라서 잰다는 뜻이다. '측정하다, 추측하다'라는 뜻으로도 쓰인다.

5	测验 cèyàn	동	측정하다
6	测量 cèliáng	동	측량하다
6	探测 tàncè	동	관측하다
6	推测 tuīcè	동	추측하다

刚 gāng — 굳셀 강 〔剛〕 (6획)

- 형 단단하다, 완강하다 부 방금, 막, 마침
- 방패[冈]가 칼[刂]에 절대 부서지지 않을 만큼 굳세다는 뜻이다.
- 冈은 여기서 방패 모양을 나타낸다.

3	刚才 gāngcái	명	지금 막, 방금
+	刚刚 gānggāng	부	지금 막, 방금

钢 gāng — 강철 강 〔鋼〕 (9획)

- 명 강철
- 금속[钅] 중에서도 방패[冈]를 만들 만큼 단단한 강철을 뜻한다.
- 钅은 金(쇠 금)이 간략해진 모양이다.

4	弹钢琴 tángāngqín		피아노를 치다
5	钢铁 gāngtiě	명	강철
+	钢笔 gāngbǐ	명	펜, 만년필

临 lín
임할 림〔臨〕 9획

동 임하다, 내려가 보다, 이르다, 오다

칼[刂→∥]로 대나무[ᅭ→⺮]의 가운데를 쪼개는[臥] 일에 임한다는 뜻이다.

- ⺮는 竹(대나무 죽)이 부수로 쓰인 모양이다.
- 중국의 가게에 들어서면 종업원들이 "欢迎光临! Huānyíng guānglín(어서 오세요)!"라고 말한다.

5	临时 línshí	부 때에 이르러 명 잠시의
5	光临 guānglín	동 광림하시다
5	面临 miànlín	동 직면하다, 당면하다
6	降临 jiànglín	동 도래하다, 일어나다

监 jiān
감독할 감〔監〕 10획

동 감독하다, 감시하다 명 감옥

칼[刂]로 대나무[⺮]를 쪼개서 그릇[皿]에 담는 일꾼들을 관리자가 감독한다는 뜻이다.

- 皿(그릇 명)은 그릇의 모양을 그린 글자이다.

6	监督 jiāndū	동 감독하다
6	监视 jiānshì	동 감시하다
6	监狱 jiānyù	명 교도소, 감옥

蓝 lán
쪽 람〔藍〕 13획

형 남색의

풀[艹] 중에 오직 한 해 동안만 볼[监] 수 있는 풀은 쪽(한해살이풀)이라는 뜻이다. 쪽에서 짜낸 색으로 천을 물들이면 푸른빛의 남색이 된다.

- 艹는 艸(풀 초)가 간략해진 모양이다.

+	蓝色 lánsè	명 파랑, 남색
+	蓝天 lántiān	명 짙푸른 하늘
+	蓝莓 lánméi	명 블루베리

斤 jīn
도끼 근 4획

양 근(무게 단위, 500g) 명 도끼

도끼의 모양을 그린 글자이다. 현대 중국어에서는 주로 무게를 재는 단위인 '근'으로 쓰인다.

- 중국에서는 과일을 팔 때도 근으로 달아 팔기 때문에 이 글자가 많이 쓰인다.

| 3 | 公斤 gōngjīn | 명 킬로그램 |

听 tīng
들을 청〔聽〕 7획

동 듣다, 받아들이다 양 캔, 통

상대방의 입[口]에서 나온 도끼[斤]처럼 날카로운 말을 듣는다는 뜻이다. '캔(can)'을 뜻하기도 하여, '콜라 한 캔'을 '一听可乐 yì tīng kělè'라고 한다.

5	打听 dǎting	동 물어보다, 알아보다
6	倾听 qīngtīng	동 경청하다
+	听说 tīngshuō	동 들은 바로는
+	好听 hǎotīng	형 듣기 좋다
+	听话 tīnghuà	동 말을 듣다

近
jìn
가까울 근

7획

형 가깝다, 비슷하다, 친하다 **동** 가까이하다

도끼[斤]를 들고 가서[辶] 바로 나무를 할 수 있을 만큼 산과 가깝다는 뜻이다.

• 辶은 천천히 걷는 모습인 辵(쉬엄쉬엄 갈 착)이 부수로 쓰인 모양이다.

3 附近 fùjìn	명 근처 형 가까운
3 最近 zuìjìn	명 최근
5 接近 jiējìn	동 접근하다
6 近来 jìnlái	명 근래, 요즘

所
suǒ
곳 소

8획

명 장소, 곳 **양** 건물 등을 세는 단위
조 ~되다(피동), ~하는 바

집[戶]에서 도끼[斤]와 같은 도구를 두는 곳(장소)을 뜻한다. 문장에서 동사 앞에 쓰여 '~되다, ~하는 바'로 풀이되기도 한다.

• 戶(집 호)는 한쪽짜리 문짝이 달린 작은 집을 뜻한다.

2 所以 suǒyǐ	접 그래서
4 所有 suǒyǒu	형 모든, 전부의
4 厕所 cèsuǒ	명 변소, 뒷간
5 无所谓 wúsuǒwèi	상관없다
6 场所 chǎngsuǒ	명 장소

断
duàn
끊을 단 〔斷〕

11획

동 자르다, 끊다, 단절하다, 결정하다

쌀[米]이 담긴 포대[L]를 열기 위해 도끼[斤]로 매듭을 끊는다는 뜻이다.

• 米(쌀 미)는 벼에 알알이 여문 쌀의 모양을 그린 글자이다.

5 不断 búduàn	동 끊임없다
6 断绝 duànjué	동 단절하다, 끊다
6 果断 guǒduàn	형 결단력이 있다

继
jì
이을 계 〔繼〕

10획

동 잇다, 계속하다, 지속하다 **부** 계속해서

실[糹]을 써서 포대[L] 안의 쌀[米]이 흐르지 않도록 매듭을 잇는다는 뜻이다. 이어서 '계속하다'라는 의미도 있다.

• 糹는 糸(실 사)가 간략해진 모양이다.

| 4 继续 jìxù | 동 계속하다 |
| 6 继承 jìchéng | 동 상속하다 |

25 발음 체크 박스

오른쪽의 발음을 가리고 읽어 보세요.
책 날개에 제공된 책갈피를 이용하면 편리합니다.

工	gōng	显	xiǎn	创	chuàng	斤	jīn
空	kōng / kòng	料	liào	制	zhì	听	tīng
功	gōng	科	kē	则	zé	近	jìn
式	shì	刀	dāo	测	cè	所	suǒ
试	shì	切	qiē / qiè	刚	gāng	断	duàn
升	shēng	分	fēn	钢	gāng	继	jì
伞	sǎn	粉	fěn	临	lín		
业	yè	刻	kè	监	jiān		
亚	yà	该	gāi	蓝	lán		

도구 2

 MP3 발음 파일 암기 프로그램

★★★ 4획

化 huà
될 화

동 변화하다, 감화하다, 녹다 　접미 ~화(하다)

사람[亻]이 칼[匕]을 맞으면 삶이 죽음으로 변화된다는 뜻이다.

• 匕(비수 비)는 짧은 칼을 의미한다.

3	文化	wénhuà	명 문화
3	变化	biànhuà	동 변화하다 명 변화
5	化学	huàxué	명 화학
5	消化	xiāohuà	동 소화하다
6	化妆	huàzhuāng	동 화장하다
6	简化	jiǎnhuà	동 간소화하다

★★★ 7획

花 huā
꽃 화

명 꽃 　동 돈을 쓰다 　형 얼룩진, (눈이) 침침하다

풀[艹]이 예쁘게 변화해서[化] 피운 꽃을 뜻한다. 꽃처럼 아름다운 것을 사기 위해 '돈을 쓰다'라는 뜻도 있다.

• 艹는 艸(풀 초)가 간략해진 모양이다.

5	花生	huāshēng	명 땅콩
6	棉花	miánhua	명 목화솜, 목화
6	花瓣	huābàn	명 꽃잎

★ 6획

华 huá
화려할 화 〔華〕

형 번화하다, 호화롭다 　명 정화, 중국

오랜[十] 세월 변화[化]를 거듭한 자연은 그 모습이 화려하다는 뜻이다. 중국의 정식 명칭인 '中华人民共和国(중화인민공화국)'에 쓰인 글자로, '중국'을 뜻하기도 한다.

• 十(열 십)은 여기서 많은 수를 의미한다.

5	豪华	háohuá	형 호화스럽다
6	精华	jīnghuá	명 정화, 정수
6	华丽	huálì	형 화려하다
6	华侨	huáqiáo	명 화교
6	繁华	fánhuá	형 번화하다

★★ 8획

货 huò
재물 화 〔貨〕

명 돈, 화폐, 물품, 상품

지니고 있으면 돈[贝]이 되는[化] 재물을 뜻한다.

• 贝는 조개껍데기를 그린 貝(조개 패)가 간략해진 모양이다. 화폐로 사용되던 조개의 특성에 따라 주로 돈과 관련된 글자에 쓰인다.

| 4 | 售货员 | shòuhuòyuán | 명 판매원, 점원 |
| 6 | 货币 | huòbì | 명 화폐 |

财 cái
재물 재 〔財〕

7획

명 재물, 재화

돈[贝]을 버는 재주[才]가 뛰어나서 집에 쌓아 놓은 재물을 뜻한다.

- 才(재주 재)는 질이 좋은 나무 모양을 그린 글자로, 뛰어난 재주를 의미한다.

5	财产	cáichǎn	명 재산, 자산
6	发财	fācái	동 큰돈을 벌다
6	财务	cáiwù	명 재무, 재정
6	财富	cáifù	명 부, 재산

贵 guì
귀할 귀 〔貴〕

9획

형 비싸다, 귀하다, 지위가 높다

상자[口] 안에 담아 양손[⊥]으로 받쳐 든 재물[贝]은 귀한 것이라는 뜻이다. 귀한 것은 값이 비싸므로 '비싸다'라는 의미로 많이 쓰인다.

- ⊥는 여기서 양손을 한데 모은 모양이다.
- '너무 비싸요'는 '太贵了。Tài guì le.'라고 한다.

5	宝贵	bǎoguì	형 진귀한, 소중히 여기다
6	珍贵	zhēnguì	형 진귀하다, 귀중하다
6	贵族	guìzú	명 귀족
6	昂贵	ángguì	형 비싸다

费 fèi
쓸 비 〔費〕

9획

명 비용, 수수료 **동** 쓰다, 소비하다

아끼지 않고[弗] 돈[贝]을 쓴다는 뜻이다. '비용, 수수료'라는 뜻으로도 쓰인다.

- 弗(아닐 불)은 굽은 나무를 끈으로 바로 잡는 모습으로, 나무가 곧지 않다고 하여 '아니다'라는 뜻이다.

4	浪费	làngfèi	동 낭비하다, 허비하다
4	免费	miǎnfèi	동 무료로 하다
5	消费	xiāofèi	동 소비하다
6	经费	jīngfèi	명 경비, 비용
+	学费	xuéfèi	명 수업료, 학비

负 fù

짐질 부 〔負〕

6획

동 (짐을) 지다, 부담하다, 맡다 **명** 임무, 책임

사람[𠂉]이 돈[贝]을 벌기 위해 무거운 짐을 진다는 뜻이다.

- 𠂉은 人(사람 인)의 변형이다.

4	负责	fùzé	동 책임지다
6	负担	fùdān	명 부담 동 부담하다
6	抱负	bàofù	명 포부, 큰 뜻
6	辜负	gūfù	동 (기대를) 버리다
6	胜负	shèngfù	명 승부

质 zhī

바탕 질 〔質〕

8획

명 성질, 본질, 품질 **동** 질문하다 **형** 소박하다

산기슭[厂]에서 채취한 많은[十] 나무는 재물[贝]의 바탕이라는 뜻이다. 주로 사람의 바탕인 '성질'을 의미한다.

- 厂(기슭 엄)은 언덕이나 낭떠러지의 모양을 나타낸다.

4	质量	zhìliàng	명 질, 품질
5	本质	běnzhì	명 본질
5	物质	wùzhì	명 물질
5	性质	xìngzhì	명 성질
6	素质	sùzhì	명 소양, 자질
6	气质	qìzhì	명 기질, 성미

责 zé
꾸짖을 책 〔責〕
8획 ★★

명 책임, 책무 동 책임지우다, 책망하다, 꾸짖다

돈[贝]을 빌리고 갚지 않으면 가시[主] 돋친 말로 꾸짖는다는 뜻이다. 주로 '책임'을 의미한다.

- 主은 여기서 가시가 있는 나무의 모양을 나타낸다.

4	负责 fùzé	동 책임지다
4	责任 zérèn	명 책임
5	责备 zébèi	동 탓하다, 꾸짖다

毒 dú
독 독
9획 ★

명 독, 마약 형 해로운, 악랄하다

가시[主]에 찔리면 어머니[母]가 빨아 주는 독을 뜻한다.

5	病毒 bìngdú	명 바이러스
6	消毒 xiāodú	동 소독하다
6	毒品 dúpǐn	명 마약

系 xì / jì
맬 계 〔繫〕
7획 ★★★

동 관련되다, 묶다, 매다 명 계통, 학과

바늘 끝[ㅡ]에 실[糸]을 꿰어 매듭을 맨다는 뜻이다. 하나로 꿰어진 '계통'을 뜻하기도 한다.

- 糸(실 사)는 실을 꼬아 놓은 모습이다.
- '묶다, 매다'라는 의미일 때 jì로 발음하기도 한다.

1	没关系 méiguānxi	괜찮다, 상관없다
3	关系 guānxi	명 관계
4	联系 liánxì	동 연락하다
5	系统 xìtǒng	명 계통, 시스템
5	系领带 jìlǐngdài	넥타이를 매다

累 lèi / lěi
지칠 루
포갤 루
11획 ★★★

형 지치다, 피곤하다 동 연속하다, 포개다 부 자주

밭[田]에서 수확한 곡식을 모두 포개어 실[糸]로 묶고 나니 피곤하다(지친다)는 뜻이다.

- '지치다, 피곤하다'라는 뜻일 때는 lèi, '연속하다, 포개다, 자주'라는 뜻일 때는 lěi로 발음한다.

| 4 | 积累 jīlěi | 동 쌓이다, 누적되다 |

乡 xiāng
시골 향 〔鄉〕
3획 ★

명 시골, 농촌, 고향

실[糸→乡]처럼 긴 그리움이 사무치는 고향 마을(시골)을 뜻한다.

- 乡은 糸(실 사)의 변형이다.

5	家乡 jiāxiāng	명 고향
6	故乡 gùxiāng	명 고향
+	老乡 lǎoxiāng	명 고향 사람

★★★ 6획 **红** hóng 붉을 홍 〔紅〕	형 붉다, 빨갛다, 번창하다, 인기 있다 중국에서 색실[纟]을 만들[工] 때 가장 인기 있는 색은 붉은색이라는 뜻이다. • 纟는 糸(실 사)가 간략해진 모양이다. 工(장인 공)은 장인이 사용하는 도구[工]를 그린 글자이다.	4 西红柿 xīhóngshì — 명 토마토 + 红茶 hóngchá — 명 홍차 + 红色 hóngsè — 명 붉은색, 빨강 + 红绿灯 hónglǜdēng — 명 신호등 + 红包 hóngbāo — 명 붉은 종이봉투

★★★ 11획 **绿** lǜ 푸를 록 〔綠〕	명 초록색 형 푸르다 실[纟]처럼 긴 나무줄기를 손[彐]으로 쥐어 짜낸 물[水→氺]이 푸르다는 뜻이다.	+ 绿茶 lǜchá — 명 녹차 + 绿色 lǜsè — 명 녹색 + 绿豆 lǜdòu — 명 녹두

★ 10획 **素** sù 힐 소	형 본색의, 흰색의, 소박하다 명 채소류, 요소 베틀[主]에서 갓 짜낸 실[糸]은 염색하지 않은 본래의 흰색이라는 뜻이다. 꾸밈없이 희고 '소박하다'라는 뜻도 있다. • 主은 여기서 나무로 만든 베틀의 모양을 나타낸다.	5 因素 yīnsù — 명 요소, 성분 6 朴素 pǔsù — 형 소박하다 6 素质 sùzhì — 명 소양, 자질 6 素食 sùshí — 명 채식 6 维生素 wéishēngsù — 명 비타민

★★ 6획 **约** yuē 맺을 약 〔約〕	동 약속하다, 절약하다, 제한하다 부 대략 실[纟]로 꽁꽁 싸서[勹] 매듭[丶]을 맺듯이 약속이나 인연을 맺는다는 뜻이다. 약속을 잘 지켜 시간을 '절약하다'라는 뜻도 있다. • 勹(쌀 포)는 사람이 몸을 굽혀서 무엇을 감싸는 모습이다.	4 节约 jiéyuē — 동 절약하다 4 大约 dàyuē — 부 아마, 대략 4 约会 yuēhuì — 동 약속을 하다 6 条约 tiáoyuē — 명 조약 6 约束 yuēshù — 동 단속하다 6 制约 zhìyuē — 동 제약하다

★★★ 9획 **药** yào 약 약 〔藥〕	명 약 몸에 좋은 풀[艹]을 모아 한 포로 묶어[约] 만든 약을 뜻한다. • 艹는 艸(풀 초)가 간략해진 모양이다.	6 火药 huǒyào — 명 화약 + 药方 yàofāng — 명 처방, 처방전 + 药水 yàoshuǐ — 명 물약 + 药材 yàocái — 명 약재 + 药店 yàodiàn — 명 약국 + 药剂师 yàojìshī — 명 약사

细
xì
가늘 세〔細〕
8획

형 가늘다, 세세하다, 정교하다

밭[田]에서 돋아나기 시작한 싹이 실[糹]처럼 가늘다는 뜻이다.

4	仔细	zǐxì	형 세심하다, 꼼꼼하다
4	详细	xiángxì	형 상세하다, 자세하다
6	细致	xìzhì	형 정교하다
6	细胞	xìbāo	명 세포

组
zǔ
짤 조〔組〕
8획

동 짜다, 조직하다, 구성하다 명 조, 그룹

실[糹]을 엮고 또[且] 엮어서 짠다는 뜻이다. '조(그룹), 조직하다, 구성하다'라는 뜻으로 쓰인다.

- 且(또 차)는 그릇에 음식이 겹겹이 쌓여 있는 모양을 그린 것으로, '또'라는 뜻이다.

5	组织	zǔzhī	동 조직하다 명 조직
5	组合	zǔhé	동 조합하다 명 조합
5	组成	zǔchéng	동 구성하다 명 구성
+	小组	xiǎozǔ	명 그룹, 조

织
zhī
짤 직〔織〕
8획

동 (직물·옷 등을) 짜다, 교차하다

실[糹]을 베틀에 걸어서 단지[只] 교차하여 옷을 짠다는 뜻이다.

- 只(다만 지)는 얼굴에서 입[口]과 목[八]은 오직 하나만 있으니, '다만(단지)'이라는 뜻이다.

| 5 | 组织 | zǔzhī | 동 조직하다 명 조직 |
| 6 | 编织 | biānzhī | 동 엮다, 짜다 |

编
biān
엮을 편〔編〕
12획

동 엮다, 짜다, 편성하다, 편집하다, 창작하다

납작한[扁] 종이에 쓴 글을 모아 실[糹]로 엮는다는 뜻이다. 엮어서 '편성하다, 편집하다' 등의 뜻으로 쓰인다.

- 扁(납작할 편)은 집[戶] 앞에 둘러쳐진 울타리[冊]의 모양이 납작하다는 뜻이다.

| 5 | 编辑 | biānjí | 동 편집하다 명 편집인 |
| 6 | 编织 | biānzhī | 동 엮다, 짜다 |

线
xiàn
줄 선〔綫〕
8획

명 실, 선, 가늘고 긴 것, 실마리 양 줄기, 가닥

실[糹]처럼 가느다란[戋] 줄을 뜻한다.

- 戋은 여러 개의 창[戈戈]을 가진 군대는 희생자가 적다는 뜻의 戔(적을 전)이 간략해진 모양이다.

4	占线	zhànxiàn	동 통화 중이다
6	视线	shìxiàn	명 시선, 눈길
6	线索	xiànsuǒ	명 실마리, 단서
+	曲线	qūxiàn	명 곡선

钱
★★★ 10획

qián
돈 전 〔錢〕

명 화폐, 돈

금속[钅]을 녹여서 적은[戈] 양씩 떼어 만든 돈을 뜻한다.

• 钅은 金(쇠 금)이 간략해진 모양이다.

4	零钱	língqián	명 푼돈, 잔돈
6	本钱	běnqián	명 본전, 원금
6	压岁钱	yāsuìqián	명 세뱃돈

专
★★ 4획

zhuān
오로지 전 〔專〕

형 전문적이다, 전념하다 동 독차지하다 부 오로지

손에 실패(실감개)를 쥐고 오로지 한 종류의 실을 감는[专] 모습을 나타낸 글자이다. '오로지, 전념하다' 등의 뜻으로 쓰인다.

4	专门	zhuānmén	형 전문적이다
4	专业	zhuānyè	명 전공
5	专家	zhuānjiā	명 전문가
5	专心	zhuānxīn	형 전심전력하다
6	专利	zhuānlì	명 특허

传
★★ 6획

chuán
전할 전 〔傳〕

동 전하다, 전파하다 명 (책 종류) 전기, 전

사람[亻]만이 오로지[专] 후손에게 문화와 전통을 전한다는 뜻이다.

• '전하다'라는 뜻일 때는 chuán으로 발음하나, 책 종류의 하나인 '전기(傳記)'를 의미할 때는 zhuàn으로 발음한다.

4	传真	chuánzhēn	명 팩스
5	传统	chuántǒng	명 전통
5	传染	chuánrǎn	동 전염하다
5	传说	chuánshuō	명 전설
5	传播	chuánbō	동 널리 퍼뜨리다
5	宣传	xuānchuán	동 홍보하다

转
★★ 8획

zhuǎn / zhuàn
바꿀 전
돌 전 〔轉〕

동 바꾸다, 바뀌다, 전하다, 돌다, 둘러보다

차[车]는 오로지[专] 네 바퀴만으로 방향을 바꾸거나 돈다는 뜻이다.

• 车은 車(차 차)가 간략해진 모양이다.
• '바꾸다, 바뀌다, 전하다'라는 뜻일 때는 zhuǎn, '돌다, 둘러보다'라는 뜻일 때는 zhuàn으로 발음한다.

| 5 | 转告 | zhuǎngào | 동 (말을) 전하다 |

与
★★ 3획

yǔ / yù
줄 여
참여할 여 〔與〕

접 ~와, ~거나 동 주다, 참여하다

새끼줄이 꼬인 모습을 그린 글자로, 서로에게 엮여 도움을 준다는 뜻이다.

• 접속사로 '~와', 동사로 '주다'라는 뜻일 때는 yǔ, '참여하다'라는 뜻일 때는 yù로 발음한다.

5	参与	cānyù	동 참여하다
5	与其	yǔqí	접 ~하기보다는
6	与日俱增	yǔrìjùzēng	성 날이 갈수록 많아지다

★★★ 6획

网 wǎng
그물 망 〔網〕

명 그물, 조직, 계통, 인터넷 동 그물로 잡다

줄을 얽어 만든 그물의 모양을 그린 글자이다. '그물'을 영어로 하면 'net'이므로 '인터넷'이라는 뜻으로도 많이 쓰인다.

3	上网	shàngwǎng	동 인터넷을 하다
4	网球	wǎngqiú	명 테니스
4	网站	wǎngzhàn	명 웹 사이트
4	互联网	hùliánwǎng	명 인터넷
5	网络	wǎngluò	명 네트워크, 회로망
+	网吧	wǎngbā	명 PC방

★ 9획

品 pǐn
물건 품

명 물품, 등급, (물건의) 종류 동 품평하다

물건[口口口]을 쌓아 놓은 모양[品]을 그린 글자이다.

5	日用品	rìyòngpǐn	명 날마다 쓰는 물건
5	作品	zuòpǐn	명 작품
6	工艺品	gōngyìpǐn	명 공예품
6	品质	pǐnzhì	명 품질
6	品种	pǐnzhǒng	명 품종

★ 16획

操 cāo
잡을 조

동 잡다, 일하다, 조작하다, 훈련하다

손[扌]에 든 새총으로 나무 위에서 우는[喿] 새를 잡는다는 뜻이다. '조작하다, 훈련하다'라는 의미로도 쓰인다.

• 喿(울 조)는 나무[木] 위에서 새들이 입[口口口→品]을 벌려 운다는 뜻이다.

5	操场	cāochǎng	명 운동장
5	操心	cāoxīn	동 걱정하다
6	操作	cāozuò	동 조작하다, 다루다
6	操练	cāoliàn	동 훈련하다
6	操劳	cāoláo	동 애써 일하다

★★★ 11획

商 shāng
장사 상

명 상업, 장사, 상인 동 상의하다, 의논하다

성문[宀] 아래에 물건[口]을 진열해 놓고 장사한다는 뜻이다. 장사를 잘하기 위해 '상의하다'라는 뜻도 있다.

• 冏은 성문의 모양을 나타낸다.

1	商店	shāngdiàn	명 상점
4	商量	shāngliang	동 상의하다
5	商品	shāngpǐn	명 상품
5	商业	shāngyè	명 상업, 비즈니스
6	商标	shāngbiāo	명 상표

발음 체크 박스

오른쪽의 발음을 가리고 읽어 보세요.
책 날개에 제공된 책갈피를 이용하면 편리합니다.

化	huà	责	zé	药	yào	转	zhuǎn / zhuàn
花	huā	毒	dú	细	xì	与	yǔ / yù
华	huá	系	xì / jì	组	zǔ	网	wǎng
货	huò	累	lèi / lěi	织	zhī	品	pǐn
财	cái	乡	xiāng	编	biān	操	cāo
贵	guì	红	hóng	线	xiàn	商	shāng
费	fèi	绿	lǜ	钱	qián		
负	fù	素	sù	专	zhuān		
质	zhì	约	yuē	传	chuán		

27일째 기호

MP3 발음 파일

암기 프로그램

★★★ 1획

yī
한 일

수 1, 첫째 형 같다, 온, 전 대 어느

나뭇가지 하나를 놓아 숫자 '1'을 표현했다.

- '一'의 성조 변화: 1,2,3성 앞에서는 yì(4성)로 발음하고, 4성이나 (4성이 변화된) 경성 앞에서는 yí(2성)로 발음한다. 단독으로 '숫자 1'을 표현할 때는 yī(1성)로 발음한다.
- 중국인들은 한 손의 손 모양으로 1부터 10까지의 숫자를 표현한다.

1	一点儿 yìdiǎnr	양 조금, 약간
2	第一 dìyī	수 제1, 첫째
2	一起 yìqǐ	부 같이, 함께
3	一边 yìbiān	명 한쪽, 한편
3	一般 yìbān	형 보통이다
3	一定 yídìng	부 반드시, 꼭
3	一样 yíyàng	형 같다

★★ 4획

无
wú
없을 무 〔無〕

동 없다, ~이 아니다 접 ~을 막론하고

한[一]쪽 다리를 다쳐 절름거리며[尢] 걸어가니, 성한 곳이 없다는 뜻이다.

- 尢(절름발이 왕)은 한쪽 발이 불편하여 절름거리며 걷는 사람의 모습이다.

4	无聊 wúliáo	형 심심하다
4	无论 wúlùn	접 ~을 막론하고
5	无奈 wúnài	동 방법이 없다
5	无所谓 wúsuǒwèi	상관없다
6	无辜 wúgū	형 죄가 없다

★★★ 2획

二
èr
두 이

수 2, 둘 형 다음 번째, 두 번째

나뭇가지 두 개를 놓아 숫자 '2'를 표현했다.

| 6 | 二氧化碳 èryǎnghuàtàn | 명 이산화탄소 |

★★ 4획

互
hù
서로 호

부 서로

양쪽[二]이 묶여[ㄐ] '서로' 관계를 이룬 모습이다.

| 4 | 互相 hùxiāng | 부 서로 |
| 4 | 互联网 hùliánwǎng | 명 인터넷 |

两 liǎng
★★★ 7획
두 량〔兩〕

수 둘, 몇몇 명 쌍방, 양쪽
저울의 양쪽에 추가 달린 모양을 그린 글자이다.

- 일반적으로 양사 앞에는 两을 써야 한다. 예를 들어 '책 두 권'은 '两本书 liǎng běn shū'라고 해야 한다.

6 一举两得 yìjǔliǎngdé 성 일거양득
+ 两面 liǎngmiàn 명 양면

满 mǎn
★★★ 13획
가득 찰 만〔滿〕

형 가득 차다, 온, 모든 동 만족하다, 가득 채우다
저수지가 물[氵]과 풀[艹], 두[两] 가지로 가득 찼다는 뜻이다.

- 艹는 艸(풀 초)가 간략해진 모양이다.

3 满意 mǎnyì 형 만족하다
5 充满 chōngmǎn 동 가득 차다
5 满足 mǎnzú 동 만족하다
6 圆满 yuánmǎn 형 원만하다

三 sān
★★★ 3획
석 삼

수 3, 셋, 다수
나뭇가지 세 개를 놓아 숫자 '3'을 표현했다.

5 再三 zàisān 부 두세 번
6 丢三落四 diūsānlàsì 성 이것저것 빠뜨리다

丰 fēng
★★ 4획
풍성할 풍〔豐〕

형 풍성하다, 풍부하다, 풍만하다
많은[三] 사람이 일렬[丨]로 서서 수확해야 할 만큼 곡식이 풍성하다는 의미이다.

4 丰富 fēngfù 형 풍부하다
6 丰满 fēngmǎn 형 풍만하다
6 丰盛 fēngshèng 형 풍성하다

四 sì
★★★ 5획
넉 사

수 4, 넷
한 공간[口]을 '사방'으로 나눈[八] 모습을 그려 숫자 '4'를 표현했다.

- 八(여덟 팔)은 여기서 '나누다'라는 뜻으로 쓰였다.

6 四肢 sìzhī 명 사지, 팔다리
+ 四季 sìjì 명 사계절

五
wǔ
다섯 오

★★★ 4획

수 5, 다섯

하늘과 땅[二] 사이에 음양오행이 교차[×→力]하는 모습을 그려 숫자 '5'를 표현했다.

+ 五花肉 wǔhuāròu 명 삼겹살
+ 五花八门 wǔhuābāmén 성 각양각색

六
liù
여섯 륙

★★★ 4획

수 6, 여섯

세 손가락씩 양손을 편 모양을 그려 숫자 '6'을 표현했다.

• 중국인들이 숫자 '6(六 liù)'을 좋아하는 이유는 '流(liú, 흐를 류)'와 발음이 비슷해서 '순조롭다'라는 의미가 있기 때문이다.

+ 六何法 liùhéfǎ 명 육하원칙
+ 六亲 liùqīn 명 육친, 친족

七
qī
일곱 칠

★★★ 2획

수 7, 일곱

하늘에 떠 있는 별 7개를 연결한 모양을 그려 숫자 '7'을 표현했다.

+ 七嘴八舌 qīzuǐbāshé 성 제각기 떠들다
+ 七上八下 qīshàngbāxià 성 마음이 복잡하다

八
bā
여덟 팔

★★★ 2획

수 8, 여덟

네 손가락씩 양손을 편 모양을 그려 숫자 '8'을 표현했다.

• 중국인들이 숫자 '8(八 bā)'을 좋아하는 이유는 '发财(fācái, 돈을 벌다)'의 '发(fā, 벌다)'와 발음이 비슷하기 때문이다.

+ 八宝粥 bābǎozhōu 명 팔보죽, 영양죽
+ 乱七八糟 luànqībāzāo 성 엉망진창이다

共
gòng
함께 공

★★★ 6획

부 함께, 전부, 모두 형 공통의 동 함께 하다

쌓여 있는 장작[廾]을 여럿이[八] 함께 드는 모습이다.

• 八(여덟 팔)은 여기서 많은 수를 의미한다.

2 公共汽车 gōnggòngqìchē 명 버스
3 一共 yígòng 부 모두
4 共同 gòngtóng 형 공통의
5 总共 zǒnggòng 부 전부

供 gōng 공급할 공

★★ 8획

동 공급하다, 제공하다

사람들[亻]이 함께[共] 쓸 수 있도록 물건을 공급한다는 뜻이다.

| 4 | 提供 tígōng | 동 제공하다, 공급하다 |
| 6 | 供给 gōngjǐ | 동 공급하다 |

九 jiǔ 아홉 구

★★★ 2획

수 9, 아홉, 여러 번

十(열 십)에서 한쪽 끝이 구부러졌으니 10보다 하나 작은 '9'라는 뜻이다.

- 중국인들이 숫자 '9(九 jiǔ)'를 좋아하는 이유는 '久(jiǔ, 오랠 구)'와 발음이 같아서 '장수'를 의미하기 때문이다.

| + | 十有八九 shíyǒubājiǔ | 성 십중팔구 |

究 jiū 연구할 구

★★ 7획

동 연구하다, 탐구하다 부 도대체

어떤 일에 대해 구멍[穴]을 파듯이 여러[九] 번 조사하고 연구한다는 뜻이다.

- 九(아홉 구)는 여기서 많은 수를 의미한다.

4	研究 yánjiū	동 연구하다
4	究竟 jiūjìng	부 도대체
5	讲究 jiǎngjiu	동 중요시하다
6	追究 zhuījiū	동 추궁하다, 따지다

十 shí 열 십

★★★ 2획

수 10, 열 형 완전하다

나뭇가지[一] 열 개를 하나[丨]로 묶은 모양을 그려 숫자 '10'을 표현했다.

| 4 | 十分 shífēn | 부 매우, 아주, 대단히 |
| 6 | 十足 shízú | 형 충분하다, 충족하다 |

计 jì 셀 계 [計]

★★ 4획

동 세다, 계산하다, 계획하다 명 계획, 계략

말[讠]로 많은[十] 수를 센다는 뜻이다. '계산하다, 계획하다'라는 뜻으로도 쓰인다.

- 讠은 言(말씀 언)이 간략해진 모양이다.
  十(열 십)은 여기서 많은 수를 의미한다.

4	计划 jìhuà	동 계획하다 명 계획
4	估计 gūjì	동 추측하다, 예측하다
5	计算 jìsuàn	동 계산하다
5	设计 shèjì	동 설계(디자인)하다
5	会计 kuàijì	명 회계, 경리

什 shén
무엇 심 — 4획

[대] 무엇, 무슨

사람[亻]이 여러[十] 가지 궁금한 것을 물어볼 때 하는 말인 '무엇'을 나타낸다.

1. 什么 shénme — [대] 무엇
2. 为什么 wèishénme — [부] 왜, 무엇 때문에

世 shì
세상 세 — 5획

[명] 세계, 세상, 생애, 시대, 사회

삼십[十十十→世] 년을 주기로 한 세대를 살아가는 인간 세상을 뜻한다.

3. 世界 shìjiè — [명] 세계
4. 世纪 shìjì — [명] 세기
5. 去世 qùshì — [동] 돌아가다(죽다)
6. 世代 shìdài — [동] 세대, 여러 대

百 bǎi
일백 백 — 6획

[수] 100, 백, 많은 수 [형] 많은, 전부의

한[一] 살부터 머리가 하얘질[白] 때까지 살면 얻게 되는 나이는 '100'이라는 뜻이다. 100은 주로 많은 수를 상징할 때 쓰인다.

4. 百分之 bǎifēnzhī — [명] 퍼센트
5. 老百姓 lǎobǎixìng — [명] 백성, 국민
6. 千方百计 qiānfāngbǎijì — [성] 갖은 방법을 다 쓰다

• 白(흰 백)은 해[日]가 위[丿]로 떠올라 세상을 비추면 주변이 환하고 희다는 뜻이다.

千 qiān
일천 천 — 3획

[수] 1,000, 천, 많은 수

많은 사람[亻]이 일렬[一]로 줄지어 선 모습을 그려 숫자 '1,000'을 표현했다.

4. 千万 qiānwàn — [부] 부디, 제발

万 wàn
일만 만 〔萬〕 — 3획

[수] 10,000, 만 [형] 매우 많다 [부] 아주

떼 지어 몰려다니는 벌의 모습으로, 매우 많은 수인 '10,000'을 의미한다.

4. 千万 qiānwàn — [부] 부디, 제발
5. 万一 wànyī — [부] 만약에
6. 万分 wànfēn — [부] 대단히

• 万은 벌의 모습을 그린 萬(일만 만)이 간략해진 모양이다.

亿 yì
억 억 〔億〕
3획

[수] 억

사람[亻]이 들으면 몸이 새[乙]처럼 움츠러들 정도의 큰 숫자인 '억'을 뜻한다.

- 乙(새 을)은 새 모양을 그린 글자이다.

[+] 亿万富翁 yìwànfùwēng [명] 억만장자

上 shàng
위 상
3획

[명] 위 [형] 위의, 앞의 [동] 오르다, 시작하다

기준선[一]을 두고 그 위에 점[丶→卜]을 찍어 '위'를 표현했다.

1. 上午 shàngwǔ [명] 오전
2. 早上 zǎoshang [명] 아침
2. 晚上 wǎnshang [명] 저녁
2. 上班 shàngbān [동] 출근하다
3. 上网 shàngwǎng [동] 인터넷을 하다
3. 马上 mǎshàng [부] 곧, 즉시, 바로

让 ràng
사양할 양 〔讓〕
5획

[동] 사양하다, 양보하다, ~하게 하다, 비키다
[개] ~에 의해서 ~되다

정중한 말[讠]로 윗사람[上]의 도움을 사양한다는 뜻이다. 문장에서 '~하게 시키다'라는 의미로 많이 쓰인다.

- 讠은 言(말씀 언)이 간략해진 모양이다.

6. 让步 ràngbù [동] 양보하다

中 zhōng / zhòng
가운데 중
맞출 중
4획

[명] 가운데, 안 [형] 치우치지 않다 [동] 맞추다

땅을 정복하고 그 가운데 깃발을 세운 모습이다.

- 명사로 '가운데'라는 의미일 때는 zhōng, 동사로 '맞추다'라는 의미일 때는 zhòng으로 발음한다.

1. 中国 Zhōngguó [명] 중국
1. 中午 zhōngwǔ [명] 정오, 낮
3. 中间 zhōngjiān [명] 중간
5. 中心 zhōngxīn [명] 한가운데, 중심
5. 集中 jízhōng [동] 집중하다
6. 中央 zhōngyāng [명] 중앙

史 shǐ
역사 사
5획

[명] 역사

기록하는 사람[人]이 중립[中]을 지키고 써야 하는 역사를 뜻한다.

3. 历史 lìshǐ [명] 역사

使
shǐ
하여금 사
시킬 사

★★ 8획

동 시키다, ~하게 하다, 파견하다, 사용하다
명 외교관 접 가령, 만약

윗사람[亻]이 관리[吏]로 하여금 일을 시킨다는 뜻이다.

- 吏(벼슬아치 리)는 나라의 한[一] 자리를 맡아 역사[史]에 남을 나랏일을 하는 벼슬아치를 뜻한다.

4	即使	jíshǐ	접 설령 ~하더라도
4	使用	shǐyòng	동 사용하다, 쓰다
4	大使馆	dàshǐguǎn	명 대사관
5	促使	cùshǐ	동 ~하도록 하다
5	使劲儿	shǐjìnr	동 힘을 쓰다

下
xià
아래 하

★★★ 3획

명 아래, 다음, 나중 형 하급의
동 내려가다, 내리다, 끝나다 양 번, 회

기준선[一]을 두고 그 아래에 점[丶→卜]을 찍어 '아래'를 표현했다.

1	下午	xiàwǔ	명 오후
1	下雨	xiàyǔ	동 비가 오다
2	一下	yíxià	양 좀 ~하다
5	下载	xiàzài	동 다운로드하다
+	下班	xiàbān	동 퇴근하다

qiǎ / kǎ
지킬 잡
외래어 가

★★★ 5획

명 핀, 카드, 트럭 동 걸리다, 끼이다, 누르다

길의 위[上]와 아래[下]를 모두 막아서 도망가지 못하도록 지킨다는 뜻이다. 외래어인 '카드, 트럭' 등을 뜻하기도 한다.

- '핀, 걸리다, 끼이다, 누르다'라는 뜻일 때는 qiǎ, '카드, 트럭' 이라는 뜻일 때는 kǎ라고 발음한다.

3	信用卡	xìnyòngkǎ	명 신용카드
5	卡车	kǎchē	명 트럭
6	卡通	kǎtōng	명 카툰

27 발음 체크 박스

오른쪽의 발음을 가리고 읽어 보세요.
책 날개에 제공된 책갈피를 이용하면 편리합니다.

一	yī	五	wǔ	计	jì	中	zhōng / zhòng
无	wú	六	liù	什	shén	史	shǐ
二	èr	七	qī	世	shì	使	shǐ
互	hù	八	bā	百	bǎi	下	xià
两	liǎng	共	gòng	千	qiān	卡	qiǎ / kǎ
满	mǎn	供	gōng	万	wàn		
三	sān	九	jiǔ	亿	yì		
丰	fēng	究	jiū	上	shàng		
四	sì	十	shí	让	ràng		

사회

28일째

MP3 발음 파일 / 암기 프로그램

行 (xíng / háng) — 다닐 행, 줄 항
★★★ 6획

동 ~해도 좋다, 가다, 행하다 명 행, 줄, 업종, 직업

사거리[行]를 그린 글자로, 그 길로 다닌다는 뜻이다. '줄, 행, 업종'이라는 뜻도 있다.

• '가다, ~해도 좋다'라는 뜻일 때는 xíng, '줄, 업종'이라는 뜻일 때는 háng으로 발음한다.

급	단어	병음	품사	뜻
3	银行	yínháng	명	은행
3	自行车	zìxíngchē	명	자전거
3	行李箱	xínglǐxiāng	명	여행용 가방
4	进行	jìnxíng	동	진행하다
4	流行	liúxíng	동	유행하다
4	旅行	lǚxíng	동	여행하다

街 (jiē) — 거리 가
★★★ 12획

명 거리, 길거리, 대로

흙길[土土→圭]을 포장해서 사람들이 다닐[行] 수 있게 만든 거리를 뜻한다.

급	단어	병음	품사	뜻
3	街道	jiēdào	명	거리
+	大街	dàjiē	명	큰길, 번화가
+	街头	jiētóu	명	길 입구, 길거리
+	逛街	guàngjiē	동	거리를 거닐다

律 (lǜ) — 법률 률
★★ 9획

명 법률, 규정, (음악의) 율

인생길[彳]에 필요한 규칙을 붓[聿]으로 기록한 법률을 뜻한다.

• 彳(조금 걸을 척)은 여기서 길의 모양을 나타낸다. 聿(붓 율)은 손에 붓을 쥔 모습이다.

급	단어	병음	품사	뜻
4	法律	fǎlǜ	명	법률
4	律师	lǜshī	명	변호사
5	规律	guīlǜ	명	규율, 법칙
5	一律	yílǜ	형	일률적이다
5	纪律	jìlǜ	명	기율, 기강, 법도
6	旋律	xuánlǜ	명	선율, 멜로디

得 (de / dé / děi) — 얻을 득, 어조사 득
★★★ 11획

조 동사나 형용사 뒤에서 결과나 정도를 나타냄
동 얻다, ~해야 한다, 필요하다

길[彳]에 나가 아침[旦]부터 장사하면 손[寸]에 무엇이라도 얻는다는 뜻이다.

• 旦(아침 단)은 해가 지평선 위로 떠오르는 모습이다.
• 조사로 쓰일 때는 de, '얻다'라는 뜻일 때는 dé, '~해야 한다, 필요하다'라는 뜻일 때는 děi라고 발음한다.

급	단어	병음	품사	뜻
2	觉得	juéde	동	~라고 여기다
3	记得	jìde	동	기억하고 있다
4	获得	huòdé	동	얻다
4	得意	déyì	형	마음에 들다
4	不得不	bùdébù	부	어쩔 수 없이
4	值得	zhídé	동	~할 가치가 있다

德 dé
덕 덕 (15획)

명 덕, 도덕, 품행

인생길[彳]에서 반드시 갖추어야 하는 곧은[直→㥁] 마음[心]인 덕을 뜻한다.

- 直(곧을 직)은 많은[十] 사람 앞에 당당한 눈[目]으로 곧게 [一] 선 모습을 나타낸다.

5	道德 dàodé	명 도덕
6	品德 pǐndé	명 인품과 덕성
+	德语 Déyǔ	명 독일어
+	德国 Déguó	명 독일

车 chē
수레 차 〔車〕 (4획)

명 차, 바퀴가 달린 기구

수레의 몸통과 바퀴를 그린 글자[車]가 간략해진 모양이다. 주로 바퀴가 달린 교통수단을 가리키는 단어에 많이 쓰인다.

1	出租车 chūzūchē	명 택시
2	火车站 huǒchēzhàn	명 기차역
3	自行车 zìxíngchē	명 자전거
4	堵车 dǔchē	동 교통이 막히다
+	汽车 qìchē	명 자동차

连 lián
이을 련 〔連〕 (7획)

동 잇다　부 계속하여, 연이어　개 ~조차도

한 방향으로 가는[辶] 차[车]가 도로에 끝없이 이어져 있다는 뜻이다.

- 辶은 천천히 걷는 모습인 辵(쉬엄쉬엄 갈 착)이 부수로 쓰인 모양이다.

5	连忙 liánmáng	부 얼른, 급히
5	连续 liánxù	동 연속하다
6	连锁 liánsuǒ	형 연쇄적이다
6	连年 liánnián	부 해마다

辆 liàng
수레 량 〔輛〕 (11획)

양 대(차량을 세는 단위)

수레[车]나 차를 한 대, 두[两] 대 세는 단위이다. '차 한 대'는 '一辆车 yí liàng chē'라고 한다.

- 两(두 량)은 저울의 양쪽에 추가 달린 모습을 그린 글자이다.

| + | 车辆 chēliàng | 명 차량 |

输 shū
보낼 수 〔輸〕 (13획)

동 나르다, 운송하다, 주입하다, 패하다, 지다

상대방에게 응답할[俞] 물건을 차[车]에 실어 보낸다는 뜻이다. '승부에서 지다'라는 뜻도 있다.

- 俞(응답할 유)는 윗사람[人]이 한번[一] 명령을 내리면 몸[肉→月]에 칼[刂]을 찬 부하가 응답한다는 뜻이다.
- '이기다'는 '赢 yíng'이다.

| 5 | 输入 shūrù | 동 입력하다 |
| 5 | 运输 yùnshū | 동 운송하다 |

轻 qīng
가벼울 경 〔輕〕
9획 ★★★

형 가볍다, 간편하다, 젊다, 경솔하다 동 경시하다

차[车]가 달리는 모양새가 마치 물줄기[巠→圣]처럼 빠르고 가볍다는 뜻이다.

• 좁은 물줄기가 흐르는 모양인 巠(물줄기 경)이 간략해진 모양이다.

3	年轻	niánqīng	형 젊다, 어리다
4	轻松	qīngsōng	형 가볍다, 홀가분하다
5	轻易	qīngyì	부 가볍게, 함부로
5	轻视	qīngshì	동 경시하다, 무시하다

经 jīng
지날 경 〔經〕
8획 ★★★

동 거치다, 경험하다, 경영하다 형 통상적이다

베틀에 걸린 실[纟]은 물줄기[巠→圣]처럼 위아래로 지난다는 뜻이다. '거치다, 경험하다' 등의 의미로도 쓰인다.

2	已经	yǐjing	부 이미, 벌써
3	经过	jīngguò	동 거치다, 지나다
3	经常	jīngcháng	부 항상 형 일상적인
3	经理	jīnglǐ	명 경영 관리 책임자
4	经历	jīnglì	동 경험하다 명 경험

船 chuán
배 선
11획 ★★★

명 배, 선박

배[舟] 중에서 탁자[几]나 방[口]도 포함된 매우 큰 배를 뜻한다. 현대 중국어에서는 일반적인 '배'를 의미하는 단어로 쓰인다.

• 舟(배 주)는 통나무를 쪼개서 만든 배의 모양이다. 几(책상 궤)는 작은 탁자[几]의 모습을 그린 글자이다.

6	船舶	chuánbó	명 배, 선박
6	轮船	lúnchuán	명 증기선
+	帆船	fānchuán	명 돛단배, 요트 경주
+	划船	huáchuán	동 배를 젓다

航 háng
배 항
10획 ★★

동 운항하다, 비행하다 명 배, 선박

배[舟]의 돛을 높이[亢] 올리고 바다를 항해한다는 뜻이다. 비행기를 '운항하다, 비행하다'라는 의미도 있다.

• 亢(높을 항)은 사람이 목을 높이 뺀 모습이다.

4	航班	hángbān	명 운항편
6	航空	hángkōng	형 항공의 동 비행하다
6	航天	hángtiān	동 우주 비행하다

抗 kàng
막을 항
7획 ★

동 저항하다, 막다, 항거하다, 맞서다

손[扌]을 높이[亢] 올려 상대방의 공격을 막는다는 뜻이다.

• 扌은 手(손 수)가 부수로 쓰인 모양이다.

6	抗议	kàngyì	동 항의하다 명 항의
6	反抗	fǎnkàng	동 반항하다
6	抵抗	dǐkàng	동 저항하다

交 jiāo
사귈 교
★★ 6획

동 교차하다, 사귀다, 건네다, 교제하다 부 서로

사람이 다리를 교차한 모습으로, 친구와 교류하며 사귄다는 뜻이다.

- 4 交通 jiāotōng 명 교통
- 4 交流 jiāoliú 동 교류하다
- 5 交换 jiāohuàn 동 교환하다
- 5 交往 jiāowǎng 동 왕래하다, 교제하다
- 5 交际 jiāojì 동 교제하다

校 xiào / jiào
학교 교
고칠 교
★★★ 10획

명 학교 동 고치다, 교정하다

나무[木]로 지어진 건물 안에서 친구와 사귀며[交] 공부하는 학교를 뜻한다. 학교 교육을 통해 '(잘못을) 고치다'라는 뜻도 있다.

• '학교'라는 뜻일 때는 xiào, '고치다, 교정하다'라는 뜻일 때는 jiào로 발음한다.

- 1 学校 xuéxiào 명 학교
- 3 校长 xiàozhǎng 명 학교장
- + 校对 jiàoduì 동 맞추다, 교정하다

较 jiào
비교할 교 〔較〕
★★★ 10획

동 비교하다, 따지다 부 비교적

차[车]를 살 때는 여러 차를 교차하여[交] 타 보며 비교한다는 뜻이다.

- 3 比较 bǐjiào 동 비교하다 부 비교적
- 6 计较 jìjiào 동 계산하여 비교하다

文 wén
글월 문
★★★ 4획

명 글, 문장, 문화, 문자 형 교양 있다

머리[亠]에 갓을 쓴 선비가 붓으로 휘갈겨[乂] 쓴 글을 뜻한다. '문자, 문화'라는 의미로도 쓰인다.

- 3 文化 wénhuà 명 문화
- 3 中文 Zhōngwén 명 중국의 언어·문자
- 4 文章 wénzhāng 명 문장
- 5 文明 wénmíng 명 문명
- 5 文字 wénzì 명 문자, 글자
- 5 文学 wénxué 명 문학

这 zhè
이 저 〔這〕
★★★ 7획

대 이, 이것 부 이때

벽에 적힌 글[文]에 가까이 가서[辶] 손으로 가리킬 때 하는 말인 '이, 이것'을 뜻한다.

• 辶은 천천히 걷는 모습인 辵(쉬엄쉬엄 갈 착)이 부수로 쓰인 모양이다.

- + 这个 zhège 대 이, 이것
- + 这些 zhèxiē 대 이런 것들
- + 这样 zhèyàng 대 이렇게
- + 这里 zhèlǐ 대 여기, 이곳
- + 这儿 zhèr 대 여기, 이곳

书 shū 책 서 〔書〕
★★★ 4획

명 책, 문서, 편지, 글씨체 동 기록하다, 쓰다

붓[丨]으로 글을 차곡차곡[ㅋ] 채우고 마침표[丶]를 찍어 펴낸 책을 뜻한다.

• ㅋ은 여기서 글씨를 채워 나간 모양이다.

3	图书馆	túshūguǎn	명 도서관
5	秘书	mìshū	명 비서
5	书架	shūjià	명 책장
6	证书	zhèngshū	명 증명서
+	读书	dúshū	동 책을 읽다

典 diǎn 법 전
★★★ 8획

명 본보기가 되는 서적, 표준, 모범, 전고

옛 책[冊]을 손[八]에 들고 보며 그것을 기준으로 만든 사회의 규범(법)을 뜻한다.

• 八은 여기서 양손의 모양을 나타낸다.

3	词典	cídiǎn	명 사전
5	经典	jīngdiǎn	명 경전, 고전
5	古典	gǔdiǎn	형 고전적
6	典型	diǎnxíng	형 전형적인

写 xiě 쓸 사 〔寫〕
★★★ 5획

동 글씨를 쓰다, 묘사하다, (문학 작품을) 짓다

책상[冖]에 앉아 손에 붓[与]을 들고 글씨를 쓴다는 뜻이다.

• 与은 여기서 붓을 쥔 손의 모습을 나타낸다.

| 5 | 写作 | xiězuò | 동 글을 짓다 |
| 5 | 描写 | miáoxiě | 동 묘사하다 |

学 xué 배울 학 〔學〕
★★★ 8획

동 배우다, 모방하다 명 학교, 학문, 학과

자식들[子]이 책상[冖]에 앉아 나뭇가지[⺍]를 가지고 수를 배운다는 뜻이다.

• 冖(덮을 멱)은 여기서 책상을 나타내고, ⺍은 나뭇가지의 모양을 나타낸다.

1	同学	tóngxué	명 학교 친구
1	学生	xuésheng	명 학생
1	学习	xuéxí	동 공부하다
1	学校	xuéxiào	명 학교
3	留学	liúxué	동 유학하다
4	科学	kēxué	명 과학

觉 jué / jiào 깨달을 각 / 잠 교 〔覺〕
★★★ 9획

동 느끼다, 깨닫다 명 감각, 느낌, 잠

학생은 지식을 배우고[学→⺍] 책을 보며[见] 진리를 깨닫는다는 뜻이다. 공부하면 쏟아지는 '잠'을 뜻하기도 한다.

• '느끼다, 깨닫다'라는 뜻일 때는 jué, '잠'이라는 뜻일 때는 jiào 라고 발음한다.

1	睡觉	shuìjiào	동 (잠을) 자다
2	觉得	juéde	동 ~라고 여기다
4	感觉	gǎnjué	명 느낌 동 느끼다
5	自觉	zìjué	동 자각하다
6	知觉	zhījué	명 지각, 감각

★★★	2획

jī / jǐ
책상 궤
거의/몇 기 〔幾〕

수 몇(10 이하의 수) 명 작은 탁자 부 거의

작은 탁자[几]의 모습을 그린 글자이다. '거의, 몇'이라는 뜻으로 더 많이 쓰인다.

- '작은 탁자, 거의'라는 뜻일 때는 jī, '몇'이라는 뜻일 때는 jǐ라고 발음한다.

③ 几乎 jīhū　　부 거의

★★★　6획

机
jī
기계 기 〔機〕

명 기계, 기기, 비행기, 기회

나무[木]로 책상[几]을 만들 때 필요한 기계를 뜻한다.

① 飞机 fēijī　　명 비행기
② 机场 jīchǎng　명 공항
② 手机 shǒujī　명 휴대폰
③ 司机 sījī　　명 기사, 운전사
③ 机会 jīhuì　　명 기회
③ 照相机 zhàoxiàngjī　명 사진기, 카메라

★★★　6획

朵
duǒ
송이 타

양 송이, 조각, 점(꽃·구름 등을 세는 단위)

나무줄기[木] 위에 봉긋하게[几] 올라온 꽃송이를 뜻한다. '꽃 한 송이'는 '一朵花 yì duǒ huā'라고 한다.

- 几(책상 궤)는 여기서 봉긋하게 올라온 모양을 나타낸다.

③ 耳朵 ěrduo　명 귀
+ 花朵 huāduǒ　명 꽃, 꽃잎

★★★　3획

么
me
어조사 마 〔麼〕

접미 대명사나 부사 뒤에 붙어 단어를 이룸

삐친[丿] 사람을 팔[厶] 안으로 품으며 묻는 말에 쓰이는 어조사이다. 주로 '왜, 무엇, 어떻게'라는 단어에 붙는다.

- 厶(사사 사)는 팔꿈치를 안으로 구부려 품는 모습으로, '사적인, 사사롭다'라는 뜻이다.

① 什么 shénme　대 무엇
① 怎么 zěnme　대 어떻게, 어째서
① 怎么样 zěnmeyàng　어떠니?
② 为什么 wèishénme　부 왜, 무엇 때문에
+ 那么 nàme　접 그러면 대 그렇게

★★　6획

diū
잃을 주

동 잃다, 잃어버리다, 던지다, 내버리다

짊어지고[壬] 다니던 사적인[厶] 물건을 잃어버렸다는 뜻이다.

- 壬(아홉째 천간 임)은 사람이 짐을 지고 가는 모습이다.

⑥ 丢人 diūrén　동 체면을 잃다
+ 丢脸 diūliǎn　동 창피를 당하다

241

任

rèn
맡길 **임**

★★ 6획

동 임명하다, 맡다, 신뢰하다

사람[亻]에게 일을 짊어지워[壬] 맡긴다는 뜻이다.

4	任何	rènhé	대	어떠한, 무슨
4	任务	rènwu	명	임무
4	责任	zérèn	명	책임
5	信任	xìnrèn	동	신임하다
6	任性	rènxìng	형	제멋대로 하다

公

gōng
공평할 **공**

★★★ 4획

형 공공의, 공평하다 명 공무, 사무 동 공개하다

물건을 나눔[八]에 사사로운[厶] 마음 없이 공평하다는 뜻이다. '공공의'라는 뜻으로도 쓰인다.

- 八(여덟 팔)은 '나누다'라는 뜻으로 쓰였다.

2	公司	gōngsī	명	회사, 직장
3	公园	gōngyuán	명	공원
3	办公室	bàngōngshì	명	사무실
5	公寓	gōngyù	명	아파트
5	公平	gōngpíng	형	공평하다

松

sōng
소나무 **송**

★★ 8획

명 소나무 동 풀다 형 느슨하다, 부드럽다

나무[木] 중에서 사계절 동안 공평하게[公] 푸른 소나무를 뜻한다. 소나무의 향을 맡으면 마음이 느슨하게 풀린다는 의미에서 주로 '느슨하다'라는 뜻으로 쓰인다.

| 4 | 轻松 | qīngsōng | 형 | 가볍다, 홀가분하다 |
| 4 | 放松 | fàngsōng | 동 | 느슨하게 하다 |

私

sī
사사로울 **사**

★ 7획

형 개인의, 사적인, 이기적인 부 남몰래

농사지은 벼[禾] 중에 내 팔[厶] 안으로 들어온 사적인 것을 뜻한다. '사사롭다'라는 것은 '개인적이다'라는 의미이다.

- 禾(벼 화)는 고개 숙인 벼의 모양을 그린 글자이다.

5	私人	sīrén	형	개인의, 사적인
5	自私	zìsī	형	이기적이다
6	隐私	yǐnsī	명	개인의 사생활
6	走私	zǒusī	동	밀수하다

参

cān
참가할 **참** 〔參〕

★★★ 8획

동 참가하다, 참여하다, 참고하다

사적[厶]으로 친한 사람의 큰[大] 행사에 머리(모습)[彡]를 다듬고 참가한다는 뜻이다.

- 彡(터럭 삼)은 머리카락을 그린 글자이다.
- '인삼'을 뜻할 때는 shēn, '가지런하지 않다'라는 뜻일 때는 cēn으로 발음한다.

3	参加	cānjiā	동	참가하다
4	参观	cānguān	동	참관하다
5	参考	cānkǎo	동	참고하다, 참조하다
5	参与	cānyù	동	참여하다

★★ 9획

xiū

닦을 수

동 수리하다, 꾸미다, 건설하다, 수련하다

사람[亻]이 물가[丨]로 걸어가서[攵] 머리카락 [彡]과 몸을 닦는다는 뜻이다. '수리하다, 꾸미다'라는 의미로 많이 쓰인다.

- 丨은 여기서 물가의 경계선을 나타낸다. 攵(뒤져올 치)는 천천히 걷는 발을 그린 글자이다.

- 4 修理 xiūlǐ — 동 수리하다, 수선하다
- 5 装修 zhuāngxiū — 동 장식하고 꾸미다
- 5 修改 xiūgǎi — 동 고치다, 수정하다
- 5 维修 wéixiū — 동 보수하다, 손질하다
- 6 修复 xiūfù — 동 수리하여 복원하다

28 단어 확인 문제

제시된 뜻을 보고 빈칸에 알맞은 글자를 a, b 중에 골라 보세요.

01 자전거　自□车　zìxíngchē
　a. 行　　b. 律

02 ~라고 여기다　觉□　juéde
　a. 得　　b. 德

03 택시　出租□　chūzūchē
　a. 车　　b. 连

04 입력하다　□入　shūrù
　a. 辆　　b. 输

05 이미　已□　yǐjing
　a. 经　　b. 轻

06 운항편　□班　hángbān
　a. 船　　b. 航

07 학교　学□　xuéxiào
　a. 交　　b. 校

08 비교하다　比□　bǐjiào
　a. 校　　b. 较

09 문화　□化　wénhuà
　a. 文　　b. 这

10 도서관　图□馆　túshūguǎn
　a. 书　　b. 典

11 학생　□生　xuésheng
　a. 学　　b. 觉

12 비행기　飞□　fēijī
　a. 几　　b. 机

13 무엇　什□　shénme
　a. 么　　b. 私

14 책임　责□　zérèn
　a. 丢　　b. 任

15 가볍다　轻□　qīngsōng
　a. 公　　b. 松

16 참가하다　□加　cānjiā
　a. 参　　b. 修

정답　01 a　02 a　03 a　04 b　05 a　06 b　07 b　08 b　09 a　10 a　11 a　12 b　13 a　14 b　15 b　16 a

전쟁 1

29일째

军 jūn 군사 군 〔軍〕 (6획)

명 군대

풀을 덮어[冖] 위장한 차[车]를 타고 전쟁터로 가는 군사를 뜻한다.

- 车는 車(차 차)가 간략해진 모양이다.

5	军事	jūnshì	명 군사
5	冠军	guànjūn	명 우승, 챔피언
6	亚军	yàjūn	명 준우승
6	将军	jiāngjūn	명 장군
6	军队	jūnduì	명 군대
+	军人	jūnrén	명 군인

挥 huī 휘두를 휘 〔揮〕 (9획)

동 휘두르다, 발산하다, 흩뿌리다, 지휘하다

장군이 손[扌]을 들고 명령하며 군사들[军]을 휘두른다는 뜻이다.

- 扌은 手(손 수)가 부수로 쓰인 모양이다.

| 5 | 指挥 | zhǐhuī | 동 지휘하다 |
| 5 | 发挥 | fāhuī | 동 발휘하다 |

占 zhàn 점령할 점 (5획)

동 차지하다, 점령하다, (어떤 상황에) 처하다

점친[卜] 결과를 입[口]으로 전해 듣고 나아가서 땅을 점령한다는 뜻이다.

- 卜(점 복)은 거북이 배딱지를 구워 갈라지는 모양을 보고 길흉을 예측하던 점을 뜻한다.
- '점치다'라는 뜻일 때는 zhān으로 발음한다.

4	占线	zhànxiàn	동 통화 중이다
6	占领	zhànlǐng	동 점령하다
6	占据	zhànjù	동 점거하다

战 zhàn 싸울 전 〔戰〕 (9획)

명 싸움, 전쟁, 전투 동 싸우다, 전쟁하다

땅을 점령하기[占] 위해 창[戈]을 들고 싸운다는 뜻이다.

- 戈(창 과)는 손잡이가 있는 창을 그린 글자이다.

5	挑战	tiǎozhàn	명 도전 동 도전하다
5	战争	zhànzhēng	명 전쟁
6	战斗	zhàndòu	명 전투

站 zhàn 우두커니 설 참
10획 ★★★

동 서다, 멈추다 명 정류장, 역, 장소

점령한[占] 땅에 몸을 세우고[立] 우두커니 선다는 뜻이다. 기차나 버스가 서는 '정류장, 역'을 뜻하기도 한다.

- 立(설 립)은 사람이 두 팔을 벌리고 땅 위에 선 모습이다.

2	火车站 huǒchēzhàn	명 기차역
4	加油站 jiāyóuzhàn	명 주유소
4	网站 wǎngzhàn	명 웹 사이트

点 diǎn 점 점 〔點〕
9획 ★★★

명 점, 간식 동 주문하다, 지적하다 양 약간

땅을 점령한[占] 후, 그 지역을 불태워서[灬] 표시해 둔 검은 점을 뜻한다.

- 灬은 火(불 화)가 부수로 쓰인 모양이다.

1	一点儿 yìdiǎnr	명 조금
4	地点 dìdiǎn	명 지점, 장소
4	缺点 quēdiǎn	명 결점, 단점
4	特点 tèdiǎn	명 특성
4	优点 yōudiǎn	명 장점
5	点心 diǎnxin	명 간식

店 diàn 가게 점
8획 ★★★

명 가게, 상점, 여관

집[广] 안이 온갖 물건들에 점령된[占] 가게를 뜻한다. 중국에서의 '주점(酒店 jiǔdiàn)'은 '호텔'을 의미한다.

- 广(집 엄)은 산기슭에 자리 잡은 집의 지붕 모습이다.

1	饭店 fàndiàn	명 호텔, 식당
1	商店 shāngdiàn	명 상점
+	酒店 jiǔdiàn	명 대형 호텔, 술집

攻 gōng 칠 공
7획 ★

동 공격하다, 치다

전쟁에서 싸울 때 도구[工]를 이용해서 상대를 친다[攵]는 뜻이다.

- 攵은 손에 막대기를 든 모습을 그린 攴(칠 복)이 부수로 쓰인 모양이다.

6	攻击 gōngjī	동 공격하다
6	攻克 gōngkè	동 점령하다
6	进攻 jìngōng	동 진격하다

敢 gǎn 감히 감
11획 ★★

형 용감하다 부 감히 동 감히 ~하다

상대를 쳐서[攻] 이기고 감히 그의 귀[耳]를 잘라 오니 용감하다는 뜻이다.

| 4 | 勇敢 yǒnggǎn | 형 용감하다 |
| + | 不敢 bùgǎn | 동 감히 ~하지 못하다 |

散 sǎn / sàn — 흩어질 산 (12획) ★★

- 형 흩어진, 자잘하다 동 흩어지다, 분산하다
- 쌓인[朩] 고기[月]를 막대기로 툭툭 치니[攵] 사방으로 흩어진다는 뜻이다.
- 朩은 물건이 쌓인 모습이고, 月은 肉(고기 육)의 변형이다.
- '흩어지다'라는 의미로 sǎn과 sàn이 모두 쓰이므로 단어에 따라 주의해서 발음해야 한다.

4	散步 sànbù	동	산책하다
6	分散 fēnsàn	동	분산하다
6	解散 jiěsàn	동	해산하다
6	散文 sǎnwén	명	산문
6	散布 sànbù	동	퍼져 있다

故 gù — 연고 고 (9획) ★★★

- 명 원인, 연고, 사고 형 원래의 부 고의로
- 옛날[古]에 발생한 일에 대해 막대기로 치면서[攵] 물어보는 이유(연고)를 뜻한다.
- 古(옛 고)는 여러[十] 세대의 입[口]을 거쳐 이야기가 전해지는 옛날을 뜻한다.

3	故事 gùshi	명	이야기
4	故意 gùyì	부	고의로, 일부러
6	故障 gùzhàng	명	고장, 결함
6	事故 shìgù	명	사고
6	故乡 gùxiāng	명	고향
6	缘故 yuángù	명	연고, 원인

做 zuò — 만들 주 (11획) ★★★

- 동 하다, 종사하다, 만들다, ~를 맡다, 되다
- 사람[亻]은 필요한 이유[故]에 맞게 물건을 만든다는 뜻이다. '~하다'라는 뜻의 일반 동사로 많이 쓰인다.

+	做梦 zuòmèng	동	꿈을 꾸다

敌 dí — 적 적 〔敵〕 (10획) ★

- 명 적, 적수 형 적대적인
- 혀[舌]로 도발하고 무기로 치면서[攵] 공격해 오는 적을 뜻한다.
- 舌(혀 설)은 입에서 혀가 나와 있는 모습을 그린 글자이다.

5	敌人 dírén	명	적
6	敌视 díshì	형	적대시하다

收 shōu — 거둘 수 (6획) ★★

- 동 받다, 거두다, 거두어들이다, 얻다
- 얽힌[丩] 볏단을 막대기로 쳐서[攵] 곡식 낟알을 거둔다는 뜻이다. '받다'라는 뜻도 있다.
- 丩(얽힐 구)는 실이 엉켜 있는 모습이다.

4	收拾 shōushi	동	정리하다
4	收入 shōurù	명	소득 동 받다
5	吸收 xīshōu	동	흡수하다
5	收获 shōuhuò	동	수확하다
5	收据 shōujù	명	영수증
6	回收 huíshōu	동	회수하다

★★ 7획

gǎi

고칠 개

동 고치다, 바꾸다, 바로잡다, 수정하다, 개혁하다

잘못한 점이 있으면 자기[己]를 채찍질하여[攵] 고친다는 뜻이다.

- 己(몸 기)는 웅크리고 있는 사람의 몸을 그린 글자이다.

4	改变 gǎibiàn	동 변하다, 바뀌다
5	改革 gǎigé	동 개혁하다 명 개혁
5	修改 xiūgǎi	동 고치다, 수정하다
5	改善 gǎishàn	동 개선하다
5	改正 gǎizhèng	동 개정하다

★★ 10획

xiào

본받을 효

명 효과, 성과, 능률 **동** 본받다, 모방하다

사귀는[交] 친구의 장점을 보면 스스로 채찍질하며[攵] 그 장점을 본받는다는 뜻이다.

- 交(사귈 교)는 사람이 양다리를 교차하여 꼰 모습으로, 여러 친구와 교류하며 사귄다는 뜻이다.

4	效果 xiàoguǒ	명 효과
5	效率 xiàolǜ	명 능률, 효율
6	生效 shēngxiào	동 효과가 나타나다

★★★ 11획

jiāo / jiào

가르칠 교 〔敎〕

동 가르치다, ~에게 시키다

부모님께 효도하도록[孝] 자식을 회초리로 쳐서[攵] 가르친다는 뜻이다.

- '지식이나 기능을 전수하다'라는 의미일 때는 jiāo, '교육하다, ~에게 시키다'라는 뜻일 때는 jiào로 발음한다.

2	教室 jiàoshì	명 교실
4	教授 jiàoshòu	명 교수
4	教育 jiàoyù	명 교육
5	教练 jiàoliàn	명 감독 동 훈련하다
5	教材 jiàocái	명 교재
6	请教 qǐngjiào	동 가르침을 청하다

★★★ 13획

shǔ / shù

셀 수
숫자 수 〔數〕

동 세다, 헤아리다, 손꼽다 **명** 수, 숫자

수확한 쌀[米]의 양을 살림하는 여인[女]이 막대기로 치면서[攵] 센다는 뜻이다.

- 米(쌀 미)는 벼에 알알이 여문 쌀의 모양을 그린 글자이다.
- '세다, 헤아리다'라는 뜻일 때는 shǔ, '숫자'라는 뜻일 때는 shù로 발음한다.

3	数学 shùxué	명 수학
4	数字 shùzì	명 숫자
4	数量 shùliàng	명 수량
5	数码 shùmǎ	명 디지털
5	无数 wúshù	형 무수하다
5	数据 shùjù	명 데이터

★★★ 13획

lóu

다락 루 〔樓〕

명 다층 건물, 점포, 층 **양** 층, (건물의) 동

나무[木]로 만든 높은 공간에 쌀[米]을 보관해 두고 살림하는 여인[女]이 오르내리며 관리하는 다락을 뜻한다. 주로 건물이나 건물의 '층'을 나타낸다.

+	楼梯 lóutī	명 계단, 층계
+	楼房 lóufáng	명 다층 건물
+	大楼 dàlóu	명 빌딩, 고층 건물

更 gèng / gēng
다시 갱 / 고칠 경 (7획) ★★★

- 부 더욱, 더, 다시 동 고치다, 변경하다

한[一] 번 잘못 내뱉은 말[曰]에 대해 스스로 채찍질하며[攵→攴] 다시 고친다는 뜻이다.

- 曰(말할 왈)은 입[口]에서 소리[一]를 내어 말한다는 뜻이다. 攵은 攴(칠 복)이 부수로 쓰인 모양이다.
- 부사로 '더욱, 다시'라는 뜻일 때는 gèng, 동사로 '고치다'라는 뜻일 때는 gēng으로 발음한다.

6	更新 gēngxīn	동	경신하다
+	更加 gèngjiā	부	더욱, 더

便 biàn
편할 편 (9획) ★★★

- 형 편리하다, 편하다, 간단한 동 변을 보다 부 곧

사람[亻]은 불편한 것을 고치며[更] 살아가니 편하다는 뜻이다. 용변을 보면 몸이 편하니 '대변(소변)'을 뜻하기도 한다.

- '(값이) 싸다'라는 단어에서는 pián으로 발음한다.

2	便宜 piányi	형	(값이) 싸다
3	方便 fāngbiàn	형	편리하다
4	随便 suíbiàn	부	마음대로
4	顺便 shùnbiàn	부	~하는 김에
6	便利 biànlì	형	편리하다
+	便利店 biànlìdiàn	명	편의점

争 zhēng
다툴 쟁 〔爭〕 (6획) ★★

- 동 쟁탈하다, 다투다, 논쟁하다, 싸우다

사람들[⺈]이 손[⺕]에 창[亅]을 들고 다툰다는 뜻이다.

- ⺈은 人(사람 인)의 변형이고, 彐은 손 모양을 나타낸다.

4	竞争 jìngzhēng	동	경쟁하다
5	争取 zhēngqǔ	동	쟁취하다
5	战争 zhànzhēng	명	전쟁
5	争论 zhēnglùn	동	논쟁하다
6	斗争 dòuzhēng	동	투쟁하다

静 jìng
고요할 정 〔靜〕 (14획) ★★★

- 형 조용하다, 고요하다 동 안정시키다

다툼[争]이 끝나면 분위기가 푸른[青] 바다처럼 고요하다는 뜻이다.

- 青(푸를 청)은 우물가[井→月]에 돋아난 풀잎[主]의 빛깔이 푸르다는 뜻이다.

3	安静 ānjìng	형	조용하다
4	冷静 lěngjìng	형	냉정하다
5	平静 píngjìng	형	평온하다
6	镇静 zhènjìng	형	침착하다

单 dān
홑 단 〔單〕 (8획) ★★★

- 형 하나의, 혼자의, 간단하다 부 오직

새총[单]으로는 한 번에 하나씩만 잡을 수 있다는 의미에서 '홑'이라는 뜻이다.

3	菜单 càidān	명	메뉴, 차림표
3	简单 jiǎndān	형	간단하다
5	单纯 dānchún	형	단순하다
5	单位 dānwèi	명	직장, 단체
5	单独 dāndú	부	단독으로

失 shī 잃을 실

★★ 5획

동 잃다, 놓치다, 실수하다 명 잘못, 실수

주머니 속 화살[矢]이 밖으로 삐져나와[丶] 잃어버렸다는 뜻이다.

- 矢(화살 시)는 화살의 모양을 그린 글자이다.

4	失望	shīwàng	동	실망하다
4	失败	shībài	동	실패하다
5	损失	sǔnshī	명	손실
5	消失	xiāoshī	동	사라지다
5	失去	shīqù	동	잃다, 잃어버리다

铁 tiě 쇠 철〔鐵〕

★★★ 10획

명 쇠, 철 형 단단하다, 확실하다 동 결심하다

금속[钅] 중에서 반짝이는 빛을 잃어버린[失] 쇠를 뜻한다.

- 钅은 金(쇠 금)이 간략해진 모양이다.

| 3 | 地铁 | dìtiě | 명 | 지하철 |
| + | 铁路 | tiělù | 명 | 철도 |

族 zú 겨레 족

★★ 11획

명 민족, ~족

사방[方]의 적(사람)[乛]을 향해 함께 화살[矢]을 겨누는 겨레를 뜻한다. '민족'이나 '가족' 등을 의미한다.

- 方(모 방)은 쟁기를 그린 글자로, '방향, 사방' 등을 뜻한다.

4	民族	mínzú	명	민족
6	贵族	guìzú	명	귀족
+	汉族	Hànzú	명	한족

候 hòu 물을 후

★★★ 10획

동 기다리다, 안부를 묻다, 살피다 명 기후, 때

사람[亻]이 뾰족하게[丨] 만든[工→그] 화살[矢]을 쏜 후 결과를 묻는다는 뜻이다. 이때 과녁 주변의 상황이나 기후 등도 함께 묻는다.

1	时候	shíhou	명	때, 시각, 시간
4	气候	qìhòu	명	기후
5	问候	wènhòu	동	안부를 묻다
6	候选	hòuxuǎn	동	임용을 기다리다
6	伺候	cìhou	동	시중들다, 모시다
6	等候	děnghòu	동	기다리다

短 duǎn 짧을 단

★★★ 12획

형 짧다 동 부족하다 명 결점, 단점

화살[矢]의 길이가 제사 그릇[豆]만큼 짧다는 뜻이다.

- 豆(콩 두)는 제사 지내는 데 쓰는 그릇 모양을 그린 글자이다.

4	短信	duǎnxìn	명	문자 메시지
5	缩短	suōduǎn	동	단축하다
6	短促	duǎncù	형	촉박하다

医 yī
의원 의 〔醫〕
7획 ★★★

명 의사, 의원, 의학 **동** 치료하다

화살[矢]처럼 뾰족한 주사기를 상자[匚]에 들고 다니며 환자를 치료하는 의원을 뜻한다.

① 医生 yīshēng **명** 의사, 의원
① 医院 yīyuàn **명** 병원

知 zhī
알 지
8획 ★★★

동 알다, 이해하다, 알리다 **명** 지식

화살[矢]처럼 빠르게 입[口]으로 욀 정도로 지식을 많이 안다는 뜻이다.

② 知道 zhīdào **동** 알다, 이해하다
④ 通知 tōngzhī **명** 통지 **동** 통지하다
④ 知识 zhīshi **명** 지식
⑥ 须知 xūzhī **명** 주의 사항

智 zhì
슬기 지
12획 ★

형 지혜롭다, 슬기롭다 **명** 지혜

아는[知] 것을 해[日]처럼 밝게 발휘할 수 있는 슬기나 지혜를 뜻한다.

⑤ 智慧 zhìhuì **명** 지혜
⑥ 智能 zhìnéng **명** 지능 **형** 지능이 있는
⑥ 明智 míngzhì **형** 총명하다
⑥ 智力 zhìlì **명** 지능
⑥ 智商 zhìshāng **명** 지능 지수

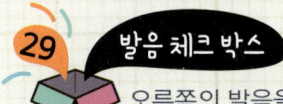

발음 체크 박스

오른쪽의 발음을 가리고 읽어 보세요.
책 날개에 제공된 책갈피를 이용하면 편리합니다.

军	jūn	散	sǎn / sàn	楼	lóu	候	hòu
挥	huī	故	gù	更	gèng / gēng	短	duǎn
占	zhàn	做	zuò	便	biàn	医	yī
战	zhàn	敌	dí	争	zhēng	知	zhī
站	zhàn	收	shōu	静	jìng	智	zhì
点	diǎn	改	gǎi	单	dān		
店	diàn	效	xiào	失	shī		
攻	gōng	教	jiāo / jiào	铁	tiě		
敢	gǎn	数	shǔ / shù	族	zú		

전쟁₂

 MP3 발음 파일   암기 프로그램

前 qián — 앞 전 (9획) ★★★

명 앞, 이전, 미래 동 앞으로 나아가다

전쟁터에서 겁에 질려 멈춘[止→⺍] 사람의 몸[月]에 칼[刂]을 채워 주니 용기를 내서 앞으로 나아간다는 뜻이다.

• ⺍은 멈춘 발자국을 그린 止(그칠 지)의 변형이다. 刂은 刀(칼 도)가 부수로 쓰인 모양이다.

① 前面 qiánmian	명 앞, 앞부분
③ 以前 yǐqián	명 이전, 과거
④ 提前 tíqián	동 앞당기다
⑤ 从前 cóngqián	명 이전, 종전, 옛날
⑤ 目前 mùqián	명 지금, 현재
⑤ 前途 qiántú	명 전도, 앞길, 전망

后 hòu — 뒤[後] 후, 황후 후 (6획) ★★★

명 뒤, 후, 후대, 자손, 황후 동 뒤로 미루다

머리 장식[厂]과 비녀[一]를 꽂고 입[口]으로 명령하는 황후의 뒷모습을 나타낸 글자이다.

• '황후'라는 뜻일 때는 번체자도 后지만, '뒤'라는 뜻일 때의 번체자는 後이다.

① 后面 hòumiàn	명 뒤, 뒤쪽
③ 后来 hòulái	명 그 후, 그 뒤
③ 最后 zuìhòu	형 맨 마지막의
③ 然后 ránhòu	접 그런 후에
④ 后悔 hòuhuǐ	동 후회하다
⑤ 后背 hòubèi	명 등

至 zhì — 이를 지 (6획) ★★

동 이르다, 도달하다 부 제일, 지극히

화살[⊼]이 날아와 땅[土]에 꽂힌 모습으로, '~에 이르다'라는 뜻이다.

• ⊼은 화살촉의 모양을 나타낸다.

④ 甚至 shènzhì	부 심지어
④ 至少 zhìshǎo	부 적어도, 최소한
⑤ 至今 zhìjīn	부 지금까지

室 shì — 집 실 (9획) ★★★

명 방, 실, 집

지붕[宀] 아래에 사람들이 이르러[至] 살 수 있도록 만든 집이나 방을 뜻한다.

② 教室 jiàoshì	명 교실
③ 办公室 bàngōngshì	명 사무실
⑤ 卧室 wòshì	명 침실

屋 wū 집 옥 (9획)

명 방, 집

사람의 몸[尸]이 이르러[至] 쉴 수 있는 집이나 방을 뜻한다.

- 尸(주검 시)는 죽은 사람의 몸을 그린 글자로, 사람의 몸이나 시체를 뜻한다.

| 5 | 屋子 wūzi | 명 방 |
| + | 同屋 tóngwū | 명 룸메이트 |

握 wò 쥘 악 (12획)

동 (손으로) 잡다, 장악하다

손[扌]에 집안[屋]의 일을 쥐고 장악한다는 뜻이다.

- 扌은 手(손 수)가 부수로 쓰인 모양이다.

5	掌握 zhǎngwò	동 장악하다
5	握手 wòshǒu	동 악수하다
5	把握 bǎwò	동 파악하다

致 zhì 이를 치 (10획)

동 보내다, 표시하다, 다하다 형 세밀하다

자신을 채찍질하며[攵] 노력하여 목표한 바에 이른다[至]는 뜻이다.

- 攵은 손에 막대기를 든 모습을 그린 攴(칠 복)이 부수로 쓰인 모양이다.

5	一致 yízhì	형 일치하다
5	导致 dǎozhì	동 초래하다
6	致力 zhìlì	동 힘쓰다
6	细致 xìzhì	형 정교하다
6	别致 biézhi	형 독특하다

到 dào 이를 도 (8획)

동 도달하다, 도착하다 개 ~에, ~까지

적을 물리치기 위해 칼[刂]을 차고서 적의 땅에 이른다[至]는 뜻이다. 동사 뒤에 보어로 쓰여 어떤 목적에 도달함을 나타내기도 한다.

- 刂은 刀(칼 도)가 부수로 쓰인 모양이다.

3	迟到 chídào	동 지각하다
3	遇到 yùdào	동 만나다, 마주치다
4	到底 dàodǐ	부 도대체
4	受到 shòudào	동 얻다, 받다
4	到处 dàochù	명 곳곳
5	到达 dàodá	동 도달하다, 도착하다

倒 dǎo / dào 넘어질 도, 거꾸로 도 (10획)

동 넘어지다, 붓다, 거꾸로 하다 부 오히려

사람(亻)이 목적지에 도달하기[到] 위해 서두르다가 거꾸로 넘어진다는 뜻이다.

- '넘어지다'라는 뜻일 때는 dǎo, '붓다, 거꾸로 하다, 오히려'라는 뜻일 때는 dào로 발음한다.
- 중국인들이 '복(福)' 자를 거꾸로 붙이는 이유는 '도달하다(到 dào)'와 '거꾸로(倒 dào)'의 발음이 같기 때문이다.

5	倒霉 dǎoméi	형 재수 없다
5	摔倒 shuāidǎo	동 쓰러지다, 넘어지다
6	颠倒 diāndǎo	동 뒤바뀌다
6	倒闭 dǎobì	동 도산하다
+	倒是 dàoshì	부 오히려, 도리어

强 qiáng — 강할 강 〔强〕 (12획)

형 강하다, 굳세다 부 강제로 동 강하게 하다

활[弓]은 비록[虽] 잘 구부러지지만, 화살을 당겨서 쏘면 강하다는 뜻이다.

• 弓(활 궁)은 가운데가 볼록한 활을 그린 글자이다. 虽(비록 수)는 벌레[虫]는 비록 작지만, 입[口]이 있다는 의미에서 '비록'이라는 뜻이다.

- 5 强烈 qiángliè — 형 강렬하다
- 5 坚强 jiānqiáng — 형 굳세다, 강하다
- 5 强调 qiángdiào — 동 강조하다
- 6 勉强 miǎnqiǎng — 부 간신히 / 형 마지못하다

弱 ruò — 약할 약 (10획)

형 약하다, 나약하다, 연약하다

활[弓弓]을 현이 너덜너덜할[ㆍㆍ] 때까지 썼더니 날아가는 힘이 약하다는 뜻이다.

- 6 弱点 ruòdiǎn — 명 약점, 단점
- 6 脆弱 cuìruò — 형 연약하다
- 6 薄弱 bóruò — 형 박약하다

代 dài — 대신할 대 (5획)

동 대신하다, 대체하다 명 세대, 시대, 시기

사람[亻]이 사냥할 때 주살[弋]을 사용하여 맨손을 대신한다는 뜻이다. 앞 세대에 이어 시대를 대신 살아가는 '세대'를 뜻하기도 한다.

• 弋(주살 익)은 줄이 달린 화살의 모양이다.

- 5 古代 gǔdài — 명 고대
- 5 近代 jìndài — 명 근대, 근세
- 5 现代 xiàndài — 명 현대
- 5 时代 shídài — 명 시대, 시기
- 5 代表 dàibiǎo — 명 대표 / 동 대표하다
- 5 代替 dàitì — 동 대체하다

划 huá / huà — 그을 획 〔劃〕 (6획)

동 배를 젓다, (금을) 긋다, 나누다, 계획하다

날카로운 창[戈]과 칼[刂]로 경계선을 긋는다는 뜻이다.

• 戈(창 과)는 손잡이가 있는 창을 그린 글자이다.
• '배를 젓다'라는 뜻일 때는 huá, '긋다, 나누다, 계획하다'라는 뜻일 때는 huà로 발음한다.

- 4 计划 jìhuà — 동 계획하다 / 명 계획
- 6 策划 cèhuà — 동 기획하다 / 명 기획

民 mín — 백성 민 (5획)

명 백성, 국민, 어떤 직업에 종사하는 사람

전쟁에서 포로를 무릎 꿇려[𰯲] 칼[𠂆]로 눈을 찌른 후 노예로 삼은 백성을 뜻한다.

- 4 民族 mínzú — 명 민족
- 5 移民 yímín — 동 이민하다 / 명 이민
- 5 农民 nóngmín — 명 농민
- 5 人民币 rénmínbì — 명 인민폐
- 6 民主 mínzhǔ — 명 민주 / 형 민주적이다

我 wǒ 나 아

★★★ 7획

대 나, 저, 자기, 자신

손[手]에 창[戈]을 들고서 스스로 지켜야 하는 '나'를 뜻한다. 톱니 모양의 날이 있는 무기를 그린 글자로 보기도 한다.

① 我们 wǒmen　대 우리(들)

找 zhǎo 찾을 조

★★★ 7획

동 찾다, 구하다, (돈을) 거슬러 주다

손[扌]에 창[戈]을 들고 사냥할 산짐승을 찾는다는 뜻이다.

• 扌은 手(손 수)가 부수로 쓰인 모양이다.

⑤ 寻找 xúnzhǎo　동 찾다, 구하다

戏 xì 놀 희〔戲〕

★★★ 6획

명 놀이, 장난, 연극, 극　동 놀다, 장난치다

아이들이 손[又]에 창[戈]을 들고 싸우며 논다는 뜻이다.

• 又(또 우)는 오른손을 그린 글자로, 주로 '손'을 의미한다.

③ 游戏 yóuxì　명 게임
⑤ 戏剧 xìjù　명 희극, 연극

或 huò 혹시 혹

★★★ 8획

접 혹은, 또는　부 아마도, 어쩌면

창[戈]을 든 병사가 식구[口]를 한[一] 명씩 걱정하며 하는 말인 '혹시'를 뜻한다.

③ 或者 huòzhě　부 아마　접 혹은
⑤ 或许 huòxǔ　부 어쩌면, 혹시

成 chéng 이룰 성

★★★ 6획

동 이루다, 성공하다, ~이 되다　명 성취

사내[丁→ㄱ]가 창[戊]을 들고 전쟁에 나가 승리를 이룬다는 뜻이다.

• 丁(장정 정)은 다 큰 사내를 뜻하고, 戊(천간 무)는 자루 달린 전쟁용 창을 그린 글자이다.

③ 成绩 chéngjì　명 성적
③ 完成 wánchéng　동 완성하다
④ 成功 chénggōng　동 성공하다
④ 成为 chéngwéi　동 ~이 되다
⑤ 成长 chéngzhǎng　동 성장하다, 자라다
⑤ 成就 chéngjiù　명 성취

城 chéng 성 성

명 성, 도시

적의 침입을 막기 위해 흙[土]이나 돌을 쌓아서 이룬[成] 성을 뜻한다. 성벽 안에 있는 '도시'를 뜻하기도 한다.

- 3 城市 chéngshì 명 도시
- 4 长城 Chángchéng 명 만리장성
- 6 城堡 chéngbǎo 명 작은 성

感 gǎn 느낄 감

동 느끼다, 감동하다, 감기에 걸리다 명 느낌

어떤 일에 대해 마음[心]을 다[咸]하여 느낀다는 뜻이다. '감동하다, 감사하다'라는 뜻도 있다.

• 咸(다 함)은 '모두, 다'라는 뜻이다.

- 3 感冒 gǎnmào 명 감기 동 감기 들다
- 3 感兴趣 gǎnxìngqù 흥미가 있다
- 4 感觉 gǎnjué 명 느낌 동 느끼다
- 4 感动 gǎndòng 동 감동하다
- 4 感情 gǎnqíng 명 감정
- 4 感谢 gǎnxiè 동 감사하다

减 jiǎn 덜 감 〔減〕

동 빼다, 덜다, 낮아지다, 줄다

겨울에 얼음[冫]을 깨고서 가족이 다[咸] 함께 쓸 물을 덜어낸다는 뜻이다.

• 冫(얼음 빙)은 점처럼 굳은 얼음을 나타낸다.

- 4 减肥 jiǎnféi 동 살을 빼다
- 4 减少 jiǎnshǎo 동 감소하다, 줄다

干 gān / gàn 마를 건 〔乾〕 일할 간 〔幹〕

형 건조하다, 마르다 명 말린 것, 방패
동 깨끗이 비우다, 일하다, 담당하다

방패[干]를 그린 글자로, 방패를 들고 싸우니 힘들어서 목이 마른다는 뜻이다.

• '건조하다, 마르다, 말린 것, 방패, 깨끗이 비우다'라는 뜻일 때는 gān, '일하다, 담당하다'라는 뜻일 때는 gàn으로 발음한다.

- 3 干净 gānjìng 형 깨끗하다
- 4 干杯 gānbēi 동 건배하다
- 4 饼干 bǐnggān 명 과자
- 5 干燥 gānzào 형 건조하다
- 5 能干 nénggàn 동 일을 잘하다
- 5 干活儿 gànhuór 동 노동하다

赶 gǎn 쫓을 간 〔趕〕

동 뒤쫓다, 서두르다, 쫓아내다, 때를 만나다

방패[干]를 들고 달리며[走] 적을 쫓는다는 뜻이다.

• 走(달릴 주)는 사람이 빠르게 달리는 모습을 그린 글자이다.

- 5 赶紧 gǎnjǐn 부 서둘러, 재빨리
- 5 赶快 gǎnkuài 부 황급히, 다급하게
- + 赶上 gǎnshàng 동 따라잡다

卫 wèi — 지킬 위〔衛〕 (3획) ★★

동 보위하다, 지키다

병사는 몸이 구부러질[卩→卫] 때까지 나라의 땅[一]을 굳게 지킨다는 뜻이다.

• 卩(병부 절)은 몸을 구부린 사람의 모습이다.

- 4 卫生间 wèishēngjiān — 명 화장실
- 6 卫星 wèixīng — 명 위성
- 6 保卫 bǎowèi — 동 보위하다
- + 卫生纸 wèishēngzhǐ — 명 화장지

平 píng — 평평할 평〔平〕 (5획) ★★★

형 평평하다, 같다, 공평하다, 평온하다

방패[干]의 양쪽[丷] 모양이 평평하다는 뜻이다.

- 3 水平 shuǐpíng — 명 수평, 수준
- 4 平时 píngshí — 명 평소, 평상시
- 5 和平 hépíng — 명 평화
- 5 平安 píng'ān — 형 평안하다
- 5 平均 píngjūn — 형 평균의 동 평균하다
- 5 公平 gōngpíng — 형 공평하다

评 píng — 평할 평〔評〕 (7획) ★★

동 논평하다, 비평하다, 평론하다 명 비평, 평론

공평한[平] 잣대를 가지고 어떤 일의 옳고 그름을 말[讠]로 평한다는 뜻이다.

• 讠은 言(말씀 언)이 간략해진 모양이다.

- 4 批评 pīpíng — 동 비판하다, 지적하다
- 5 评价 píngjià — 동 평가하다
- 6 评论 pínglùn — 동 평론하다

于 yú — 어조사 우 (3획) ★★★

개 ~에, ~에서, ~에게, ~에 대해, ~보다

활을 바로잡는 도구를 그린 글자로, 말에서는 어조사 역할을 한다.

- 3 关于 guānyú — 개 ~에 관해서
- 3 终于 zhōngyú — 부 마침내, 결국
- 4 由于 yóuyú — 개 ~때문에
- 4 对于 duìyú — 개 ~에 대하여
- 4 于是 yúshì — 접 그래서
- 5 位于 wèiyú — 동 ~에 위치하다

乎 hū — 어조사 호 (5획) ★★★

조 문장 끝에 쓰여 의문·반문·추측·명령·감탄 등의 분위기를 나타냄

목청을 열어 목소리를 길게 내는[乎] 모습을 나타낸 글자로, 의문이나 감탄을 나타내는 어조사이다.

- 3 几乎 jīhū — 부 거의, 하마터면
- 5 似乎 sìhū — 부 마치
- 5 在乎 zàihu — 동 마음속에 두다, 신경 쓰다

★★　8획

呼
hū
부를 호

동 숨을 내쉬다, 부르다, 외치다

입[口]으로 목청껏 소리치며[乎] 상대를 부른다는 뜻이다. '후'하며 '숨을 내쉬다'라는 뜻도 있다. 의성어로 바람 부는 소리나 입김 소리를 나타내기도 한다.

④ 打招呼　dǎzhāohu　　동 인사하다
⑤ 呼吸　hūxī　　　　　동 호흡하다
⑤ 称呼　chēnghu　　　동 ~라고 부르다
⑥ 呼唤　hūhuàn　　　　동 외치다, 소리치다

★★★　8획

呢
ne
어조사 니

조 의문의 분위기, (正, 正在, 在와 함께 쓰여) 동작이나 상태의 계속을 나타냄

여자 승려[尼]가 입[口]으로 외우는 염불처럼 말 끝에 붙이는 어조사를 뜻한다. 주로 문장 끝에 붙어 다양한 어기·어감을 나타낸다.

• 尼(여승 니)는 여자 승려를 뜻한다.

발음 체크 박스

오른쪽의 발음을 가리고 읽어 보세요.
책 날개에 제공된 책갈피를 이용하면 편리합니다.

前	qián	强	qiáng	成	chéng	于	yú
后	hòu	弱	ruò	城	chéng	乎	hū
至	zhì	代	dài	感	gǎn	呼	hū
室	shì	划	huá / huà	减	jiǎn	呢	ne
屋	wū	民	mín	干	gān / gàn		
握	wò	我	wǒ	赶	gǎn		
致	zhì	找	zhǎo	卫	wèi		
到	dào	戏	xì	平	píng		
倒	dǎo / dào	或	huò	评	píng		

중국어 병음 색인

a 啊 긍정·의문·감탄을 나타내는 말	60
ā 阿 호칭 앞에 붙이는 말	60
ān 安 편안하다	35
ǎi 矮 (키가) 작다	37
ài 爱 사랑하다	72
àn 按 누르다, ~에 따라서	35
àn 案 사건, 문서	35
ba 吧 청유·명령·추측 등의 분위기를 나타냄	162
bā 八 숫자 8	230
bān 班 반, 근무 시간	30
bān 般 보통의, 일반의	74
bān 搬 옮기다, 운반하다	75
bāng 帮 돕다	191
bāo 包 싸다, 포함하다	41
bāo 胞 동포, 세포	42
bái 白 희다, 깨끗하다	99
bǎ 把 잡다, ~을	162
bǎi 百 숫자 100	232
bǎn 板 널빤지, 판	69
bǎo 饱 배부르다	193
bǎo 保 보호하다	20
bà 爸 아빠, 아버지	32
bàn 办 일하다, 처리하다	88
bàn 半 절반	155
bào 报 알리다, 갚다	75
bào 抱 안다, 포옹하다	41
bēi 杯 잔, 컵	133
běi 北 북쪽	132
běn 本 근본, 책	123
bèi 备 갖추다	147
bèi 背 등, 등지다	132
bèi 被 (~에게) 당하다	168
bèi 倍 배, 배수	182
bīng 冰 얼음, 차다	106
bí 鼻 코	62
bǐ 比 비교하다	182
bǐ 笔 펜, 필기구	166
bì 必 반드시	91
bìng 并 나란히 하다	180
bìng 病 병, 병나다	202
biān 边 가장자리, ~쪽	88
biān 编 엮다, 편성하다	224
biāo 标 표지, 표시하다	142
biǎo 表 나타내다, 시계	188
biàn 变 변하다, 바뀌다	72
biàn 便 편리하다, 곧	248
bié 别 이별하다, ~하지 마라	89
bō 波 물결, 파도	167
bǔ 补 수선하다, 보충하다	189
bù 不 부정이나 부정적인 대답을 나타냄	133
bù 布 배치하다, 분포하다	189
bù 步 걸음, 걷다	84
bù 部 부분, 부	182
cā 擦 닦다, 비비다	143
cān 参 참가하다	242
cāo 操 잡다, 일하다	226
cái 才 재능, 겨우	130
cái 材 재목, 재료	130

cái 财 재물	221	
cǎi 采 따다, 캐다	125	
cǎo 草 풀, 초안	99	
cài 菜 채소, 요리	125	
céng 层 층	140	
céng, zēng 曾 일찍이/이미, 증조	102	
cè 测 측정하다, 추측하다	216	
chā, chà, chāi 差 차이, 차이 나다, 보내다	67	
chāo 超 뛰어넘다	81	
chá 查 조사하다, 검사하다	100	
chá 茶 차	135	
chá 察 살피다, 관찰하다	142	
cháng 常 항상, 보통의	190	
cháng, zhǎng 长 길다, 어른/우두머리	174	
cháo, zhāo 朝 ~로 향하다/왕조, 아침	103	
chǎn 产 낳다, 생산하다	115	
chǎng 厂 공장	114	
chǎng 场 장소, 곳	118	
chàng 唱 노래하다	54	
chē 车 차	237	
chēng, chèn 称 부르다, (꼭) 맞다	20	
chéng 成 이루다, 성취	255	
chéng 承 받들다, 맡다	34	
chéng 城 성, 도시	256	
chéng 程 순서, 과정	149	
chèn 衬 안에 덧대다	189	
chī 吃 먹다	54	
chí 迟 느리다, 늦다	77	
chí 持 가지다, 잡다	67	

chōng 充 채우다, 가득하다	26	
chū 出 나가다, 나오다	114	
chū 初 처음	189	
chūn 春 봄	98	
chú 除 제거하다, ~을 제외하고	202	
chǔ, chù 处 함께 지내다/처하다, 장소	81	
chù 触 닿다	167	
chuān 穿 (옷을) 입다, 뚫다	94	
chuán 传 전하다	225	
chuán 船 배	238	
chuáng 床 침대	201	
chuàng 创 시작하다, 창조하다	215	
cí 词 단어, 말	60	
cǐ 此 이, 이것	86	
cì 次 다음의	61	
cóng 从 따르다, ~로부터	16	
cūn 村 마을, 촌락	76	
cún 存 존재하다	130	
cù 促 촉박하다, 재촉하다	80	
cuò 错 틀리다, 잘못	120	
dān 担 메다, 맡다	100	
dān 单 하나의, 간단하다	248	
dāng, dàng 当 담당하다/마땅하다, 속임수	77	
dāo 刀 칼	214	
dá 达 도달하다	170	
dá 答 대답하다	193	
dǎ 打 치다, 때리다	65	
dǎo 导 이끌다	162	
dǎo, dào 倒 넘어지다, 거꾸로 하다	253	

dà 大 크다	170	
dài 代 대신하다, 세대	254	
dài 待 대하다, 기다리다	67	
dài 带 띠, 지니다	190	
dàn 但 그러나, 그렇지만	99	
dàn 蛋 알	164	
dào 到 도달하다, ~에	253	
dào 道 길, 도리	49	
de, dì 地 동사나 형용사를 수식함, 땅/장소	117	
de, dé, děi 得 결과나 정도 보어, 얻다, ~해야 한다	236	
de, dì 的 ~의/~한, 과녁/목표	99	
dēng 灯 등, 등불	110	
dé 德 덕, 도덕	237	
děng 等 등급, 기다리다	139	
dī 低 낮다	134	
dí 敌 적	246	
dǐ 底 밑, 바닥	134	
dǐng 顶 꼭대기, 정수리	44	
dì 弟 남동생	38	
dì 第 차례	39	
dìng 定 정하다	200	
diǎn 典 본보기, 표준	240	
diǎn 点 점, 주문하다	245	
diàn 电 전기	141	
diàn 店 가게	245	
diào, tiáo 调 조사하다, 조절하다/고르다	119	
diū 丢 잃어버리다	241	
dōng 冬 겨울	82	
dōng 东 동쪽	131	

dōu, dū 都 모두, 수도	21	
dǒng 懂 알다, 이해하다	149	
dòng 动 움직이다	91	
dú 毒 독	222	
dú 独 단독, 홀로	163	
dú 读 읽다	44	
dù 度 법칙, 규칙, (시간을) 보내다	201	
duǎn 短 짧다	249	
duàn 段 층계, 방법	74	
duàn 断 자르다, 끊다	218	
duì 队 대열, 팀	20	
duì 对 맞다, ~에게	76	
duō 多 많다	196	
duǒ 朵 송이	241	
ér 儿 아이, 접미사	24	
ér 而 그리고, 그러나	46	
ěr 耳 귀	48	
èr 二 숫자 2	228	
fā, fà 发 보내다/발생하다, 머리카락	73	
fān 翻 뒤집다, 번역하다	186	
fāng 方 사각형, ~쪽	150	
fáng 防 막다, 지키다	151	
fáng 房 방, 집	204	
fǎ 法 법	183	
fǎn 反 반대의, 반대로	69	
fǎng 访 찾다, 방문하다	151	
fàn 犯 범하다, 위반하다	156	
fàn 饭 밥	192	
fàng 放 놓아주다	151	

fēi 飞 날다		186
fēi 非 ~이 아니다		174
fēn 分 나누다, 분(시간 단위)		215
fēng 风 바람		141
fēng 丰 풍성하다		229
féi 肥 지방이 많다		163
fěn 粉 가루		215
fèi 费 비용, 소비하다		221
fǒu 否 부정하다		134
fū 夫 성인 남자		170
fú 服 옷, (일을) 맡다		75
fú 福 복, 행복		143
fù 父 아버지		32
fù 负 (짐을) 지다, 부담하다		221
fù 附 붙다, 가까이 대다		116
fù 复 반복하다, 회복하다		82
fù 富 풍부하다, 부유하다		144
gāi 该 ~해야 한다		215
gān, gàn 干 건조하다/마르다, 일하다		256
gāng 刚 단단하다, 방금		216
gāng 钢 강철		216
gāo 高 높다		209
gǎi 改 고치다		247
gǎn 赶 뒤쫓다		256
gǎn 敢 용감하다, 감히		245
gǎn 感 느끼다, 감동하다		256
gǎo 搞 하다		209
gài 概 대략, 대개		199
gào 告 알리다		155
gē 哥 형, 오빠		38
gē 歌 노래		61
gēn 根 뿌리, 근본		50
gēn 跟 ~와, 따라가다		50
gé 革 가죽, 고치다		168
gé 格 표준, 규격		83
gěi, jǐ 给 ~에게/주다, 공급하다		193
gè 个 명, 개		17
gè 各 각자, 각기		83
gèng, gēng 更 더욱, 고치다		248
gōng 工 일꾼, 작업		212
gōng 公 공공의		242
gōng 功 공로, 성과		212
gōng 攻 공격하다		245
gōng 供 공급하다		231
gǒu 狗 개		156
gòng 共 함께, 공통의		230
gòu 购 사다, 구매하다		128
gòu 构 구성하다		128
gòu 够 충분하다		196
gǔ 古 옛날, 오래되다		56
gǔ 股 주식, 증권		74
gù 固 튼튼하다, 견고하다		56
gù 故 원인, 사고		246
gù 顾 뒤돌아보다, 돌보다		45
guā 瓜 박과 식물		192
guā 刮 바람이 불다, 칼로 깎다		57
guān 观 보다, 구경하다		52
guān 关 닫다, 끄다		208

guān	官	관리, 관청	200	hòu 后 뒤	252
guāng	光	빛	24	hòu 厚 두껍다, 두텁다	115
guǎn	馆	여관, 호텔, 공공 기관	200	hòu 候 기다리다, 안부를 묻다	249
guǎn	管	관리하다	200	hū 乎 문장 끝에 쓰여 다양한 분위기를 나타냄	257
guǎng	广	넓다	115	hū 呼 숨을 내쉬다	258
guà	挂	걸다	168	hūn 婚 결혼하다, 혼인	35
guài	怪	괴상하다, 이상하다	93	hù 户 문, 집	204
guī	规	규칙	171	hù 互 서로	228
guì	贵	비싸다, 귀하다	221	hù 护 보호하다	204
guó	国	나라	30	hùn 混 섞다	108
guǒ	果	열매, 결과	124	huā 花 꽃, 돈을 쓰다	220
guò	过	건너다, ~한 적 있다	76	huān 欢 즐겁다, 기쁘다	61
hái	孩	어린이, 아이	34	huá 华 변화하다, 호화롭다	220
hái, huán	还	여전히, 돌아오다/돌려주다	134	huá 滑 미끄럽다	108
hán	含	머금다, 품다	18	huá, huà 划 배를 젓다, 긋다/계획하다	254
háng	航	운항하다, 비행하다	238	huái 怀 간직하다, 품다	133
hǎi	海	바다	33	huán 环 고리, 둘러싸다	30
hǎo, hào	好	좋다/안녕하다, 좋아하다	34	huáng 皇 임금, 황제	28
hài	害	해롭다	200	huáng 黄 노란색	147
hàn	汉	한나라, 중국어	107	huà 化 변화하다	220
hào	号	번호, 호	104	huà 话 말, 말하다	57
hē	喝	마시다	54	huà 画 그림, 그리다	146
hēi	黑	검다, 불법의	111	huài 坏 나쁘다, 상하게 하다	133
hé	合	합치다, 닫다	193	huàn 换 교환하다, 바꾸다	65
hé	何	무슨, 어떠한가	59	huī 挥 휘두르다	244
hé	河	강, 황하	60	huí 回 돌아오다, 돌아가다	108
hé	和	평화롭다, ~와	149	huì 会 모이다, ~할 수 있다	17
hěn	很	매우	49	huó 活 살다, 활기차다	56
hóng	红	빨갛다, 인기 있다	223	huǒ 火 불, 화내다	110

huò 货 돈, 화폐	220	
huò 或 혹은, 아마도	255	
huò 获 얻다	157	
jī 击 치다, 공격하다	114	
jī 机 기계, 기기	241	
jī 鸡 닭	164	
jī 积 쌓다	53	
jī 基 기초, 토대	153	
jī 激 격동되다, 격렬하다	109	
jī, jǐ 几 작은 탁자/거의, 몇	241	
jīn 今 현재, 지금	18	
jīn 斤 근(무게 단위, 500g)	217	
jīn 金 금, 화폐	120	
jīng 京 수도	210	
jīng 经 거치다, 경험하다	238	
jīng 精 정밀하다, 훌륭하다	192	
jí 及 도달하다, 이르다	70	
jí 级 등급, 학년	70	
jí 即 곧, 바로	198	
jí 极 최고점, 다하다	70	
jí 急 급하다	77	
jí 集 모이다	164	
jǐ 己 자기, 자신	40	
jǐn 仅 겨우, 단지	68	
jǐn 紧 팽팽하다, 긴급하다	75	
jǐn, jìn 尽 되도록 ~하다, 다하다	77	
jǐng 景 풍경	210	
jǐng 警 경계하다	58	
jì 计 세다, 계획하다	231	
jì 记 기억하다, 기록하다	40	
jì 纪 규율, 연대	40	
jì 技 기술, 능력	69	
jì 际 가장자리, 사이	116	
jì 季 계절, 절기	150	
jì 济 건너다, 돕다	150	
jì 既 이미, ~한 바에는	199	
jì 继 계속하다	218	
jì 寄 (우편으로) 부치다	158	
jìn 进 나아가다, 들어가다	184	
jìn 近 가깝다	218	
jìng 境 경계, 곳	118	
jìng 静 조용하다	248	
jiā 加 더하다	90	
jiā 家 집	199	
jiān 坚 단단하다, 견고하다	75	
jiān 间 사이, 방	207	
jiān 监 감독하다	217	
jiāng 江 강, 장강	107	
jiāng 将 ~일 것이다	132	
jiāo 交 사귀다, 건네다	239	
jiāo, jiào 教 가르치다	247	
jiǎ, jià 假 거짓, 휴가	20	
jiǎn 检 검사하다	127	
jiǎn 减 빼다, 덜다	256	
jiǎn 简 간단하다	207	
jiǎng 讲 말하다, 논하다	184	
jiǎng 奖 상, 장려하다	133	
jiǎo 脚 발	184	

jiǎo, jué 角 뿔/중국 화폐 단위, 역할	166	jú 局 형세, 국면	205
jià 价 값, 가격	18	jǔ 举 들어 올리다	78
jià 架 선반, 다툼	90	jù 句 문장	42
jiàn 见 보다, 만나다	52	jù 具 갖추다, 기구	197
jiàn 件 사건 등을 세는 단위, 문서	154	jù 剧 연극, 심하다	205
jiàn 建 짓다, 세우다	210	jù 据 점거하다, ~에 의거하여	205
jiàn 健 건강하다	211	jù 距 거리, 떨어지다	80
jiàng, xiáng 降 내려가다, 항복하다	117	jù 聚 모이다, 집합하다	73
jiào 叫 ~라고 부르다	54	juǎn, juàn 卷 말다, 문서/시험지	64
jiào 较 비교하다	239	jué 决 결정하다	172
jiē 阶 층계, 계단	18	jué 绝 끊다, 극히	163
jiē 接 잇다, 연결하다	65	jué, jiào 觉 느끼다, 잠	240
jiē 街 거리	236	kā, gā 咖 커피, 카레	90
jié 节 기념일, 절약하다	135	kāi 开 열다, 켜다	207
jié 结 맺다, 끝맺다	27	kǎo 考 생각하다, 시험을 보다	21
jiě 姐 언니, 누나	36	kàn 看 보다	51
jiě 解 풀다	167	kàng 抗 저항하다	238
jiè 介 ~사이에 끼다	17	kào 靠 기대다	155
jiè 界 경계	18	kē 科 과, 항목	214
jiè 借 빌리다, 빌려주다	121	kě 可 ~할 수 있다, 그러나	59
jiū 究 연구하다	231	kě 渴 목마르다	55
jiǔ 九 숫자 9	231	kè 克 이기다, 극복하다	38
jiǔ 久 오래다	17	kè 刻 새기다, 15분	215
jiǔ 酒 술	198	kè 客 손님, 고객	83
jiù 旧 옛날의, 낡다	98	kè 课 수업, 과목	125
jiù 就 곧, 이미	210	kōng, kòng 空 텅 비다/하늘, 틈	212
jū 居 살다	204	kǒu 口 입, 말, 식구	52
jūn 军 군대	244	kū 哭 울다	157
jūn 均 균등하다	118	kǔ 苦 쓰다, 힘들다	56

kùn 困	곤란하다, 졸리다	123	lì 例	예, 사례	43
kuǎn 款	조항, 금액	61	lìng 令	명령하다, ~하게 하다	19
kuài 快	빠르다, 유쾌하다	172	lìng 另	다른, 그 밖의	89
kuài 块	덩어리, 중국 화폐 단위	172	lián 连	잇다, 계속하여	237
kuàng 况	상황, 하물며	38	lián 联	이어지다	208
kuàng 矿	광석, 광물	116	liáng 良	좋다, 훌륭하다	50
kuò 扩	넓히다	116	liáng 粮	양식	192
lā 拉	끌다, 당기다	180	liáng, liàng 量	측정하다, 수량	148
lái 来	오다	124	liáo 聊	잡담하다	48
lán 蓝	남색의	217	liǎn 脸	얼굴	127
láo 劳	일하다, 노동	90	liǎng 两	둘	229
lǎo 老	늙다, 존중의 의미	21	liàn 练	연습하다, 훈련하다	111
le, liǎo 了	동작의 완료나 가능성을 나타냄	33	liàn 炼	정련하다	111
lěng 冷	춥다	19	liàng 亮	밝다, 빛나다	209
lè, yuè 乐	즐겁다, 음악	131	liàng 辆	대(차량을 세는 단위)	237
lèi 类	종류, 유사하다	191	liào 料	예상하다, 재료	214
lèi, lěi 累	피곤하다, 포개다	222	liè 列	배열하다, 행렬	42
lí 离	~에서, 분리하다	186	liè 烈	세차다	43
lín 林	숲, 수풀	122	liè 裂	찢어지다	43
lín 临	임하다, 이르다	217	liú 流	흐르다, 순조롭다	107
líng 零	숫자 0	140	liú 留	머무르다	148
lǐ 礼	예, 예의	143	liù 六	숫자 6	230
lǐ 里	속, 안	148	lóng 龙	용	165
lǐ 理	관리하다	148	lóu 楼	다층 건물, 층	247
lǐng 领	통솔하다, 다스리다	19	lù 路	길, 도로	83
lì 力	힘, 힘을 다하다	88	lù 露	이슬, 나타나다	140
lì 历	지나다, 겪다	88	lùn 论	논하다, 의논하다	59
lì 立	서다, 즉시	180	luàn 乱	어지럽다, 함부로	57
lì 利	이익, 이로움	149	lüè 略	생략하다, 빼앗다	84

luò 落 떨어지다, 내려가다	84		mǒu 某 아무, 어느	126
lǚ 旅 여행하다	151		mò 末 물건의 끝, 최후의	124
lǜ 律 법률	236		mǔ 母 어머니	32
lǜ 绿 초록색, 푸르다	223		mù 木 나무, 목재	122
ma 吗 의문의 분위기를 나타냄	157		mù 目 눈, 목록	48
mā 妈 엄마, 어머니	36		ná 拿 잡다, 가지다	64
māo 猫 고양이	156		nán 男 남자	89
máng 忙 바쁘다	92		nán 南 남쪽	131
máo 毛 털	166		nán 难 어렵다, 힘들다	165
mǎ 马 말	157		nǎ 哪 어느, 어떤	46
mǎi 买 사다	44		nǎi 奶 젖, 할머니	36
mǎn 满 가득 차다	229		nà 那 그(것), 저(것)	46
màn 慢 느리다	93		nài 耐 참다, 견디다	46
mào 冒 무릅쓰다	48		ne 呢 문장 끝에 쓰여 다양한 분위기를 나타냄	258
me 么 대명사·부사 뒤에 붙어 단어를 이룸	241		néng 能 ~할 수 있다, 능력	194
méi, mò 没 없다, 물에 잠기다	74		nèi 内 안, 안쪽	16
mén 门 문	206		nǐ 你 너	20
měi 每 매, ~마다	33		nián 年 해, 년, 나이	102
měi 美 아름답다	159		niáng 娘 처녀, 아가씨	50
mèi 妹 여동생	36		niǎo 鸟 새	164
men 们 ~들	206		niàn 念 생각하다, 읽다	19
mín 民 국민	254		niú 牛 소, 완고하다	154
míng 名 이름	104		nóng 农 농사	188
míng 明 밝다, 명백하다	103		nǚ 女 여자, 딸	34
mǐ 米 쌀, 미터	191		pá 爬 기다, 오르다	66
mì 密 가깝다, 비밀의	92		pái 排 배열하다	175
miáo 苗 새싹	146		pái 牌 간판, 상표	132
miǎn 免 모면하다	26		pán 盘 쟁반	144
miàn 面 방면, 밀가루	62		páng 旁 옆	151

병음	한자	뜻	페이지
pǎo	跑	달리다, 뛰다	42
pà	怕	무서워하다	93
pàn	判	판단하다	155
pàng	胖	살찌다, 뚱뚱하다	156
péng	朋	친구	194
pèi	配	분배하다, 어울리다	198
pī	批	비판하다	183
pí	皮	가죽, 피부	167
píng	平	평평하다	257
píng	评	논평하다	257
píng	瓶	병	181
pǐn	品	물품, 종류	226
piāo, piǎo, piào	漂	(물에) 뜨다, 헹구다	142
piàn	片	조각, 단편적이다	132
piào	票	표, 티켓	142
pò	破	파손되다	167
pǔ	普	보편적인	181
qī	七	숫자 7	230
qī	妻	아내	37
qī	期	시기, 기간	152
qīn	亲	친하다	182
qīng	青	푸르다, 젊다	135
qīng	轻	가볍다	238
qīng	清	깨끗하다, 맑다	136
qí	齐	가지런하다	150
qí	其	그, 그것	152
qí	骑	(자전거 등에) 타다	158
qíng	情	감정, 애정	136
qíng	晴	날씨가 맑다	136
qǐ	起	일어서다, 시작하다	81
qǐng	请	청하다, 부탁하다	136
qì	气	기체, 공기	141
qì	汽	수증기, 김	141
qì	器	그릇, 기구	157
qìng	庆	경축하다	201
qiān	千	숫자 1,000	232
qián	前	앞	252
qián	钱	돈	225
qiáng	强	강하다	254
qiǎ, kǎ	卡	끼이다, 카드/트럭	234
qiē, qiè	切	자르다/끊다, 절박하다/친밀하다	214
qiě	且	잠시, 게다가	196
qiū	秋	가을	110
qiú	求	부탁하다, 요구하다	191
qiú	球	공	191
qū	区	구역, 구분하다	117
qū, qǔ	曲	구불구불하다, 노래	146
qún	群	무리	159
qǔ	取	가지다, 얻다	73
qù	去	가다	183
quán	全	완전하다	28
quán	权	권세, 권력	69
quē	缺	모자라다	173
què	却	물러나다, 도리어	184
què	确	확실하다	166
rán	然	그렇다, 그러나	112
rǎn	染	염색하다, 물들이다	127
ràng	让	양보하다, ~하게 하다	233

rén 人 사람	16	
réng 仍 여전히, 아직도	37	
rè 热 덥다, 뜨겁다	66	
rèn 认 알다, 식별하다	19	
rèn 任 임명하다, 맡다	242	
rì 日 해, 일, 날	98	
róng 容 받아들이다, 용모	44	
ròu 肉 고기	194	
rú 如 ~와 같다, 만일	35	
rù 入 들어가다	17	
ruò 若 ~와 같다, 만약	68	
ruò 弱 약하다	254	
sān 三 숫자 3	229	
sǎn 伞 우산	213	
sǎn, sàn 散 흩어지다	246	
sè 色 색깔	163	
shā 杀 죽이다	127	
shā 沙 모래	174	
shān 山 산	114	
shāng 伤 상처, 해치다	91	
shāng 商 상업, 상의하다	226	
shāo 烧 불사르다, 가열하다	111	
shǎo, shào 少 적다, 어리다	173	
shàn 善 착하다, 훌륭하다	159	
shàng 上 위, 오르다	233	
shēn 身 몸, 신체	41	
shēn 深 깊다	109	
shēng 升 오르다	213	
shēng 生 낳다, 태어나다	138	
shēng 声 소리, 목소리	27	
shéi 谁 누구	165	
shén 什 무엇	232	
shén 神 신, 정신	143	
shěng, xǐng 省 아끼다, 살피다/반성하다	174	
shè 设 세우다, 계획하다	74	
shè 社 단체	143	
shè 射 쏘다, 발사하다	41	
shèn 甚 몹시, 심하다	152	
shèng 胜 이기다	138	
shī 失 잃다, 실수하다	249	
shī 师 선생	190	
shī 施 실시하다, 베풀다	94	
shí 十 숫자 10	231	
shí 石 돌	119	
shí 识 알다, 이해하다	53	
shí 时 때, 시간	76	
shí 实 진실하다, 실제	43	
shí 食 먹다, 음식	192	
shǐ 史 역사	233	
shǐ 始 처음, 시작하다	86	
shǐ 使 시키다, ~하게 하다	234	
shì 士 학위나 기술을 갖춘 사람	27	
shì 示 보이다	142	
shì 市 도시, 시장	190	
shì 世 세상	232	
shì 式 격식, 형식	212	
shì 势 기세, 세력	67	
shì 事 일, 종사하다	77	

shì 试 시험, 시험하다	213
shì 视 보다, 살피다	52
shì 是 ~이다, 맞다	100
shì 室 방, 실	252
shì 适 적합하다, 알맞다	185
shōu 收 받다, 거두다	246
shǒu 手 손	64
shǒu 守 지키다	199
shǒu 首 머리, 제일 먼저	49
shòu 受 받다, 받아들이다	72
shòu 售 팔다	164
shòu 瘦 마르다, 여위다	202
shū 书 책	240
shū 叔 숙부(작은아버지)	173
shū 输 운송하다, 패하다	237
shú 熟 익다, 잘 알다	112
shǔ, shù 数 세다, 숫자	247
shù 术 기술, 방법	123
shù 束 묶다, 속박하다	125
shù 树 나무, 세우다	122
shù 述 진술하다, 서술하다	123
shùn 顺 순조롭다	45
shuā 刷 솔, 솔로 닦다	205
shuāng 双 두 개의, 쌍의	68
shuǐ 水 물	106
shuì 睡 자다	49
shuō 说 말하다	58
sī 司 주관하다, 담당하다	60
sī 私 개인의, 사적인	242
sī 思 생각하다, 생각	92
sǐ 死 죽다	42
sì 四 숫자 4	229
sì 似 닮다, 마치(~인 것 같다)	152
sōng 松 소나무, 느슨하다	242
sòng 送 배웅하다, 보내다	208
sūn 孙 손자, 손녀	34
sǔn 损 손상시키다	22
sù 诉 알리다, 말해 주다	59
sù 素 본색의, 소박하다	223
sù 速 빠르다, 속도	125
suān 酸 시큼하다	198
suàn 算 계산하다	139
suī 虽 비록 ~이지만	163
suí 随 따르다	195
suì 岁 해, 세(나이를 세는 단위)	104
suǒ 所 장소, 건물 등을 세는 단위	218
tā 他 그, 그 사람	93
tā 它 그것, 저것	199
tā 她 그녀	94
tāng 汤 국물, 탕	118
tái 台 받침대, 태풍	86
tán 谈 말하다, 이야기하다	111
tǎo 讨 토론하다, 정벌하다	76
tài 太 대단히, 너무	171
tài 态 모양	171
tàn 探 찾다, 정탐하다	109
téng 疼 아프다, 몹시 아끼다	202
tè 特 특별하다, 특히	154

병음	한자	뜻	쪽
tī	踢	차다	100
tīng	听	듣다	217
tí	提	끌어올리다	101
tí	题	제목, 문제	101
tíng	停	멈추다, 정지하다	209
tǐ	体	몸, 신체	123
tiān	天	하늘, 날	170
tián	田	밭, 논	146
tián	甜	달다, 달콤하다	57
tiáo	条	가늘고 긴 것, 조목	82
tiào	跳	뛰다, 튀어 오르다	80
tiě	铁	쇠, 철	249
tōng, tòng	通	통하다, 번(동작을 세는 단위)	185
tóng	同	같다	209
tóu	头	머리	43
tóu	投	던지다, 넣다	73
tǒng	统	거느리다	26
tū	突	갑자기	156
tú	图	그림, 의도	83
tǔ	土	흙, 촌스럽다	117
tuán	团	둥글다, 한데 모이다	130
tuī	推	밀다	165
tuǐ	腿	다리	185
tuì	退	물러나다, 반환하다	184
tuō	托	맡기다, 의지하다	65
tuō	脱	벗다, 벗어나다	58
wán	完	완전하다, 끝나다	25
wán	玩	놀다	25
wáng	王	왕	28
wǎn	晚	저녁, 늦다	27
wǎn	碗	그릇, 공기	119
wǎng	网	그물, 인터넷	226
wǎng	往	가다, ~쪽으로	29
wài	外	바깥, 따로	104
wàn	万	숫자 10,000	232
wàng	忘	잊다, 망각하다	92
wàng	望	바라다, (멀리) 바라보다	28
wēi	危	위험하다	115
wēn	温	따뜻하다, 온도	108
wéi	围	둘러싸다	176
wéi, wèi	为	하다, ~을 위하여/~때문에	89
wéi, wèi	喂	여보세요, 이봐요	54
wén	文	글, 문화	239
wén	闻	듣다, 냄새를 맡다	207
wěi	伟	크다, 위대하다	175
wěi	委	맡기다	37
wěn	稳	평온하다, 안정되다	78
wèi	卫	지키다	257
wèi	未	아직 ~하지 않다	124
wèi	位	자리, 분(사람을 세는 단위)	180
wèi	味	맛, 냄새	124
wèn	问	묻다	206
wǒ	我	나	255
wò	握	잡다, 장악하다	253
wū	屋	방, 집	253
wú	无	없다	228
wǔ	午	정오, 낮 12시	102
wǔ	五	숫자 5	230

wù 务 일, 일하다	90	
wù 物 물건	154	
wù 误 틀리다, 잘못되다	59	
xī 夕 저녁때	103	
xī 西 서쪽	131	
xī 吸 들이마시다	70	
xī 希 바라다, 희망하다	190	
xī 息 쉬다, 휴식하다	62	
xīn 心 마음	91	
xīn 新 새롭다	182	
xīng 星 별	139	
xīng, xìng 兴 일으키다, 흥미	78	
xí 习 학습하다	186	
xí 席 자리	201	
xíng 形 형체, 모양	207	
xíng, háng 行 ~해도 좋다/가다, 줄	236	
xǐ 洗 씻다, 빨다	26	
xǐ 喜 기쁘다, 좋아하다	28	
xì 戏 놀이, 연극	255	
xì 细 가늘다, 세세하다	224	
xì, jì 系 계통, 매다	222	
xìn 信 믿다, 편지	58	
xìng 姓 성씨, 성이 ~이다	138	
xìng 性 본성	138	
xiān 先 먼저	25	
xiān 鲜 신선하다	160	
xiāng 乡 시골, 고향	222	
xiāng 香 향기롭다	150	
xiāng 箱 상자, 트렁크	126	

xiāng, xiàng 相 서로/함께, 외모	126	
xiāo 消 사라지다	173	
xiǎn 显 나타내다	214	
xiǎn 险 위험하다	128	
xiǎng 响 소리, 소리 나다	206	
xiǎng 想 생각하다, ~하고 싶다	126	
xiǎo 小 작다, 어리다	173	
xià 下 아래, 내려가다	234	
xià 夏 여름	82	
xiàn 现 나타나다, 현재	52	
xiàn 线 선	224	
xiàn 限 한계, 제한	116	
xiàng 向 ~로 향하여	206	
xiàng 项 목, 항목	45	
xiàng 象 형태, 형상	160	
xiàng 像 닮다, ~와 같다	160	
xiào 笑 웃다	139	
xiào 效 효과, 본받다	247	
xiào, jiào 校 학교, 고치다	239	
xiē 些 조금, 약간	86	
xié 协 합하다, 어울리다	89	
xié 鞋 신발	168	
xiě 写 글씨를 쓰다	240	
xiè 谢 감사하다	41	
xiū 休 쉬다, 휴식하다	122	
xiū 修 수리하다	243	
xū 须 반드시 ~해야 한다	45	
xū 需 필요하다	46	
xǔ 许 허락하다, 아마도	102	

병음	한자	뜻	페이지
xù	序	순서, 차례	201
xù	续	이어지다, 계속하다	44
xùn	训	훈련하다, 가르치다	107
xuǎn	选	고르다	26
xué	学	배우다	240
xuě	雪	눈	140
xuè	血	피, 혈액	144
yā	压	압력을 가하다	117
yān	烟	연기	171
yāng	央	한가운데	172
yāo, yào	要	요구하다, ~하려 하다/중요하다	37
yá	牙	이, 치아	94
yán	言	말, 언어	57
yán	延	연장하다, 늘이다	84
yán	严	엄하다, 위엄 있다	115
yán	研	갈다, 연구하다	119
yán	盐	소금	144
yáng	扬	높이 들다, 휘날리다	118
yáng	羊	양	158
yáng	阳	햇빛, 태양	98
yáng	洋	큰 바다, 서양	158
yǎn	眼	눈, 안목	49
yǎn	演	공연하다, 널리 펴다	108
yǎng	养	기르다, 양육하다	159
yà	亚	제2의, 아시아	213
yàn	验	검증하다	128
yàng	样	모양	159
yào	药	약	223
yé	爷	할아버지	32
yě	也	~도, 또한	93
yè	业	직업, 학업	213
yè	夜	밤	104
yè	液	액체	105
yī	一	숫자 1	228
yī	衣	옷	188
yī	医	의사, 의원	250
yī	依	의지하다	188
yīn	因	원인, ~때문에	171
yīn	阴	(날씨가) 흐리다, 그늘	103
yīn	音	소리, 음악	181
yīng	英	재능이 뛰어나다	172
yīng, yìng	应	마땅히 ~해야 한다, 대답하다	78
yí	宜	적합하다, 알맞다	197
yí	移	이동하다, 옮기다	196
yín	银	은, 은화	120
yíng	迎	맞이하다	185
yíng	营	경영하다	135
yǐ	已	이미, 끝나다	162
yǐ	以	~로써	152
yǐ	椅	의자	158
yǐn	饮	마시다, 음료	193
yǐng	影	그림자	210
yì	义	정의, 뜻	175
yì	亿	숫자 억	233
yì	议	의논하다	175
yì	异	다르다, 이상하다	40
yì	艺	예술, 기술	135
yì	易	쉽다, 바꾸다	100

yì 益 유익하다, 이익		144
yì 意 뜻, 생각		181
yìn 印 도장, 인쇄하다		198
yōu 优 우수하다, 훌륭하다		166
yóu 由 원인, ~로부터		147
yóu 油 기름		147
yóu 邮 우편, 부치다		147
yóu 游 헤엄치다, 놀다		109
yǒng 永 길다, 오래다		106
yǒng 泳 수영하다		106
yǒu 友 친구, 친하다		72
yǒu 有 있다		194
yòng 用 쓰다, 사용하다		208
yòu 又 또, 다시		68
yòu 右 오른쪽		68
yú 于 ~에, ~에 대해		257
yú 余 남다		202
yú 鱼 물고기		160
yún 云 구름		140
yǔ 雨 비		139
yǔ 语 말, 언어		58
yǔ, yù 与 ~와/주다, 참여하다		225
yù 玉 옥		29
yù 育 기르다		194
yù 预 미리		45
yù 遇 만나다, 대우하다		185
yùn 运 돌다, 운		141
yuán 元 위안(중국 화폐 단위), 으뜸		24
yuán 员 어떤 직업에 종사하는 사람		22
yuán 园 동산		25
yuán 圆 둥글다		22
yuán 原 원래의, 본래의		109
yuán 源 근원, 출처		110
yuǎn 远 멀다		24
yuàn 院 기관, 공공장소		25
yuàn 愿 바라다, 소망		110
yuē 约 약속하다, 절약하다		223
yuè 月 달, 월		103
yuè 越 넘다, ~할수록 ~하다		81
zá 杂 잡다하다, 복잡하다		127
zǎo 早 아침, 이르다		99
zài 在 ~에 있다, ~하고 있다		131
zài 再 다시		208
zào 造 만들다		155
zēng 增 더하다, 늘다		102
zé 则 규칙, 규범		216
zé 责 책임, 꾸짖다		222
zěn 怎 왜, 어떻게		101
zhāng 张 펼치다, 장(평평한 것을 세는 단위)		174
zhāng 章 문장		181
zhǎn 展 펼치다		205
zhǎng 掌 손바닥, 장악하다		64
zhǎo 找 찾다		255
zhàn 占 점령하다		244
zhàn 战 싸움, 싸우다		244
zhàn 站 서다, 역		245
zhào 照 비추다, 찍다		112
zhe, zháo, zhuó 着 ~하고 있다, 받다, 입다		51

병음	한자	뜻	쪽
zhēn	针	바늘, 침	120
zhēn	真	진실하다, 정말	197
zhēng	争	쟁탈하다	248
zhě	者	~한 사람, ~것	21
zhěng	整	가지런하다, 정리하다	85
zhè	这	이, 이것	239
zhèn	振	떨치다, 진동하다	66
zhèng	正	바르다, 딱, 마침	85
zhèng	证	증명하다	85
zhèng	政	정치	85
zhī	支	받치다, 지지하다	69
zhī	之	~의, ~한	85
zhī	织	(옷을) 짜다	224
zhī	知	알다, 지식	250
zhī, zhǐ	只	단일의, 다만/단지	53
zhí	执	잡다, 집행하다	66
zhí	直	곧다, 곧바로	50
zhí	值	가치, ~할 가치가 있다	51
zhí	职	직업, 직무	53
zhí	植	심다, 재배하다	51
zhǐ	止	정지하다, 멈추다	84
zhǐ	纸	종이	134
zhǐ	指	손가락, 가리키다	65
zhì	至	이르다, 도달하다	252
zhì	志	뜻, 기록하다	27
zhì	治	다스리다	86
zhì	制	만들다, 통제하다	216
zhì	质	성질, 본질	221
zhì	致	보내다, 표시하다	253
zhì	智	지혜롭다	250
zhì	置	놓다, 두다	51
zhōng	终	끝, 끝나다	82
zhōng	钟	종, 시각	120
zhōng, zhòng	中	가운데, 맞추다	233
zhōu	周	주위, 주일	119
zhōu	洲	주	107
zhǒng, zhòng	种	씨앗/종류, 심다	149
zhòng	众	많다, 많은 사람	16
zhòng, chóng	重	무겁다/중요하다, 중복하다	148
zhǔ	主	주인, 주관하다	29
zhǔn	准	표준, 정확하다	165
zhù	住	살다, 그치다	29
zhù	助	돕다	91
zhù	注	쏟다, 집중하다	29
zhù	祝	기원하다, 축하하다	38
zhù	著	뚜렷하다	21
zhuā	抓	꽉 쥐다	66
zhuān	专	오로지, 전문적이다	225
zhuāng	装	꾸미다, 설치하다	189
zhuǎn, zhuàn	转	바꾸다, 돌다	225
zhuō	桌	탁자	126
zī	资	재물, 자격	61
zǐ, zi	子	자녀/아들, 접미사	33
zì	字	글자, 문자	33
zì	自	자신, 스스로	62
zǒng	总	총괄하다, 전부의	92
zǒu	走	걷다, 떠나다	81
zū	组	세내다	197

zú 足	발, 충분하다	80
zú 族	민족	249
zǔ 阻	가로막다	197
zǔ 组	조, 조직하다	224
zǔ 祖	할아버지	36
zuǐ 嘴	입	53
zuì 最	가장, 제일	73
zuì 罪	죄	175
zuó 昨	어제	101
zuǒ 左	왼쪽	67
zuò 作	글을 쓰다, 하다	101
zuò 坐	앉다, 타다	183
zuò 座	좌석, 자리	183
zuò 做	하다, 만들다	246

한자 독음 색인

가 加 더할 가 jiā　90
可 옳을 가 kě　59
价 값 가[價] jià　18
咖 음역자 가 kā, gā　90
架 시렁 가 jià　90
哥 형 가 gē　38
家 집 가 jiā　199
假 거짓, 휴가 가 jiǎ, jià　20
街 거리 가 jiē　236
歌 노래 가 gē　61
卡 지킬 잡, 외래어 가 qiǎ, kǎ　234

각 各 각각 각 gè　83
角 뿔 각[角] jiǎo, jué　166
却 물리칠 각 què　184
刻 새길 각 kè　215
觉 깨달을 각, 잠 교[覺] jué, jiào　240
脚 다리 각 jiǎo　184

간 间 사이 간[間] jiān　207
看 볼 간 kàn　51
赶 쫓을 간[趕] gǎn　256
简 간단할 간[簡] jiǎn　207
干 마를 건[乾], 일할 간[幹] gān, gàn　256

갈 喝 마실 갈 hē　54
渴 목마를 갈 kě　55

감 监 감독할 감[監] jiān　217
减 덜 감[減] jiǎn　256
敢 감히 감 gǎn　245
感 느낄 감 gǎn　256

강 刚 굳셀 강[剛] gāng　216
江 강 강 jiāng　107
讲 논할 강[講] jiǎng　184
钢 강철 강[鋼] gāng　216
降 내려갈 강, 항복할 항 jiàng, xiáng　117
强 강할 강[強] qiáng　254

개 个 낱 개[個] gè　17
介 낄 개 jiè　17
开 열 개[開] kāi　207
改 고칠 개 gǎi　247
概 대개 개[概] gài　199

객 客 손님 객 kè　83

갱 更 다시 갱, 고칠 경 gèng, gēng　248

거 去 갈 거 qù　183
居 살 거 jū　204
举 들 거[擧] jǔ　78
据 의거할 거[據] jù　205
距 거리 거 jù　80

건 干 마를 건[乾], 일할 간[幹] gān, gàn　256
件 물건 건 jiàn　154
建 세울 건 jiàn　210
健 튼튼할 건 jiàn　211

검 检 검사할 검[檢] jiǎn　127
脸 얼굴 검[臉] liǎn　127

격 击 칠 격[擊] jī　114
格 바로잡을 격 gé　83
激 격할 격 jī　109

견 见 볼 견[見] jiàn　52
坚 굳을 견[堅] jiān　75

결 决 결정할 결[決] jué　172

	结	맺을 결[結] jié	27		哭	울 곡 kū	157
	缺	모자랄 결 quē	173	곤	困	곤할 곤 kùn	123
경	庆	경사 경[慶] qìng	201	공	工	장인 공 gōng	212
	经	지날 경[經] jīng	238		公	공평할 공 gōng	242
	京	서울 경 jīng	210		功	공 공 gōng	212
	轻	가벼울 경[輕] qīng	238		共	함께 공 gòng	230
	景	풍경 경 jǐng	210		攻	칠 공 gōng	245
	境	경계 경 jìng	118		供	공급할 공 gōng	231
	警	경계할 경 jǐng	58		空	빌 공 kōng, kòng	212
	更	다시 갱, 고칠 경 gèng, gēng	248	과	瓜	오이 과 guā	192
계	计	셀 계[計] jì	231		过	지날 과[過] guò	76
	鸡	닭 계[鷄] jī	164		果	열매 과, 결과 과 guǒ	124
	阶	섬돌 계[階] jiē	18		科	항목 과 kē	214
	系	맬 계[繫] xì, jì	222		课	과정 과[課] kè	125
	季	계절 계 jì	150	관	关	빗장 관[關] guān	208
	界	경계 계 jiè	18		观	볼 관[觀] guān	52
	继	이을 계[繼] jì	218		官	관청 관 guān	200
고	古	옛 고 gǔ	56		馆	집 관[館] guǎn	200
	考	생각할 고 kǎo	21		款	성실할 관 kuǎn	61
	告	알릴 고 gào	155		管	피리 관 guǎn	200
	股	넓적다리 고 gǔ	74	괄	刮	바람 불 괄, 깎을 괄 guā	57
	固	단단할 고 gù	56	광	广	넓을 광[廣] guǎng	115
	故	연고 고 gù	246		光	빛 광 guāng	24
	苦	쓸 고 kǔ	56		矿	쇳돌 광[鑛] kuàng	116
	高	높을 고 gāo	209	괘	挂	걸 괘 guà	168
	顾	돌아볼 고[顧] gù	45	괴	坏	무너질 괴[壞] huài	133
	搞	할 고 gǎo	209		块	덩어리 괴[塊] kuài	172
	靠	기댈 고 kào	155		怪	괴상할 괴 guài	93
곡	曲	굽을 곡, 노래 곡 qū, qǔ	146	교	交	사귈 교 jiāo	239

	较	비교할 교[較] jiào	239	극	克	이길 극 kè	38
	校	학교 교, 고칠 교 xiào, jiào	239		极	다할 극[極] jí	70
	教	가르칠 교[敎] jiāo, jiào	247		剧	연극 극, 심할 극[劇] jù	205
	觉	깨달을 각, 잠 교[覺] jué, jiào	240	근	斤	도끼 근 jīn	217
구	九	아홉 구 jiǔ	231		仅	겨우 근[僅] jǐn	68
	久	오랠 구 jiǔ	17		近	가까울 근 jìn	218
	口	입 구 kǒu	52		根	뿌리 근 gēn	50
	区	구분할 구, 지역 구[區] qū	117		跟	발꿈치 근 gēn	50
	旧	옛 구[舊] jiù	98	금	今	이제 금 jīn	18
	句	글귀 구 jù	42		金	쇠 금 jīn	120
	究	연구할 구 jiū	231	급	及	미칠 급 jí	70
	求	구할 구 qiú	191		级	등급 급[級] jí	70
	狗	개 구 gǒu	156		给	줄 급, 공급할 급[給] gěi, jǐ	193
	购	살 구[購] gòu	128		急	급할 급 jí	77
	构	얽을 구[構] gòu	128	기	己	몸 기 jǐ	40
	具	갖출 구 jù	197		气	기운 기[氣] qì	141
	够	충분할 구 gòu	196		记	기록할 기[記] jì	40
	球	공 구 qiú	191		机	기계 기[機] jī	241
국	局	판 국 jú	205		纪	규율 기[紀] jì	40
	国	나라 국[國] guó	30		技	기술 기 jì	69
군	军	군사 군[軍] jūn	244		汽	김 기 qì	141
	群	무리 군 qún	159		其	그 기 qí	152
권	权	권세 권[權] quán	69		既	이미 기[旣] jì	199
	卷	말 권, 책 권[捲] juǎn, juàn	64		起	일어날 기 qǐ	81
궤	几	책상 궤, 거의/몇 기[幾] jī, jǐ	241		基	터 기 jī	153
귀	贵	귀할 귀[貴] guì	221		寄	부칠 기 jì	158
규	叫	부르짖을 규 jiào	54		骑	말 탈 기[騎] qí	158
	规	법 규[規] guī	171		期	기약할 기 qī	152
균	均	고를 균 jūn	118		器	그릇 기 qì	157

几	책상 궤, 거의/몇 기[幾] jī, jǐ	241	
긴 紧	팽팽할 긴[緊] jǐn	75	
나 那	어찌 나, 그 나 nà	46	
拿	잡을 나 ná	64	
哪	어느 나 nǎ	46	
난 难	어려울 난[難] nán	165	
남 男	사내 남 nán	89	
南	남녘 남 nán	131	
낭 娘	아가씨 낭 niáng	50	
내 内	안 내[內] nèi	16	
奶	젖 내 nǎi	36	
耐	견딜 내 nài	46	
녀 女	여자 녀 nǚ	34	
년 年	해 년 nián	102	
념 念	생각할 념 niàn	19	
농 农	농사 농[農] nóng	188	
능 能	능할 능 néng	194	
니 你	너 니 nǐ	20	
呢	어조사 니 ne	258	
다 多	많을 다 duō	196	
단 团	둥글 단[團] tuán	130	
但	다만 단 dàn	99	
单	홑 단[單] dān	248	
段	층계 단 duàn	74	
蛋	알 단 dàn	164	
断	끊을 단[斷] duàn	218	
短	짧을 단 duǎn	249	
달 达	도달할 달[達] dá	170	
담 担	멜 담[擔] dān	100	

谈	말씀 담[談] tán	111	
답 答	대답할 답 dá	193	
당 当	마땅할 당[當] dāng, dàng	77	
대 大	큰 대 dà	170	
代	대신할 대 dài	254	
对	대답할 대[對] duì	76	
队	대오 대[隊] duì	20	
台	받침 대[臺], 태풍 태 tái	86	
带	띠 대[帶] dài	190	
待	기다릴 대 dài	67	
덕 德	덕 덕 dé	237	
도 刀	칼 도 dāo	214	
导	이끌 도[導] dǎo	162	
到	이를 도 dào	253	
图	그림 도[圖] tú	83	
度	법도 도 dù	201	
倒	넘어질 도, 거꾸로 도 dǎo, dào	253	
都	모두 도, 도읍 도[都] dōu, dū	21	
道	길 도 dào	49	
跳	뛸 도 tiào	80	
독 毒	독 독 dú	222	
独	홀로 독[獨] dú	163	
读	읽을 독[讀] dú	44	
돌 突	갑자기 돌 tū	156	
동 东	동녘 동[東] dōng	131	
冬	겨울 동 dōng	82	
动	움직일 동[動] dòng	91	
同	같을 동 tóng	209	
疼	아플 동 téng	202	

懂	알 동 dǒng	149
두 头	머리 두[頭] tóu	43
득 得	얻을 득, 어조사 득 de, dé, děi	236
등 灯	등불 등[燈] dēng	110
等	등급 등 děng	139
락 乐	즐거울 락, 음악 악[樂] lè, yuè	131
落	떨어질 락 luò	84
란 乱	어지러울 란[亂] luàn	57
람 蓝	쪽 람[藍] lán	217
랍 拉	끌어갈 랍 lā	180
래 来	올 래[來] lái	124
랭 冷	추울 랭[冷] lěng	19
략 略	생략할 략 lüè	84
량 良	좋을 량 liáng	50
两	두 량[兩] liǎng	229
亮	밝을 량 liàng	209
辆	수레 량[輛] liàng	237
量	헤아릴 량, 수량 량 liáng, liàng	148
粮	양식 량[糧] liáng	192
려 旅	여행 려 lǚ	151
력 力	힘 력 lì	88
历	지낼 력[歷] lì	88
련 连	이을 련[連] lián	237
练	익힐 련[練] liàn	111
炼	정련할 련[煉] liàn	111
联	이을 련[聯] lián	208
렬 列	벌일 렬 liè	42
烈	세찰 렬 liè	43
裂	찢을 렬 liè	43

령 令	명령할 령[令] lìng	19
另	따로 령 lìng	89
领	거느릴 령[領] lǐng	19
零	떨어질 령, 영 령[零] líng	140
례 礼	예절 례[禮] lǐ	143
例	법식 례 lì	43
로 老	늙을 로 lǎo	21
劳	일할 로[勞] láo	90
路	길 로 lù	83
露	이슬 로 lù	140
록 绿	푸를 록[綠] lǜ	223
론 论	논할 론[論] lùn	59
료 了	어기사 료, 마칠 료 le, liǎo	33
料	헤아릴 료 liào	214
聊	한담할 료 liáo	48
룡 龙	용 룡[龍] lóng	165
루 累	지칠 루, 포갤 루 lèi, lěi	222
楼	다락 루[樓] lóu	247
류 类	종류 류[類] lèi	191
流	흐를 류 liú	107
留	머무를 류 liú	148
륙 六	여섯 륙 liù	230
률 律	법률 률 lǜ	236
리 里	마을 리, 속[裏] 리 lǐ	148
利	이로울 리 lì	149
离	떠날 리[離] lí	186
理	다스릴 리 lǐ	148
림 林	수풀 림 lín	122
临	임할 림[臨] lín	217

립	立	설 립 lì	180		猫	고양이 묘 māo	156
마	马	말 마[馬] mǎ	157	**무**	无	없을 무[無] wú	228
	么	어조사 매[麼] me	241		务	일할 무[務] wù	90
	吗	의문 조사 마[嗎] ma	157	**문**	门	문 문[門] mén	206
	妈	어머니 마[媽] mā	36		文	글월 문 wén	239
만	万	일만 만[萬] wàn	232		们	무리 문[們] men	206
	晚	늦을 만 wǎn	27		问	물을 문[問] wèn	206
	满	가득 찰 만[滿] mǎn	229		闻	들을 문[聞] wén	207
	慢	느릴 만 màn	93	**물**	物	물건 물 wù	154
말	末	끝 말 mò	124	**미**	未	아닐 미 wèi	124
망	网	그물 망[網] wǎng	226		米	쌀 미 mǐ	191
	忙	바쁠 망 máng	92		味	맛 미 wèi	124
	忘	잊을 망 wàng	92		美	아름다울 미 měi	159
	望	바랄 망 wàng	28	**민**	民	백성 민 mín	254
매	买	살 매[買] mǎi	44	**밀**	密	빽빽할 밀 mì	92
	每	매양 매 měi	33	**반**	反	돌이킬 반 fǎn	69
	妹	손아래 누이 매 mèi	36		半	반 반[半] bàn	155
면	免	면할 면 miǎn	26		饭	밥 반[飯] fàn	192
	面	낯 면, 밀가루[麵] 면 miàn	62		胖	살찔 반[胖] pàng	156
명	名	이름 명 míng	104		般	일반 반 bān	74
	明	밝을 명 míng	103		班	나눌 반 bān	30
모	毛	털 모 máo	166		盘	쟁반 반[盤] pán	144
	母	어머니 모 mǔ	32		搬	옮길 반 bān	75
	冒	무릅쓸 모 mào	48	**발**	发	쏠 발[發], 터럭 발[髮] fā, fà	73
	某	아무 모 mǒu	126	**방**	方	모 방 fāng	150
목	木	나무 목 mù	122		访	찾을 방[訪] fǎng	151
	目	눈 목 mù	48		防	막을 방 fáng	151
몰	没	없을 몰, 빠질 몰[沒] méi, mò	74		房	방 방 fáng	204
묘	苗	싹 묘 miáo	146		放	놓을 방 fàng	151

	帮	도울 방[幫] bāng	191		负	짐질 부[負] fù	221
	旁	옆 방 páng	151		否	아닐 부 fǒu	134
배	杯	잔 배 bēi	133		附	붙을 부 fù	116
	背	등 배 bèi	132		部	떼 부 bù	182
	倍	곱 배 bèi	182		富	부유할 부 fù	144
	配	나눌 배, 짝 배 pèi	198		不	아닐 부, 아닐 불 bù	133
	排	밀칠 배 pái	175		复	회복할 복, 다시 부[復] fù	82
백	白	흰 백 bái	99	**북**	北	북녘 북 běi	132
	百	일백 백 bǎi	232	**분**	分	나눌 분 fēn	215
번	翻	뒤집을 번[飜] fān	186		粉	가루 분 fěn	215
범	犯	범할 범 fàn	156	**불**	不	아닐 부, 아닐 불 bù	133
법	法	법 법 fǎ	183	**붕**	朋	벗 붕 péng	194
변	边	가 변[邊] biān	88	**비**	飞	날 비[飛] fēi	186
	变	변할 변[變] biàn	72		比	견줄 비 bǐ	182
별	别	나눌 별[別] bié	89		批	비평할 비 pī	183
병	并	나란히 설 병[竝] bìng	180		备	갖출 비[備] bèi	147
	病	병 병 bìng	202		非	아닐 비 fēi	174
	瓶	병 병 píng	181		肥	살질 비 féi	163
보	报	알릴 보, 갚을 보[報] bào	75		费	쓸 비[費] fèi	221
	步	걸음 보 bù	84		鼻	코 비 bí	62
	补	기울 보[補] bǔ	189	**빙**	冰	얼음 빙[氷] bīng	106
	保	지킬 보 bǎo	20	**사**	士	선비 사 shì	27
	普	넓을 보 pǔ	181		史	역사 사 shǐ	233
복	服	옷 복 fú	75		司	맡을 사 sī	60
	复	회복할 복, 다시 부[復] fù	82		四	넉 사 sì	229
	福	복 복[福] fú	143		写	쓸 사[寫] xiě	240
본	本	근본 본 běn	123		师	스승 사[師] shī	190
부	夫	지아비 부 fū	170		死	죽을 사 sǐ	42
	父	아버지 부 fù	32		词	말 사[詞] cí	60

沙	모래 **사** shā	174		색	色	빛 색 sè	163

漢字	訓音	拼音	쪽
沙	모래 **사**	shā	174
私	사사로울 **사**	sī	242
似	같을 **사**	sì	152
些	적을 **사**	xiē	86
社	단체 **사**[社]	shè	143
使	하여금 **사**, 시킬 **사**	shǐ	234
事	일 **사**	shì	77
查	조사할 **사**[查]	chá	100
思	생각 **사**	sī	92
射	쏠 **사**	shè	41
谢	사례할 **사**[謝]	xiè	41
산 山	산 **산**	shān	114
产	낳을 **산**[産]	chǎn	115
伞	우산 **산**[傘]	sǎn	213
散	흩어질 **산**	sǎn, sàn	246
酸	초 **산**	suān	198
算	셀 **산**	suàn	139
살 杀	죽일 **살**[殺]	shā	127
삼 三	석 **삼**	sān	229
상 上	위 **상**	shàng	233
伤	상처 **상**[傷]	shāng	91
床	침대 **상**[牀]	chuáng	201
相	서로 **상**, 모양 **상**	xiāng, xiàng	126
常	항상 **상**	cháng	190
商	장사 **상**	shāng	226
象	코끼리 **상**	xiàng	160
想	생각할 **상**	xiǎng	126
像	모양 **상**	xiàng	160
箱	상자 **상**	xiāng	126
색 色	빛 색	sè	163
생 生	날 생	shēng	138
省	덜 생, 살필 성	shěng, xǐng	174
서 书	책 서[書]	shū	240
西	서녘 서	xī	131
序	차례 서	xù	201
석 夕	저녁 석	xī	103
石	돌 석	shí	119
席	자리 석	xí	201
선 先	먼저 선	xiān	25
线	줄 선[綫]	xiàn	224
选	고를 선[選]	xuǎn	26
船	배 선	chuán	238
善	착할 선	shàn	159
鲜	신선할 선[鮮]	xiān	160
설 设	베풀 설[設]	shè	74
说	말씀 설[說]	shuō	58
雪	눈 설	xuě	140
성 成	이룰 성	chéng	255
声	소리 성[聲]	shēng	27
姓	성씨 성	xìng	138
性	성품 성	xìng	138
星	별 성	xīng	139
城	성 성	chéng	256
省	덜 생, 살필 성	shěng, xǐng	174
세 世	세상 세	shì	232
岁	해 세[歲]	suì	104
势	기세 세[勢]	shì	67
细	가늘 세[細]	xì	224

	洗	씻을 세 xǐ	26	输	보낼 수[輸] shū	237
小	小	작을 소 xiǎo	173	数	셀 수, 숫자 수[數] shǔ, shù	247
	少	적을 소, 어릴 소 shǎo, shào	173	睡	잘 수 shuì	49
	诉	호소할 소[訴] sù	59	随	따를 수[隨] suí	195
	所	곳 소 suǒ	218	需	필요할 수 xū	46
	烧	불사를 소[燒] shāo	111	瘦	여윌 수 shòu	202
	素	흴 소 sù	223	叔	숙부 숙 shū	173
	消	사라질 소[消] xiāo	173	熟	익을 숙 shú	112
	笑	웃을 소 xiào	139	顺	순할 순[順] shùn	45
束	束	묶을 속 shù	125	术	재주 술[術] shù	123
	速	빠를 속 sù	125	述	펼 술[述] shù	123
	续	이을 속[續] xù	44	习	익힐 습[習] xí	186
孙	孙	손자 손[孫] sūn	34	升	오를 승[昇] shēng	213
	损	덜 손[損] sǔn	22	承	받들 승 chéng	34
松	松	소나무 송 sōng	242	胜	이길 승[勝] shèng	138
	送	보낼 송[送] sòng	208	示	보일 시 shì	142
刷	刷	닦을 쇄 shuā	205	市	시장 시 shì	190
手	手	손 수 shǒu	64	时	때 시[時] shí	76
	水	물 수 shuǐ	106	始	처음 시 shǐ	86
	收	거둘 수 shōu	246	试	시험 시[試] shì	213
	守	지킬 수 shǒu	199	施	베풀 시 shī	94
	受	받을 수 shòu	72	是	옳을 시 shì	100
	首	머리 수 shǒu	49	视	볼 시[視] shì	52
	树	나무 수[樹] shù	122	式	법 식 shì	212
	虽	비록 수[雖] suī	163	识	알 식[識] shí	53
	须	반드시 수, 수염 수[鬚] xū	45	食	밥 식, 먹을 식 shí	192
	谁	누구 수[誰] shéi	165	息	쉴 식 xī	62
	修	닦을 수 xiū	243	植	심을 식[植] zhí	51
	售	팔 수 shòu	164	身	몸 신 shēn	41

	信	믿을 신 xìn	58		爷	할아버지 야[爺] yé	32
	神	귀신 신[神] shén	143		夜	밤 야 yè	104
	新	새 신 xīn	182	약	约	맺을 약[約] yuē	223
실	失	잃을 실 shī	249		若	같을 약 ruò	68
	实	열매 실[實] shí	43		弱	약할 약 ruò	254
	室	집 실 shì	252		药	약 약[藥] yào	223
심	什	무엇 심 shén	232	양	让	사양할 양[讓] ràng	233
	心	마음 심 xīn	91		羊	양 양 yáng	158
	甚	심할 심 shèn	152		扬	드날릴 양[揚] yáng	118
	深	깊을 심 shēn	109		阳	볕 양[陽] yáng	98
십	十	열 십 shí	231		洋	큰 바다 양 yáng	158
쌍	双	쌍 쌍[雙] shuāng	68		养	기를 양[養] yǎng	159
아	儿	아이 애[兒] ér	24		样	모양 양[樣] yàng	159
	牙	어금니 아 yá	94	어	鱼	물고기 어[魚] yú	160
	亚	버금 애[亞] yà	213		语	말씀 어[語] yǔ	58
	我	나 아 wǒ	255	억	亿	억 억[億] yì	233
	阿	호칭 아 ā	60	언	言	말씀 언 yán	57
	啊	어조사 아 a	60	엄	严	엄할 엄[嚴] yán	115
악	握	쥘 악 wò	253	업	业	직업 업[業] yè	213
	乐	즐거울 락, 음악 악[樂] lè, yuè	131	여	与	줄 여, 참여할 여[與] yǔ, yù	225
안	安	편안 안 ān	35		如	같을 여 rú	35
	按	누를 안 àn	35		余	남을 여[餘] yú	202
	案	책상 안 àn	35	역	易	쉬울 이, 바꿀 역 yì	100
	眼	눈 안 yǎn	49	연	延	늘일 연 yán	84
압	压	누를 압[壓] yā	117		研	갈 연 yán	119
앙	央	가운데 앙 yāng	172		烟	연기 연[煙] yān	171
애	爱	사랑 애[愛] ài	72		然	그러할 연 rán	112
액	液	액체 액 yè	105		演	펼 연 yǎn	108
야	也	어조사 야 yě	93	열	热	뜨거울 열[熱] rè	66

염	染	물들일 염 rǎn	127
	盐	소금 염[鹽] yán	144
영	永	길 영 yǒng	106
	迎	맞이할 영 yíng	185
	泳	헤엄칠 영 yǒng	106
	英	꽃부리 영 yīng	172
	营	경영할 영[營] yíng	135
	影	그림자 영 yǐng	210
예	艺	재주 예[藝] yì	135
	预	미리 예[豫] yù	45
오	午	낮 오 wǔ	102
	五	다섯 오 wǔ	230
	误	그릇될 오[誤] wù	59
옥	玉	구슬 옥 yù	29
	屋	집 옥 wū	253
온	温	따뜻할 온[溫] wēn	108
	稳	평온할 온[穩] wěn	78
완	完	완전할 완 wán	25
	玩	놀 완 wán	25
	碗	사발 완 wǎn	119
왕	王	임금 왕 wáng	28
	往	갈 왕 wǎng	29
왜	矮	키 작을 왜 ǎi	37
외	外	바깥 외 wài	104
요	要	구할 요, 중요할 요 yāo, yào	37
용	用	쓸 용 yòng	208
	容	얼굴 용 róng	44
우	又	또 우 yòu	68
	于	어조사 우 yú	257
	牛	소 우 niú	154
	友	벗 우 yǒu	72
	右	오른쪽 우 yòu	68
	优	우수할 우[優] yōu	166
	邮	우편 우[郵] yóu	147
	雨	비 우 yǔ	139
	遇	만날 우 yù	185
운	云	말할 운, 구름[雲] 운 yún	140
	运	돌 운, 운수 운[運] yùn	141
원	元	으뜸 원 yuán	24
	员	인원 원[員] yuán	22
	园	동산 원[園] yuán	25
	远	멀 원[遠] yuǎn	24
	圆	둥글 원[圓] yuán	22
	原	원래 원 yuán	109
	院	집 원 yuàn	25
	源	근원 원 yuán	110
	愿	원할 원[願] yuàn	110
월	月	달 월 yuè	103
	越	넘을 월 yuè	81
위	卫	지킬 위[衛] wèi	257
	为	할 위, 위할 위[爲] wéi, wèi	89
	危	위태할 위 wēi	115
	伟	클 위[偉] wěi	175
	围	에워쌀 위[圍] wéi	176
	位	자리 위 wèi	180
	委	맡길 위 wěi	37
	喂	부르는 소리 위 wéi, wèi	54
유	由	말미암을 유 yóu	147

	有	있을 유 yǒu	194		因	인할 인 yīn	171

	한자	훈·음	쪽		한자	훈·음	쪽
	有	있을 유 yǒu	194		因	인할 인 yīn	171
	油	기름 유 yóu	147		印	도장 인 yìn	198
	游	헤엄칠 유 yóu	109	**일**	一	한 일 yī	228
육	肉	고기 육 ròu	194		日	해 일 rì	98
	育	기를 육 yù	194	**임**	任	맡길 임 rèn	242
은	银	은 은[銀] yín	120	**입**	入	들 입 rù	17
음	阴	흐릴 음[陰] yīn	103	**잉**	仍	그대로 잉 réng	37
	饮	마실 음[飮] yǐn	193	**자**	子	아들 자, 접미사 자 zǐ, zi	33
	音	소리 음 yīn	181		字	글자 자 zì	33
응	应	응할 응[應] yīng, yìng	78		自	스스로 자 zì	62
의	义	옳을 의[義] yì	175		者	사람 자[者] zhě	21
	议	의논할 의[議] yì	175		资	재물 자[資] zī	61
	衣	옷 의 yī	188	**작**	作	지을 작 zuò	101
	医	의원 의[醫] yī	250		昨	어제 작 zuó	101
	依	의지할 의 yī	188	**잡**	卡	지킬 잡, 외래어 가 qiǎ, kǎ	234
	宜	마땅할 의 yí	197		杂	섞일 잡[雜] zá	127
	椅	의자 의 yǐ	158	**장**	长	길 장, 어른 장[長] cháng, zhǎng	174
	意	뜻 의 yì	181		场	마당 장[場] chǎng	118
이	二	두 이 èr	228		张	펼칠 장[張] zhāng	174
	已	이미 이 yǐ	162		将	장차 장[將] jiāng	132
	以	써 이 yǐ	152		奖	장려할 장[奬] jiǎng	133
	而	말 이을 이 ér	46		章	문장 장 zhāng	181
	耳	귀 이 ěr	48		掌	손바닥 장 zhǎng	64
	异	다를 이[異] yì	40		装	꾸밀 장[裝] zhuāng	189
	易	쉬울 이, 바꿀 역 yì	100	**재**	才	재주 재[才] cái	130
	移	옮길 이 yí	196		再	다시 재 zài	208
익	益	더할 익[益] yì	144		在	있을 재 zài	131
인	人	사람 인 rén	16		财	재물 재[財] cái	221
	认	알 인[認] rèn	19		材	재목 재 cái	130

쟁	争	다툴 쟁[爭] zhēng	248
저	低	낮을 저 dī	134
	底	밑 저 dǐ	134
	姐	누이 저 jiě	36
	这	이 저[這] zhè	239
	著	뚜렷할 저[著] zhù	21
적	的	어조사 적, 과녁 적 de, dì	99
	敌	적 적[敵] dí	246
	积	쌓을 적[積] jī	53
	适	맞을 적[適] shì	185
전	专	오로지 전[專] zhuān	225
	电	번개 전[電] diàn	141
	田	밭 전 tián	146
	传	전할 전[傳] chuán	225
	全	온전 전[全] quán	28
	典	법 전 diǎn	240
	转	바꿀 전, 돌 전[轉] zhuǎn, zhuàn	225
	前	앞 전 qián	252
	战	싸울 전[戰] zhàn	244
	钱	돈 전[錢] qián	225
	展	펼 전 zhǎn	205
절	切	끊을 절, 모두 체 qiē, qiè	214
	节	마디 절[節] jié	135
	绝	끊을 절[絕] jué	163
점	占	점령할 점 zhàn	244
	店	가게 점 diàn	245
	点	점 점[點] diǎn	245
접	接	이을 접 jiē	65
정	正	바를 정 zhèng	85

	顶	정수리 정[頂] dǐng	44
	定	정할 정 dìng	200
	政	정치 정 zhèng	85
	情	정 정[情] qíng	136
	停	멈출 정 tíng	209
	程	길 정 chéng	149
	精	정밀할 정[精] jīng	192
	静	고요할 정[靜] jìng	248
	整	가지런할 정 zhěng	85
제	齐	가지런할 제[齊] qí	150
	弟	아우 제 dì	38
	际	가장자리 제[際] jì	116
	制	만들 제 zhì	216
	济	건널 제[濟] jì	150
	除	제거할 제 chú	202
	第	차례 제 dì	39
	提	끌 제 tí	101
	题	제목 제[題] tí	101
조	鸟	새 조[鳥] niǎo	164
	早	아침 조 zǎo	99
	条	가지 조[條] tiáo	82
	找	찾을 조 zhǎo	255
	助	도울 조 zhù	91
	抓	움켜쥘 조 zhuā	66
	组	세낼 조 zū	197
	阻	가로막을 조 zǔ	197
	组	짤 조[組] zǔ	224
	调	조사할 조, 조절할 조[調] diào, tiáo	119
	祖	할아버지 조[祖] zǔ	36

	造	만들 조 zào	155		怎	어찌 즘 zěn	101

	造	만들 조 zào	155	**즘**	怎	어찌 즘 zěn	101
	朝	조정 조, 아침 조 cháo, zhāo	103	**증**	证	증명할 증[證] zhèng	85
	照	비출 조 zhào	112		曾	일찍이 증[曾] céng, zēng	102
	操	잡을 조 cāo	226		增	더할 증[增] zēng	102
족	足	발 족 zú	80	**지**	之	어조사 지 zhī	85
	族	겨레 족 zú	249		支	지탱할 지 zhī	69
존	存	있을 존 cún	130		止	그칠 지 zhǐ	84
종	从	따를 종[從] cóng	16		地	어조사 지, 땅 지 de, dì	117
	终	마칠 종[終] zhōng	82		至	이를 지 zhì	252
	钟	종 종[鐘] zhōng	120		纸	종이 지[紙] zhǐ	134
	种	씨 종, 심을 종[種] zhǒng, zhòng	149		志	뜻 지 zhì	27
좌	左	왼쪽 좌 zuǒ	67		迟	늦을 지[遲] chí	77
	坐	앉을 좌 zuò	183		知	알 지 zhī	250
	座	자리 좌 zuò	183		持	가질 지 chí	67
죄	罪	죄 죄 zuì	175		指	가리킬 지 zhǐ	65
주	主	주인 주 zhǔ	29		智	슬기 지 zhì	250
	丢	잃을 주 diū	241		只	하나 척[隻], 다만 지[祇] zhī, zhǐ	53
	住	살 주 zhù	29	**직**	织	짤 직[織] zhī	224
	走	달릴 주 zǒu	81		直	곧을 직[直] zhí	50
	周	두루 주 zhōu	119		职	직업 직[職] zhí	53
	注	부을 주 zhù	29	**진**	尽	다할 진[盡] jǐn, jìn	77
	洲	물가 주 zhōu	107		进	나아갈 진[進] jìn	184
	酒	술 주 jiǔ	198		真	참 진[眞] zhēn	197
주	做	만들 주 zuò	246		振	떨칠 진 zhèn	66
준	准	의거할 준[準] zhǔn	165	**질**	质	바탕 질[質] zhì	221
중	中	가운데 중, 맞출 중 zhōng, zhòng	233	**집**	执	잡을 집[執] zhí	66
	众	무리 중[衆] zhòng	16		集	모일 집 jí	164
	重	무거울 중, 거듭 중 zhòng, chóng	148	**차**	车	수레 차[車] chē	237
즉	即	곧 즉[卽] jí	198		且	또 차 qiě	196

	此	이 차 cǐ	86
	次	다음 차 cì	61
	差	다를 차, 보낼 차 chā, chà, chāi	67
	茶	차 차 chá	135
	借	빌릴 차 jiè	121
착	着	어조사 착, 붙을 착 zhe, zháo, zhuó	51
	错	어긋날 착[錯] cuò	120
찰	察	살필 찰 chá	142
	擦	문지를 찰 cā	143
참	参	참가할 참[參] cān	242
	站	우두커니 설 참 zhàn	245
창	厂	공장 창[廠] chǎng	114
	创	시작할 창[創] chuàng	215
	唱	부를 창 chàng	54
채	采	캘 채 cǎi	125
	菜	나물 채 cài	125
책	责	꾸짖을 책[責] zé	222
처	处	살 처, 곳 처[處] chǔ, chù	81
	妻	아내 처 qī	37
척	只	하나 척[隻], 다만 지[祇] zhī, zhǐ	53
	踢	찰 척 tī	100
천	千	일천 천 qiān	232
	天	하늘 천 tiān	170
	穿	뚫을 천 chuān	94
철	铁	쇠 철[鐵] tiě	249
첨	甜	달 첨 tián	57
청	听	들을 청[聽] tīng	217
	青	푸를 청[青] qīng	135
	请	청할 청[請] qǐng	136
	清	맑을 청[清] qīng	136
	晴	갤 청[晴] qíng	136
체	体	몸 체[體] tǐ	123
	切	끊을 절, 모두 체 qiē, qiè	214
초	初	처음 초 chū	189
	草	풀 초 cǎo	99
	超	뛰어넘을 초 chāo	81
촉	促	재촉할 촉 cù	80
	触	닿을 촉[觸] chù	167
촌	村	마을 촌 cūn	76
총	总	모을 총[總] zǒng	92
최	最	가장 최 zuì	73
추	秋	가을 추 qiū	110
	推	밀 추 tuī	165
축	祝	빌 축[祝] zhù	38
춘	春	봄 춘 chūn	98
출	出	날 출 chū	114
충	充	채울 충 chōng	26
취	取	가질 취 qǔ	73
	就	나아갈 취 jiù	210
	聚	모일 취 jù	73
	嘴	부리 취 zuǐ	53
측	测	잴 측[測] cè	216
츤	衬	속옷 츤[襯] chèn	189
층	层	층 층[層] céng	140
치	治	다스릴 치 zhì	86
	值	값 치[値] zhí	51
	致	이를 치 zhì	253
	置	놓을 치[置] zhì	51

칙	则	법칙 칙[則] zé	216		爸	아비 파 bà	32
친	亲	친할 친[親] qīn	182		波	물결 파 bō	167
칠	七	일곱 칠 qī	230		爬	길 파 pá	66
침	针	바늘 침[針] zhēn	120		怕	두려워할 파 pà	93
칭	称	일컬을 칭, 맞을 칭[稱] chēng, chèn	20		破	깨뜨릴 파 pò	167
쾌	快	빠를 쾌 kuài	172	판	办	힘쓸 판[辦] bàn	88
타	打	칠 타 dǎ	65		判	판단할 판[判] pàn	155
	它	그것 타 tā	199		板	널빤지 판 bǎn	69
	他	남 타 tā	93	팔	八	여덟 팔 bā	230
	朵	송이 타 duǒ	241	패	牌	패 패 pái	132
	她	그녀 타 tā	94	편	片	조각 편 piàn	132
탁	托	맡길 탁 tuō	65		便	편할 편 biàn	248
	桌	탁자 탁 zhuō	126		编	엮을 편[編] biān	224
탈	脱	벗을 탈[脫] tuō	58	평	平	평평할 평[平] píng	257
탐	探	찾을 탐 tàn	109		评	평할 평[評] píng	257
탕	汤	국 탕[湯] tāng	118	포	包	쌀 포 bāo	41
태	太	클 태 tài	171		布	펼 포 bù	189
	态	모양 태[態] tài	171		饱	배부를 포[飽] bǎo	193
	台	받침 대[臺], 태풍 태 tái	86		抱	안을 포 bào	41
토	土	흙 토 tǔ	117		胞	세포 포 bāo	42
	讨	칠 토[討] tǎo	76		跑	달릴 포 pǎo	42
통	统	거느릴 통[統] tǒng	26	표	表	겉 표 biǎo	188
	通	통할 통 tōng, tòng	185		标	표시할 표[標] biāo	142
퇴	退	물러날 퇴 tuì	184		票	표 표 piào	142
	腿	넓적다리 퇴 tuǐ	185		漂	물에 뜰 표, 헹굴 표 piāo, piǎo, piào	142
투	投	던질 투 tóu	73	품	品	물건 품 pǐn	226
특	特	특별할 특 tè	154	풍	丰	풍성할 풍[豐] fēng	229
파	吧	어조사 파 ba	162		风	바람 풍[風] fēng	141
	把	잡을 파 bǎ	162	피	皮	가죽 피 pí	167

	被	입을 피 bèi	168		验	시험할 험[驗] yàn	128
필	必	반드시 필 bì	91	**혁**	革	가죽 혁 gé	168
	笔	붓 필[筆] bǐ	166	**현**	现	나타날 현[現] xiàn	52
하	下	아래 하 xià	234		显	나타날 현[顯] xiǎn	214
	何	어찌 하 hé	59	**혈**	血	피 혈 xuè	144
	河	물 이름 하 hé	60	**협**	协	합할 협[協] xié	89
	夏	여름 하 xià	82	**형**	形	모양 형 xíng	207
학	学	배울 학[學] xué	240	**혜**	鞋	신 혜 xié	168
한	汉	한수 한[漢] hàn	107	**호**	互	서로 호 hù	228
	限	한계 한 xiàn	116		户	집 호 hù	204
함	含	머금을 함 hán	18		号	이름 호[號] hào	104
합	合	합할 합 hé	193		乎	어조사 호 hū	257
항	抗	막을 항 kàng	238		好	좋을 호 hǎo, hào	34
	项	목 항[項] xiàng	45		护	보호할 호[護] hù	204
	航	배 항 háng	238		呼	부를 호 hū	258
	降	내려갈 강, 항복할 항 jiàng, xiáng	117	**혹**	或	혹시 혹 huò	255
	行	다닐 행, 줄 항 xíng, háng	236	**혼**	婚	혼인할 혼 hūn	35
해	该	갖출 해[該] gāi	215		混	섞을 혼 hùn	108
	孩	어린아이 해 hái	34	**홍**	红	붉을 홍[紅] hóng	223
	海	바다 해 hǎi	33	**화**	化	될 화 huà	220
	害	해칠 해 hài	200		火	불 화 huǒ	110
	解	풀 해[解] jiě	167		华	화려할 화[華] huá	220
행	行	다닐 행, 줄 항 xíng, háng	236		和	화목할 화 hé	149
향	乡	시골 향[鄉] xiāng	222		花	꽃 화 huā	220
	向	향할 향 xiàng	206		话	말할 화[話] huà	57
	香	향기 향 xiāng	150		画	그림 화[畫] huà	146
	响	소리 향[響] xiǎng	206		货	재물 화[貨] huò	220
허	许	허락할 허[許] xǔ	102	**확**	扩	넓힐 확[擴] kuò	116
험	险	험할 험[險] xiǎn	128		确	굳을 확[確] què	166

환	欢	기뻐할 환[歡] huān	61
	还	다시 환, 돌아올 환[還] hái, huán	134
	环	고리 환[環] huán	30
	换	바꿀 환[換] huàn	65
활	活	살 활 huó	56
	滑	미끄러울 활[滑] huá	108
황	况	상황 황 kuàng	38
	皇	임금 황 huáng	28
	黄	누를 황[黃] huáng	147
회	回	돌아올 회 huí	108
	会	모일 회[會] huì	17
	怀	품을 회[懷] huái	133
획	划	그을 획[劃] huá, huà	254
	获	얻을 획[獲] huò	157
효	效	본받을 효 xiào	247
후	后	뒤[後] 후, 황후 후 hòu	252
	厚	두터울 후 hòu	115
	候	물을 후 hòu	249
훈	训	가르칠 훈[訓] xùn	107
휘	挥	휘두를 휘[揮] huī	244
휴	休	쉴 휴 xiū	122
흑	黑	검을 흑 hēi	111
흔	很	매우 흔 hěn	49
흘	吃	먹을 흘 chī	54
흡	吸	들이쉴 흡 xī	70
흥	兴	일 흥, 흥미 흥[興] xīng, xìng	78
희	戏	놀 희[戱] xì	255
	希	바랄 희 xī	190
	喜	기쁠 희 xǐ	28

memo

30일 완성,
3단계 학습 프로젝트

중국어 한자
암기 마스터

김안나 지음

핵심 스토리북

중국어 한자 암기에 필요한 **한 줄짜리 핵심 스토리** 수록

☑ 책갈피로 발음과 뜻을 가린 후 암기한 한자를 체크해 보세요.
☑ 체크하지 않은 한자는 핵심 스토리를 다시 한 번 읽으며 복습해 보세요.

다락원

30일 완성,
3단계 학습 프로젝트

중국어 한자
암기마스터

핵심 스토리북

30일 완성,
3단계 학습 프로젝트

중국어 한자 암기 마스터 핵심 스토리북

지은이 김안나
펴낸이 정규도
펴낸곳 (주)다락원

편집총괄 최운선
책임편집 김유진
디자인 장미연, 임미영
일러스트 윤혜영

다락원 경기도 파주시 문발로 211
내용문의 (02) 736-2031 내선 275
구입문의 (02) 736-2031 내선 250~252 / Fax (02) 732-2037
출판등록 1977년 9월 16일 제406-2008-000007호

Copyright © 2017, 김안나

저자 및 출판사의 허락 없이 이 책의 일부 또는 전부를 무단 복제·전재·발췌할 수 없습니다. 구입 후 철회는 회사 내규에 부합하는 경우에 가능하므로 구입문의처에 문의하시기 바랍니다. 분실·파손 등에 따른 소비자 피해에 대해서는 공정거래위원회에서 고시한 소비자 분쟁 해결 기준에 따라 보상 가능합니다. 잘못된 책은 바꿔 드립니다.

http://www.darakwon.co.kr

다락원 홈페이지를 통해 인터넷 주문을 하시면 자세한 정보와 함께 다양한 혜택을 받으실 수 있습니다.

30일 완성,
3단계 학습 프로젝트

중국어 한자
암기마스터

핵심 스토리북

다락원

01일째 사람 1

☐ 人 rén 사람		허리를 굽히고 서 있는 사람의 옆모습을 그린 글자
☐ 从 cóng 따르다, ~로부터		사람[人]이 사람[人]을 좇아 따른다
☐ 众 zhòng 많다, 많은 사람		여러 사람[人人人]이 모인 무리
☐ 内 nèi 안, 안쪽		건물[冂]로 사람[人]이 들어가면 있는 안쪽
☐ 入 rù 들어가다		사람이 몸을 구부리고 집으로 들어가는 모습을 그린 글자
☐ 久 jiǔ 오래다		등이 굽은 사람[久]이 발을 끌며 걸으니 시간이 오래 걸린다
☐ 个 gè 명, 개		사람[人] 한[丨] 명, 또는 물건 하나하나를 세는 단위
☐ 会 huì 모이다, ~할 수 있다		사람들[人]이 만나자고 말하고[云] 나서 모인다
☐ 介 jiè ~사이에 끼다		사람[人]이 양쪽[川]의 사이에 끼다
☐ 价 jià 값, 가격		사람들[亻] 사이에 껴서[介] 물건을 팔기 위해 매긴 값
☐ 阶 jiē 층계, 계단		언덕[阝]에 오르기 쉽도록 흙에 돌을 끼워서[介] 만든 돌층계(섬돌)
☐ 界 jiè 경계		밭[田]과 밭 사이에 낀[介] 땅의 경계
☐ 今 jīn 현재, 지금		사람[人]의 인생에서 한 점[丶]으로 그어질[フ] 지금의 순간
☐ 含 hán 머금다, 품다		지금[今] 입[口]안에 들어 있는 음식을 머금는다
☐ 念 niàn 생각하다, 읽다		지금[今] 마음[心]속에 떠오르는 것을 생각한다
☐ 令 lìng 명령하다, ~하게 하다		윗사람[人]이 점찍어[丶] 둔 하인[ᄀ]에게 일을 시키며 명령한다
☐ 冷 lěng 춥다		집 앞의 얼음[冫]을 깨라고 하인에게 명령할[令] 정도로 날씨가 춥다
☐ 领 lǐng 통솔하다, 다스리다		명령[令]을 내리는 우두머리[页]가 아랫사람을 거느린다
☐ 认 rèn 알다, 식별하다		다른 사람[人]의 말[讠]을 잘 듣고 그 내용을 안다
☐ 队 duì 대열, 팀		언덕[阝]을 오르는 사람들[人]이 맞추어 가는 대오(행렬)
☐ 你 nǐ 너		사람[亻]이 상대를 부를 때 하는 말인 '너[尔]'
☐ 称 chēng, chèn 부르다, (꼭) 맞다		벼[禾]는 소중한 식량이므로 사람처럼 너[尔]라고 높여 일컫는다
☐ 保 bǎo 보호하다		사람[亻]이 아기[呆]를 안아서 지키고 보호한다
☐ 假 jiǎ, jià 거짓, 휴가		사람[亻]이 남의 이야기를 빌려[叚] 말하니 거짓
☐ 老 lǎo 늙다, 존중의 의미		허리를 구부리고서[耂] 지팡이[匕]를 짚고 걸어가는 노인은 늙었다

☐ 考	kǎo 생각하다, 시험을 보다	노인[耂]이 고개를 숙이고[丂] 골똘히 생각한다
☐ 者	zhě ~한 사람, ~것	노인[耂]에게 삶의 지혜를 묻고자 날[日]마다 찾아오는 사람
☐ 都	dōu, dū 모두, 수도	많은 사람[者]이 모두 모여 사는 고을[阝]은 그 나라의 도읍
☐ 著	zhù 뚜렷하다	풀[艹]이 많은 산속에 들어가 수양하는 사람[者]은 의지가 뚜렷하다
☐ 员	yuán 어떤 직업에 종사하는 사람	식구[口]를 위해 돈[贝]을 벌려고 사회에 모인 인원(사람)
☐ 损	sǔn 손상시키다	여기저기서 손[扌]을 뻗은 인원들[员]이 일손을 던다
☐ 圆	yuán 둥글다	사람들[员]이 모여 빙 둘러[口]앉아 있는 모양이 둥글다

02일째 사람 2

☐ 儿	ér 아이, 접미사	사방으로 뛰어다니는 어린아이의 다리를 그린 글자
☐ 光	guāng 빛	사람[儿]이 횃불[火→⺌]을 들어 사방을 밝게 비춘 빛
☐ 元	yuán 위안(화폐 단위), 으뜸	갓[二]을 쓴 사람[儿]의 머리를 그린 글자로, 무리의 으뜸을 의미
☐ 远	yuǎn 멀다	어떤 분야의 으뜸[元]이 되기 위해서는 걸어야[辶] 할 길이 멀다
☐ 玩	wán 놀다	아이들이 구슬[王]치기로 으뜸[元]을 가리며 논다
☐ 园	yuán 동산	울타리[口] 안에 나무들이 으뜸[元]으로 잘 가꾸어진 동산
☐ 完	wán 완전하다, 끝나다	집[宀]을 으뜸[元]으로 지었으니 모든 것이 완전하다
☐ 院	yuàn 기관, 공공장소	언덕[阝] 위에 높고 완전하게[完] 지은 관청이나 사원 같은 집
☐ 先	xiān 먼저	소[牛→牛]처럼 부지런히 일하는 사람[儿]은 남들보다 먼저 앞서간다
☐ 洗	xǐ 씻다, 빨다	외출하고 집에 돌아오면 가장 먼저[先] 물[氵]로 손을 씻는다
☐ 选	xuǎn 고르다	좋은 물건을 차지하기 위해 먼저[先] 가서[辶] 고른다
☐ 充	chōng 채우다, 가득하다	아기[𠫓]가 두 다리로[儿] 설 수 있도록 몸에 영양을 채운다
☐ 统	tǒng 거느리다	나라 안에 실[纟]처럼 촘촘히 채워진[充] 백성을 모두 잘 거느린다
☐ 免	miǎn 면하다	사람[⺈]이 구멍[口]으로 발[儿] 빠르게 도망가서 위기를 면한다
☐ 晚	wǎn 저녁, 늦다	해[日]가 질 때까지 위기를 모면하지[免] 못했으니 이미 늦었다
☐ 士	shì 학위나 기술을 갖춘 사람	지식과 덕망이 뛰어나 하나[一]를 들으면 열[十]을 아는 선비

- 志 zhì 뜻, 기록하다 　　선비[士]가 마음[心]속에 품은 뜻
- 声 shēng 소리, 목소리 　　선비[士]가 목을 길게[尸] 빼고 책을 읽는 소리
- 结 jié 맺다, 끝맺다 　　남녀가 실[纟]처럼 엮이기 위하여 길한[吉] 날을 정해 혼인을 맺는다
- 喜 xǐ 기쁘다, 좋아하다 　　몸에 좋은[吉] 풀[艹]이 입[口]에 들어가니 기쁘다
- 王 wáng 왕 　　하늘, 땅, 사람, 세[三] 가지를 하나로 꿰뚫어 [丨] 다스리는 임금
- 皇 huáng 임금, 황제 　　커다란 왕관[白]을 쓴 임금[王]을 그린 글자
- 全 quán 완전하다 　　많은 사람[人] 중에 왕[王]이 될 사람은 모든 것이 온전하다
- 望 wàng 바라다, (멀리) 바라보다 　　나라가 망하지[亡] 않기를 달[月]에 빌며, 왕[王]께도 그것을 바란다
- 主 zhǔ 주인, 주관하다 　　한[丶] 집안에서 왕[王] 노릇 하는 사람이 주인
- 住 zhù 살다, 그치다 　　사람[亻]이 집의 주인[主]이 되어 산다
- 注 zhù 쏟다, 집중하다 　　밭 주인[主]이 물[氵]을 끌어와 밭에 붓는다
- 往 wǎng 가다, ~쪽으로 　　삶의 주인[主]이 되어 앞으로 걸어간다[彳]
- 玉 yù 옥 　　나란히 꿰어져[王] 반짝이는[丶] 구슬의 모습
- 国 guó 나라 　　영토[囗] 안에 옥[玉]처럼 귀한 백성이 사는 나라
- 环 huán 고리, 둘러싸다 　　구슬[王]처럼 둥글고 모나지 않은[不] 고리
- 班 bān 반, 근무 시간 　　옥들[玉玉→玨]의 가운데를 칼[刂]로 잘라 나눈다

03일째 가족

- 父 fù 아버지 　　도끼[八]를 손[又→乂]에 들고 사냥과 농사일을 하는 아버지
- 爸 bà 아빠, 아버지 　　도끼[八]를 손[又→乂]에 들고 뱀[巴]으로부터 자식을 지키는 아버지
- 爷 yé 할아버지 　　아버지[父]를 키우느라 허리가 구부러진[卩→卪] 할아버지
- 母 mǔ 어머니 　　자식을 품에 안고 젖[母]을 물리는 어머니
- 每 měi 매, ~마다 　　매일 아침 비녀[亠]를 꽂는 어머니[母]처럼 늘 한결같이 매번(매양)
- 海 hǎi 바다 　　물[氵]이 항상[每] 가득 차 있는 바다
- 子 zǐ, zi 자녀/아들, 접미사 　　갓난아기가 포대기에 싸여 양팔을 벌린 모습

- 了 le, liǎo 완료나 가능성을 나타냄　　일하던 양팔을 내려놓고 일을 마친다
- 字 zì 글자, 문자　　집[宀] 안에서 자식들[子]이 공부하는 글자
- 承 chéng 받들다, 맡다　　조상의 유산을 자식[子]이 대대로[二] 이어 두 손[氺→기]으로 받든다
- 孙 sūn 손자, 손녀　　내 자식[子]이 낳은 어린[小] 손자
- 孩 hái 어린이, 아이　　자식[子]이 돼지[亥]처럼 포동포동한 때인 어린아이 시절
- 女 nǚ 여자, 딸　　다리와 손을 모으고 다소곳이 앉아 있는 여자의 모습
- 好 hǎo, hào 좋다, 좋아하다　　여자[女]가 자식[子]을 안고 좋아한다
- 如 rú ~와 같다, 만일　　여자[女]가 입[口]에 붉은색을 칠하면 입술 색이 늘 같다
- 婚 hūn 결혼하다, 혼인　　여인[女]을 날이 어두울[昏] 때 맞이하여 혼인한다
- 安 ān 편안하다　　집[宀]에 여자[女]가 있어야 집안이 편안하다
- 按 àn 누르다, ~에 따라서　　손[扌]을 써서 상대가 편안함[安]을 느끼도록 눌러 준다
- 案 àn 사건, 문서　　편안하게[安] 앉아 책을 볼 수 있도록 나무[木]로 만든 책상
- 妈 mā 엄마, 어머니　　여자[女]로서 자식을 말[马]처럼 이끌어 주는 어머니
- 妹 mèi 여동생　　여자[女] 중에 아직[未] 덜 자라서 어린 여동생(손아래 누이)
- 姐 jiě 언니, 누나　　여자[女] 중에 집안에서 또[且] 하나의 엄마 역할을 하는 언니(누이)
- 祖 zǔ 할아버지　　제단[礻]에 음식이 쌓인 그릇[且]을 올리고 모시는 할아버지(조상)
- 奶 nǎi 젖, 할머니　　아이가 울면 여인[女]이 곧[乃] 먹이는 젖
- 仍 réng 여전히, 아직도　　사람[亻]이 태아[乃]처럼 몸을 구부리고 그대로 있는 것
- 妻 qī 아내　　많은[十] 집안일을 하느라 손[彐]을 쓰는 여자[女]인 아내
- 要 yāo, yào 요구하다, ~하려 하다, 중요하다　　양손을 허리에 올린[覀] 여자[女]를 그려, 몸의 중심인 허리는 중요하다는 뜻을 표현한 글자
- 委 wěi 맡기다　　벼[禾]로 밥 짓는 일을 여자[女]에게 맡긴다
- 矮 ǎi (키가) 작다　　화살[矢]을 피해 적에 침투하는 일을 맡은[委] 사람은 주로 키가 작다
- 哥 gē 형, 오빠　　옳은[可] 말과 옳은[可] 행동으로 나에게 본을 보이는 형, 오빠
- 克 kè 이기다, 극복하다　　동생과 싸우면 열[十] 번 모두 형[兄]이 이긴다
- 况 kuàng 상황, 하물며　　겨울에 바닥이 얼면[冫] 형[兄]이 먼저 가서 보고 알려 주는 상황
- 祝 zhù 기원하다, 축하하다　　제단[礻] 앞에 맏형[兄]이 나아가 집안의 평안을 빈다
- 弟 dì 남동생　　형 다음[二→丶丶]에 태어나 활[弓]과 화살[丿]을 가지고 노는 아우

- [ ] 第 dì 차례   대나무[⺮]로 만든 형의 책을 얻기 위해 아우[弟→弔]가 기다려야 하는 차례

04일째 몸·머리

- [ ] 己 jǐ 자기, 자신   웅크리고 있는 사람의 몸을 그린 글자
- [ ] 记 jì 기억하다, 기록하다   자기[己]의 말[讠]과 생각을 글로 기록한다
- [ ] 纪 jì 규율, 연대   실[纟]을 짜서 몸[己]에 맞는 옷을 만들 때 따라야 하는 일정한 규율
- [ ] 异 yì 다르다, 이상하다   몸[己→巳]을 남의 손[廾]에 맡기는 사람은 상태가 일반인과 다르다
- [ ] 身 shēn 몸, 신체   임신한 여인의 몸을 그린 글자
- [ ] 射 shè 쏘다, 발사하다   몸[身]에 지닌 활을 꺼내 손[寸]으로 화살을 당겨 쏜다
- [ ] 谢 xiè 감사하다   활쏘기[射] 경연의 우승자에게 인사의 말[讠]을 하며 사례한다
- [ ] 包 bāo 싸다, 포함하다   태아[巳]가 엄마의 배에 싸여[勹] 있는 모습
- [ ] 抱 bào 안다, 포옹하다   손[扌]으로 상대방을 감싸[包] 안는다
- [ ] 胞 bāo 동포, 세포   우리 몸[月]을 감싸고[包] 있는 물질인 세포
- [ ] 跑 pǎo 달리다, 뛰다   발[⻊]에 신발 끈을 싸매고[包] 달린다
- [ ] 句 jù 문장   입[口]으로 한 말을 잘 다듬고 포장해서[勹] 글로 적은 글귀
- [ ] 死 sǐ 죽다   죽은[歹] 사람 옆에서 몸을 구부리고[匕] 통곡하는 모습
- [ ] 列 liè 배열하다, 행렬   죽은[歹] 동물의 살을 칼[刂]로 발라 부위별로 벌려 놓는다
- [ ] 例 lì 예, 사례   사람[亻]이 줄[列]을 설 때 지켜야 하는 차례와 법식(규칙)
- [ ] 烈 liè 세차다   불[灬] 위에 벌려[列] 놓은 고기에서 기름이 떨어져 불길이 세차다
- [ ] 裂 liè 찢어지다   옷[衣]의 한쪽이 점점 벌어지며[列] 찢어진다
- [ ] 头 tóu 머리   태어난 후로 점점 머리털[丶]이 나고 크게[大] 자라나는 머리
- [ ] 实 shí 진실하다, 실제   집[宀]에서 잘 교육 받은 머리[头]로 이루어 낸 실한 열매(결과)
- [ ] 容 róng 받아들이다, 용모   갓[宀]을 쓴 머리 아래 눈썹[八]과 콧수염[人]과 입[口]이 있는 얼굴
- [ ] 买 mǎi 사다   갖고 싶어서 머리[头] 위[冖]에 둥둥 떠다니는 물건을 산다

☐ 读 dú 읽다		작가의 말[讠]을 적어서 파는[卖] 책을 사서 읽는다
☐ 续 xù 이어지다, 계속하다		실[纟]을 내다 팔기[卖] 위해 길게 잇는다
☐ **顶** dǐng 꼭대기, 정수리		못[丁]의 대가리처럼 머리[页]의 맨 꼭대기 부분인 정수리
☐ 项 xiàng 목, 항목		'공[工]' 자처럼 곧은 모양으로 머리[页]를 받치고 있는 목
☐ 顺 shùn 순조롭다		냇물[川]처럼 순탄하게 윗사람의 말에 머리[页] 숙여 따르니 순하다
☐ 须 xū 반드시 ~해야 한다		선비가 반드시 가지런히[彡] 다듬어야 하는 머리[页] 아래쪽의 수염
☐ 预 yù 미리		어떤 일을 하기에 앞서 나[予]의 머릿속[页]에 미리 떠올린다
☐ 顾 gù 뒤돌아보다, 돌보다		재앙[厄] 입은 사람을 도와주려고 머리[页]를 돌려 돌아본다
☐ **而** ér 그리고, 그러나		수염[而]을 그린 글자로, 수염처럼 길게 말을 잇는다는 뜻
☐ 耐 nài 참다, 견디다		수염[而]처럼 길게 이어지는 괴로움에도 손[寸]을 불끈 쥐고 견딘다
☐ 需 xū 필요하다		비[雨]가 오면 수염[而]이 젖지 않게 할 우산이 필요하다
☐ **那** nà 그(것), 저(것)		수염[冄→耳] 난 노인에게 마을[阝]을 어찌 찾아가는지 알려 줄 때 하는 말인 그(것), 저(것)
☐ 哪 nǎ 어느, 어떤		입[口]으로 어찌어찌[那] 물어서 찾아간 어느 곳(어디)

05일째 이목구비 1

☐ **耳** ěr 귀		사람의 귀 모양을 그린 글자
☐ 聊 liáo 잡담하다		귀[耳]를 토끼[卯]처럼 쫑긋 세우고 서로의 말을 들으며 한담한다
☐ **目** mù 눈, 목록		사람 눈의 흰자위와 눈동자를 표현한 글자
☐ 冒 mào 무릅쓰다		머리에 띠[冃]를 두르고서 눈[目]을 질끈 감고 어려움을 무릅쓴다
☐ 睡 shuì 자다		눈[目]에 어둠이 드리우면[垂] 자는 잠
☐ **首** shǒu 머리, 제일 먼저		뻐죽 나온 머리카락[丷]과 눈[目]이 있는 머리
☐ 道 dào 길, 도리		머리[首]를 든 사람들이 걸어 다니는[辶] 길
☐ **眼** yǎn 눈, 안목		눈길[目]이 한곳에 머물러[艮] 멈춰 있을 때의 눈
☐ 很 hěn 매우		걷다가[彳] 멈춰서[艮] 볼 정도로 매우 대단한 것

☐	根 gēn 뿌리, 근본	나무[木]가 한곳에 머물기[艮] 위해 땅에 내린 뿌리
☐	跟 gēn ~와, 따라가다	걷다가 발[足]을 멈추었을[艮] 때 몸의 균형을 잡아 주는 발뒤꿈치
☐	良 liáng 좋다, 훌륭하다	끌리는 점[丶]이 있어 시선이 머무를[艮] 정도로 좋다
☐	娘 niáng 처녀, 아가씨	여자[女] 중에 결혼하기 적당한(좋은)[良] 나이의 아가씨
☐	直 zhí 곧다, 곧바로	많은[十] 사람 앞에 당당한 눈[目]으로 곧게[一] 선 모습
☐	值 zhí 가치, ~할 가치가 있다	물건을 파는 사람[亻]이 곧은[直] 기준으로 매긴 값
☐	植 zhí 심다, 재배하다	나무[木]를 곧게[直] 세워 심는다
☐	置 zhì 놓다, 두다	그물[罒]이 엉키지 않도록 곧게[直] 펴 놓는다
☐	看 kàn 보다	손[手→龵]을 눈[目] 위에 올려서 햇빛을 가리고 멀리 본다
☐	着 zhe, zháo, zhuó ~하고 있다, 받다, 입다	양[羊]의 털이 길게 자라서 눈[目]에 붙는다
☐	见 jiàn 보다, 만나다	사람[儿]이 눈[目→冂]을 크게 뜨고 본다
☐	观 guān 보다, 구경하다	아름다운 풍경을 보고[见] 또[又] 본다
☐	视 shì 보다, 살피다	자세히 보기[礻] 위해 가까이 가서 살펴본다[见]
☐	现 xiàn 나타나다, 현재	옥[玉→王]처럼 반짝이는 것이 눈에 보이며[见] 나타난다
☐	口 kǒu 입, 말, 식구	사람의 입을 그린 글자
☐	嘴 zuǐ 입	새의 입[口] 쪽에 이것[此]저것 먹을 수 있도록 뿔[角]처럼 나온 부리
☐	只 zhī, zhǐ 단일의, 다만/단지	얼굴에서 입[口]과 목[八]은 오직 하나만 있으니, '다만(단지)'
☐	识 shí 알다, 이해하다	상대의 말[讠]을 단지[只] 잘 듣기만 해도 그의 생각을 이해하고 안다
☐	积 jī 쌓다	벼[禾]를 수확해서 바로 먹지 않고 다만[只] 쌓아 놓는다
☐	职 zhí 직업, 직무	자신의 일에 귀[耳] 기울이고 다만[只] 최선을 다해야 하는 직업
☐	叫 jiào ~라고 부르다	입[口]으로 마음속에 얽혀[丩] 있는 응어리를 부르짖는다
☐	唱 chàng 노래하다	입[口]으로 아름다운[昌] 소리를 내며 노래 부른다
☐	喂 wéi, wèi 여보세요, 이봐요	사람이 두려움[畏]에 처했을 때 입[口]으로 누군가를 부르는 소리
☐	吃 chī 먹다	입[口]에 구한[乞] 음식을 넣고 먹는다
☐	喝 hē 마시다	입[口]이 말하느라[曰] 바싹 마르니 물을 구하여[匃] 마신다
☐	渴 kě 목마르다	침[氵]을 튀기며 오래 말하면[曰] 입에서 물을 구하니[匃] 목이 마른다

06일째 이목구비 2

- 古 gǔ 옛날, 오래되다 | 여러[十] 세대의 입[口]을 거쳐 이야기가 전해지는 옛날
- 苦 kǔ 쓰다, 힘들다 | 풀[艹]을 캔 지 오래되면[古] 그 맛이 쓰다
- 固 gù 튼튼하다, 견고하다 | 집의 울타리[囗]를 오랫동안[古] 쌓았더니 단단하다
- 活 huó 살다, 활기차다 | 혀[舌]에 수분[氵]이 마르지 않아야 산다
- 话 huà 말, 말하다 | 말[讠]을 내뱉기 위해 혀[舌]를 움직여서 말한다
- 乱 luàn 어지럽다, 함부로 | 혀[舌]가 꼬이고 몸이 구부러질[乚] 정도로 어지럽다
- 刮 guā 바람이 불다, 칼로 깎다 | 혀[舌]를 내두를 정도로 칼[刂]처럼 날카로운 바람이 분다
- 甜 tián 달다, 달콤하다 | 혀[舌]끝에 단맛[甘]이 느껴지니 달다
- 言 yán 말, 언어 | 입[口]에서 말소리가 나와서 퍼지는 모양을 나타낸 글자
- 信 xìn 믿다, 편지 | 사람들[亻] 사이에서 말[言]을 주고받을 때 가장 중요한 것은 믿음
- 警 jǐng 경계하다 | 공경하는[敬] 사람에게 말[言]을 건넬 때는 실수를 경계한다
- 语 yǔ 말, 언어 | 나[吾]의 생각을 상대방에게 전하는 말[讠]
- 说 shuō 말하다 | 사람들이 모여 기쁘게[兑] 나누는 말[讠]
- 脱 tuō 벗다, 벗어나다 | 몸[月]에 입고 있던 옷을 바꾸기[兑] 위해 벗는다
- 论 lùn 논하다, 의논하다 | 둥글게[仑] 돌아가면서 하고 싶은 말[讠]을 논한다
- 诉 sù 알리다, 말해 주다 | 간곡한 말[讠]로써 오해를 물리쳐[斥] 달라고 호소한다
- 误 wù 틀리다, 잘못되다 | 말[讠]로만 큰소리치는[吴] 사람은 오히려 일을 그르친다
- 可 kě ~할 수 있다, 그러나 | 상대의 의견에 동의하여 입[口]을 크게[丁] 벌리며 '옳다'라고 말한다
- 何 hé 무슨, 어떠한가 | 사람[亻]이 옳은[可] 일을 한다는데, 누가 어찌할 것이냐는 뜻
- 河 hé 강, 황하 | 물줄기[氵]가 서로 옳은[可] 방향으로 흘러서 이룬 강(물)
- 阿 ā 호칭 앞에 붙이는 말 | 같은 언덕[阝]에 사는 친한(좋은)[可] 사이에 붙이는 호칭
- 啊 a 분위기를 나타내는 말 | 입[口]으로 '아[阿]'라는 소리를 내며 분위기를 나타내는 어조사
- 司 sī 주관하다, 담당하다 | 윗사람의 명령에 몸을 굽히고[⼍] 한번[一] 입[口]으로 대답했으면, 그 일을 맡는다
- 词 cí 단어, 말 | 말[讠]에서 중요한 역할을 맡고[司] 있는 단어나 말(문구)

- 欢 huān 즐겁다, 기쁘다 — 좋은 일이 생기고 또[又] 생기면 입을 크게 벌려[欠] 기뻐한다
- 歌 gē 노래 — '좋구나[可], 좋구나[可]' 하며 입을 벌리고[欠] 흥얼거리는 노래
- 款 kuǎn 조항, 금액 — 선비[士]는 보일[示] 때마다 입을 벌려[欠] 책을 읽으니 성실하다
- 次 cì 다음의 — 두[冫] 번째 사람을 부를 때, 입을 크게 벌리고[欠] 외치는 말은 '다음'
- 资 zī 재물, 자격 — 인생에서 사람의 마음 다음[次]으로 중요한 것은 재물[贝]
- 自 zì 자신, 스스로 — 자신을 가리킬 때 손가락이 향하는 방향에 있는 코를 그린 글자
- 鼻 bí 코 — 스스로[自] 들이켠 공기를 몸에 공급하는[畀] 코
- 息 xī 쉬다, 휴식하다 — 코[自]로 들이마신 공기가 심장[心]에 가 닿도록 숨을 쉰다
- 面 miàn 방면, 밀가루 — 사람의 얼굴에 있는 머리[一]와 코[自]와 윤곽[囗]을 그린 글자

07일째 손1

- 手 shǒu 손 — 다섯 손가락을 그린 글자로, 손을 의미
- 拿 ná 잡다, 가지다 — 온 힘을 합하여[合] 손[手]으로 무엇을 잡는다
- 掌 zhǎng 손바닥, 장악하다 — 숭고한[尚] 사람 앞에서 맹세할 때 들어 보이는 손바닥[手]
- 卷 juǎn, juàn 말다, 문서/시험지 — 두 손[手手→共]으로 잘 말아서[㔾] 보관해 놓은 책
- 打 dǎ 치다, 때리다 — 손[扌]에 망치를 들고 못[丁]을 친다
- 指 zhǐ 손가락, 가리키다 — 손[扌]으로 맛보고[旨] 싶은 음식을 가리킨다
- 接 jiē 잇다, 연결하다 — 남자가 손[扌]을 내밀어 서[立] 있는 여자[女]에게 구애하니 사이가 이어진다
- 托 tuō 맡기다, 의지하다 — 손[扌]에 쥔 물건을 남에게 부탁하며[乇] 맡긴다
- 换 huàn 교환하다, 바꾸다 — 손[扌]에 든 빛나는[奂] 보석을 돈으로 바꾼다
- 振 zhèn 떨치다, 진동하다 — 손[扌]에 조개[辰]로 만든 도구를 들고 곡식을 털어 떨친다
- 抓 zhuā 꽉 쥐다 — 손[扌]에 손톱[爪]자국이 날 정도로 꽉 움켜쥔다
- 爬 pá 기다, 오르다 — 벽을 손톱[爪]으로 찍어가며 높은 곳으로 뱀[巴]처럼 기어오른다
- 执 zhí 잡다, 집행하다 — 범인의 손[扌]을 줄로 둥글게[丸] 묶어서 잡는다

☐ 热 rè 덥다, 뜨겁다	불[灬]에 올린 냄비를 잡으면[执] 뜨겁다	
☐ 势 shì 기세, 세력	사회에서 우위를 잡기[执] 위해 힘[力]을 뻗치는 기세(세력)	
☐ 持 chí 가지다, 잡다	손[扌]으로 흙[土]에 심은 작물을 마디마디[寸] 베어서 가진다	
☐ 待 dài 대하다, 기다리다	논밭에 가서[彳] 흙[土]에 심은 작물을 바라보며 마디마디[寸] 벨 날을 기다린다	
☐ 左 zuǒ 왼쪽	장인이 왼손[ナ→ナ]에 도구[工]를 든 모습으로, 왼쪽을 의미	
☐ 差 chā, chà, chāi 차이, 차이 나다	벼의 이삭[羊→𦍌]은 왼쪽[左], 오른쪽의 모양이 각각 다르다	
☐ 右 yòu 오른쪽	입[口]에 음식을 넣고 있는 오른손[ナ→ナ]의 모습	
☐ 若 ruò ~와 같다, 만약	여러 풀[艹]을 오른손[右]으로 만져 보니 촉감이 거의 같다	
☐ 又 yòu 또, 다시	오른손을 그린 글자로, 자주 쓰는 손이므로 '또'라는 뜻	
☐ 双 shuāng 두 개의, 쌍의	왼손[又]과 오른손[又], 양손을 그려서 한 쌍을 표현	
☐ 仅 jǐn 겨우, 단지	사람[亻]에게 같은 일을 또[又] 하라고 시키니 싫증 나서 겨우 한다	
☐ 权 quán 권세, 권력	나무[木] 지휘봉을 손[又]에 잡고 지도자로서 누리는 권세	
☐ 支 zhī 받치다, 지지하다	나뭇가지[十]를 손[又]에 잡고서 몸을 지탱한다	
☐ 技 jì 기술, 능력	오직 손[扌]으로만 몸을 지탱하는[支] 기술	
☐ 反 fǎn 반대의, 반대로	언덕[厂]을 오르고 또[又] 올라 건강한 몸으로 다시 돌이킨다	
☐ 板 bǎn 널빤지, 판	나무[木]를 얇게 펴서 뒤집기[反] 좋은 상태로 만든 널빤지	
☐ 及 jí 도달하다, 이르다	어려움에 부닥친 사람[人→丆]에게 도움의 손길[又]이 미친다	
☐ 吸 xī 들이마시다	입[口]을 열고 공기가 폐에 미칠[及] 때까지 숨을 크게 들이쉰다	
☐ 极 jí 최고점, 다하다	나무[木]는 사람의 삶에 영향을 미치며[及] 끝까지 쓰임을 다한다	
☐ 级 jí 등급, 학년	실[纟]에 미치는[及] 장인의 손길에 따라 정해지는 옷감의 등급	

08일째 손2

☐ 友 yǒu 친구, 친하다	왼손[ナ→ナ]과 오른손[又]을 잡고 다정하게 걸어가는 벗(친구)	
☐ 爱 ài 사랑하다	손[爫]으로 덮으려[冖] 해도 가려지지 않는 우정[友] 이상의 사랑	

☐ **受** shòu 받다, 받아들이다		상대방 손[⺥]에 들린 잘 덮인[冖] 물건을 손[又]으로 받는다
☐ 变 biàn 변하다, 바뀌다		또[亦] 다른 시대를 맞이하여, 세상은 또[又] 다른 모습으로 변한다
☐ 发 fā, fà 보내다/발생하다, 머리카락		무기[𠂇]를 손[又]에 들고 나아가 적을 쏜다[丶] 빗[𠂇]을 손[又]에 들고 윤기[丶] 나게 빗질한 머리카락
☐ **取** qǔ 가지다, 얻다		적을 물리친 것을 증명하려고 적의 귀[耳]를 잘라 손[又]에 가진다
☐ 最 zuì 가장, 제일		여러 사람이 말한[曰] 것 중에서 내가 취할[取] 만한 가장 좋은 것
☐ 聚 jù 모이다, 집합하다		사람들[人人人→癶]이 함께 시간을 갖기[取] 위해 모인다
☐ **投** tóu 던지다, 넣다		손[扌]에 나무 몽둥이[殳]를 들고서 전쟁터에 몸을 던진다
☐ 没 méi, mò 없다, 물에 잠기다		배에서 물[氵]에 나무 막대(노)[殳]를 빠뜨렸으니, 손에 쥔 것이 없다
☐ 设 shè 세우다, 계획하다		유창한 말[讠]과 지휘봉[殳]을 이용하여 가르침을 베푼다
☐ 股 gǔ 주식, 증권		우리 몸[月]에서 몽둥이[殳]처럼 넓적한 다리
☐ 段 duàn 층계, 방법		층층이[耳] 나무[殳]를 쌓아 만든 층계
☐ **般** bān 보통의, 일반의		배[舟]에서 노[殳]를 젓는 일처럼 반복적이고 일반적인 일
☐ 搬 bān 옮기다, 운반하다		불편하게 놓인 물건을 손[扌]으로 들어 일반적인[般] 장소로 옮긴다
☐ **报** bào 알리다, 갚다		몸을 구부리고[卩] 아파하는 사람을 손[又]으로 부축하며, 다른 손[扌]을 흔들어 주위에 알린다
☐ 服 fú 옷, (일을) 맡다		몸[月]을 구부리고[卩] 손[又]을 넣어서 입는 옷
☐ **坚** jiān 단단하다, 견고하다		둘[二→刂]이 함께 손[又]으로 흙[土]을 다지니 땅이 단단히 굳는다
☐ 紧 jǐn 팽팽하다, 긴급하다		둘[二→刂]이 양쪽에서 손[又]으로 줄[糸]을 잡아당기니 팽팽하다
☐ **对** duì 맞다, ~에게		상대방의 말에 두 손[又, 寸]으로 맞장구치며 대답한다
☐ 讨 tǎo 토론하다, 정벌하다		싸울 때는 거친 말[讠]과 손[寸]으로 상대방을 공격하며 친다
☐ 时 shí 때, 시간		해[日]의 그림자 길이를 마디[寸]별로 구분해서 가늠하는 시간(때)
☐ 村 cūn 마을, 촌락		나무[木]를 베어 손수[寸] 지은 집이 여러 채 모여 있는 시골 마을
☐ 过 guò 건너다, ~한 적 있다		걸어가다가[辶] 아는 사람을 만나면 손[寸]으로 인사하고 지나간다
☐ 尽 jǐn, jìn 되도록 ~하다, 다하다		내 땅을 한 자[尺]라도 더 늘리기 위해 땀[丶丶]을 흘리며 힘을 다한다
☐ 迟 chí 느리다, 늦다		한 자[尺] 한 자, 발을 끌며 천천히 가니[辶] 도착 시각이 늦어진다
☐ **当** dāng, dàng 마땅하다, 속임수		작은[小→⺌] 일이라도 내 일은 내 손[彐]으로 해야 마땅하다
☐ 事 shì 일, 종사하다		한[一] 명의 식구[口]도 빠짐없이 손[彐]에 도구[亅]를 들고 하는 일

- 急 jí 급하다 — 사람[⺈]이 위험에 처한 사람에게 손[⺕]을 뻗을 때는 마음[心]이 급하다
- 稳 wěn 평온하다, 안정되다 — 벼[禾]로 밥을 지어 급한[急] 허기를 달래고 나니 마음이 평온하다
- 兴 xīng, xìng 일으키다, 흥미 — 반짝이는[⺍] 물건을 양손[廾→六]에 들고 돌아다니며 사람들의 흥미를 일으킨다
- 举 jǔ 들어 올리다 — 두[二] 사람이 하나[丨]의 물건을 함께 일으켜서[兴] 들어 올린다
- 应 yīng, yìng 마땅히 ~해야 한다, 대답하다 — 반짝이는[⺍] 물건과 땅[一]이 많은 집안[广]에서 초대하니 바로 응한다

09일째 발

- 足 zú 발, 충분하다 — 무릎에서 발끝까지의 모양을 그린 글자
- 促 cù 촉박하다, 재촉하다 — 사람[亻]이 다급하면 발[足]을 동동거리며 재촉한다
- 跳 tiào 뛰다, 튀어 오르다 — 땅에서 이상한 조짐[兆]을 느껴 발[⻊]을 구르며 팔짝 뛴다
- 距 jù 거리, 떨어지다 — 발[⻊]의 보폭을 크게[巨] 해서 걸으면 어느새 떨어지게 되는 거리
- 走 zǒu 걷다, 떠나다 — 흙[土]을 발[足→灬]로 내디디며 달린다
- 起 qǐ 일어서다, 시작하다 — 달리다가[走] 넘어지면 몸[己]을 세워 일어난다
- 超 chāo 뛰어넘다 — 나를 부르는[召] 곳으로 달려가기[走] 위해 장애물을 뛰어넘는다
- 越 yuè 넘다, ~할수록 ~하다 — 전쟁 중인 병사가 도끼[戉]를 들고 달려가서[走] 국경선을 넘는다
- 处 chǔ, chù 처하다, 장소 — 발[夂]을 들일 만한 곳인지 점[卜]을 쳐서 정하는 살 곳
- 条 tiáo 가늘고 긴 것, 조목 — 나무[木→朩]에 발[夂]을 올려서 올라가려면 밟아야 하는 나뭇가지
- 复 fù 반복하다, 회복하다 — 사람[⺈]은 해[日]가 지면 집으로 걸어와서[夂] 체력을 회복한다
- 夏 xià 여름 — 한[一] 걸음마다 코[自]에 땀이 나서 천천히 걷게[夂] 되는 여름
- 冬 dōng 겨울 — 땅이 얼어서[冫] 천천히 걸어야[夂] 하는 계절인 겨울
- 终 zhōng 끝, 끝나다 — 실[纟]로 스웨터를 뜨기 시작해서 겨울[冬]이 되기 전에 끝낸다
- 图 tú 그림, 의도 — 큰 도화지[囗]에 겨울[冬] 풍경을 그린 그림
- 各 gè 각자, 각기 — 사람들의 발[夂]자국이 입구[口]에 찍힌 모양새가 모두 각각

☐ 客 kè 손님, 고객		집[宀]으로 각각[各] 찾아온 손님
☐ 路 lù 길, 도로		사람들이 발[足]로 각자[各] 걸어 다니는 길
☐ 格 gé 표준, 규격		나무[木]가 휘지 않고 각자[各] 잘 자랄 수 있도록 바로잡는다
☐ 略 lüè 생략하다, 빼앗다		밭[田]에서 각각[各]의 곡식을 수확할 때, 덜 익은 것은 생략한다
☐ 落 luò 떨어지다, 내려가다		풀잎[艹]에 맺힌 물방울[氵]이 각각[各] 떨어진다
☐ 止 zhǐ 정지하다, 멈추다		사람이 걸음을 멈춘 발자국을 그린 글자
☐ 步 bù 걸음, 걷다		한 발짝[止] 한 발짝[少] 내딛는 걸음
☐ 延 yán 연장하다, 늘이다		비뚤어진[丿] 발[止] 때문에 천천히 걸어가야[廴] 해서 도착 시각을 뒤로 늘인다
☐ 之 zhī ~의, ~한		사람이 걸어간 자국을 그린 글자로, 다양한 용법으로 쓰이는 어조사
☐ 正 zhèng 바르다, 딱, 마침		잘못을 바로잡으러 떠나는 장군의 첫[一] 발자국[止] 모양이 바르다
☐ 证 zhèng 증명하다		진실을 밝히기 위해서 바른[正] 말[讠]만 모아 사건을 증명한다
☐ 政 zhèng 정치		나라를 바르게[正] 이끌기 위해 잘못을 채찍질하며[攵] 펼치는 정치
☐ 整 zhěng 가지런하다, 정리하다		나뭇가지를 하나로 묶고[束] 튀어나온 것을 쳐서[攵] 바르게[正] 정리하니 가지런하다
☐ 此 cǐ 이, 이것		가다가 멈춰서[止] 몸을 구부린[匕] 채 가까이 있는 것을 가리킬 때 하는 말인 '이, 이것'
☐ 些 xiē 조금, 약간		손에 든 이것[此]은 단지 두[二] 개뿐이니 양이 적다
☐ 台 tái 받침대, 태풍		발[厶]을 딛고 올라갈 수 있는 네모난[口] 받침 회오리[厶]를 몰고 뱅뱅[口] 돌며 부는 태풍
☐ 治 zhì 다스리다		물길[氵]이 태풍[台]에 휩쓸리지 않도록 잘 다스린다
☐ 始 shǐ 처음, 시작하다		엄마[女]로부터 태어나면 곧 인생이라는 무대[台]가 처음 시작된다

10일째 기타 신체

☐ 力 lì 힘, 힘을 다하다		사람이 팔뚝에 힘을 준 모습을 그린 글자
☐ 历 lì 지나다, 겪다		언덕[厂] 아래에 모여 사는 사람들이 힘[力]을 합쳐 화목하게 지낸다
☐ 边 biān 가장자리, ~쪽		힘껏[力] 걸어서[辶] 도착한 길의 끝, 가장자리

☐ 办 bàn 일하다, 처리하다		땀[ハ]을 뻘뻘 흘리며 힘쓴다[力]
☐ 协 xié 합하다, 어울리다		여러[十] 사람이 힘써[办] 서로의 마음을 합한다
☐ 为 wéi, wèi 하다, ~때문에		가족을 힘껏[力] 부양하기 위해 땀[丶丶]을 흘리며 일한다
☐ 另 lìng 다른, 그 밖의		입[口]으로 하는 말과 실제로 힘쓰는[力] 모양새가 따로 논다
☐ 别 bié 이별하다, ~하지 마라		고기를 부위별로 따로[另] 떼기 위해 칼[刂]로 나눈다
☐ 男 nán 남자		밭[田]에서 힘[力]을 써서 일하는 사내
☐ 务 wù 일, 일하다		발[夂]로 이리저리 다니며 힘써[力] 일한다
☐ 劳 láo 일하다, 노동		잡초[艹]로 덮여[冖] 있는 논에서 힘써[力] 일한다
☐ 加 jiā 더하다		힘[力]을 북돋워 주기 위해 입[口]으로 응원 소리를 더한다
☐ 咖 kā, gā 커피, 카레		입[口]으로 외래어를 말할 때 쓰기 위해 새로 만들어 더한[加] 음역자
☐ 架 jià 선반, 다툼		기둥 사이에 긴 나무[木]를 더하여[加] 만든 시렁(선반)
☐ 动 dòng 움직이다		말한[云] 것을 실천하기 위해 힘써[力] 몸을 움직인다
☐ 伤 shāng 상처, 해치다		사람[亻]이 사람[宀]에게 힘[力]을 가해 입히는 상처
☐ 助 zhù 돕다		힘든 일이 또[且] 생기지 않도록 옆에서 힘[力]을 보태어 돕는다
☐ 心 xīn 마음		사람의 심장을 그린 글자로, 마음을 의미
☐ 必 bì 반드시		마음[心]에 새기고[丿] 반드시 해야 하는 것
☐ 密 mì 가깝다, 비밀의		신을 모신 집[宀]은 반드시[必] 나무가 빽빽한 산[山]에 가까이 있다
☐ 思 sī 생각하다, 생각		마음속[心]에서 어떤 감정이 일어나 머릿속을 칸칸이[田] 채운 생각
☐ 总 zǒng 총괄하다, 전부의		입[口]으로 침을 튀겨[丷] 가며 설득하여 사람들의 마음[心]을 모은다
☐ 忘 wàng 잊다, 망각하다		망한[亡] 일을 마음[心]에서 잊는다
☐ 忙 máng 바쁘다		마음[忄]을 다해 일이 망하지[亡] 않도록 노력하려니 바쁘다
☐ 怕 pà 무서워하다		마음[忄]이 떨리고 얼굴이 하얗게[白] 질릴 정도로 두렵다
☐ 怪 guài 괴상하다, 이상하다		흙무덤[土]에서 손[又]이 올라오는 모습을 보니 마음[忄]이 괴상하다
☐ 慢 màn 느리다		마음[忄]이 느긋하여 일을 길게 끄니[曼] 행동이 느리다
☐ 也 yě ~도, 또한		여자의 자궁을 그린 글자로, 문장에서 종결을 나타내는 어조사
☐ 他 tā 그, 그 사람		사람[亻]의 자궁[也]에서 태어나 각각의 개성을 지닌 사람(그)
☐ 她 tā 그녀		엄마의 자궁[也]에서 태어난 여자[女], 곧 그녀

- 施 shī 실시하다, 베풀다 　　사방[方]의 사람들[亻]이 엄마의 자궁[也]에서 갓 태어난 아기에게 사랑을 베푼다
- 牙 yá 이, 치아 　　어금니의 모양을 그린 글자
- 穿 chuān (옷을) 입다, 뚫다 　　개가 어금니[牙]로 물어서 물건에 구멍[穴]을 뚫는다

11일째 해·달

- 日 rì 해, 일, 날 　　가운데에 흑점이 있는 해를 그린 글자
- 旧 jiù 옛날의, 낡다 　　지평선[丨] 너머로 해[日]가 저물면 그 하루는 지나간 옛날
- 阳 yáng 햇빛, 태양 　　언덕[阝] 위에 해[日]가 떠오르면 내리쬐는 햇볕
- 春 chūn 봄 　　얼었던 땅이 따뜻한 해[日]를 받아 새싹[夫]을 돋우는 봄
- 白 bái 희다, 깨끗하다 　　해[日]가 위[丿]로 떠올라 세상을 비추면 주변이 환하고 희다
- 的 de, dì ~의/~한, 과녁/목표 　　흰[白] 판에 점[丶]을 찍고 그 바깥을 감싸는[勹] 원을 그린 과녁
- 早 zǎo 아침, 이르다 　　해[日]가 풀[十] 사이로 떠오르는 이른 아침
- 草 cǎo 풀, 초안 　　이른[早] 봄이면 파릇파릇 돋아나기 시작하는 풀[艹]
- 但 dàn 그러나, 그렇지만 　　사람[亻]은 '다만' 아침[旦]이 되어야만 몸을 일으킨다는 의미
- 担 dān 메다, 맡다 　　아침[旦]에 일을 나가기 위해 손[扌]으로 짐을 들어서 어깨에 멘다
- 查 chá 조사하다, 검사하다 　　농사짓는 나무[木]가 잘 자라는지 아침[旦]마다 살피고 조사한다
- 易 yì 쉽다, 바꾸다 　　햇빛[日]이 구름 사이로 비치는[勿] 모양은 쉽게 쉽게 바뀐다
- 踢 tī 차다 　　굴러오는 공을 발[𧾷]로 쉽게[易] 찬다
- 是 shì ~이다, 맞다 　　변함없는 모습으로 뜨고 지는 해[日]는 언제나 바르고[正→𤴓] 옳다
- 提 tí 끌어올리다 　　손[扌]에 자기가 옳다고[是] 여기는 것을 잡고서 높이 끌어올린다
- 题 tí 제목, 문제 　　글의 내용을 대표하기에 옳은[是] 것으로 글머리[页]에 붙인 제목
- 昨 zuó 어제 　　해[日]가 지고 나서 잠깐[乍] 사이에 지나가 버린 어제
- 作 zuò 글을 쓰다, 하다 　　사람[亻]이 머릿속에 잠깐씩[乍] 스치는 생각을 글로 짓는다
- 怎 zěn 왜, 어떻게 　　잠깐[乍] 멈칫하는 마음[心]이 생기면 묻는 말인 '어찌, 어떻게'

☐	曾 céng, zēng 일찍이, 증조	해[日]를 바라보며 창문[罒]을 열고 기지개[ˇ]를 켜는 이른 시간
☐	增 zēng 더하다, 늘다	층계를 만들기 위해 흙[土]을 일찍[曾]부터 쌓아 더한다
☐	午 wǔ 정오, 낮 12시	세워진 절굿공이에 그림자가 없는 모습을 그린 글자로, 한낮을 의미
☐	许 xǔ 허락하다, 아마도	간곡한 말[讠]로 낮[午]부터 밤까지 부탁하니 허락한다
☐	年 nián 해, 년, 나이	낮[午]에 수확하여 담은[⌐] 농작물을 키우는 데까지 걸린 한 해
☐	月 yuè 달, 월	초승달의 모양을 그린 글자
☐	明 míng 밝다, 명백하다	낮을 밝히는 해[日]와 밤을 밝히는 달[月]은 모두 밝다
☐	阴 yīn (날씨가) 흐리다, 그늘	언덕[阝] 위로 달[月]이 떠오르며 구름을 몰고 오니 날이 흐리다
☐	朝 cháo, zhāo 왕조, 아침	풀숲[艹→龺] 사이로 해[日]가 떠오르고, 달[月]은 모습을 감춘 아침
☐	夕 xī 저녁때	구름에 살짝 가려진 달을 그린 글자로, 저녁을 의미
☐	外 wài 바깥, 따로	저녁[夕]에 점[卜]을 치려면 나가야 하는 바깥
☐	岁 suì 해, 세(나이를 세는 단위)	달[夕]이 산[山] 위로 뜨고 지는 하루하루가 모여 이루어진 한 해
☐	名 míng 이름	저녁[夕]에는 앞이 잘 안 보이니 입[口]으로 소리쳐 부르는 이름
☐	号 hào 번호, 호	입[口]을 크게 벌려[丂] 부르는 이름
☐	夜 yè 밤	사람[亻]의 머리[亠] 위로 달[月→夂]이 밝게 비추는 밤
☐	液 yè 액체	풀이나 과일에 있는 즙[氵]을 밤새[夜] 짜서 얻은 액체

12일째 물·불

☐	水 shuǐ 물	물줄기가 흐르는 모양을 그린 글자
☐	永 yǒng 길다, 오래다	한 방울씩[ˋ] 흘러내린 물[水]이 강과 바다로 길게 이어진다는 뜻
☐	泳 yǒng 수영하다	물[氵]에 오래[永] 떠 있으려고 헤엄친다
☐	冰 bīng 얼음, 차다	물[水]이 얼어서[冫] 된 얼음
☐	江 jiāng 강, 장강	물줄기[氵]가 흘러서 만들어진[工] 강
☐	汉 hàn 한나라, 중국어	물[氵]이 모이고 또[又] 모여서 이루어진 중국의 '한수(汉水)'
☐	训 xùn 훈련하다, 가르치다	옛 성현들의 말[讠]을 냇물[川] 흐르듯 줄줄 외며 후학들을 가르친다

☐	洲 zhōu 주	고을[州]이 형성되려면 주변에 꼭 있어야 하는 물가[氵]
☐	流 liú 흐르다, 순조롭다	뱃속의 양수[氵]가 터져서 아이[㐬]가 냇물[川→巜]처럼 흘러나온다
☐	回 huí 돌아오다, 돌아가다	물이 소용돌이치며 도는 모습을 그린 글자
☐	温 wēn 따뜻하다, 온도	물[氵]을 욕조[皿]에 담아 햇볕[日]으로 데우니 따뜻하다
☐	混 hùn 섞다	물난리[氵]가 나면 태양[日] 아래 나란하던[比] 모든 물건이 뒤섞인다
☐	滑 huá 미끄럽다	물기[氵]가 있는 곳은 넘어지면 뼈[骨→骨]를 다칠 정도로 미끄럽다
☐	演 yǎn 공연하다, 널리 펴다	물[氵] 위의 파도가 호랑이[寅]처럼 빠르게 다가와 넓게 펼쳐진다
☐	游 yóu 헤엄치다, 놀다	엄마의 양수[氵]에서 사람[人→𠂉]으로 성장해 가는 자식[子]이 여러 방향[方]으로 이리저리 헤엄친다
☐	激 jī 격동되다, 격렬하다	물[氵]이 하얀[白] 파도를 사방[方]으로 치는[攵] 모습이 격하다
☐	深 shēn 깊다	물[氵]이 점점[㑒] 깊어진다
☐	探 tàn 찾다, 정탐하다	손[扌]을 점점[㑒] 깊숙한 곳으로 넣어 물건을 찾는다
☐	原 yuán 원래의, 본래의	산기슭[厂] 깊숙한 곳에서 나오는 샘물[泉]은 자연 본래의 것
☐	源 yuán 근원, 출처	물줄기[氵]가 본래[原] 나오기 시작하는 곳이 물의 근원
☐	愿 yuàn 바라다, 소망	본래[原]의 마음[心]에서 샘솟는 것을 바라고 원한다
☐	火 huǒ 불, 화내다	불이 활활 타고 있는 모습을 그린 글자
☐	灯 dēng 등, 등불	어두워지면 불[火]을 받침대[丁] 위에 올려 밝혀 놓는 등불
☐	秋 qiū 가을	벼[禾]가 불[火]처럼 노랗고 붉게 익어 가는 가을
☐	谈 tán 말하다, 이야기하다	여러 사람이 모닥불[炎]을 피워 놓고 나누는 말[讠]
☐	烧 shāo 불사르다, 가열하다	불길[火]이 높게 [尧] 치솟아 주위를 불사른다
☐	炼 liàn 정련하다	금속을 불[火]로 달구어 순정의 금속만을 가려[东] 정련한다
☐	练 liàn 연습하다, 훈련하다	옷을 짓기 위해 좋은 실[纟]을 가려내는[东] 기술을 익힌다
☐	黑 hēi 검다, 불법의	집에서 피운 불[灬]이 굴뚝[里]을 그을려서 검다
☐	照 zhào 비추다, 찍다	해[日]가 지면 하인을 불러[召] 불[灬]로 주변을 비춘다
☐	然 rán 그렇다, 그러나	옛날에는 불[灬]에 개[犬]고기[月]를 구워 먹는 일이 당연한 일
☐	熟 shú 익다, 잘 알다	누구나 [孰] 불[灬]에 가까이 가면 피부가 빨갛게 익는다

13일째 산

- 山 shān 산 — 봉우리가 높이 솟아 있는 산을 그린 글자
- 击 jī 치다, 공격하다 — 두[二] 무리가 산[山]에서 마주쳐 서로 공격하며 친다
- 出 chū 나가다, 나오다 — 식물의 싹이 땅 위로 나오는 모습을 그린 글자
- 厂 chǎng 공장 — 산기슭[厂] 아래의 넓은 땅에 차려진 공장
- 产 chǎn 낳다, 생산하다 — 산기슭[厂] 아래에 세운[立] 보금자리 안에서 아이를 낳는다
- 严 yán 엄하다, 위엄 있다 — 산기슭[厂] 위에 우뚝 솟은 바위[丌]에서 풍기는 기운[丷]이 엄하다
- 危 wēi 위험하다 — 기슭[厂]에 선 사람[⺈]을 보니 몸이 움츠러들[㔾] 정도로 위태롭다
- 厚 hòu 두껍다, 두텁다 — 산기슭[厂]은 위험하니 가지 말라고 말하는[曰] 어머니의 자식[子] 사랑이 두텁다
- 广 guǎng 넓다 — 산기슭에 자리 잡은 집[广]의 크기가 넓다
- 扩 kuò 넓히다 — 척박한 땅을 손[扌]으로 일구어 넓은[广] 땅으로 넓힌다
- 矿 kuàng 광석, 광물 — 넓은[广] 땅속에 묻힌 돌[石] 중에 금속 성질이 있는 쇳돌
- 际 jì 가장자리, 사이 — 언덕[阝]의 끝에 보이는[示] 가장자리
- 限 xiàn 한계, 제한 — 언덕[阝]을 오르다가 숨이 차서 멈춰야[艮] 할 정도의 체력적 한계
- 附 fù 붙다, 가까이 대다 — 언덕[阝]을 오를 때는 앞선 자에게 권한을 주고[付] 가까이 붙는다
- 降 jiàng, xiáng 내려가다, 항복하다 — 병사가 언덕[阝]에서 어그러진[舛→夅] 발을 끌고 내려와 항복한다
- 土 tǔ 흙, 촌스럽다 — 땅 위에 쌓인 흙덩어리를 그린 글자
- 压 yā 압력을 가하다 — 산기슭[厂]에서 무너져 내린 흙[土]이 사람을 찍어[丶] 누른다
- 区 qū 구역, 구분하다 — 자기 땅에 경계선[匸]을 그리고 표시하여[乂] 남의 땅과 구분한다
- 地 de, dì 동사나 형용사 수식, 땅 — 여자의 자궁[也]처럼 만물을 품을 수 있는 땅[土]
- 均 jūn 균등하다 — 불룩한 땅[土]을 몸을 구부려[勹] 탁탁[二] 치니 평평하고 고르다
- 境 jìng 경계, 곳 — 땅[土]이 마침내[竟] 끝나는 경계
- 场 chǎng 장소, 곳 — 땅[土] 위로 햇살이 비치는[昜] 넓은 마당
- 扬 yáng 높이 들다, 휘날리다 — 손[扌]에 든 깃발을 햇살이 비치는[昜] 하늘 높이 드날린다
- 汤 tāng 국물, 탕 — 물[氵]을 넣고 건더기가 비치도록[昜] 맑게 끓인 국이나 탕

- ☐ 周 zhōu 주위, 주일   성[冂]의 안쪽에 있는 땅[土]과 구역[口]을 두루 돌아다닌다는 뜻
- ☐ 调 diào, tiáo 조사하다, 고르다   어떤 일에 대해 말[讠]로 묻고 따지며 두루두루[周] 고르게 조사한다
- ☐ 石 shí 돌   언덕[厂] 아래에 굴러다니는 돌[口]을 그린 글자
- ☐ 研 yán 갈다, 연구하다   돌[石]의 거친 면이 평평해질[开] 때까지 간다
- ☐ 碗 wǎn 그릇, 공기   돌[石]을 굽은[宛] 모양으로 깎아서 음식을 담는 사발
- ☐ 金 jīn 금, 화폐   덮여[亼] 있는 흙[土] 속에서 반짝이는[丷] 금속
- ☐ 针 zhēn 바늘, 침   쇠[钅]를 갈아서 십[十] 자 모양으로 뾰족하게 만든 바늘
- ☐ 钟 zhōng 종, 시각   쇠[钅] 중에 가운데[中]를 치면 소리 나게 만든 종
- ☐ 银 yín 은, 은화   금속[钅] 중에서 시선이 머무를[艮] 정도로 반짝이는 빛을 가진 은
- ☐ 错 cuò 틀리다, 잘못   금속[钅] 중에 옛날[昔]에 만들어진 것은 녹슬어 모양이 어긋났다
- ☐ 借 jiè 빌리다, 빌려주다   사람[亻]은 옛날[昔]부터 자연에서 자원을 빌린다

14일째 나무1

- ☐ 木 mù 나무, 목재   나무의 기둥과 가지, 뿌리를 그린 글자
- ☐ 树 shù 나무, 세우다   나무[木] 중에서 두 손[又, 寸]으로 땅에 심은 살아 있는 나무
- ☐ 林 lín 숲, 수풀   나무[木] 여러 그루[木]가 우거진 수풀
- ☐ 休 xiū 쉬다, 휴식하다   사람[亻]이 나무[木]에 기대어 쉰다
- ☐ 困 kùn 곤란하다, 졸리다   둘러쳐진[囗] 곳에 갇혀 몸이 나무[木]처럼 뻣뻣하니 매우 곤란하다
- ☐ 本 běn 근본, 책   나무[木] 아래에 뿌리를 나타내는 선[一]을 그어 사물의 근본을 표현
- ☐ 体 tǐ 몸, 신체   사람[亻]에게 있어 근본[本]이 되는 튼튼한 몸
- ☐ 术 shù 기술, 방법   붓으로 점[丶]을 찍는 것만큼 쉽게 나무[木]를 다룰 수 있는 재주
- ☐ 述 shù 진술하다, 서술하다   나의 재주[术]가 세상 밖으로 나가도록[辶] 말이나 글로 써서 펼친다
- ☐ 末 mò 물건의 끝, 최후의   나무[木]의 끝에 긴 선[一]을 그어 사물의 끝을 표현
- ☐ 未 wèi 아직 ~하지 않다   나무[木]의 끝에 덜 자란 싹을 선[一]으로 그어 '아직 아니다'라는 의미를 표현

- 来 lái 오다   아직 오지 않은[未] 사람에게 손짓하니[丶] 곧 다가온다
- 味 wèi 맛, 냄새   입[口]에 음식을 넣고 간이 맞는지 아닌지[未] 보는 맛
- 果 guǒ 열매, 결과   열매[田]가 나무[木] 위에 열린 모습을 그린 글자
- 课 kè 수업, 과목   교수가 연구한 결과[果]를 말[讠]로써 학생에게 전하는 교육의 과정
- 束 shù 묶다, 속박하다   쌓아 놓은 목재[木]를 끈으로 감아서[口] 묶는다
- 速 sù 빠르다, 속도   신발 끈을 꽉 묶고서[束] 걸어가는[辶] 발걸음이 빠르다
- 采 cǎi 따다, 캐다   손[爫]으로 나무[木]나 작물을 캔다
- 菜 cài 채소, 요리   풀[艹] 중에 우리가 캐서[采] 먹을 수 있는 나물
- 相 xiāng, xiàng 서로/함께, 외모   연인이 나무[木]를 사이에 두고 서로 눈[目]을 맞추며 바라보는 모양
- 想 xiǎng 생각하다, ~하고 싶다   서로[相] 그리워하며 마음속[心]으로 생각한다
- 箱 xiāng 상자, 트렁크   대나무[⺮]를 얇게 잘라 서로[相] 엮어서 만든 상자
- 桌 zhuō 탁자   나무[木] 받침 위[上]에 평평한 판[曰]을 올려서 만든 탁자
- 某 mǒu 아무, 어느   달콤한[甘] 열매가 열린 나무[木]에서는 아무거나 따도 맛있다는 뜻
- 杂 zá 잡다하다, 복잡하다   산에 여러[九] 종류의 나무[木→朩]가 섞여 있다
- 染 rǎn 염색하다, 물들이다   나무[木]의 잎에서 짜낸 물[氵]로 천을 여러[九] 번 물들인다
- 杀 shā 죽이다   나무[木→朩]에 칼자국[✕]을 내어 죽인다
- 检 jiǎn 검사하다   나무[木] 상자에 보관된 중요한 기록을 모두[佥] 검사한다
- 脸 liǎn 얼굴   몸[月]의 상태가 모두[佥] 나타나는 얼굴
- 险 xiǎn 위험하다   가파른 언덕[阝]을 오르다 보면 사방 모든[佥] 곳이 험하다
- 验 yàn 검증하다   경주에 내보낼 말[马]을 뽑기 위해 모든[佥] 말의 능력을 시험한다
- 构 gòu 구성하다   나뭇가지[木]를 한데 감싸서[勹] 매듭[厶]을 묶어 얽는다
- 购 gòu 사다, 구매하다   예쁘게 포장되어[勹] 매듭지어진[厶] 물건을 돈[贝]으로 산다

15일째 나무2

- 才 cái 재능, 겨우 — 질이 좋은 나무 모양을 그린 글자로, 뛰어난 재주를 의미
- 材 cái 재목, 재료 — 나무[木] 중에 여러 가지로 쓰기 좋은 재주[才]를 가진 재목
- 团 tuán 둥글다, 한데 모이다 — 재주[才]꾼 주위를 사람들이 에워싼[口] 모습이 둥글다
- 存 cún 존재하다 — 질이 좋은 나무[才→扌] 아래에는 좋은 종자(씨앗)[子]가 있다
- 在 zài ~에 있다, ~하고 있다 — 질이 좋은 나무[才→扌] 아래에는 좋은 흙[土]이 있다
- 东 dōng 동쪽 — 지평선을 뚫고 나온[ ] 햇빛이 나무[木→木] 위로 떠오르는 동쪽
- 乐 lè, yuè 즐겁다, 음악 — 나무[木→木]로 만든 악기에 손[ ]을 올려 연주하니 즐겁다
- 南 nán 남쪽 — 풀[十]로 둘러싸여[冂] 있어서 양[羊→羊]을 기르기에 좋은 남쪽
- 西 xī 서쪽 — 새가 저녁에 둥지[西]로 돌아온 모습으로, 해가 지는 서쪽을 의미
- 北 běi 북쪽 — 두 사람이 등지고 달아나는 모습으로, 남쪽을 등진 북쪽을 의미
- 背 bèi 등, 등지다 — 서로 등지고[北] 있을 때 맞닿아 있는 신체[月] 부위는 등
- 片 piàn 조각, 단편적이다 — 나무를 반으로 자른 오른쪽 조각의 모양
- 牌 pái 간판, 상표 — 나무 조각[片] 중에 질이 낮은[卑] 것을 골라 만든 작은 팻말
- 将 jiāng ~일 것이다 — 나무[丬]를 베며 저녁[夕]까지 힘쓴 일꾼은 장차 손[寸]에 많은 장작을 거머쥘 것이라는 뜻
- 奖 jiǎng 상, 장려하다 — 장차[将→𤲶] 크게[大] 될 사람에게 상을 주어 장려한다
- 不 bù 부정을 나타냄 — 사방으로 틀어진 나무의 뿌리[不]를 그려 부정의 의미를 표현
- 坏 huài 나쁘다, 상하게 하다 — 흙[土]이 좋지 않으면[不] 그 위에 세운 건물이 쉽게 무너진다
- 怀 huái 간직하다, 품다 — 마음속[忄]에 현재가 아닌[不] 지난 일을 품는다
- 杯 bēi 잔, 컵 — 나무[木]를 깎아 음료를 흘리지 않고[不] 따라 마실 수 있게 만든 잔
- 还 hái, huán 여전히, 돌아오다 — 가던[辶] 길을 가지 않고[不] 다시 돌아온다
- 否 fǒu 부정하다 — 어떤 질문에 아니라고[不] 입[口]을 벌려 말하며 부정한다
- 纸 zhǐ 종이 — 나무뿌리[氏]를 삶아 실[纟]처럼 얽힌 섬유질을 얇게 떠서 만든 종이
- 低 dī 낮다 — 사람[亻] 중에 머리를 나무뿌리[氏]가 있는 지점[丶]까지 낮추는 사람은 신분이 낮다
- 底 dǐ 밑, 바닥 — 집[广]의 기둥뿌리[氏] 지점[丶]에 다진 기반이나 맨 밑

- ☐ 节 jié 기념일, 절약하다 　　나무줄기에서 풀[艹]이 굽어져[卩→刀] 나오면서 생기는 마디
- ☐ 艺 yì 예술, 기술 　　풀[艹]을 꼬아서 새[乙] 모양으로 만들 정도의 뛰어난 재주
- ☐ 茶 chá 차 　　풀[艹]이나 나무[木→朩]의 잎을 말려서 사람[人]이 마실 수 있게 달인 차
- ☐ 营 yíng 경영하다 　　풀[艹]로 덮인[冖] 땅을 일구어 건물[吕]을 세우고 그곳을 경영한다
- ☐ 青 qīng 푸르다, 젊다 　　우물가[井→月]에 돋아난 풀잎[主]의 빛깔이 푸르다
- ☐ 请 qǐng 청하다, 부탁하다 　　젊은이가 푸른[青] 꿈을 꾸며 어른께 도움의 말[讠]을 청한다
- ☐ 情 qíng 감정, 애정 　　마음[忄]의 속으로부터 푸르게[青] 피어오르는 따뜻한 정
- ☐ 清 qīng 깨끗하다, 맑다 　　물[氵]이 하늘의 푸른빛[青]을 그대로 담아낼 정도로 맑다
- ☐ 晴 qíng 날씨가 맑다 　　해[日]가 푸른[青] 하늘에 떠 있으니 날씨가 맑다

16일째 기상·신

- ☐ 生 shēng 낳다, 태어나다 　　땅에서 새싹이 나오는 모습을 그린 글자
- ☐ 姓 xìng 성씨, 성이 ~이다 　　모계 사회 때 여자[女]가 아이를 낳으면[生] 아이에게 붙이던 성씨
- ☐ 性 xìng 본성 　　사람이 날[生] 때부터 지닌 마음[忄]인 성품
- ☐ 胜 shèng 이기다 　　몸[月]으로 직접 부딪혀 가며 인생[生]의 어려움을 이긴다
- ☐ 星 xīng 별 　　해[日]가 지고 밤이 되면 하늘에 생겨나는[生] 별
- ☐ 笑 xiào 웃다 　　대나무[⺮]가 흔들리는 소리처럼 까르르며 어린아이[夭]가 웃는다
- ☐ 等 děng 등급, 기다리다 　　대나무[⺮]가 흙[土] 위로 올라온 마디[寸]의 두께를 보고 나눈 등급
- ☐ 算 suàn 계산하다 　　대나무[⺮]로 만든 주판[目]을 양손[𠬞→廾]에 올려놓고 수를 센다
- ☐ 雨 yǔ 비 　　구름에서 빗방울이 떨어지는 모습
- ☐ 雪 xuě 눈 　　비[雨]가 얼어서 내린 것으로, 손[ヨ]으로 만지거나 뭉칠 수 있는 눈
- ☐ 露 lù 이슬, 나타나다 　　빗방울[雨]처럼 길가[路]의 풀잎에 맺혀 있는 이슬
- ☐ 零 líng 숫자 0 　　신이 비[雨]를 명령하니[令] 빗방울이 떨어진다
- ☐ 云 yún 구름 　　뭉게구름을 그린 글자로, 구름처럼 떠오르는 생각을 말한다는 뜻

☐ 层 céng 층		건물의 1층부터 옥상[尸]까지 말[云]로 헤아려서 센 층
☐ 运 yùn 돌다, 운		운수 좋은 일을 남에게 말하고[云] 다니며[辶] 온종일 동네를 돈다
☐ 电 diàn 전기		하늘에서 번쩍하고 치는 번개[申→电]의 모양을 그린 글자
☐ 气 qì 기체, 공기		뭉게뭉게 피어오르는[气] 기운
☐ 汽 qì 수증기, 김		물[氵]을 끓일 때 뭉게뭉게 피어오르는[气] 김
☐ 风 fēng 바람		배의 돛[几]이 멈추지 않고[乂] 펄럭이게 하는 바람
☐ 示 shì 보이다		제단을 그린 글자로, 조상이나 신에게 제사를 차려 보인다는 뜻
☐ 标 biāo 표지, 표시하다		산에서 길을 잃지 않도록 나무[木]에 잘 보이는[示] 지표를 표시한다
☐ 票 piào 표, 티켓		어디에 입장할 때 허리춤[要→覀]에서 꺼내어 보여[示] 줘야 하는 표
☐ 漂 piāo, piǎo, piào 뜨다, 헹구다		물[氵] 위에 항로를 표시한[票] 부표가 둥둥 떠다닌다
☐ 察 chá 살피다, 관찰하다		집[宀]에 제사[祭] 지낼 음식이 잘 차려졌는지 살핀다
☐ 擦 cā 닦다, 비비다		손[扌]에 수건을 들고 더러운 곳을 잘 살펴[察] 문질러 닦는다
☐ 神 shén 신, 정신		제단[礻]을 차려 모시면 번개[申]를 쳐서 농사비를 내려 주는 귀신(신)
☐ 礼 lǐ 예, 예의		제단[礻] 앞에 몸을 구부리고[乚] 앉는 예절
☐ 社 shè 단체		제단[礻]에 모여 토지[土]의 신께 제사를 올리던 많은 사람(단체)
☐ 福 fú 복, 행복		제단[礻]에 음식을 가득[畐] 차려 놓고 기원하는 복
☐ 富 fù 풍부하다, 부유하다		집[宀] 안에 곡식과 재물이 가득하니[畐] 부유하다
☐ 血 xuè 피, 혈액		제사에 올릴 동물의 피[丿]를 그릇[皿]에 가득 담은 모양
☐ 盘 pán 쟁반		짐을 가득 싣는 배[舟]처럼 여러 음식을 담는 그릇[皿]인 쟁반
☐ 盐 yán 소금		땅[土] 밖[外→卜](물)에서 들어와 그릇[皿]에 소복이 담긴 소금
☐ 益 yì 유익하다, 이익		물[水→㳄]을 그릇[皿]에 넘치도록 더한다

17일째 농경

☐ 田 tián 밭, 논		잘 정돈된 논과 밭의 모양을 그린 글자
☐ 苗 miáo 새싹		풀[艹]이 밭[田]에서 돋아나기 시작하며 드러낸 새싹

☐	画 huà 그림, 그리다	한[一] 획씩 밭[田]의 모양을 그려서 상자[凵]에 담아 둔 그림
☐	曲 qū, qǔ 구불구불하다, 노래	논밭[田]으로 가는 시골길[丨]은 대부분 구불구불 굽었다
☐	由 yóu 원인, ~로부터	밭[田]에 난 싹[丨]으로부터 모든 곡식이 말미암는다
☐	油 yóu 기름	식물의 씨앗이나 땅속으로부터 말미암아[由] 나오는 액체[氵]는 기름
☐	邮 yóu 우편, 부치다	편지 배달로 말미암아[由] 마을[阝]에 소식을 전해 주는 우편
☐	黄 huáng 노란색	함께[共] 밭[田]에서 자란[丨] 곡식들이 잘 익으면 색이 누렇다
☐	备 bèi 갖추다	농부가 차근차근 다니며[夂] 밭[田]에 농사지을 준비를 갖춘다
☐	留 liú 머무르다	토끼[卯→卯]가 풀을 먹으려고 밭[田]에 머무른다
☐	里 lǐ 속, 안	밭[田] 근처의 땅[土]에 집을 짓고 그 속에 여럿이 모여 사는 마을
☐	理 lǐ 관리하다	임금이 옥[玉→王]처럼 귀하게 마을[里]의 백성을 다스린다
☐	量 liáng, liàng 측정하다, 수량	됫박[旦] 속[里]에 넣은 곡식을 저울로 달아서 그 양을 헤아린다
☐	重 zhòng, chóng 무겁다, 중복하다	많은[千] 곡식을 자루 속[里]에 거듭 담아 옮기면 무겁다
☐	懂 dǒng 알다, 이해하다	마음[忄]을 다해 화초[艹]를 기르고, 거듭[重] 돌보며 화초를 이해한다
☐	种 zhǒng, zhòng 종류, 심다	벼[禾]의 중심[中]에 있는 씨앗을 남겨 두었다가 심는다
☐	利 lì 이익, 이로움	다 익은 벼[禾]를 칼[刂]로 베어 곡식을 얻으니 이롭다
☐	和 hé 평화롭다, ~와	벼[禾]로 지은 맛있는 밥을 식구[口]가 모여 함께 먹으니 화목하다
☐	程 chéng 순서, 과정	벼[禾]를 임금[王]의 입[口]에 올리기 위해 거쳐야 하는 길(과정)
☐	季 jì 계절, 절기	벼[禾]를 자식[子]처럼 기르며 지내는 한 계절, 한 계절
☐	香 xiāng 향기롭다	벼[禾]가 해[日]를 받아 익는 냄새가 향기롭다
☐	齐 qí 가지런하다	곡식이 위쪽[亠]부터 흐트러지지 않고[乂] 가지런히[丿] 돋은 모양
☐	济 jì 건너다, 돕다	물[氵]이 거세지 않고 가지런할[齐] 때 강을 건넌다
☐	方 fāng 사각형, ~쪽	쟁기[方]를 그린 글자로, 쟁기로 밭을 갈면 생기는 네모진 모서리
☐	访 fǎng 찾다, 방문하다	사건을 조사하기 위해 말[讠]소리가 들리는 방향[方]으로 찾아간다
☐	防 fáng 막다, 지키다	언덕[阝]처럼 높은 벽을 사방[方]에 세워서 적의 침입을 막는다
☐	旁 páng 옆	건널목에 선[立→亠] 사람이 둘러봐야 하는 방향[方]인 옆
☐	放 fàng 놓아주다	사방[方]의 울타리를 쳐내[夂] 버리고 동물들을 놓아준다
☐	旅 lǚ 여행하다	사람[一]과 사람들[从→氏]이 여럿이 모여 사방[方]팔방 다니는 여행

- ☐ 以 yǐ ~로써 　　쟁기를 그린 글자로, 쟁기로써 밭을 간다는 의미에서 '~로써'
- ☐ 似 sì 닮다, 마치(~인 것 같다) 　사람들[亻]이 쟁기[以]를 들고 일하는 모습이 서로 닮았다
- ☐ 其 qí 그, 그것 　　키[其]로 쭉정이를 골라내고 난 곡식을 가리키는 말인 '그것'
- ☐ 期 qī 시기, 기간 　　보름달[月]이 뜨면 그[其] 사람과 만나기로 기약한다
- ☐ 甚 shèn 몹시, 심하다 　곡식을 키[其]로 골라 포대[ㄴ]에 담기까지 농민의 고생이 심하다
- ☐ 基 jī 기초, 토대 　　키[其]로 곡식을 고르듯 흙[土]을 고르고 다져서 만든 터

18일째 동물1

- ☐ 牛 niú 소, 완고하다 　뿔이 달린 소의 머리를 그린 글자
- ☐ 件 jiàn 사건 등을 세는 단위, 문서 　농경 시대에, 사람[亻]에게 소[牛]는 매우 소중한 물건
- ☐ 物 wù 물건 　　농경 시대에, 소[牛]는 함부로 대하지 말아야[勿] 하는 소중한 물건
- ☐ 特 tè 특별하다, 특히 　소[牛]는 밭의 흙[土]을 마디마디[寸] 갈아 주니 소중하고 특별하다
- ☐ 告 gào 알리다 　　소[牛→𠂉]를 잡으면 사람들에게 같이 먹자고 입[口]으로 알린다
- ☐ 造 zào 만들다 　　왕실의 물건은 먼저 윗사람에게 가서[辶] 알린[告] 후에 만든다
- ☐ 靠 kào 기대다 　　안[非] 좋은 일이 알려져[告] 힘들 때는 친한 사람에게 마음을 기댄다
- ☐ 半 bàn 절반 　　소[牛→𠂉]의 고기를 둘로 나누면[八→丷] 크기가 반
- ☐ 判 pàn 판단하다 　물건의 반[半]을 칼[刂]로 나눈 후, 정확한지 판단한다
- ☐ 胖 pàng 살찌다, 뚱뚱하다 　몸[月]에 지방이 반[半] 이상일 정도로 살쪘다
- ☐ 狗 gǒu 개 　　짐승[犭] 중에 몸을 잘 웅크리고[勹] 입[口]으로 잘 짖는 개
- ☐ 犯 fàn 범하다, 위반하다 　개[犭]가 몸을 웅크린 사람[卩→㔾]에게 달려들어 잘못을 범한다
- ☐ 猫 māo 고양이 　　짐승[犭] 중에 날렵해서 풀[艹]로 밭[田]으로 잘 넘어 다니는 고양이
- ☐ 突 tū 갑자기 　　동굴[穴]에서 개[犬]가 갑자기 튀어나온다
- ☐ 获 huò 얻다 　　풀[艹]을 헤치고 다니던 짐승[犭]이 먹잇감으로 개[犬]를 얻는다
- ☐ 哭 kū 울다 　　입[口口]을 벌리고서 개[犬]처럼 크게 소리 내며 운다
- ☐ 器 qì 그릇, 기구 　개[犬]의 먹이를 담아서 곳곳에 놓아둔 여러 개의 그릇[口口口口]

- ☐ 马 mǎ 말 — 말의 머리와 몸통, 네 다리와 꼬리를 그린 글자
- ☐ 吗 ma 의문의 분위기를 나타냄 — 입[口]에서 나온 말의 끝에 말[马]의 꼬리처럼 붙여 의문을 나타냄
- ☐ 骑 qí (자전거 등에) 타다 — 말[马]의 등에 기이한[奇] 속도로 빠르게 올라탄다
- ☐ 椅 yǐ 의자 — 나무[木]를 기이하게[奇] 구부리고 잘라서 만든 의자
- ☐ 寄 jì (우편으로) 부치다 — 집[宀]에 있는 기이한[奇] 물건을 맡아 줄 사람에게 부친다
- ☐ 羊 yáng 양 — 뿔 달린 양의 머리를 그린 글자
- ☐ 洋 yáng 큰 바다, 서양 — 물[氵]이 양[羊] 떼처럼 한곳으로 모여들어 이루어진 큰 바다
- ☐ 样 yàng 모양 — 나무[木]의 잎이 양[羊]의 털처럼 무성하게 자란 모양
- ☐ 群 qún 무리 — 임금[君]이 다스려야 할 양[羊] 떼처럼 많은 백성의 무리
- ☐ 养 yǎng 기르다, 양육하다 — 양[羊→䒑]은 온순해서 다른 가축들 사이에 끼워[介] 함께 기른다
- ☐ 美 měi 아름답다 — 신에게 바칠 양[羊→䒑]은 크고[大] 살쪄야 아름답다
- ☐ 善 shàn 착하다, 훌륭하다 — 양[羊]은 풀[艹]만 입[口]으로 뜯어 먹으니 순하고 착하다
- ☐ 象 xiàng 형태, 형상 — 코끼리의 코와 귀, 네 발과 꼬리를 그린 글자
- ☐ 像 xiàng 닮다, ~와 같다 — 사람[亻]이 코끼리[象]를 그리기 위해 자세히 살펴야 하는 모양
- ☐ 鱼 yú 물고기 — 물고기의 머리, 몸통, 꼬리를 그린 글자
- ☐ 鲜 xiān 신선하다 — 물고기[鱼]의 비늘이 양[羊]의 털처럼 둥글고 매끈하면 신선하다

19일째 동물2

- ☐ 巳 yǐ 이미, 끝나다 — 뱀[巳]이 입을 벌려 먹이를 먹는 모습으로, '이미, 끝나다'라는 뜻
- ☐ 导 dǎo 이끌다 — 뱀[巳]도 손[寸]으로 제압할 수 있는 지도자여야 사람들을 이끈다
- ☐ 把 bǎ 잡다, ~을 — 큰 뱀[巴]을 맨손[扌]으로 움켜잡는다
- ☐ 吧 ba 청유·추측 등을 나타냄 — 입[口]에서 나오는 말의 끝에 뱀[巴]의 꼬리처럼 붙이는 어조사
- ☐ 肥 féi 지방이 많다 — 몸[月]이 먹이를 삼킨 뱀[巴]처럼 살졌다
- ☐ 色 sè 색깔 — 사람[𠂉]이 큰 뱀[巴]을 만나면 놀라서 변하는 얼굴의 빛(색)
- ☐ 绝 jué 끊다, 극히 — 옷을 만들 때는 옷감의 색[色]에 맞는 실[纟]을 끊는다

☐	**虽** suī 비록 ~이지만	벌레[虫]는 '비록' 작지만, 먹이를 먹을 입[口]은 있다는 뜻
☐	**独** dú 단독, 홀로	사람들에게 개[犭]나 벌레[虫] 취급을 받는 외톨이(혼자)
☐	蛋 dàn 알	새가 세상 밖에 발[疋]을 내디딜 때까지 뱀[虫]처럼 웅크려 몸을 담고 있는 알
☐	**鸟** niǎo 새	새의 머리와 몸통, 다리와 꼬리를 그린 글자
☐	鸡 jī 닭	날지 못해서 사람이 손[又]으로 잡을 수 있는 새[鸟]는 닭
☐	**集** jí 모이다	새들[隹]이 둥지가 있는 나무[木]로 모인다
☐	售 shòu 팔다	새[隹]가 지저귀듯이 입[口]으로 소리 내어 물건을 판다
☐	**难** nán 어렵다, 힘들다	손[又]으로 날아다니는 새[隹]를 잡기는 어렵다
☐	准 zhǔn 표준, 정확하다	강에 얼음[冫]이 얼면 새[隹]는 따뜻한 남쪽으로 가서 의거한다
☐	谁 shéi 누구	창문 밖에서 말[讠]을 새[隹]처럼 조잘대는 사람은 '누구'
☐	推 tuī 밀다	손[扌]을 새[隹]가 날갯짓하듯 쭉 뻗어서 앞쪽으로 민다
☐	**龙** lóng 용	다른 동물보다 더욱[尤] 높은 기세를 떨치는[丿] 동물인 용
☐	优 yōu 우수하다, 훌륭하다	다른 사람[亻]보다 더욱[尤] 뛰어나니 우수하다
☐	**毛** máo 털	동물의 몸에 털이 나 있는 모습을 그린 글자
☐	笔 bǐ 펜, 필기구	대나무[⺮]로 만든 붓대 끝에 동물의 털[毛]을 붙여 만든 붓
☐	**角** jiǎo, jué 뿔/화폐 단위, 역할	동물의 뿔을 그린 글자
☐	确 què 확실하다	돌[石]이나 뿔[角]처럼 단단하게 확신이 굳는다
☐	解 jiě 풀다	날카로운 뿔[角]이나 칼[刀]로 소[牛]를 해체하여 푼다
☐	触 chù 닿다	곤충[虫]은 뿔[角]처럼 달린 더듬이로 주변 환경과 닿는다
☐	**皮** pí 가죽, 피부	칼[丨]을 손에[又] 들고서 동물의 가죽[厂]을 손질하는 모습
☐	波 bō 물결, 파도	물[氵]에 바람이 일면 가죽[皮]처럼 주글주글 일렁이는 물결
☐	破 pò 파손되다	날카로운 돌[石]로 가죽[皮]을 자르며 그 형태를 깨뜨린다
☐	被 bèi (~에게) 당하다	동물의 가죽[皮]으로 만든 옷[衤]을 입는다
☐	**革** gé 가죽, 고치다	동물의 가죽을 넓게 펼쳐 놓은 모습을 그린 글자
☐	鞋 xié 신발	가죽[革]을 엮어 흙길[土土→圭]을 걸을 수 있게 만든 신발
☐	挂 guà 걸다	손[扌]으로 흙벽[土土→圭]에 못을 박고 물건을 건다

20일째 상태

☐ 大 dà 크다		사람이 두 팔과 다리를 크게 벌리고 서 있는 모습을 그린 글자
☐ 达 dá 도달하다		큰[大] 걸음으로 걸어서[辶] 목적지에 금방 도달한다
☐ 天 tiān 하늘, 날		위대한[大] 사람보다 더 높은 곳에 놓인[一] 하늘
☐ 夫 fū 성인 남자		머리에 비녀[一]를 꽂아 상투를 튼 성인[大] 남성
☐ 规 guī 규칙		사나이[夫]라면 누가 보든[见] 안 보든 지켜야 하는 법
☐ 太 tài 대단히, 너무		큰[大] 것보다 한 점[丶] 더 크다
☐ 态 tài 모양		마음[心]에 있는 것을 겉으로 크게[太] 드러낸 모습이나 모양
☐ 因 yīn 원인, ~때문에		사람이 침대[口]에 몸을 크게[大] 뻗고 누운 원인(이유)
☐ 烟 yān 연기		불[火]로 인하여[因] 생긴 연기
☐ 央 yāng 한가운데		무거운 짐[冂]을 메고 양팔로 중심을 잡으며 걷는 사람[大]의 모습
☐ 英 yīng 재능이 뛰어나다		풀잎[艹]의 가운데[央]에서 예쁘게 피어난 꽃부리(꽃잎)
☐ 决 jué 결정하다		한겨울에 물이 얼어서[冫] 터지기[夬] 전에 해결책을 빨리 정한다
☐ 块 kuài 덩어리, 중국 화폐 단위		흙더미[土]에서 일부 떨어져[夬] 나온 덩어리
☐ 快 kuài 빠르다, 유쾌하다		심장[忄]이 터질[夬] 정도로 뛰니 속도가 빠르다
☐ 缺 quē 모자라다		장군(통)[缶]이 터져[夬] 있으니 아무리 담아도 그 양이 모자란다
☐ 小 xiǎo 작다, 어리다		작은 점 세 개[丶丶丶]를 그려서 작다는 뜻을 표현한 글자
☐ 消 xiāo 사라지다		물방울[氵]이 작게[小→⺍] 떨어지기 시작하면 곧 달[月]이 먹구름에 가려 사라진다
☐ 叔 shū 숙부(작은아버지)		나의 윗사람[上]이지만, 또[又] 나의 아버지보다는 작은[小] 숙부
☐ 少 shǎo, shào 적다, 어리다		크기가 작다는[小] 뜻의 글자에 한 획[丿]을 더해서 양이 적음을 표현
☐ 沙 shā 모래		물[氵]이 많은 바닷가에 작고 적은[少] 알갱이로 펼쳐져 있는 모래
☐ 省 shěng, xǐng 아끼다, 살피다		눈[目]에 보일 만큼 양이 적어지게[少] 덜어낸다
☐ 长 cháng, zhǎng 길다, 어른		사람의 머리카락이 길게 늘어진 모습
☐ 张 zhāng 펼치다, 장(단위)		활[弓]이 날아가듯 길게[长] 자기 뜻을 펼친다
☐ 非 fēi ~이 아니다		서로 등지고 좌우로 벌어진 모습을 그려, 부정의 의미를 표현

- 排 pái 배열하다   손[扌]으로 옳지 않은[非] 것을 밀친다
- 罪 zuì 죄   법의 그물[罒]에 걸리는, 옳지 않은[非] 행동인 죄
- 义 yì 정의, 뜻   한 점[丶] 부끄럼이 없이[乂] 행동하니 옳다
- 议 yì 의논하다   더 옳은[义] 것이 무엇인지 말하며[讠] 서로 의논한다
- 伟 wěi 크다, 위대하다   사람[亻]이 사냥한 동물의 가죽[韦]을 손질하니 그 크기가 크다
- 围 wéi 둘러싸다   가죽[韦]을 가진 동물을 사냥하기 위해 사람들이 그 주위[囗]를 에워싼다

21일째 동작

- 立 lì 서다, 즉시   사람이 두 팔을 벌리고 땅 위에 선 모습
- 位 wèi 자리, 분(사람을 세는 단위)   사람[亻]이 서[立] 있는 자리
- 拉 lā 끌다, 당기다   손[扌]으로 물건을 세워서[立] 끌고 간다
- 并 bìng 나란히 하다   두 사람이 나란히 서[竝→并] 있는 모습을 그린 글자
- 瓶 píng 병   술을 나란히[并] 담아 두기 위해 만든 그릇[瓦]인 병
- 普 pǔ 보편적인   사람들을 나란히[竝→並] 다 비출 만큼 햇빛[日]의 면적이 넓다
- 音 yīn 소리, 음악   서서[立] 말하며[曰] 더 크게 낸 소리
- 章 zhāng 문장   소리[音] 내어 말한 것을 뾰족한 펜[十]으로 적은 문장
- 意 yì 뜻, 생각   상대방의 소리[音]를 듣고 마음속[心]으로 떠올린 말의 뜻
- 亲 qīn 친하다   어릴 적에 나무[木→朩] 위에 올라서서[立] 함께 놀던 친한 사이
- 新 xīn 새롭다   서[立] 있는 나무[木→朩]를 도끼[斤]로 베어 만든 물건은 새롭다
- 部 bù 부분, 부   한데 서서[立] 입[口]을 모아 의견을 내는 마을[阝]의 한 무리
- 倍 bèi 배, 배수   사람[亻]이 서서[立] 입[口]으로 소리치니 목소리가 곱절(배)
- 比 bǐ 비교하다   두 사람이 나란히 서서 서로 견주는 모습을 그린 글자
- 批 pī 비판하다   손[扌]에 든 물건을 견주어[比] 보며 비평한다
- 坐 zuò 앉다, 타다   두 사람[人人]이 흙바닥[土]에 앉아 있다

☐ 座 zuò 좌석, 자리		집[广]에서 편히 앉을[坐] 수 있는 자리
☐ 去 qù 가다		흙[土]을 밟고 발[厶]을 내디뎌 간다
☐ 法 fǎ 법		물[氵]이 흘러가듯[去] 당연하게 지켜야 하는 법
☐ 却 què 물러나다, 도리어		전쟁에 나가서[去] 상대가 몸을 구부려[卩] 항복하도록 물리친다
☐ 脚 jiǎo 발		우리 몸[月]에서 나아가고 물러나는[却] 데 쓰이는 다리
☐ 进 jìn 나아가다, 들어가다		물을 뜨기 위해 우물[井]로 걸어[辶] 나아간다
☐ 讲 jiǎng 말하다, 논하다		어떤 주제에 대해 말[讠]을 짜서[井] 논한다
☐ 退 tuì 물러나다, 반환하다		가던[辶] 길을 멈추고[艮] 물러난다
☐ 腿 tuǐ 다리		우리 몸[月]에서 나아가고 물러나는[退] 데 쓰이는 넓적다리
☐ 迎 yíng 맞이하다		몸을 숙여[卬] 인사하고 걸어[辶] 나가며 손님을 맞이한다
☐ 适 shì 적합하다, 알맞다		상대방이 혀[舌]로 말한 장소로 갔더니[辶] 목적지에 딱 맞다
☐ 通 tōng, tòng 통하다, 번(단위)		길[甬]을 걸으면[辶] 사방으로 통한다
☐ 遇 yù 만나다, 대우하다		원숭이[禺]처럼 재빠르게 돌아다니다[辶] 보면 여러 사람을 만난다
☐ 飞 fēi 날다		새가 날개를 펴고 하늘을 나는 모습을 그린 글자
☐ 习 xí 학습하다		어린 새가 날개[习]를 퍼덕이며 나는 법을 익힌다
☐ 翻 fān 뒤집다, 번역하다		새가 차례차례[番] 날갯짓[习习]을 익히다가 드디어 날개를 뒤집는다
☐ 离 lí ~에서, 분리하다		머리[亠]가 크고 흉한[凶] 짐승이 마을에 발자국[内]을 남기고 떠났다

22일째 의식주1

☐ 衣 yī 옷		윗옷인 저고리의 모양을 그린 글자
☐ 依 yī 의지하다		사람[亻]이 추위로부터 몸을 보호하기 위해 옷[衣]에 의지한다
☐ 农 nóng 농사		햇볕이 따가워 옷[衣→𠄌] 위에 모자를 쓰고[亠] 일해야 하는 농사
☐ 表 biǎo 나타내다, 시계		동물의 털[毛→主]로 장식된 옷[衣→𧘇]의 겉면
☐ 装 zhuāng 꾸미다, 설치하다		장수는 씩씩해[壮] 보이기 위해서 옷차림[衣]을 화려하게 꾸민다
☐ 衬 chèn 안에 덧대다		옷[衤] 속에 손[寸]으로 잘 정리해서 입어야 하는 속옷

☐	补 bǔ 수선하다, 보충하다	옷[衤]이 거북이 배딱지처럼 갈라지면[卜] 실로 기운다
☐	初 chū 처음	옷[衤]을 만들 때는 칼[刀]로 천을 자르는 것이 일의 처음
☐	布 bù 배치하다, 분포하다	손[𠂇→ナ]으로 천[巾]을 잡고 주름이 없게 편다
☐	希 xī 바라다, 희망하다	헤아릴 수 없이[乂] 큰 희망이 앞에 펼쳐지길[布] 바란다
☐	市 shì 도시, 시장	머리[亠] 위에 이고 온 물건을 천[巾] 위에 펼쳐 놓고 파는 시장
☐	师 shī 선생	한[一] 곳에 자리[巾]를 잡고 칼날[刀→刂] 같은 가르침을 주는 스승
☐	带 dài 띠, 지니다	화려한 장식[卅]을 달아 허리를 덮어[冖] 옷[巾]에 차는 띠
☐	常 cháng 항상, 보통의	숭고한[尚] 사람은 옷[巾]을 '항상' 단정히 한다는 의미
☐	帮 bāng 돕다	나라[邦]가 어려울 때 국민이 머리에 수건[巾]을 두르고 돕는다
☐	求 qiú 부탁하다, 요구하다	털옷[求]을 그린 글자로, 이처럼 귀한 것을 사람들이 구한다는 뜻
☐	球 qiú 공	구슬[王]처럼 둥글어서 사람들이 구하여[求] 놀기 좋은 공
☐	米 mǐ 쌀, 미터	알알이 영글어 있는 쌀의 모양을 그린 글자
☐	类 lèi 종류, 유사하다	쌀[米]을 크기[大]가 유사한 것끼리 나누어 분류해 놓은 종류
☐	瓜 guā 박과 식물	오이 덩굴에 열매가 열린 모양을 그린 글자
☐	粮 liáng 양식	쌀[米]처럼 사람 몸에 좋은[良] 영양이 되는 양식
☐	精 jīng 정밀하다, 훌륭하다	쌀[米]을 푸른[青] 쌀눈이 안 보일 정도로 빻으면 그 입자가 정밀하다
☐	食 shí 먹다, 음식	사람[人]의 몸에 좋은[良] 밥을 먹는다
☐	饭 fàn 밥	밖에서 돌아오면[反] 먹을 수 있도록 밥그릇[飠]에 담아 놓은 밥
☐	饮 yǐn 마시다, 음료	밥[飠]을 먹고서 입을 크게 벌려[欠] 물을 마신다
☐	饱 bǎo 배부르다	밥[飠]을 많이 먹어서 배를 감싸야[包] 할 정도로 배부르다
☐	合 hé 합치다, 닫다	뚜껑[亼]을 그릇[口]에 덮어 딱 맞게 합한다
☐	答 dá 대답하다	대나무[⺮]처럼 곧은 자세로 스승의 질문에 맞는[合] 대답을 한다
☐	给 gěi, jǐ ~에게/주다, 공급하다	실[纟]을 뭉치고 합하여[合] 실타래로 만들어 준다
☐	肉 ròu 고기	고기를 썰어 놓은 모양을 그린 글자
☐	朋 péng 친구	몸[月]과 몸[月]을 부대끼며 친하게 지내는 벗(친구)
☐	育 yù 기르다	갓 태어난 아기[去]를 잘 먹여서 몸[月]을 기른다
☐	能 néng ~할 수 있다, 능력	곰은 입[厶]과 몸[月], 꼬리[匕]와 발[匕]로 피우는 재주에 능하다

- ☐ 有 yǒu 있다   손[𠂇→𝄃]안에 고기[月]를 가지고 있다
- ☐ 随 suí 따르다   험한 언덕[阝]을 갈[辶] 때는 앞에 있는[有] 안내자의 뒤를 따른다

23일째 의식주2

- ☐ 多 duō 많다   겹겹이 쌓인 고기[月→夕]의 양이 많다
- ☐ 够 gòu 충분하다   글[句]을 많이[多] 읽으면 지식이 제법 충분하다
- ☐ 移 yí 이동하다, 옮기다   벼[禾]를 많이[多] 수확해서 저장고로 옮긴다
- ☐ 且 qiě 잠시, 게다가   그릇에 음식이 겹겹이 쌓여 있는 모양을 그린 것으로, '또'라는 의미
- ☐ 宜 yí 적합하다, 알맞다   제사 지내는 집[宀]에는 음식이 겹겹이 쌓여[且] 있어야 마땅하다
- ☐ 阻 zǔ 가로막다   언덕[阝]을 넘고 넘어도 또[且] 다른 언덕이 앞을 가로막는다
- ☐ 组 zū 세내다   벼[禾]를 팔고 또[且] 팔아 마련한 돈으로 집을 세낸다
- ☐ 具 jù 갖추다, 기구   음식을 만들어 쌓기[且] 위해 손[八]에 주방 도구를 갖춘다
- ☐ 真 zhēn 진실하다, 정말   많은[十] 덕목을 갖춘[具] 사람은 진실하고 참되다
- ☐ 酒 jiǔ 술   물[氵]에 알코올 성분을 넣어 병[酉]에 담아 둔 술
- ☐ 配 pèi 분배하다, 어울리다   신랑 신부가 술병[酉] 앞에 몸[己]을 구부리고 앉아 잔을 나눈다는 뜻
- ☐ 酸 suān 시큼하다   병[酉]에 든 술을 천천히[夋] 오래 숙성시키면 술맛이 시큼하다
- ☐ 即 jí 곧, 바로   향기로운[皀→𠂤] 음식 앞에 몸을 구부리고[卩] 앉아 '곧' 먹는다
- ☐ 印 yìn 도장, 인쇄하다   손[爫→𠂉]에 인주를 묻히고 몸을 구부려[卩] 힘껏 찍는 도장
- ☐ 既 jì 이미, ~한 바에는   향기로운[皀→𠂤] 밥을 목이 멜[旡] 때까지 먹어 '이미' 배가 찼다
- ☐ 概 gài 대략, 대개   나무[木]가 이미[既] 다 크면 '대개' 그 기개가 높다는 뜻
- ☐ 家 jiā 집   한 지붕[宀] 아래에서 돼지[豕]와 같은 가축을 기르며 살아가는 집
- ☐ 它 tā 그것, 저것   집[宀]의 물건 중 칼[匕]처럼 멀리 둔 것을 가리키는 말인 '그것'
- ☐ 守 shǒu 지키다   내 집[宀]은 내 손[寸]으로 지킨다
- ☐ 定 dìng 정하다   집안[宀]을 바르게[正→疋] 다스리기 위해 각자의 자리를 정한다
- ☐ 害 hài 해롭다   집[宀]에서 가시[丯] 돋친 말[口]을 하면 가정의 화목을 해친다

- 官 guān 관리, 관청 　　집[宀] 중에 언덕[阜→阝] 위에 지어져 백성을 굽어살피는 관청
- 馆 guǎn 여관, 호텔, 공공 기관 　　나라의 녹을 먹는[飠] 관리[官]가 일하는 관청이나 시설(집)
- 管 guǎn 관리하다 　　대나무[⺮]로 만든 악기를 관청[官]에서 쓰기 위해 잘 관리한다
- 庆 qìng 경축하다 　　집안[广]의 큰[大] 경사를 경축한다
- 床 chuáng 침대 　　집[广] 안의 물건 중 나무[木]로 만든 침대
- 度 dù 법칙, 규칙, (시간을) 보내다 　　집[广]에서 밥그릇[廿]에 손[又]을 대기 전에 지켜야 하는 법도
- 席 xí 자리 　　집[广]에 음식 그릇[廿]과 방석[巾] 등을 잘 갖추어 마련한 자리
- 序 xù 순서, 차례 　　집안[广]에서 나[予]의 순서나 차례
- 病 bìng 병, 병나다 　　침상에 누운 사람[疒]을 위해 밤새 불을 밝히고[丙] 간호해야 하는 병
- 疼 téng 아프다, 몹시 아끼다 　　병상[疒] 위에 겨울[冬]처럼 차가운 몸으로 누워 있는 사람은 아프다
- 瘦 shòu 마르다, 여위다 　　병상[疒]에 누워 있는 늙은이[叟]의 몸이 몹시 야위었다
- 余 yú 남다 　　지붕[人]과 들보[一], 나무[木→朩] 기둥을 세우고도 재료가 남는다
- 除 chú 제거하다, ~을 제외하고 　　높은 언덕[阝]에 올라 마음에 남아[余] 있는 근심을 제거한다

24일째 의식주3

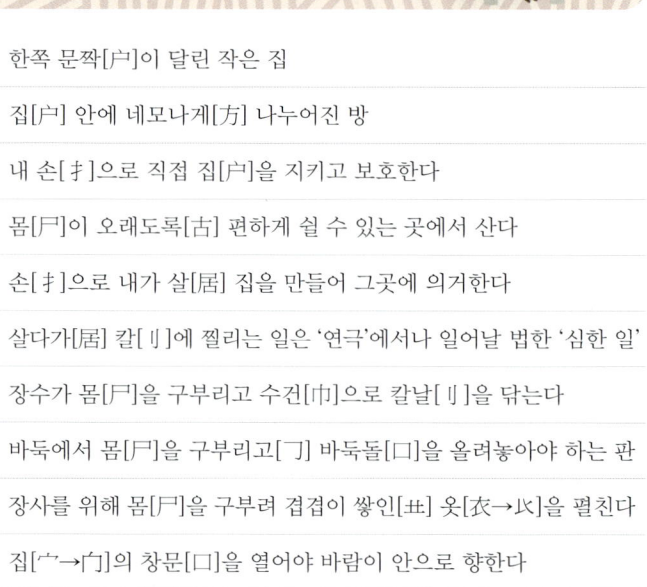

- 户 hù 문, 집 　　한쪽 문짝[户]이 달린 작은 집
- 房 fáng 방, 집 　　집[户] 안에 네모나게[方] 나누어진 방
- 护 hù 보호하다 　　내 손[扌]으로 직접 집[户]을 지키고 보호한다
- 居 jū 살다 　　몸[尸]이 오래도록[古] 편하게 쉴 수 있는 곳에서 산다
- 据 jù 점거하다, ~에 의거하여 　　손[扌]으로 내가 살[居] 집을 만들어 그곳에 의거한다
- 剧 jù 연극, 심하다 　　살다가[居] 칼[刂]에 찔리는 일은 '연극'에서나 일어날 법한 '심한 일'
- 刷 shuā 솔, 솔로 닦다 　　장수가 몸[尸]을 구부리고 수건[巾]으로 칼날[刂]을 닦는다
- 局 jú 형세, 국면 　　바둑에서 몸[尸]을 구부리고[丁] 바둑돌[口]을 올려놓아야 하는 판
- 展 zhǎn 펼치다 　　장사를 위해 몸[尸]을 구부려 겹겹이 쌓인[卄] 옷[衣→𧘇]을 펼친다
- 向 xiàng ~로 향하여 　　집[宀→冂]의 창문[口]을 열어야 바람이 안으로 향한다

☐ 响 xiǎng 소리, 소리 나다		입[口]으로 누군가를 향하여[向] 말하는 소리
☐ 门 mén 문		문의 모양[門]을 간략하게 그린 글자
☐ 们 men ~들		사람들[亻]이 문[门] 앞에 줄지어 선 모습에서 여러 명을 의미
☐ 问 wèn 묻다		문[门] 앞에서 입[口]으로 크게 안부를 묻는다
☐ 闻 wén 듣다, 냄새를 맡다		문[门] 앞에서 귀[耳]를 대고 듣는다
☐ 间 jiān 사이, 방		문[门] 안으로 햇빛[日]이 들어오도록 열려 있는 틈이나 사이
☐ 简 jiǎn 간단하다		대나무[⺮]를 얇게 잘라 그 사이[间]에 적은 글은 간단하다
☐ 开 kāi 열다, 켜다		문에 걸린 빗장[一]을 풀고 두 손[廾]으로 문을 연다
☐ 形 xíng 형체, 모양		창문을 열면[开] 길게 드리우는[彡] 빛의 모양
☐ 关 guān 닫다, 끄다		큰[大] 문의 양쪽[ʻʻ]을 가로질러[一] 걸어 놓은 빗장
☐ 送 sòng 배웅하다, 보내다		닫았던 빗장[关]을 열고 나가서[辶] 사람이나 물건을 보낸다
☐ 联 lián 이어지다		다른 사람의 말을 귀[耳] 기울여 들으며 서로의 관계[关]를 잇는다
☐ 用 yòng 쓰다, 사용하다		울타리의 모양을 그린 글자로, 나무를 울타리로 만들어 쓴다는 뜻
☐ 再 zài 다시		나무토막을 쌓아 놓고 그 위에 '다시' 하나를 더 올린 모양
☐ 同 tóng 같다		울타리[冂] 안에서 함께 사는 한[一] 식구[口]는 생김새가 거의 같다
☐ 高 gāo 높다		높은 누각의 모습을 그린 글자
☐ 搞 gǎo 하다		손[扌]으로 높은[高] 건물을 짓는 일을 한다
☐ 亮 liàng 밝다, 빛나다		높은[高→亮] 누각 위에서 탁자[几]에 기대어 바라본 달빛이 밝다
☐ 停 tíng 멈추다, 정지하다		사람들[亻]이 정자[亭]에서 쉬려고 잠시 멈춘다
☐ 京 jīng 수도		높게 지은 건물[京]이 비교적 많은 도시인 수도(서울)
☐ 就 jiù 곧, 이미		사람들이 성공하기 위해 서울[京]로 더욱[尤] 나아간다
☐ 景 jǐng 풍경		해[日]가 밝게 비추는 서울[京]의 아름다운 풍경
☐ 影 yǐng 그림자		아름다운 풍경[景]의 뒤편에 드리워진[彡] 그림자
☐ 建 jiàn 짓다, 세우다		붓[聿]을 끌어다[廴] 그린 도면대로 건물을 세운다
☐ 健 jiàn 건강하다		사람[亻]이 몸을 세워[建] 힘차게 운동하니 튼튼하다

도구1

25일째

- 工 gōng 일꾼, 작업 — 물건을 만드는 장인이 사용하는 도구[工]를 그린 글자
- 空 kōng, kòng 텅 비다/하늘, 틈 — 공구[工]로 뚫은 구멍[穴]의 속이 비었다
- 功 gōng 공로, 성과 — 일꾼[工]이 힘써[力] 일하여 세운 업적이나 공
- 式 shì 격식, 형식 — 도구[工]를 써서 일정한 모양의 주살[弋]을 만드는 방식이나 방법
- 试 shì 시험, 시험하다 — 말[讠]이나 글로써 정해진 형식[式]에 맞게 답하는 시험
- 升 shēng 오르다 — 도구를 이용하여 물건을 떠올리는 모습[升]을 그린 글자
- 伞 sǎn 우산 — 손잡이와 우산살이 있는 우산[伞]의 모양을 그린 글자
- 业 yè 직업, 학업 — 악기 걸이를 그린 글자로, 각각의 악기를 다루는 직업을 의미
- 亚 yà 제2의, 아시아 — 학업[业]에 열중하면 성적이 일등[一]에 버금간다
- 显 xiǎn 나타내다 — 해[日]가 자기의 본업[业]에 힘쓰면 빛이 세상에 나타난다
- 料 liào 예상하다, 재료 — 쌀[米]을 한 말[斗]씩 담아서 그 양을 헤아린다
- 科 kē 과, 항목 — 벼[禾]를 한 말[斗]씩 담아서 등급에 따라 구분해 놓은 항목
- 刀 dāo 칼 — 한쪽에 칼날이 있는 칼의 모양을 그린 글자
- 切 qiē, qiè 끊다, 친밀하다 — 여러[七] 번 칼질하여[刀] 모두 끊는다
- 分 fēn 나누다, 분(시간 단위) — 칼[刀]로 물건을 잘라 양쪽[八]으로 나눈다
- 粉 fěn 가루 — 쌀[米]과 같은 곡물을 잘게 나누고[分] 빻아 만든 가루
- 刻 kè 새기다, 15분 — 돼지[亥]가 칼[刂]에 찔리면 그 고통을 마음에 새긴다
- 该 gāi ~해야 한다 — 제사 지낸다는 말[讠]에 돼지고기[亥]를 갖춘다
- 创 chuàng 시작하다, 창조하다 — 요리는 곳간[仓]의 재료를 칼[刂]로 다듬는 일에서부터 시작한다
- 制 zhì 만들다, 통제하다 — 나뭇가지[𠂆]를 칼[刂]로 잘라서 필요한 것을 만든다
- 则 zé 규칙, 규범 — 재물[贝]을 분배할 때 칼[刂] 같이 나누기 위해 필요한 법(법칙)
- 测 cè 측정하다, 추측하다 — 물[氵]의 깊이를 일정한 법칙[则]에 따라서 잰다
- 刚 gāng 단단하다, 방금 — 방패[冈]가 칼[刂]에 절대 부서지지 않을 만큼 굳세다
- 钢 gāng 강철 — 금속[钅] 중에서도 방패[冈]를 만들 만큼 단단한 강철
- 临 lín 임하다, 이르다 — 칼[刂→丨]로 대나무[⺮→𠂉]의 가운데를 쪼개는[吅] 일에 임한다

- ☐ 监 jiān 감독하다 　　　칼[刂]로 대나무[ㅆ]를 쪼개서 그릇[皿]에 담는 일꾼들을 감독한다
- ☐ 蓝 lán 남색의 　　　풀[艹] 중에 오직 한 해 동안만 볼[监] 수 있는 풀은 쪽(한해살이풀)
- ☐ 斤 jīn 근(무게 단위, 500g) 　　　도끼의 모양을 그린 글자
- ☐ 听 tīng 듣다 　　　상대방의 입[口]에서 나온 도끼[斤]처럼 날카로운 말을 듣는다
- ☐ 近 jìn 가깝다 　　　도끼[斤]를 들고 가서[辶] 바로 나무를 할 수 있을 만큼 산과 가깝다
- ☐ 所 suǒ 장소, 건물 등을 세는 단위 　　　집[户]에서 도끼[斤]와 같은 도구를 두는 곳(장소)
- ☐ 断 duàn 자르다, 끊다 　　　쌀[米]이 담긴 포대[ㄴ]를 열기 위해 도끼[斤]로 매듭을 끊는다
- ☐ 继 jì 계속하다 　　　실[纟]을 써서 포대[ㄴ] 안의 쌀[米]이 흐르지 않도록 매듭을 잇는다

26일째 도구2

- ☐ 化 huà 변화하다 　　　사람[亻]이 칼[匕]을 맞으면 삶이 죽음으로 변화된다
- ☐ 花 huā 꽃, 돈을 쓰다 　　　풀[艹]이 예쁘게 변화해서[化] 피운 꽃
- ☐ 华 huá 변화하다, 호화롭다 　　　오랜[十] 세월 변화[化]를 거듭한 자연은 그 모습이 화려하다
- ☐ 货 huò 돈, 화폐 　　　지니고 있으면 돈[贝]이 되는[化] 재물
- ☐ 财 cái 재물 　　　돈[贝]을 버는 재주[才]가 뛰어나서 집에 쌓아 놓은 재물
- ☐ 贵 guì 비싸다, 귀하다 　　　상자[口] 안에 담아 양손[ㅛ]으로 받쳐 든 재물[贝]은 귀한 것
- ☐ 费 fèi 비용, 소비하다 　　　아끼지 않고[弗] 돈[贝]을 쓴다
- ☐ 负 fù (짐을) 지다, 부담하다 　　　사람[⺈]이 돈[贝]을 벌기 위해 무거운 짐을 진다
- ☐ 质 zhì 성질, 본질 　　　산기슭[厂]에서 채취한 많은[十] 나무는 재물[贝]의 바탕
- ☐ 责 zé 책임, 꾸짖다 　　　돈[贝]을 빌리고 갚지 않으면 가시[㞢] 돋친 말로 꾸짖는다
- ☐ 毒 dú 독 　　　가시[㞢]에 찔리면 어머니[母]가 빨아 주는 독
- ☐ 系 xì, jì 계통, 매다 　　　바늘 끝[丿]에 실[糸]을 꿰어 매듭을 맨다
- ☐ 累 lèi, lěi 피곤하다, 포개다 　　　밭[田]에서 수확한 곡식을 모두 포개어 실[糸]로 묶고 나니 피곤하다
- ☐ 乡 xiāng 시골, 고향 　　　실[糸→乡]처럼 긴 그리움이 사무치는 고향 마을(시골)
- ☐ 红 hóng 빨갛다, 인기 있다 　　　중국에서 색실[纟]을 만들[工] 때 가장 인기 있는 색은 붉은색

- 绿 lǜ 초록색, 푸르다　　실[糹]처럼 긴 나무줄기를 손[크]으로 쥐어 짜낸 물[水→氺]이 푸르다
- 素 sù 본색의, 소박하다　　베틀[主]에서 갓 짜낸 실[糸]은 염색하지 않은 본래의 흰색
- 约 yuē 약속하다, 절약하다　　실[糹]로 꽁꽁 싸서[勹] 매듭[丶]을 맺듯이 약속이나 인연을 맺는다
- 药 yào 약　　몸에 좋은 풀[艹]을 모아 한 포로 묶어[约] 만든 약
- 细 xì 가늘다, 세세하다　　밭[田]에서 돋아나기 시작한 싹이 실[糹]처럼 가늘다
- 组 zǔ 조, 조직하다　　실[糹]을 엮고 또[且] 엮어서 짠다
- 织 zhī (옷을) 짜다　　실[糹]을 베틀에 걸어서 단지[只] 교차하여 옷을 짠다
- 编 biān 엮다, 편성하다　　납작한[扁] 종이에 쓴 글을 모아 실[糹]로 엮는다
- 线 xiàn 선　　실[糹]처럼 가느다란[戋] 줄
- 钱 qián 돈　　금속[钅]을 녹여서 적은[戋] 양씩 떼어 만든 돈
- 专 zhuān 오로지, 전문적이다　　손에 실패(실감개)를 쥐고 오로지 한 종류의 실을 감는[专] 모습
- 传 chuán 전하다　　사람[亻]만이 오로지[专] 후손에게 문화와 전통을 전한다
- 转 zhuǎn, zhuàn 바뀌다, 돌다　　차[车]는 오로지[专] 네 바퀴만으로 방향을 바꾸거나 돈다
- 与 yǔ, yù ~와/주다, 참여하다　　새끼줄이 꼬인 모습을 그린 글자로, 서로에게 엮여 도움을 준다는 뜻
- 网 wǎng 그물, 인터넷　　줄을 얽어 만든 그물의 모양을 그린 글자
- 品 pǐn 물품, 종류　　물건[口口口]을 쌓아 놓은 모양[品]을 그린 글자
- 操 cāo 잡다, 일하다　　손[扌]에 든 새총으로 나무 위에서 우는[喿] 새를 잡는다
- 商 shāng 상업, 상의하다　　성문[冏] 아래에 물건[口]을 진열해 놓고 장사한다

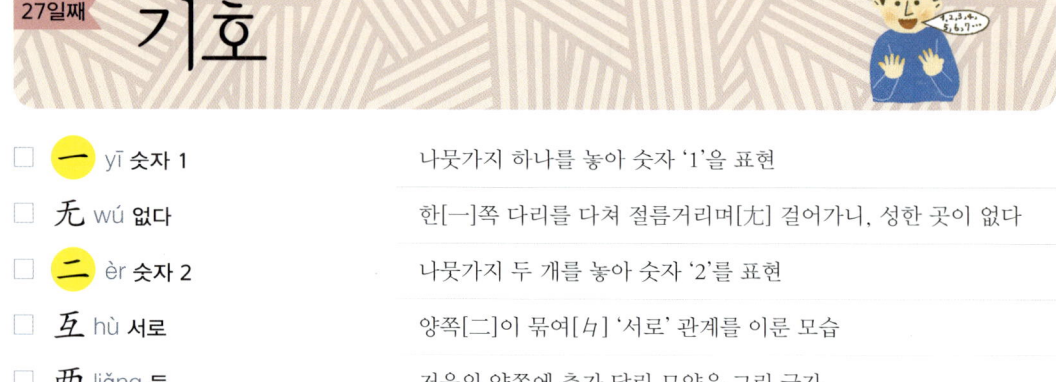

27일째 기호

- 一 yī 숫자 1　　나뭇가지 하나를 놓아 숫자 '1'을 표현
- 无 wú 없다　　한[一]쪽 다리를 다쳐 절름거리며[尢] 걸어가니, 성한 곳이 없다
- 二 èr 숫자 2　　나뭇가지 두 개를 놓아 숫자 '2'를 표현
- 互 hù 서로　　양쪽[二]이 묶여[勹] '서로' 관계를 이룬 모습
- 两 liǎng 둘　　저울의 양쪽에 추가 달린 모양을 그린 글자

☐ 满 mǎn 가득 차다		저수지가 물[氵]과 풀[艹], 두[两] 가지로 가득 찼다
☐ 三 sān 숫자 3		나뭇가지 세 개를 놓아 숫자 '3'을 표현
☐ 丰 fēng 풍성하다		많은[三] 사람이 일렬[丨]로 서서 수확해야 할 만큼 곡식이 풍성하다
☐ 四 sì 숫자 4		한 공간[口]을 '사방'으로 나눈[八] 모습
☐ 五 wǔ 숫자 5		하늘과 땅[二] 사이에 음양오행이 교차[×→九]하는 모습
☐ 六 liù 숫자 6		세 손가락씩 양손을 편 모양을 그려 숫자 '6'을 표현
☐ 七 qī 숫자 7		하늘에 떠 있는 별 7개를 연결한 모양을 그려 숫자 '7'을 표현
☐ 八 bā 숫자 8		네 손가락씩 양손을 편 모양을 그려 숫자 '8'을 표현
☐ 共 gòng 함께, 공통의		쌓여 있는 장작[卄]을 여럿이[八] 함께 드는 모습
☐ 供 gōng 공급하다		사람들[亻]이 함께[共] 쓸 수 있도록 물건을 공급한다
☐ 九 jiǔ 숫자 9		十(열 십)에서 한쪽 끝이 구부러졌으니 10보다 하나 작은 '9'
☐ 究 jiū 연구하다		어떤 일에 대해 구멍[穴]을 파듯이 여러[九] 번 조사하고 연구한다
☐ 十 shí 숫자 10		나뭇가지[一] 열 개를 하나[丨]로 묶은 모양을 그려 숫자 '10'을 표현
☐ 计 jì 세다, 계획하다		말[讠]로 많은[十] 수를 센다
☐ 什 shén 무엇		사람[亻]이 여러[十] 가지 궁금한 것을 물어볼 때 하는 말인 '무엇'
☐ 世 shì 세상		삼십[十十十→世] 년을 주기로 한 세대를 살아가는 인간 세상
☐ 百 bǎi 숫자 100		한[一] 살부터 머리가 하얘질[白] 때까지 살면 얻게 되는 나이는 '100'
☐ 千 qiān 숫자 1,000		많은 사람[亻]이 일렬[一]로 줄지어 선 모습을 그려 '1,000'을 표현
☐ 万 wàn 숫자 10,000		떼 지어 몰려다니는 벌의 모습으로, 매우 많은 수인 '10,000'을 의미
☐ 亿 yì 숫자 억		사람[亻]이 들으면 몸이 새[乙]처럼 움츠러들 정도의 큰 숫자인 '억'
☐ 上 shàng 위, 오르다		기준선[一]을 두고 그 위에 점[丶→卜]을 찍어 '위'를 표현
☐ 让 ràng 양보하다, ~하게 하다		정중한 말[讠]로 윗사람[上]의 도움을 사양한다
☐ 中 zhōng, zhòng 가운데, 맞추다		땅을 정복하고 그 가운데 깃발을 세운 모습
☐ 史 shǐ 역사		기록하는 사람[人]이 중립[中]을 지키고 써야 하는 역사
☐ 使 shǐ 시키다, ~하게 하다		윗사람[亻]이 관리[吏]로 하여금 일을 시킨다
☐ 下 xià 아래, 내려가다		기준선[一]을 두고 그 아래에 점[丶→卜]을 찍어 '아래'를 표현
☐ 卡 qiǎ, kǎ 끼이다, 카드/트럭		길의 위[上]와 아래[下]를 모두 막아서 도망가지 못하도록 지킨다

28일째 사회

- 行 xíng, háng 가다(허락), 줄 — 사거리[行]를 그린 글자로, 그 길로 다닌다는 뜻
- 街 jiē 거리 — 흙길[土土→圭]을 포장해서 사람들이 다닐[行] 수 있게 만든 거리
- 律 lǜ 법률 — 인생길[彳]에 필요한 규칙을 붓[聿]으로 기록한 법률
- 得 de, dé, děi 결과나 정도, 얻다 — 길[彳]에 나가 아침[旦]부터 장사하면 손[寸]에 무엇이라도 얻는다
- 德 dé 덕, 도덕 — 인생길[彳]에서 반드시 갖추어야 하는 곧은[直→㥁] 마음[心]인 덕
- 车 chē 차 — 수레의 몸통과 바퀴를 그린 글자[車]가 간략해진 모양
- 连 lián 잇다, 계속하여 — 한 방향으로 가는[辶] 차[车]가 도로에 끝없이 이어져 있다
- 辆 liàng 대(차량을 세는 단위) — 수레[车]나 차를 한 대, 두[两] 대 세는 단위
- 输 shū 운송하다, 패하다 — 상대방에게 응답할[俞] 물건을 차[车]에 실어 보낸다
- 轻 qīng 가볍다 — 차[车]가 달리는 모양새가 마치 물줄기[巠→圣]처럼 빠르고 가볍다
- 经 jīng 거치다, 경험하다 — 베틀에 걸린 실[纟]은 물줄기[巠→圣]처럼 위아래로 지난다
- 船 chuán 배 — 배[舟] 중에서 탁자[几]나 방[口]도 포함된 매우 큰 배
- 航 háng 운항하다, 비행하다 — 배[舟]의 돛을 높이[亢] 올리고 바다를 항해한다
- 抗 kàng 저항하다 — 손[扌]을 높이[亢] 올려 상대방의 공격을 막는다
- 交 jiāo 사귀다, 건네다 — 사람이 다리를 교차한 모습으로, 친구와 교류하며 사귄다는 뜻
- 校 xiào, jiào 학교, 고치다 — 나무[木]로 지어진 건물 안에서 친구와 사귀며[交] 공부하는 학교
- 较 jiào 비교하다 — 차[车]를 살 때는 여러 차를 교차하여[交] 타 보며 비교한다
- 文 wén 글, 문화 — 머리[亠]에 갓을 쓴 선비가 붓으로 휘갈겨[乂] 쓴 글
- 这 zhè 이, 이것 — 벽에 적힌 글[文]에 가까이 가서[辶] 손으로 가리킬 때 하는 말인 '이것'
- 书 shū 책 — 붓[丨]으로 글을 차곡차곡[⺕] 채우고 마침표[丶]를 찍어 펴낸 책
- 典 diǎn 본보기, 표준 — 옛 책[冊]을 손[八]에 들고 보며 그것을 기준으로 만든 사회의 규범
- 写 xiě 글씨를 쓰다 — 책상[冖]에 앉아 손에 붓[与]을 들고 글씨를 쓴다
- 学 xué 배우다 — 자식들[子]이 책상[冖]에 앉아 나뭇가지[⺍]를 가지고 수를 배운다
- 觉 jué, jiào 느끼다, 잠 — 학생은 지식을 배우고[学→⺍] 책을 보며[见] 진리를 깨닫는다
- 几 jī, jǐ 작은 탁자/거의, 몇 — 작은 탁자[几]의 모습을 그린 글자

- 机 jī 기계, 기기 　　나무[木]로 책상[几]을 만들 때 필요한 기계
- 朵 duǒ 송이 　　나무줄기[木] 위에 봉긋하게[几] 올라온 꽃송이
- 么 me 대명사 등에 붙어 단어화함 　　삐친[丿] 사람을 팔[厶] 안으로 품으며 묻는 말에 쓰이는 어조사
- 丢 diū 잃어버리다 　　짊어지고[壬] 다니던 사적인[厶] 물건을 잃어버렸다
- 任 rèn 임명하다, 맡다 　　사람[亻]에게 일을 짊어지워[壬] 맡긴다
- 公 gōng 공공의 　　물건을 나눔[八]에 사사로운[厶] 마음 없이 공평하다
- 松 sōng 소나무, 느슨하다 　　나무[木] 중에서 사계절 동안 공평하게[公] 푸른 소나무
- 私 sī 개인의, 사적인 　　농사지은 벼[禾] 중에 내 팔[厶] 안으로 들어온 사적인 것
- 参 cān 참가하다 　　사적[厶]으로 친한 사람의 큰[大] 행사에 머리[彡]를 다듬고 참가한다
- 修 xiū 수리하다 　　사람[亻]이 물가[丨]로 걸어가서[攵] 머리카락[彡]과 몸을 닦는다

29일째 전쟁1

- 军 jūn 군대 　　풀을 덮어[冖] 위장한 차[车]를 타고 전쟁터로 가는 군사
- 挥 huī 휘두르다 　　장군이 손[扌]을 들고 명령하며 군사들[军]을 휘두른다
- 占 zhàn 점령하다 　　점친[卜] 결과를 입[口]으로 전해 듣고 나아가서 땅을 점령한다
- 战 zhàn 싸움, 싸우다 　　땅을 점령하기[占] 위해 창[戈]을 들고 싸운다
- 站 zhàn 서다, 역 　　점령한[占] 땅에 몸을 세우고[立] 우두커니 선다
- 点 diǎn 점, 주문하다 　　땅을 점령한[占] 후, 그 지역을 불태워서[灬] 표시해 둔 검은 점
- 店 diàn 가게 　　집[广] 안이 온갖 물건들에 점령된[占] 가게
- 攻 gōng 공격하다 　　전쟁에서 싸울 때 도구[工]를 이용해서 상대를 친다[攵]
- 敢 gǎn 용감하다, 감히 　　상대를 쳐서[攻] 이기고 감히 그의 귀[耳]를 잘라오니 용감하다
- 散 sǎn, sàn 흩어지다 　　쌓인[昔] 고기[月]를 막대기로 툭툭 치니[攵] 사방으로 흩어진다
- 故 gù 원인, 사고 　　옛날[古]에 발생한 일에 대해 막대기로 치면서[攵] 물어보는 이유
- 做 zuò 하다, 만들다 　　사람[亻]은 필요한 이유[故]에 맞게 물건을 만든다
- 敌 dí 적 　　혀[舌]로 도발하고 무기로 치면서[攵] 공격해 오는 적

43

☐ 收 shōu 받다, 거두다		얽힌[丩] 볏단을 막대기로 쳐서[攵] 곡식 낟알을 거둔다
☐ 改 gǎi 고치다		잘못한 점이 있으면 자기[己]를 채찍질하여[攵] 고친다
☐ 效 xiào 효과, 본받다		사귀는[交] 친구의 장점을 보면 스스로 채찍질하며[攵] 본받는다
☐ 教 jiāo, jiào 가르치다		부모님께 효도하도록[孝] 자식을 회초리로 쳐서[攵] 가르친다
☐ 数 shǔ, shù 세다, 숫자		수확한 쌀[米]의 양을 살림하는 여인[女]이 막대기로 치면서[攵] 센다
☐ 楼 lóu 다층 건물, 층		나무[木]로 만든 높은 공간에 쌀[米]을 보관해 두고 살림하는 여인[女]이 오르내리며 관리하는 다락
☐ 更 gèng, gēng 더욱, 고치다		한[一] 번 잘못 내뱉은 말[曰]에 대해 스스로 채찍질하며[攵→㐅] 다시 고친다
☐ 便 biàn 편리하다, 곧		사람[亻]은 불편한 것을 고치며[更] 살아가니 편하다
☐ 争 zhēng 쟁탈하다		사람들[⺈]이 손[彐]에 창[亅]을 들고 다툰다
☐ 静 jìng 조용하다		다툼[争]이 끝나면 분위기가 푸른[青] 바다처럼 고요하다
☐ 单 dān 하나의, 간단하다		새총[单]으로는 한 번에 하나씩만 잡을 수 있다는 의미
☐ 失 shī 잃다, 실수하다		주머니 속 화살[矢]이 밖으로 삐져나와[丨] 잃어버렸다
☐ 铁 tiě 쇠, 철		금속[钅] 중에서 반짝이는 빛을 잃어버린[失] 쇠
☐ 族 zú 민족		사방[方]의 적(사람)[⺁]을 향해 함께 화살[矢]을 겨누는 겨레
☐ 候 hòu 기다리다, 안부를 묻다		사람[亻]이 뾰족하게[丨] 만든[工→ㄱ] 화살[矢]을 쏜 후 결과를 묻는다
☐ 短 duǎn 짧다		화살[矢]의 길이가 제사 그릇[豆]만큼 짧다
☐ 医 yī 의사, 의원		화살[矢]처럼 뾰족한 주사기를 상자[匚]에 들고 다니는 의원
☐ 知 zhī 알다, 지식		화살[矢]처럼 빠르게 입[口]으로 욀 정도로 지식을 많이 안다
☐ 智 zhì 지혜롭다		아는[知] 것을 해[日]처럼 밝게 발휘할 수 있는 슬기나 지혜

30일째 전쟁2

☐ 前 qián 앞		전쟁터에서 겁에 질려 멈춘[止→䒑] 사람의 몸[月]에 칼[刂]을 채워 주니 용기를 내서 앞으로 나아간다
☐ 后 hòu 뒤		머리 장식[厂]과 비녀[一]를 꽂고 입[口]으로 명령하는 황후의 뒷모습
☐ 至 zhì 이르다, 도달하다		화살[⏊]이 날아와 땅[土]에 꽂힌 모습으로, '~에 이르다'라는 뜻

☐ 室 shì 방, 실		지붕[宀] 아래에 사람들이 이르러[至] 살 수 있도록 만든 집이나 방
☐ 屋 wū 방, 집		사람의 몸[尸]이 이르러[至] 쉴 수 있는 집이나 방
☐ 握 wò 잡다, 장악하다		손[扌]에 집안[屋]의 일을 쥐고 장악한다
☐ 致 zhì 보내다, 표시하다		자신을 채찍질하며[夂] 노력하여 목표한 바에 이른다[至]
☐ 到 dào 도달하다, ~에		적을 물리치기 위해 칼[刂]을 차고서 적의 땅에 이른다[至]
☐ 倒 dǎo, dào 넘어지다, 거꾸로 하다		사람[亻]이 목적지에 도달하기[到] 위해 서두르다가 거꾸로 넘어진다
☐ 强 qiáng 강하다		활[弓]은 비록[虽] 잘 구부러지지만, 화살을 당겨서 쏘면 강하다
☐ 弱 ruò 약하다		활[弓弓]을 현이 너덜너덜할[⺁⺁] 때까지 썼더니 그 힘이 약하다
☐ 代 dài 대신하다, 세대		사람[亻]이 사냥할 때 주살[弋]을 사용하여 맨손을 대신한다
☐ 划 huá, huà 배를 젓다, 긋다		날카로운 창[戈]과 칼[刂]로 경계선을 긋는다
☐ 民 mín 국민		포로를 무릎 꿇려[尸] 칼[七]로 눈을 찌른 후 노예로 삼은 백성
☐ 我 wǒ 나		손[手]에 창[戈]을 들고서 스스로 지켜야 하는 '나'
☐ 找 zhǎo 찾다		손[扌]에 창[戈]을 들고 사냥할 산짐승을 찾는다
☐ 戏 xì 놀이, 연극		아이들이 손[又]에 창[戈]을 들고 싸우며 논다
☐ 或 huò 혹은, 아마도		창[戈]을 든 병사가 식구[口]를 한[一] 명씩 걱정하며 하는 말인 '혹시'
☐ 成 chéng 이루다, 성취		사내[丁→丁]가 창[戊]을 들고 전쟁에 나가 승리를 이룬다
☐ 城 chéng 성, 도시		적의 침입을 막기 위해 흙[土]이나 돌을 쌓아서 이룬[成] 성
☐ 感 gǎn 느끼다, 감동하다		어떤 일에 대해 마음[心]을 다[咸]하여 느낀다
☐ 减 jiǎn 빼다, 덜다		겨울에 얼음[冫]을 깨고서 가족이 다[咸] 함께 쓸 물을 덜어낸다
☐ 干 gān, gàn 마르다, 일하다		방패[干]를 그린 글자로, 방패를 들고 싸우니 목이 마른다는 뜻
☐ 赶 gǎn 뒤쫓다		방패[干]를 들고 달리며[走] 적을 쫓는다
☐ 卫 wèi 지키다		병사는 몸이 구부러질[卩→卫] 때까지 나라의 땅[一]을 굳게 지킨다
☐ 平 píng 평평하다		방패[干]의 양쪽[丷] 모양이 평평하다
☐ 评 píng 논평하다		공평한[平] 잣대를 가지고 어떤 일의 옳고 그름을 말[讠]로 평한다
☐ 于 yú ~에, ~에 대해		활을 바로잡는 도구를 그린 글자로, 말에서는 어조사 역할을 함
☐ 乎 hū 문장 끝에서 분위기를 나타냄		목청을 열어 목소리를 길게 내는[乎] 모습을 나타낸 글자로, 어조사
☐ 呼 hū 숨을 내쉬다		입[口]으로 목청껏 소리치며[乎] 상대를 부른다
☐ 呢 ne 문장 끝에서 분위기를 나타냄		여자 승려[尼]가 입[口]으로 외우는 염불처럼 말끝에 붙이는 어조사

memo

memo

memo

**30일 완성,
3단계 학습 프로젝트**

중국어 한자
암기마스터
핵심 스토리북